Ernst Günther Schenck

DAS NOTLAZARETT UNTER DER REICHSKANZLEI

Ein Arzt erlebt Hitlers Ende in Berlin

mit noch unveröffentlichten Dokumenten und 3 Karten

ars una

Umfangreiche Passagen dieses Buches erschienen bereits in früheren Auflagen 1970 (Herford) und 1983 (Stockach)

Die Deutsche Bibliothek – CIP-Einheitsaufnahme

Schenck, Ernst Günther:
Das Notlazarett unter der Reichskanzlei : ein Arzt erlebt Hitlers Ende in Berlin ; mit noch unveröffentlichten Dokumenten / Ernst-Günther Schenck. - Neuried : ars una, 1995
ISBN 3–89391–601–6

Druck und Verarbeitung: WB-Druck GmbH Buchproduktions KG, 87669 Rieden
Printed in Germany

Gedruckt auf säurefreiem Papier

INHALTSVERZEICHNIS

Für ein menschenwürdigeres Leben und Sterben,
als in diesem Buche
geschildert werden mußte.

VORWORT

Vor einem Vierteljahrhundert erschien mein Bericht über die letzten Kriegstage in Berlin in erster Auflage unter dem Titel „Ich sah Berlin sterben. (Als Arzt in der Reichskanzlei)“

Zum Glück für Deutschland starb Berlin damals nicht, sondern erstand wieder als Hauptstadt der Bundesrepublik Deutschland nach der Vereinigung seiner lange Jahre auseinandergesperrten Länder. So mußte anstelle des gottlob unrichtig gewordenen ein anderer Titel gesucht werden. Sollte ich jetzt den Hunger in den Mittelpunkt rücken, den ich als Knabe schon während des 1. Weltkrieges erlebte und gegen welchen ich seit Kriegsbeginn 1939 zäh und hart als meinen Hauptgegner draußen im Felde, drinnen in der Heimat gekämpft hatte und von dem deshalb in dieser Schrift vielfach die Rede ist? Dies war für mich sicherlich ein zentrales, wenn auch vornehmlich leibliches Ereignis.

Schließlich trat ein anderes ganz in den Blick: die ärztliche Arbeit nämlich im Notlazarett, das wir im Bunker unter der Neuen Reichskanzlei wegen des großen Andranges Hilfesuchender einrichteten. Beim Rückerinnern empfinde ich immer wieder, daß das unter den dortigen Umständen Getane ureigen ärztliches Handeln war, das der Selbstaufgabe nahe kam, aber ein dauerndes Glücksgefühl hinterließ. Ich hatte, wo ich mich hingestellt sah, niemanden im Stich gelassen und darf mich wohl, ein glücklicher Überlebender, zu den unzähligen unbekannten Menschen zählen, die ebenfalls bei ihren Nächsten blieben, ihr Innerstes nicht verleugneten - aber darüber umkamen. Die Notlazarette spiegelten äußerstes Elend wieder.

Als die gefangenen Soldaten Berlin nach Osten hin verließen und es in ihren Hirnen dröhnte: „Vergangenheit ist tot, Zukunft findet nicht statt“, blieb ich dennoch 10 weitere Jahre in Lagern und Haft bemüht, Erlebtes im Innern treulich zu bewahren. Ich konnte es dann, danach, wider jedes Erwarten niederschreiben. In erweiterter Fassung möchte ich es erneut vorlegen, weil man ja von gewaltigen Geschehnissen nicht freikommt und beim Überdenken und Überprüfen auf Wahrhaftigkeit mit der Zeit weitere Einsichten gewinnt.

Schließlich bitte ich hinnehmen zu wollen, daß ich gleichsam als Exkurs, da nicht im unmittelbaren Zusammenhang mit dem eigenen Erleben stehend, einige kurze Ereignisbetrachtungen einfügte, welche mehr als Sonstiges die völlig schizophrene Stimmungslage verdeutlichen, in welcher wir uns während der letzten Kriegstage allesamt befanden.

An dieser Stelle möchte ich Herrn Dr. jur. H. Schütze und Herrn Joseph Zimmermann aus Aachen meinen sehr herzlichen Dank aussprechen. Seit Jahren arbeiten wir in freundschaftlichster Weise zusammen. Wir hatten zu diskutieren, sie zu kritisieren; sie halfen mir mit Rat und Tat, aber auch mit wichtigen Dokumenten. Das vorliegende Buch verdankt ihnen viel.
In gleicher Weise danke ich Herrn Dr. F. Oberbeil, dem Inhaber des »ars una« Verlages, der meinen Wünschen, sofern sie nicht überbordeten, in freundlichster Weise entsprach und dieses Buch rationell gestaltete.

Januar 1995 E. G. Schenck

ERINNERUNGEN AN DEN APRIL 1945

NOTHELFER IN DER STADT

Über den Kampf um Berlin wurde kein Kriegstagebuch mehr geführt. Deshalb findet sich nirgends eine Angabe, an welchem Tage für die Stadt Alarm gegeben wurde. Es muß der zehnte oder zwölfte April 1945 gewesen sein.

Das Stichwort „Clausewitz“ war in der Nacht vom Befehlshaber des Verteidigungsbereichs auf Anweisung des Führerhauptquartiers durchgegeben worden. Fernschreiber hatten es aufgenommen, Telefonisten sprachen es weiter; die zu den obersten militärischen Dienststellen abgestellten Melder ließen die Kräder an und jagten mit versiegelter Order in halsbrecherischer Fahrt durch die zerstörte, dunkle Stadt. Von Ministerien und Wehrmachtsbehörden, von der Gauleitung der Partei und allen Hoheitsträgern verbreitete sich das Geheimwort über tausend Kanäle und Kanälchen hinunter zu Bataillonen und Kompanien, zu Ämtern und Ortsgruppen. Versiegelte Briefe mit der Aufschrift „Geheime Kommandosache - Clausewitz“ wurden den Panzerschränken entnommen und hastig eröffnet. Überall erfuhr man schlagartig: Berlin wird verteidigungsbereit gemacht. Es kommt zum Kampf um die Stadt. Sie wird nicht aufgegeben.

Jedem stockte der Atem, als die neue Last sich niedersenkte. Man hatte gehofft, eine Wendung erwartet, ohne daß sie eintrat, und weiter gehofft. Entsetzte und erschöpfte Flüchtlinge waren mit der Bahn oder im Treck am Rande der Stadt vorbei weiter nach Westen geleitet worden. Unzählige von ihnen erfroren dabei, kamen aus Schwäche um oder wurden gemordet. Die Russen waren nach Schlesien eingebrochen; Wehrmachtsberichte meldeten ihre entsetzenerregenden Untaten. Die Front an der Oder wankte. Man hörte das Grollen einer fortdauernden Kanonade und empfand das Beben der Erde, wenn man das Ohr an sie legte. Der deutsche Osten war zwischen Ostsee und Riesengebirge erschüttert; Millionen hatten die Heimat verlassen und waren ins Ungewisse aufgebrochen.

Anlässe, Sondermeldungsfanfaren schmettern zu lassen, gab es nicht mehr. Das Stichwort „Clausewitz“ schlich sich durch die Hintertür ins Bewußtsein der Berliner. Mit unvorstellbarer Schnelle raunte sich die Geheimanweisung durch die ganze große Stadt von Mund zu Mund der fast drei Millionen Menschen, die noch in ihren Trümmern hausten.

„Alle Ministerien, alle Wehrmachtsführungsämter mit den Stäben und dem gesamten Personal rücken ab“, flüsterte man, „denn sie sind

Reichsbehörden und tragen Sorge für das Bestehen des Großdeutschen Reiches in seiner höchsten Gefährdung. Aber wir Berliner bleiben, und von überall her werden starke Verbände aller Waffengattungen einrücken und unseren Schutz übernehmen. ‚Clausewitz' garantiert die Verteidigung und die Zerschlagung des geschwächten Feindes. In den starken Händen des Führers bleibt Berlin geborgen; denn er plant über die Zeiten hinweg." „Aber wo ist er?" wurde gefragt.

Ich hatte von dem ungeheuren Wirbel, den dieses eine Wort auslöste, bis zu dem Augenblick nichts gemerkt, als ich das Hauptamt „Unter den Eichen" betrat. Vielmehr war ich froh gewesen, das tägliche Hindernisrennen von meinem Zimmer in der Lietzenburger Straße bis nach Steglitz hinaus in zufriedenstellender Geschwindigkeit hinter mich gebracht zu haben.

Auf den Fluren und Gängen des trotz aller Zerstörungen zwar noch weitläufigen, aber zunehmend unübersichtlich gewordenen Häuserkonglomerates herrschte Unruhe wie im Bienenstock vor dem Ausflug der alten Königin. Man packte, räumte und kommandierte, scheinbar und wirklich, zielloses, höchsteiliges Kommen und Gehen von Stube zu Stube, laute Ausbrüche drinnen und aufgeregte Meditationen von Mann zu Mann. Allenthalben herrschte die militärisch so oft beschworene „Bewegung".

Als ich mein Zimmer betrat, rief mir Müller, mein Adjutant zu: „Seit heute Nacht 'Clausewitz'" und „alle Amtschefs sollen um 11 Uhr beim Obergruppenführer antreten". Er meldete, daß die gesamten Akten, mit Ausnahme der wichtigsten, sofort verbrannt werden müßten. Dabei zerrten er und zwei Ordonnanzen Leitzordner aus den Regalen, trugen sie zum Fenster und warfen sie in den Hof. „Was später, wenn das alles weg ist?", fragte ich, und ohne in seiner Aktion aufzuhören, rief er: „Packen, abhauen!"

Ich sah hinaus. Nicht allein meine Leute waren mit der Beseitigung der Akten beschäftigt; aus dreißig oder vierzig Fenstern flogen sie ebenfalls in weitem Bogen heraus. Drunten war ein Zug des Wachbataillons damit beschäftigt, die schriftliche Ausbeute mancher Verwaltungsjahre zusammenzuhäufen und in einem qualmenden Ölfeuer zu verbrennen. Wenn die Heizer auch nicht die Erfahrung gelernter Hexenverbrenner besaßen, so machte den Abkommandierten das Vernichtungswerk doch sichtlich Spaß. Sie trugen hier zusammen, gossen dort Öl nach, warfen Holz alter Büromöbel dazwischen und stocherten, um ausreichende Luftzufuhr bemüht, in Glut und Flammen herum. Der Wind spielte mit, wirbelte angekohlte oder brennende Blätter auf, jagte sie an den Wänden hinauf und über die Dächer hinweg.

„Flieg, geheime Reichssache, flieg. Es wurd' nichts mit dem Sieg. Es wurd' nichts mit Jahrtausendland und abgebrannt ist's Vaterland. Flieg, Geheimsache, flieg!", war man versucht, nachzurufen, aber Müller sagte: „Wenn man mal einen richtigen amerikanischen Brandbombenteppich gebrauchen könnte, dann kommt er sicher nicht", und behielt damit recht.

Die Ausfahrt aus dem großen Hof war verschlossen und mit Doppelposten besetzt. Keiner, der an der belebten Kreuzung „Unter den Eichen/Hindenburgdamm" vorbeiging, sollte erfahren, daß das SS-Wirtschafts- und Verwaltungshauptamt sich im Aufbruch befand. Aus der Kantinenbaracke, die nach Zerstörung der Speiseräume innerhalb des Hauses im Hof errichtet worden war, wurden deutscher Kaffee und deutscher Tee geholt; neben ihr war der gesamte Fuhrpark an Lkws aufgefahren. Schreibtische, Spinde, Tische, Stühle und alles, was zu einem Bürobetrieb gehört, eingeschlossen die Hauptstücke der dezimierten Akten, wurden verladen. Die Holzdielen knarrten unter den Schritten schwertragender, keuchender Männer, die die Gelegenheit benutzten, sich ihren Platz auf der Ladefläche der Wagen auszusparen und zweckentsprechend so einzurichten, daß Lebensnotwendiges greifbar blieb, Bürokram dagegen Schutzwert gewann. Wahrscheinlich ginge es, riefen sie sich zu, nach Bayern, wo ein vorbereitetes Ausweichquartier in Dachau oder in irgendwelchen Höhlen in den Alpen bereitstünde. Dort solle die Arbeit weitergehen, bis der Krieg „schlußendlich" zu einem siegreichen Ende gebracht worden sei.

Im „Schlußendlich" war alles versteckt, was ein Soldat nebenbei denkt, wenn Vorgesetzte aus Flucht eine Aufgabe machen.

Drei Amtsgruppen- und fünfzehn Amtschefs standen in offenem Halbkreis vor dem Hauptamtschef in seinem Dienstzimmer, in welches man noch vor wenigen Wochen nur nach Überwindung mehrerer Instanzen hatte hineingelangen können. Es war nicht mehr so gewaltig groß und barg auch nicht mehr die gleiche Pracht wie das frühere aus der Zeit der Kriegsmitte, das einige Luftangriffe unwohnlich gemacht hatten, aber es bot doch noch zeitgemäßen Vollkomfort. Der General, die beiden Adjutanten hinter sich, nur mittelgroß, aber mit festem Körper und breitem, runden Kopf unter grauen Haaren, hatte immer etwas vom Duce an sich gehabt und sein starkes Kinn wie dieser als Steven benutzt, so daß man ihn als mussolinesk bezeichnen konnte. Wie alle Führer der zweiten Schicht pflegte er Willensstärke und Unbeugsamkeit zu demonstrieren, wo immer er war, und ließ auch an diesem Tage davon nicht ab, als alle Simsons die Locken verloren und ihre Ohnmacht erkennen mußten.

Er blickte einen nach dem anderen an; jeder General, Oberst oder Major, den das Auge traf, nahm Haltung an. Kein Lidschlag, sondern intensiver Zublick aus erweiterter Augenspalte, keine Frage, sondern Bemühung, Mut und Kraft auszustrahlen. Das Gesicht rötete sich während der Demonstration, dann begann er mit zunächst belegter Stimme: „Der Fall ‚Clausewitz' ist eingetreten. Das ist Ihnen bekannt. Der Krieg wird in Zukunft nicht mehr von Berlin aus geführt werden, sondern vom Nordteil und Südteil des Reiches. In den Alpen wurde eine Bergfestung vorbereitet, in welche ein Teil der Streitkräfte, darunter die Waffen-SS, einrückt. Die Mittel stehen zur Verfügung, von dort aus eine siegreiche Entscheidung zu erzwingen."
Und nun wieder in gewohnter Befehlssprache: „Das Hauptamt setzt sich um 16 Uhr in Marsch. Die Amtschefs fahren mit den jeweiligen Adjutanten im Pkw. Omnibusse für Offiziere und Mannschaften sowie Lkws folgen. Die Kolonne fährt geschlossen bis zum Ziel. Bewaffnung wird ausgegeben. Militärische Führung liegt bei Standartenführer Scheide. Ich bitte Sie, Ihre speziellen Anweisungen zu geben; die Büros werden geräumt, alle entbehrlichen Gegenstände vernichtet. Das Wachbataillon verbleibt, wird durch Einheiten aus Sachsenhausen verstärkt und zur Verteidigung Berlins eingesetzt. - Etwaige Fragen?"
Einiges Räuspern, verneinendes Kopfschütteln, zu Befehl - die Besprechung war zu Ende. Nur ein Lidschlag, dann würde es heißen: „Ich danke, meine Herren. Wegtreten. Heil Hitler!"
Kehrtwendung; einer nach dem anderen würde durch die Tür ins Vorzimmer, dann in den Gang treten. Dort erst, sozusagen aus dem Rathause kommend, würde man die Lage erörtern, einen Kameraden zu einem letzten Schnaps in dessen Zimmer begleiten. Und dann nahm „Clausewitz" seinen Lauf. -
Aber wollte ich denn überhaupt von Berlin fort, wollte ich in irgendeiner zubetonierten Alpenhöhle weiterhin Träumen anhängen, von einem Siege faseln, bis schließlich eine Überzahl von Soldaten mit fremden Schulterstücken und stärkeren Waffen „Ruki werch" oder „hands up" brüllte, mich zusammenschoß oder auflud?
Drunten konnte ich mir vorlügen, meine Arbeit sei wertvoll und notwendig, konnte telefonieren und dirigieren, Anordnungen und Vorschriften ins Leere herausgeben und mich schließlich aus Verzweiflung besaufen; denn schließlich würde sich herausstellen, daß es sich um Scheinarbeit handelte. „Clausewitz" bedeutete für uns, die wir abrücken sollten, im Grunde nichts anderes als: „Macht, daß ihr hier wegkommt, dann werdet ihr euch drunten in der ‚Alpenfestung' ebenfalls rechtzeitig aus dem Staube machen können".
Denjenigen aber, die Berlin verteidigen und unter der Verteidigung

leiden sollten, hatte in diesen Jahren meine Arbeit mitgegolten, ihnen konnte ich in Schwierigkeiten beistehen, weil mir bekannt war, was sie brauchten, und wußte, wo das zu haben war, was sie benötigen würden.

Keine hohen Gefühle, die mich erfüllten, sondern lediglich blitzschnelles Abwägen zwischen Wert und Unwert verdammt ungern getaner Kriegsarbeit und entsprechender Entschluß zum Bleiben.

Zudem überkam mich blinde Wut; Krieg hatte ich beinahe überall mitgemacht. Aber von denen, die neben mir standen, waren nur wenige wirklich einmal längere Zeit dort gewesen, wo die Wunden geschlagen werden und es ans Behaupten geht. Sie lieferten Gefechte in den Schreibstuben, und diese waren nicht einmal stets sinnvoll und notwendig. Sie waren gesund, lange Jahre Soldaten und hielten es doch für völlig richtig - auf Befehl natürlich -, den Ort kommenden Unheils zu verlassen. Keiner war schließlich so dumm, sich vorzumachen, daß Verwaltungsarbeit im „überegionalen“ Rahmen weiterhin notwendig oder überhaupt sinnvoll war. Aber jeder tat so, als könne man dies überhaupt nicht in Frage stellen. Hingegen waren diejenigen, die jetzt zur Verteidigung Berlins abgestellt und eingeteilt wurden, bereits einmal Opfer gewesen. Nur Zusammengeschossene, die für den Kriegsdienst im Felde nicht mehr brauchbar waren, arbeiteten seit 1943/44 in den Zentralen der Kriegsführung. Und wiederum sie wurden für die Schlacht vorgesehen - zusammen mit Frauen, Kindern, Greisen -, während Schreibtische, Betten, Spinde, Papier und schließlich Privatgut verladen wurden, um gerettet zu werden. Ungestalt brodelnde Empfindungen trieben mir das Blut ins Gesicht, so daß ich es senkte. Aber dann - pfeif auf Kameraderie und such Kameraden - nahm ich den Kopf hoch, fixierte den Chef im letzten Augenblick, ehe er uns entließ, und hörte mich sagen: „Obergruppenführer, ich bitte in Berlin bleiben zu dürfen.“

Er blickte mich unwillig, dann nachdenklich an; die anderen Herren wandten sich mir zu. Der als Personalchef fungierende Oberführer, mit dem ich schon vom Feldzuge in Frankreich her auf gespanntem Fuße stand, blies sich auf und belferte los: „Befehl ist Befehl; das Hauptamt wird in die Ausweichquartiere verlegt. Wer hier bleibt, verweigert dienstliche Anweisungen und hat ein kriegsgerichtliches Verfahren zu erwarten. Extrawürste werden nicht gemacht, und Sie gehen mit Ihren Männern genauso wie wir alle.“ Zur rechten Zeit fiel mir die Antwort ein, und ich konterte: „Ich bitte zu beachten, daß ich als Ernährungsinspekteur der Wehrmacht Angehöriger des Wehrmachtsverwaltungsamtes bin. Dieses marschiert noch nicht ab, und ich werde mir von dort aus kein Verfahren wegen Flucht vor dem Feind an-

hängen lassen."
Ich begriff nicht recht, weshalb er sich daraufhin maßlos aufregte und Redensarten hervorholte, die er in früher Militärzeit gelernt, aber bisher doch noch nicht angebracht hatte. Er stand vor einer in jeder Hinsicht für ihn neuen Lage und explodierte knatternd wie ein Feuerwerksfrosch. Der Ausbruch unter den Augen des Vorgesetzten stärkte meine Sicherheit; ich merkte, daß die Zeit, in der äußere Formen der Befehlsgebung die militärische Ordnung bestimmten, vorbei war, und daß es lediglich auf das ankam, was ein Mann tun mußte.
Je mehr er aus sich herausging und die zwischen Offizieren gezogenen „Benimm"-Grenzen überschritt, desto mehr versteifte sich mein Widerstand. Ich war drauf und dran, mit kurzer, aber effektvoll knallender militärischer Wendung, die ich mir früher einmal als Rekrut zu eigen gemacht hatte, abzutreten, die Tür von außen zuzuschlagen und in mein Wehrmachtsamt in der Schule am Rathaus Schöneberg zu marschieren, wo man mich nicht so leicht greifen konnte, als der Chef eingriff, den Personalgewaltigen zum Schweigen brachte und entschied: „Der Professor kann in Berlin bleiben; er ist Ernährungsinspekteur und kann überall tätig sein, wo es etwas für ihn zu tun gibt. Die entsprechenden Ausweise sind sofort auszustellen. Auch ich habe mich entschlossen, nicht mit dem Hauptamte nach Bayern zu fahren, sondern hier zu bleiben oder an anderer Stelle, wo man mich braucht. Ich will von jetzt an frei beweglich und nicht abhängig sein." Ich war froh, daß ich nicht bis zum äußersten Widerstand hatte gehen müssen, und verließ erleichtert zusammen mit den anderen das Zimmer. Wir hatten einander nichts mehr zu sagen; jeder beeilte sich, zu seinen Leuten zu kommen und ihnen abschließende Anweisungen zu geben. Die Zeit drängte, in fünf Stunden rollten die Wagen. Das große Ausheben begann. Auf nichts von dem, was zurückblieb, brauchte man Rücksicht zu nehmen; denn das würde in einigen Wochen Bomben, Granaten oder gar, Gott behüte, sowjetischen Eroberern zum Opfer gefallen sein. Erste Aprilhälfte; es war kalt, neblig, man fror in den ungeheizten Zimmern und zwischen offenen Türen. Die Transportbewegungen auf den Fluren nahmen gewaltige Ausmaße an. Die amerikanischen Flieger erwiesen sich als freundlich und störten den Auszug nicht. Einer wie ich, der nicht mehr innerlich beteiligt war und nicht Sorge zu tragen hatte, daß alles „Erforderliche" in Kisten versenkt, numeriert, eingenagelt und weggeschafft wurde, konnte Dinge entdecken, die ihm in allen verflossenen Jahren entgangen waren. Ich kreuzte ziellos durch die Flure, weil ich dachte, ich könne mir, sobald das Haus leer sei und damit praktisch zu meiner Verfügung stünde, ein besseres Zimmer besorgen. Dabei stieß ich unter dem Generals-

flügel auf Räume, die früher nicht zugängig gewesen, sondern stets mit Eifer abgeschirmt worden waren. Eine Speisekammer oder besser gesagt, ein Wein- und Schnapskeller, in welchem es auch an Kaffeesäcken und guten Rauchwaren nicht mangelte, wurde sichtbar. Emsige Leute schleppten Dinge heraus, die man kaum noch vom Hörensagen kannte; aber da der Transportraum nicht ausreichte, konnten sie die Regale nicht völlig entleeren. Der Chef kam selbst herunter, um sich mit einem halb verlegenen, halb bedauernden Lächeln abschiednehmend unter seinen „Repräsentations"-Habseligkeiten umzuschauen. Dann erteilte er den Befehl, den Keller mitsamt dem restlichen Inhalt zuzumauern.

Wir waren in meiner Dienststelle nur zu fünf Mann gewesen, drei davon hatten Familie außerhalb Berlins. Diese schickte ich mit unseren dienstlichen Habseligkeiten und dem großen Transport nach Süden, wo sie es auf alle Fälle besser treffen würden als voraussichtlich wir in Berlin. Mein Adjutant war gleichaltrig mit mir, unverheiratet wie ich und sogar Berliner, aber er strebte mit aller Macht aus der sich schließenden Falle. Beide waren wir draußen gewesen; ich als Arzt, er als fintenreicher Verwaltungsoffizier nicht ohne Meriten. Das dienstliche Unterstellungsverhältnis war eigentlich lediglich formaler Natur. Deshalb befahl ich ihm nicht, bei mir zu bleiben, sondern bemühte mich, ihn zu überreden und in einem flammenden Plädoyer schließlich zu überzeugen, daß wir hier, nur hier in Berlin, noch nützlich seien.

„Mustern Sie", rief ich, „doch einmal die verschiedenen Arten von Endsieg. Schlägt die beste durch, dann sind Sie vornedran. Wie die schlechteste aussieht, das können Sie sich ausmalen. Angehörige der Waffen-SS gehören immer zu den dicken Fischen in der Reuse. Nach uns wird man auf jeden Fall greifen, selbst wenn viele hunderttausend andere ins Wasser zurückgeworfen werden. Zwischen Amerikanern und Russen kann man kaum Unterschiede erkennen; sie hassen uns beide in gleicher Weise, und wenn die Jagd anhebt, dann werden sie sich allenfalls in der Art des Erlegens unterscheiden. Wenn das aber so ist, und wenn wir bis zum Eintritt dieses Ereignisses zu wählen haben zwischen sinn- und zwecklosem Abhetzen und Scheintätigkeit dort, jedoch nützlicher Arbeit hier, dann möchte ich für uns doch letztere wünschen und wählen."

Ich fand weitere Argumente; wir diskutierten wohl zwei Stunden, schließlich entschloß er sich zum Bleiben. Bis heute weiß ich nicht, ob aus Untergebenenfrömmigkeit oder aus Überzeugung. Auf jeden Fall aber stand er mir von diesem Tage an unentwegt und hilfreich zur Seite, bis ich ihn dann schließlich beim Ausbruch aus der Reichskanzlei für immer aus den Augen verlor.

Als sich zur befohlenen Zeit drunten im Hof die Autokolonne bei nieselndem Regen in Bewegung setzte, standen wir nebeneinander am offenen Fenster meines Zimmers. Nicht ohne Erleichterung, aber auch nicht ohne das beunruhigende Empfinden, einen schwerwiegenden Schritt getan zu haben, blickte ich auf das Schauspiel des Auszuges. Müller mochte es ähnlich ergehen; er gab seiner Stimmung mit dem in Kesselschlachten Rußlands geprägten Soldatenwort Ausdruck: „Die Lage ist hoffnungslos, aber nicht ernst".

Erleichtert war ich, weil ich in diesem riesigen Verwaltungskörper als Arzt, Ernährungswissenschaftler und vom Heere zur Waffen-SS kommandierter Reservist, ein Fremdkörper geblieben war. Die Stelle eines „Ernährungsinspekteurs" war im April 1940, nachdem es innerhalb der obersten Militärführung und der Partei zu Auseinandersetzungen über die geeignetste Art der Soldatenkost im Felde gekommen war, für die Waffen-SS geschaffen und mir übertragen worden in der Absicht, die gewonnen Erfahrungen später für die gesamte Wehrmacht nutzbar zu machen. Wenn ich auch mit erheblichen Vollmachten ausgestattet worden war und damit manchen Schlendrian abschaffen konnte, so war die Aufgabe doch voller Schwierigkeiten. Denn gerade bei der Ernährung findet das, was die Wissenschaft empfiehlt, in der Praxis nur selten Anerkennung und die volle Gegenliebe - besonders bei Soldaten, die, wenn sie gut kämpfen sollen, auch aus dem Vollen leben wollen. Die Führung meines Amtes brachte mir zunächst das Wohlwollen Himmlers als des obersten SS-Chefs ein, schließlich aber seine Abneigung und mehr als sie. Ich konnte meine Sache mit Überzeugung nur wissenschaftlich betreiben, während er Lehren einbringen und realisieren wollte, die lediglich seiner „germanischen Weltschau" entstammten. Die von ihm angestrebte Ertüchtigung von Leib und Seele hatte stets etwas irgendwie Sadistisches. Einige Jahrhunderte früher wäre er Geißler seiner Anhänger gewesen.

Nach einigen Auftritten, in denen ich ihm Widerpart gehalten, seine Anordnungen kritisiert und für undurchführbar erklärt hatte, warf er auch mich zu dem großen Haufen dünkelhafter Professoren, deren „Wissenschaftlichkeit" dem gesunden Volksempfinden und der tiefen Sicht der neuen Heilslehre zuwiderlief.

War ich also für Himmler bestenfalls ein Bauer auf seinem überdimensionalen blutbefleckten Schachbrett, so war er mir von Herzen unsympathisch, ja geradezu körperlich unangenehm, weil er Furcht um sich verbreitete und dadurch abstieß, ich aber Grund hatte, ihn für feige zu halten. Beides zusammen bewirkte, daß ich ihn verachtete

und mich innerlich gegen ihn auflehnte, obgleich mir bewußt war, daß er mich mit einer Geste vom Brett des Lebens fegen konnte und es bei sich bietender Möglichkeit sicherlich auch grausam-gerne tun würde. Zwei Gelegenheiten, bei denen ich direkt mit ihm in Berührung kam, festigten meine Meinung. Er hatte eine fast lächerliche Angst vor dem Sterben, obgleich er von seinen Untergebenen Bereitschaft zum Tode forderte und sie in Massen verbluten ließ, und obgleich er unzählige Leben ohne merkbare Anteilnahme auszulöschen befahl. Im Auftrage Hitlers, der gewöhnlich Weihnachten bei seiner „Leibstandarte" feierte, in jenem Jahre aber durch die Katastrophe vor Moskau abgehalten wurde, besuchte Himmler im Dezember 1941 Taganrog, die Stadt am Asow'schen Meere, welche die Deutschen nur mit Mühe behaupteten. Der Nachschub war weit zurück am Dnjepr in Schneestürmen liegen geblieben und die Munition war knapp geworden. Rostow, das nach einem Handstreich einige Tage in deutscher Hand gewesen war, hatte deshalb wieder aufgegeben werden müssen. Denn entgegen allen Berechnungen der Führung waren gerade in diesem Augenblick unserer Schwäche neu aufgestellte russische Verbände vom Kaukasus her über den Don gesetzt, hatten Rostow zurückgewonnen und waren gegen den erbitterten Widerstand von nur noch anderthalbtausend einsatzfähigen Männern bis nahe Taganrog gedrungen. Unsere Leute hatten sich diesseits des kleinen Miusflusses eingegraben und behaupteten sich mit dem Mute der Verzweiflung. So gewann man in der Stadt, die schon Etappe gewesen war, Zeit zur Zurücknahme der Lazarette nach dem hundertzwanzig Kilometer weiter westlich gelegenen Mariupol. In abenteuerlicher Nachtfahrt querfeldein auf der Steppe und unter den Bombenwürfen sowjetischer Flieger wurden die Verwundeten dorthin gebracht. Lediglich eine Sanitätskompanie der Leibstandarte blieb, und zu dieser gehörte ich als Internist.
Einige Tage lang herrschte Untergangsstimmung; mancher Schwadroneur verhielt sich endlich still. Schließlich gelang es den wenigen Bataillonen fast wider Erwarten, die Sowjets aufzuhalten. Die Stellungen konnten befestigt werden; stockend kamen Munition und Benzin heran. Der Einbruch in die Südfront war verhindert worden, und wir begannen wieder mit einer längeren Lebenszeit zu rechnen.
Wir Ärzte hatten die Transportunfähigen aus fünf Lazaretten gesammelt und in unsere Obhut genommen. Unser Revier, eine Landwirtschaftsschule, welche die Russen mit schöner Regelmäßigkeit von Asow her beschossen, war mit Verwundeten und Seuchenkranken überbelegt. Wir hatten mehr als genug zu tun, lebten aber in dem rauschhaften Schwebegefühl, das Gefahr, die verging, den Menschen

gleichsam als Geschenk hinterläßt, und ließen uns durch nichts anfechten. Die Lage war wieder hergestellt. In diese Situation kam Himmler, um inmitten der Truppe Weihnachten zu feiern. Er landete in Mariupol und fuhr im Kommandeurswagen zur Front. Wie es zum Brauchtum der Generalität gehört, besuchte auch er die Verwundeten im Lazarett, um Auszeichnungen zu verleihen und Hände zu drücken. Die Tage der Not waren vorbei; die Operierten lagen gut versorgt und frisch verbunden auf Strohsäcken oder in Betten und hatten selbst vergessen, wie sie eine Woche zuvor ausgesehen hatten. Himmler und seine Begleiter waren demgemäß wohlgelaunt, sparten nicht mit Anerkennung und schickten sich an, das Haus zu verlassen. Die zahlreichen Schwerkranken der inneren Abteilung, die im ersten Stockwerk zusammengedrängt waren, standen nicht auf dem Besichtigungsprogramm. Dabei waren ihrer weit mehr als Verwundete. Ruhr, Typhus, Fleckfieber, Kinderlähmung und Diphtherie hatten sich in der Truppe breitgemacht und sie in den vergangenen Hungerwochen erheblich dezimiert. Dies aber waren meine Leute, und sie hatten Aufmunterung und Anerkennung durch die oberste Führung in gleicher Weise nötig wie die Blessierten. Ich setzte mich auf die Spur des „Reichsführers", drängelte mich durch den Kreis der Umringenden, meldete mich und bat, er möge auch zu den Kranken kommen. Er wurde ärgerlich. „Zu den Kranken? Da steckt man sich ja an. Was denken Sie eigentlich; einen kranken Himmler kann der Führer nicht gebrauchen." Das Gefolge schwieg, er wandte sich zum Ausgang. Mir lagen die Wünsche meiner Männer im Ohr. Ohne vernünftige Überlegung griff ich in die Tasche meines Arztkittels, tastete etwas Rundes und hielt ihm eine Rolle mit Pyramidontabletten hin. „Wenn Sie zwei dieser Tabletten nehmen, Reichsführer", hörte ich mich sagen, „stecken Sie sich nicht an." Sein Gesicht verfinsterte sich bedrohlich, aber er merkte am Verhalten der Umgebung, daß er sich nicht weigern konnte, ohne sich etwas zu vergehen. Man brachte ein Glas Wasser, ich fingerte zwei Tabletten heraus. Er schluckte sie ohne Dank, stieg die Treppe hinauf und marschierte ohne ein Wort im Geschwindschritt durch die Räume. Immerhin grüßte er, und ich ließ bei der Führung kein Krankenzimmer aus. Erläuterungen lehnte er ab. Er war böse auf mich, und mir selbst war nicht ganz wohl in meiner Haut. Dennoch waren meine Patienten zufrieden.

Ernsthafte Aufregung für mich gab es erst am Abend bei der „Julfeier", dem semitheistischen oder semiatheistischen Weihnachtsersatz aus Himmlerscher Weltschau. Wer halbwegs auf den Beinen stehen konnte, wollte dabei sein, und meine Diphtheriekranken, die zwar genesen waren, aber noch Bazillen streuten, bedrängten mich, sie nicht auszuschließen. Schließlich erlaubte ich ihnen die Teilnahme unter der Bedingung, daß sie sich abseits an einem Tisch zusammentaten und niemandem erlaubten, sich hinzuzusetzen. Es wirkt volkstümlich, wenn sich Obere mit Unteren bei Festen gemein machen. Und volkstümlich wollte Himmler sein. Als er in den mit erwartungsvollen Männern dicht besetzten Saal trat, schaute er sich um, steuerte auf meine Bazillenstreuer zu und setzte sich ausgerechnet mitten unter sie. Ich sah's und konnte nichts tun, als heftig zu erschrecken. Es lief mir kalt den Rücken herunter, und als die Kälte unten angekommen war, brach mir oben der Schweiß aus.

Die Männer schwiegen den leutseligen „Reichsheini", wie er von der Truppe genannt wurde, tapfer an, blieben aber trotz geschlossener Münder gesundheitsgefährdende Burschen, und ich sehnte den Augenblick herbei, in dem er sich erhob und auf einen anderen Platz hinüberwechselte. Es gab keinen von gleicher Gefährlichkeit.

Himmler flog am folgenden Tage wieder in das Hauptquartier zurück, aber ich begab mich eine Woche lang auffallend häufig zu den sonst von mir gemiedenen Stäben, um in Erfahrung zu bringen, ob von einer Erkrankung Himmlers gesprochen wurde.

Hatte ich ihn bei dieser Gelegenheit als menschlich klein erlebt, so verstärkte sich etwa ein Jahr später meine Ablehnung zu ausgesprochener Abneigung, als ich wenige Wochen nach dem Ende Stalingrads als Begleiter meines Chefs zu ihm in das in Ostpreußen gelegene Führerhauptquartier „Wolfsschanze" befohlen wurde. Ganz in der Nähe hatte auch Himmler seine Feldkommandostelle. Ein erheblicher Teil der in Stalingrad eingeschlossenen Truppen war verhungert, weil Göring sein Versprechen, sie aus der Luft zu verpflegen, nicht hatte erfüllen können. Das Fiasko führte zu dem Entschluß, eine Notverpflegung zu entwickeln, welche bei geringem Gewicht alle erforderlichen Nahrungsstoffe enthielt. Die Wehrmacht war hieran beteiligt, aber ich erhielt den Befehl, für die Waffen-SS eine entsprechende Form zu planen und ihre Herstellung zu leiten. Dies konnte nur außerhalb der normalen Versorgung, d. h. mit gehorteten Lebensmitteln, geschehen, an welche man aber nur mit Hilfe eines der großen Paladine herankam. Von Himmler konnten wir Unterstützung erwarten; denn er drängte auf diese Notverpflegung. Ich war bestellt, ihm vorzutragen, welche Mengen und welche Arten von Nahrungsgütern benötigt wurden. Mein Chef, Obergruppenführer Pohl, war häufiger Gast Himmlers; ich betrat zum ersten Male den Vorhof der Macht. Die Kommandostelle bei Rastenburg, wohin wir in nächtlicher Fahrt mit dem Kurierzug gelangt waren, befand sich tief im Walde, angeblich zehn Kilometer von der eigentlichen „Wolfsschanze" entfernt, in deren

Nähe der Reichsmarschall Göring, das Oberkommando der Wehrmacht, der Außenminister von Ribbentrop u. a. ebenfalls Befehlsstellen haben sollten. Unter den Bäumen standen Baracken, neben denen sich ein Betonbunker erhob. Splittergräben in der Nähe und nicht weit in der Runde herum ein mehrfacher Stacheldrahtzaun. Ein Bahngleis führte in den Wald und stellte über Rastenburg die Verbindung mit der großen Welt her; jetzt stand auf ihm der Sonderzug Himmlers mit Salon-, Speise- und mehreren Schlafwagen. Der Zugkommandant wies mich in ein Abteil ein; ich packte meine Akten aus und setzte mich ans Fenster. Flakgeschütze schienen den Raum weitum zu sichern; in der näheren Umgebung herrschte ein geschäftiges Hin und Her von Meldern und jüngeren Offizieren. Gelegentlich fuhr ein „Großer" in schwerem Dienstwagen vor, dann klappten die Griffe der Posten, knallten die Stiefel der Wachen. Auch Himmler trat aus einer Baracke; Pohl rief vom Gang des Schlafwagens nach mir; ich solle ihn zur Meldung beim Reichsführer begleiten. Doch dieser beachtete nur ihn, lachend rief er: „Kommen Sie her, Pohl, Sie können einmal sehen, wie weit die Front schon zurückverlegt wurde." Sie verschwanden hinter einer Tür; ich machte erleichtert eine Kehrtwendung und setzte mich wieder an meinen Ausguck, weil draußen mehr höhere Offiziere herumgingen, als mir angenehm war. Es war winterlich kalt, ohne daß schon viel Schnee gefallen war; ein im Kommandobereich liegender Teich war zugefroren, und man benützte ihn zum Eisschießen. Bayern waren bekanntlich in Himmlers Umgebung in der Überzahl. Er und Pohl erschienen unter den Spielern, ließen sich Eisstöcke geben und beteiligten sich. Es war wie ein Wunder; Himmler gewann fast jedes Mal. Seine Mannen begeisterten sich, und mein norddeutscher Chef wurde bayrischer als bayrisch. Bei jedem beifallsfähigen Schuß seines Halbgottes schlug er sich klatschend auf die Schenkel und stieß Urlaute aus. Eine derartige Mitfreude konnte nicht unbeachtet bleiben.

Himmler arbeitete nachts wie Hitler, und deshalb war auch seine gesamte Umgebung nachts in voller Aktion; die wichtigsten Dinge wurden in später Stunde oder vor dem Morgengrauen erledigt.
Wir wurden nach 22 Uhr zum Vortrag gerufen; Pohl gab mir einen Stoß, als wir den nicht eben großen Arbeitsraum des mächtigen Mannes betraten. Dann meldete er, als stünde er zum ersten Male vor ihm. Ob Himmler mich erkannte, weiß ich nicht; er sah viele Menschen, hatte aber ein auffallend gutes Personengedächtnis. Vom Zwischenfall in Taganrog hatte ich Pohl gegenüber nichts erwähnt; ich hatte keine Veranlassung gesehen, ihn in die Empfindungen eines nachgeordneten Arztes einzuweihen.

Himmler setzte sich bequem im Sessel zurecht; wie immer war er blaß und trug einen kleinen Kneifer. Die Züge wären nichtssagend gewesen, hätte er nicht ungute Augen gehabt. Er gab das Thema an „Verpflegung eingeschlossener Verbände", ließ uns jedoch nicht zum Vortrag kommen, sondern begann einen Monolog über die gute und gesunde Ernährung der alten Germanen und nordischen Völker. Er erregte sich über die Zivilisation und den Verfall, zu dem sie führe, pries die Ostvölker, die gesünder seien, weil sie sich einfacher ernährten und wegen der vorwiegend pflanzlichen Nahrung einen längeren Darm hätten als die Deutschen. Nur durch eine völlige Veränderung der Ernährung könne Deutschland an die Spitze aller Nationen rükken. Fleisch sei von Schaden; baldmöglichst, am besten noch während des Krieges, weil dieser manche Schwierigkeiten behebe, wolle er das deutsche Volk zu einem Volk von Vegetariern machen. Erst als solches würde es in seiner Gesamtheit die Leistungskraft und Widerstandsfähigkeit erwerben, die der Führer schon jetzt besitze.
Mir wurde immer unbehaglicher und es fiel mir schwer, diese Empfindung zu verbergen. Was Pohl dachte, konnte ich nicht erraten. Falls er nicht völlig abgeschaltet hatte, vermochte er den Eindruck zu vermitteln, als empfinge er Offenbarungen. Sein Mund stand halb offen.
Himmler sprach unentwegt weiter; es verging mehr als eine Stunde, und ich erfuhr wieder einmal, daß die alten Ritter kleiner gewesen seien als die Männer heute, daß das Vollkornbrot der Ahnen kerniggesund, das Weißbrot der Industrie latschig und Gift für Zahn und Darm sei. Er ließ sich über die Margarine aus, über Hafer und Trinkwasser und vertat die Zeit, die wir für so viel wichtigere Dinge dringend benötigten.
Dabei hatte das Volk so knappe Rationen, daß es nicht mehr zwischen sehr gutem und weniger gutem Essen wählen konnte, sondern sich zwischen einer einigermaßen ausreichenden Nahrung oder Hungerkost entscheiden mußte. Allein wegen des Hungers waren wir schließlich hier!
In der Überzeugung, uns in eine neue Welt eingeführt zu haben, schloß er schließlich, und Pohl brachte ihn mit wenigen Sätzen zur Sache. Dann erhielt ich das Wort und sagte ohne jede Verbindlichkeit: „Wir haben den Befehl, für Truppen, die wie in Stalingrad eingekesselt sind, eine Konzentrat-Verpflegung zu entwickeln, von der weniger als ein Pfund genügt, einen Mann für einen Tag zu ernähren und zu sättigen. Sie muß aus der Luft abgeworfen werden können; die Verpackung soll sicher sein, darf aber selbst fast nichts wiegen. Die Erstausstattung wird fünf Millionen Verpflegungstage betragen. Wir

haben bereits feste Vorstellungen; die Verpflegung wird vier Monate nach Zuteilung der erforderlichen Grundlebensmittel zur Verfügung stehen. Neuartige, hochwertige Nahrungsmittel werden hineingearbeitet. Wir verfügen jedoch nicht über die rationierten Lebensmittel Fleisch und Fett. Sie müssen uns aus Wehrmachtsbeständen zugeteilt werden. Es handelt sich um etwa eintausend Tonnen Fleisch."
Himmler schnaufte ärgerlich: „Ach was, Wehrmachtsbestände- Fleisch, Fleisch? Da sehe ich keine Schwierigkeiten. Wenn wir alle Gemsen abschießen, haben wir es schnell zusammen."
Ich erwiderte: „Reichsführer, das dürfte niemals genügen. Eintausend Tonnen Fleisch entsprechen wenigstens fünftausend Rindern. Gemsen sind wesentlich leichter und außerdem wird es so viele, wie wir benötigen, gar nicht geben. Wie soll man sie denn auch in ein paar Wochen zusammenschießen!"
Er richtete sich auf: „Dann nehmen wir eben Krähen dazu, von denen es hier Unmassen gibt. Wir lassen ein oder zwei Rekruten-Bataillone Jagd machen, sie fangen und töten. Ich sage Ihnen, das genügt."
Nun wurde ich aus Ärger stur; ich hatte die ganze Zeit gestanden und sah auf ihn herab. Sichtbar erbittert entgegnete ich: „Auch dann langt's nicht. Jede Krähe liefert nur ein paar Gramm, und wir brauchen eine Million Kilogramm." Jetzt war es bei ihm aus. Er begann auf meinen fachlichen Hochmut zu schimpfen, der den Horizont für höhere Gedankenzüge blockiere, äußerte sich negativ über Rechner, die überall Zahlen hinmachten, und hätte mich gerne nachgiebig gesehen. Aber ich beharrte böse bei meiner Forderung. Sein Vorschlag stelle keine Lösung dar. Ich wollte Rinder - er müsse sie beschaffen, sonst sei sein Befehl nicht ausführbar. Es wurde ziemlich laut; nur von Pohl bemerkte man nichts. Schließlich hieß Himmler mich gehen. Mit zornrotem Kopf machte ich eine wilde Ehrenbezeugung und verschwand.
Lange nach Mitternacht kam Pohl zu mir ins Abteil und sagte: „Ich konnte wenigstens verhindern, daß der Reichsführer Sie sofort rausschmiß. Zuletzt hat er die Vorschläge gebilligt. Wir sollen sofort an die Arbeit gehen; im Sommer will er die fertige Konzentratverpflegung hier demonstriert haben. Das ist eine Terminsache. Sie sind für rechtzeitige Erledigung verantwortlich."
Also Drohung auf längere Sicht. Sie ließ mich im Augenblick kalt, ich war vielmehr glücklich, etwas für die Feldtruppe tun zu können, zu der ich gehörte. Von „ihm" hatte ich fortan die schlechteste Meinung, aber auch ich war ihm fortan höchstlich zuwider.
Das erfuhr ich bereits am folgenden Morgen vor der Abfahrt, als wir im Speisewagen frühstückten. Himmler kam mit seinem Sekretär herein. Er setzte sich neben Pohl, der Begleiter neben mich. Während er

seine Brötchen schnitt, bestrich und einen Kräutertee dazu trank, begann er, sich mich vorzunehmen. Zunächst stellte er mit bösartiger Befriedigung fest, daß ich seinen Befehlen zuwider nicht verheiratet und nicht einmal aus der Kirche ausgetreten sei. Er knüpfte mich langsam auf, meinte, man wisse ja, wie es Professoren und Ärzte in unverheiratetem Stande an den Krankenbetten trieben. Mit steigendem Vergnügen erging er sich in immer farbigeren Darstellungen. Die beiden anderen schwiegen; ich konnte, da er sich als Vorgesetzter gerierte, nichts erwidern und mich auch nicht abmelden, da ich nicht ohne Rempelei an dem Sekretär vorbeigekommen wäre. Kein Zucken in meinen Mienen verriet ihm, ob ich auf seine Beschimpfung reagierte. Ich saß da wie eine Gestalt im Wachsfigurenkabinett. Die Verabschiedung vollzog sich in denkbar knappster Form; ich war so militärisch, daß es mehr als unhöflich war.

Diesen Auftritt vergaß er mir nie und kränkte mich von da an, wo er irgend konnte, ohne mich als nützlichen Idioten freilich in meiner Arbeit zu beschränken. Gäbe es ein Sternbild, in das er hineingehört, dann wäre es wohl das des Hais.

Demgegenüber hatte mein unmittelbarer Vorgesetzter, Obergruppenführer Pohl, der Himmler nicht zu widersprechen wagte, aber als Praktiker in vielen Dingen einfach das tat, was er für richtig hielt, mich niemals fallen lassen, sondern, wo immer es möglich war, sich bemüht, die ärztlichen Empfehlungen für die Truppenverpflegung ohne Umstände verwaltungsmäßig zu realisieren.

Die Bedeutung der Stellung des Ernährungsinspekteurs lag darin, daß infolge ihrer Eingliederung in das für die Verpflegung zuständige Verwaltungsamt ärztliche Erkenntnisse ohne Instanzenweg direkt in praktische Anweisungen umgesetzt werden konnten, welche als Anordnungen und Befehle hinausgingen. Dies erweckte bei einigen Amtschefs den Eindruck, sie würden vom Ernährungsinspekteur überwacht und kritisiert, so daß sie mich mit Mißtrauen und Reserve betrachteten. Hinzu kam, daß ich monate- und jahrelang, mit kurzen Gastspielen in der Zentrale, draußen an der Front war, um die Bedürfnisse der Truppe im Kriegseinsatz kennenzulernen und nicht lediglich vom grünen Tisch aus zu dirigieren. Die Zusage, als seine „Sonde“ bei der Fronttruppe tätig sein zu dürfen, hatte Pohl mir, als ich vorgeschlagen und ernannt wurde, gegeben, und ich nützte dies als Truppenarzt und Internist in Sanitätskompanien bis 1943 gründlich aus. Von 1944 an mußte ich jedoch in Berlin bleiben; die allgemeine Versorgungslage wurde immer schwieriger. Produktion und Vorräte langten nirgends mehr ganz aus. Die Rationen mußten gekürzt werden, was natürlich zu schweren Interessenkonflikten und Machtkämpfen der beteiligten Zivil- und Militärstellen führte. Wir waren ununterbrochen damit beschäftigt, zu rechnen, zu arrangieren und zu vermitteln. Wissenschaftler entwickelten neue Nahrungsmittel, und meiner Dienststelle fiel die Aufgabe zu, den Weizen von der Spreu zu sondern, wertvolle Untersuchungen zu fördern, aber auch die Künste der Goldmacher, welche sich häufig auf mächtigste Gönner berufen konnten, als Truggebilde zu entlarven, ohne dadurch allzu mächtige Feinde auf uns zu ziehen. Die Gerechtigkeit der Nahrungsmittelverteilung, und zwar für das ganze Volk, mußte gewahrt bleiben, wobei wir uns lediglich nach dem richteten, was auf Grund unterschiedlicher Beanspruchung benötigt wurde, was also ärztlich und ernährungsphysiologisch gerechtfertigt war. Kinder sollten in der Entwicklung nicht behindert, die großen Leistungen der Mütter berücksichtigt werden; Soldaten durften nicht zu kurz kommen, aber auch nicht auf Kosten anderer Gruppen des Volkes im Überfluß leben. Im ganzen ein fast unübersehbarer Komplex, der zudem den Nachteil hatte, mit Emotionen behaftet zu sein. In den unvermeidlichen Verhandlungen ging es deshalb selten ruhig zu, doch waren die maßgebenden Männer im Ernährungsministerium, bei den militärischen Verwaltungsämtern und der Reichsärztekammer durchweg Sachverständige von hohen Graden, die zumeist eine halbwegs befriedigende Lösung zu finden wußten.

Ich war überall beteiligt, auch mußte meine militärische Tätigkeit Anerkennung gefunden haben; denn Mitte 1944 betraute man mich mit der Leitung der neu geschaffenen Stelle eines „Inspekteurs für Truppenverpflegung und -ernährung“ im Wehrmachtsverwaltungsamt, was mir sozusagen als mein persönlicher Sieg über Himmler erschien. Ich hatte nunmehr ein zusätzliches Büro, was sich, wie vorhin dargelegt, auf meine Handlungsfreiheit sehr günstig auswirkte und mich aus manchen Fesseln löste.

Zwischen den Dienststellen gab es zuletzt keine Barrieren mehr. Wie so oft wurde oftmals eine schnelle Erledigung wichtiger Probleme wegen Rangordnungen und damit langer Dienstwege verzögert. Jetzt waren sogar hohe Ministerialbeamte erfreut, wenn ein anderer sie im Ausweichquartier ausgemacht hatte und sie aufsuchte. Dann wurden Entscheidungen oft im Handumdrehen getroffen.

Wiederholt führten wir Besprechungen mit dem Ernährungsminister Backe, der aber auch keine Lösungen anbieten konnte, da sein Wirkungskreis auf Berlin zusammengeschrumpft und sein Ministerium, während er blieb, verlagert worden war. Noch im letzten Heft des Deutschen Ärzteblattes, das im Januar 1945 erschien, konnte ich in einem Artikel, für den noch vier Buchseiten zur Verfügung gestellt wurden, Vorschläge für eine unter den obwaltenden Umständen optimale Versorgung unserer Zuckerkranken, bekannt geben und schließlich verbreitete ich am 5. April noch ein kurzes Merkblatt mit den Titel: „Richtlinien für das Leben unter einfachsten Verhältnissen". Es war sozusagen schon für die Zeit „danach" verfasst, weil ich es ohne Angabe einer Dienststelle oder Funktion als Privatmann unterzeichnete.

Wie völlig absorbiert ich in diesen Gedanken war, möge schließlich eine Episode aus dem März oder April 1945 beleuchten: Ich ging auf den Bahnsteig der S-Bahn in Steglitz, den nur unregelmäßig eintreffenden Zug erwartend, unentwegt auf und ab, als mich ein Herr nicht freundlich, nicht unfreundlich, aber militärisch streng fragte, weshalb ich ihm nicht die ihm gebührende Ehrenbezeugung erwiese. Von der Erde aufsehend erblickte ich an seinem Ärmel mehrere breite „Kolbenringe"; er war also ein hoher Admiral, der vermutete, selbst bei Offizieren sei die Insubordination bereits ausgebrochen. Aufgeschreckt holte ich das Erforderliche nach und sagte aus tiefer Versunkenheit heraus: „Wir haben solche Sorgen." Da winkte er, irgendwie selbst betroffen, verständnisvoll ab, und wir gingen dann mehrmals aneinander vorbei.

Die Wagen wurden angelassen, die Kräder gaben Vollgas, der Lärm der Motoren staute sich im Häusergeviert. Die Holzgaswagen mit ihren hohen ofenähnlichen Aufbauten, in welchen die energieliefernden Scheite verglühten, waren binnen weniger Stunden auf Benzin umgestellt worden, da man glaubte, sie würden die beschwerliche Fahrt über eine weite Strecke nicht durchhalten. Die Dienst-Pkw's der Chefs, seit Jahren außerhalb der Stadt abgestellt und ebenfalls durch Holzgas-Pkw's ersetzt, waren ebenfalls umgebaut, aufgetankt und herangefahren worden.

So bot sich dem Beschauer ein Bild, wie er es seit den ersten Kriegs- und Siegesjahren nicht mehr gesehen hatte: Lange, graue Mercedes- und Horchwagen, Fahrer am Lenkrad, Gewehre an beiden Seiten in den Halterungen fixiert, leichte Maschinengewehre im Fond. Feldgrau, wohin man blickte, Stahlhelme, Gasmasken.

Am Eingang der Kasinobaracke war die Gruppe derer versammelt, denen ein eigener Wagen zustand, alle in den besten Uniformen; einige zusätzlich mit Maschinenpistolen bewehrt. Triste Witze, Bohnenkaffee, ein Schnaps zum Abschied. -

Der Chef des Begleitkommandos stand im geländegängigen Sechsräder vornean und dirigierte vier Melder auf schweren Krädern an die Ausfahrt und zur Räumung der Straße. Eine daherrumpelnde Straßen-

bahn wurde angehalten. „Meine Herren , rief er, „bitte zu den Wagen." Sie verfügten sich auf ihre Plätze. Er schaute zurück; die Anweisungen für die Reihenfolge der Eingliederungen waren bekannt. Er hob die Befehlskelle. Der Exodus begann. - Was bisher verborgen gewesen war, wurde zum öffentlichen Ereignis. Berlin wurde verlassen. Ich schämte mich, so daß ich trotz der Kälte zu schwitzen begann.
Die Wagen der Amtsgruppen- und Amtschefs eröffneten den Zug. Jeder besetzt mit Fahrer, dem Chef auf dem rechten Vordersitz und dem Adjutanten im Fond. Persönliche Habe im Kofferraum. Sonst leer. Sie steuerten durch das enge Tor; jeder sah vor sich hin, kein Gruß zu den vereinzelten Passanten am Straßenrand oder von diesen an sie. Pohl selbst war, wie angekündigt, von anderer Stelle zu anderer Zeit allein abgefahren. Niemand wußte wohin. -
Den Pkw's folgten Omnibusse mit Stabsangehörigen und diesen die Lkw's mit Bürogerät. Hoch aufgetürmt, ineinander verkeilt, durch Seile und Planen zusammengehalten, von Begleitpersonal kontrolliert, begab sich auch das inventarisierte fiskalische Gut auf die Flucht.
Als der letzte Wagen schwerfällig schaukelnd die Straße erreicht und Kurs nach Süden genommen hatte, der abschließende Sicherungsoffizier im VW mit zwei Meldern auf Krädern abgefahren war, dämmerte es stark. Es regnete. Kein Einflug auf Berlin hatte gestört.
Die Reise verlief, wie wir zu hören bekamen, anfangs planmäßig. Die Autobahn war wegen der Tiefflieger für zu gefährlich gehalten worden, deshalb sollten die Wagen auf Landstraßen in Richtung Thüringen fahren. Doch bereits an der Stadtgrenze begann die Kolonne zu zerfallen, und die Fahrer wurden bald auf sich selbst gestellt. „Clausewitz" hatte ja nicht nur uns, sondern beinahe sämtliche obersten Wehrmachtsbehörden und zahlreiche Ministerien zum Abmarsch gezwungen. So wälzten sich allenthalben mehr oder weniger lange Autoschlangen aus den Trümmerbüros der Reichshauptstadt und formierten sich zu zwei riesigen Säulen. Von diesen wandte sich die eine nach Nordwesten, um Schleswig-Holstein zu erreichen, während die größere gen Bayern und in die Alpen strebte. Die Bauchseite des „deutschen Drachens" zeigte sich; sie war weich. Als der Gegner dies erkannte, stieß er vernichtend immer wieder in sie hinein. Er kannte die Engpässe, welche durchfahren werden mußten, und an ihnen lauerte er mit Bombern und Jagdfliegern. Sie wüteten unter den Fahrzeugen, und wenn es auch der Mehrzahl der Menschen gelang, das vorgesehene Ziel zu erreichen, so wurde das mitgeführte Bürogerümpel doch in die Straßengräben gefegt oder über die Felder verstreut, soweit es nicht zertrümmert wurde und verbrannte. Einige wenige Meldungen, die das Eintreffen in Dachau, Tölz und Garmisch mitteil-

ten, gelangten noch an uns. Dann schwiegen Fernschreiber und Telefone.
Heute wissen wir, daß bald eintrat, was zu vermuten war; die Vorstellung, von Bayern aus den Krieg weiterführen zu können, war eine Fiktion. Es gab keine vorbereiteten Auffangstellungen. Die aus Berlin Geflohenen flohen weiter, und bald waren sie alle gefangen. Im Prozeß gegen das SSVerwaltungs- und Wirtschaftshauptamt 1947 in Nürnberg wurden sie entweder zum Tode verurteilt oder mit langen Freiheitsstrafen in das Gefängnis von Landsberg gesteckt. Als ich im Jahre 1955 aus der Sowjetunion heimkehrte, waren die ersteren hingerichtet, die anderen bereits in Freiheit.
Hinter den letzten Wagen wurde das Tor geschlossen und verriegelt. Der Verbliebenen bemächtigte sich Ratlosigkeit und Niedergeschlagenheit. Erschöpft vom An- und Aufpacken fühlten sie sich seelisch entleert und blieben wie eine Herde ohne Leittier auf dem Hofe zusammen, dessen Erde zu Morast zertreten und zerfahren war. Noch eine Weile hörten sie dem Auf und Ab der Motorengeräusche nach, die von überall her zu kommen schienen, dann schlurften sie in die Unterkünfte. Der Dienst war zu Ende; die Verdunkelungsrollos wurden heruntergelassen, Kerzen angezündet. Die Männer warfen sich, wie sie waren, auf die Betten.
Was ich in diesem Hause bisher nicht gekannt hatte, überkam mich jetzt das Gefühl der Zusammengehörigkeit und der Verbindung. Müller und ich verließen das Zimmer, trennten uns, und ich tastete mich durch die dunklen Gänge zu Stuben, aus denen ich Stimmen hörte. Wir rückten zusammen, stellten kollektiv Mutmaßungen über die nähere und fernere Zukunft an und tranken Weinbrand oder Kümmel. Das bisherige Krankenrevier war aufgelöst worden. Die Schwestern packten ihre Sachen, um ins Stammlazarett zurückzukehren; der Arzt wurde Truppenarzt des Kampfbataillons. Er hatte immer wissenschaftliche Neigungen gezeigt und war ebenfalls manches Jahr draußen gewesen, bis er nach schwerer Verwundung zum Dienst in der Heimat abgestellt wurde. Ihm graute vor den Straßenkämpfen, bei denen es, außer Verwundungen, durch stürzendes Mauerwerk schwere Quetschungen, Knochenbrüche und innere Verletzungen geben werde.
Das Gespräch schleppte sich müde dahin; wir starrten niedergeschlagen die Wände an, bis ich mich schließlich verabschiedete und auf schweren Füßen in mein Dienstzimmer zurückging. Ich holte eine Decke aus meinem Schrank, breitete sie auf dem Boden aus und legte mich, wie so oft früher in Rußland, in Uniform zum Schlafen nieder. Koppel mit Pistolentasche neben mir, die Mütze unter dem Kopf. Die

Nacht blieb bis auf einige Schüsse, die irgendwo in der Nachbarschaft fielen, ruhig. Der neue Tag zog widerstrebend und trübe wie der vergangene herauf. Ich starrte lange durch das Fenster auf den trostlos schmutzigen Hof; in der Küchenbaracke rauchte der Schornstein. Müller kam und brachte ein Kochgeschirr mit heißem Kaffee und Brot mit Marmelade. Wir saßen an den Schreibtischen einander gegenüber und frühstückten. Den Rest des Kaffees benutzten wir als Rasierwasser. Von draußen kündeten Kommandos und die von schweren Stiefeln verursachten Geräusche, daß man wieder soldatisch tätig war. Die Kompanien traten an; die Männer wurden eingeteilt, empfingen Waffen, Munition, Stahlhelm und Gasmaske. In der Kleiderkammer wurden die besten Monturen ausgegeben. Man sparte mit ihnen nicht mehr; denn man trug sie lieber selbst, als daß man sie den Russen überließ. Der Tag verging über dem Warten auf weitere Befehle. Wie man hörte, sollte dem Bataillon ein besonderer Verteidigungsabschnitt zugeteilt werden. Der Kommandeur fuhr weg, um Genaueres zu erfahren und irgendwo schwere Waffen zu beschaffen. Er hatte bereits einen Arm verloren und war wie alle Männer seines Bataillons lediglich garnisonverwendungsfähig. Jetzt rückten sie wieder in die Front ein und nahmen's hin, wie sie bisher in fünf Kriegsjahren vieles als Pech oder als Glück hingenommen hatten. „Nitschewo", wie es gerade kam. Man tat das Verlangte selten begeistert, aber eben doch, und steigerte sich in die schwersten Aufgaben hinein, wenn sie einem zuwuchsen. Und das schien nun jetzt wohl für alle Verbliebenen der Fall zu werden.

Das Bataillon wartete einstweilen und genoß den Augenblick, in dem noch nichts verlangt wurde und auch keine Gefahr drohte. Die Männer hingen ihren Gedanken nach, ab und zu fiel ein Wort.

Ich bekam ebenfalls zu tun - oder besser gesagt, ich ging daran, einige Pläne, die bisher nur in meinem Kopfe existierten, zu verwirklichen, was ich nunmehr ganz nach eigenem Ermessen tun konnte. Mir stand jetzt ein Pkw zur Verfügung. Der Fahrer war zwar mit dem Hauptamt abgerückt, aber Müller war über den alten Mercedes hocherfreut und fuhr ihn fortan. Wenn auch der Tank im Augenblick randvoll war, so waren Nachfüllungen kaum mehr zu erwarten, und Sparsamkeit blieb das Gebot der Stunde. Panzer und Lkw's hatten Vorrang. Wir fuhren deshalb nur, wenn es nicht anders ging, und marschierten zumeist unsere Strecken wie bisher ab. Das Wichtigste war, zu erfahren, was im Wehrmachtsverwaltungsamt und bei meiner dortigen Dienststelle vor sich ging. Ich hatte nichts Falsches behauptet, als ich gesagt hatte, ihre Verlegung sei noch nicht befohlen. Aber an diesem Tage, vierundzwanzig Stunden später, erhielt auch sie den

Abmarschbefehl, und das große Räumen begann, das meine Anwesenheit erforderlich machte.
Wir arbeiteten uns vom Botanischen Garten in Richtung Rathaus Schöneberg vor. Die Steglitzer Straße war im Umbruch begriffen. Soweit sie nicht bereits infolge Feindeinwirkung aufgerissen und durch Trümmermassen auf Vorstadtbreite eingeengt worden war, wurde sie nunmehr ihres verbindenden Charakters völlig beraubt. Berlin hatte sich laut „Clausewitz" zur Verteidigung bereit und dem Feind - es konnte nur der Russe sein - das Eindringen unmöglich zu machen. Deshalb hatte man als letztes Aufgebot den Volkssturm herangezogen und zum Bau von Straßensperren eingesetzt. Alte Männer und Knaben, durch Armbinden als Angehörige des Heeres ausgewiesen, arbeiteten mit Eifer und einiger aus Verzweiflung geborenen Begeisterung daran, Straßenpflaster und Asphalt aufzureißen und Hindernisse zu errichten, die nach ihrer Vorstellung jedem Angriff widerstehen konnten. Ausgebrannte Straßenbahnwagen oder Autos, Schienen, Trümmerbrocken, Balken und, was sich sonst noch als geeignet anbot, wurden aufgetürmt, ineinander verkeilt, mit Schießscharten versehen, und schließlich, wenn das Werk haltbar erschien, von den Erbauern besetzt. Sie waren mit Gewehren und Karabinern aus aller europäischen Herren Ländern ausgerüstet und hatten dazu Munition, die gewöhnlich nicht aus dem gleichen Lande wie das Schießeisen stammte. Wenigstens auf dem Gebiet der Bewaffnung war es bereits zu einem Vereinten Eurapa gekommen. Aber die Vereinigung funktionierte nicht recht; die unterschiedlichen Kaliber erforderten unterschiedliche Munition. Die passenden Patronen waren aber seltsamerweise selten dort zu finden, wo sie hätten verschossen werden können. Es war demnach vorauszusehen, daß es mit der Verteidigung nicht weit her sein würde.
Wenn man sich, wie jetzt wir, von einer Sperre zur nächsten vorarbeitete und aus alten und jungen Augen kritisch gemustert wurde, dann konnte man nur wünschen, daß alles bald und mit nicht zu großen Schrecken zu Ende gehen möge. Es war nicht zu erkennen, in welchem Ausmaß sich die Tausende von Tätigen der Sinnlosigkeit ihrer Graberei und Rackerei bewußt waren. Sie äußerten sich hierüber nicht, und den üblichen Kraftausdrücken kam ein in dieser Hinsicht verbindlicher Charakter nicht zu, aber sie arbeiteten ernsthaft und ingrimmig, angetrieben von der Urpflicht des Selbstschutzes und der Sorge für die Ihren. Der märkische Sandboden, die Basis der Stadt Berlin, war durch Feindbomben bereits früher allenthalben freigelegt worden. Nunmehr wurde er an den verschiedensten Stellen hochgeschippt und erhielt durch Mischung mit Mörtelstaub und Ziegeltrüm-

mern eine Schwere, die ihm bislang gefehlt hatte. Der Regen machte aus der Masse Lehm, der die Arbeitenden als feuchte, klebrige Schicht überzog. Alte Frauen sahen den Jammer ihrer alten Männer und traten mit heißen Getränken unter die Haustür; ein Geruch von Erbsensuppe erheiterte die Atmosphäre und zog sie alle zusammen mit magischer Kraft zu der vereinsamten Feldküche, in der sie kochte.

Der Rundfunk war nicht abgestellt. Melodien und Nachrichten dröhnten aus den Apparaten ins Freie. Man wartete auf den fälligen Einflug und hoffte, daß er ausblieb.

Ganz Berlin schippte, war beieinander versammelt und bereits „unter sich". Man lebte. Am Rande der Sperren, die die Straßenbreite einnahmen, waren kleine Durchlässe angebracht. Knaben, halbe Kinder, kontrollierten ernsthaft die Ausweise, und wir ließen's lächelnd geschehen. Weigerung hätte sie erbost oder beschämt, einen Auflauf provoziert und unser Weiterkommen verzögert. Dieses Verteidigungsspiel war zum Heulen - traurige Selbsttäuschung und armer, gepeinigter Heldenmut im Hinterhof. Einige Granaten irgendeines Panzers genügten, um die Sperren zu zerfetzen und den Verteidigern Tod und Verderben zu bringen.

Wir marschierten kreuz und quer, bald auf dieser, bald auf jener Straßenseite, wie die Durchlässe es erforderten, und wurden allmählich tödlich ernst. Was hatte Gott mit diesen Menschen vor, die einfach dahingestellt worden waren und sich im Glauben, daß es nötig sei und auf sie ankomme, hatten hinstellen lassen!

Schließlich hatten wir das Rathaus Schöneberg erreicht, gingen links an ihm vorbei und befanden uns plötzlich in einer fast friedlichen Welt. Abseits der Hauptstraßen baute man keine Sperren. Das Viertel war von Flächenbränden verschont geblieben, und nur vereinzelte Sprengbomben waren gefallen. So standen die Häuser fast unversehrt, und auch die Straßenbäume streckten ihre kahlen Äste noch über die Bürgersteige. Hier lag die Volksschule, in welche das Wehrmachtsverpflegungsamt verlagert worden war. Auch wenn ihr die Fensterscheiben fehlten, so sah sie doch noch verhältnismäßig prächtig aus. Als wir eintraten, sahen wir uns der gleichen unruhigen Aufbruchstimmung gegenüber wie tags zuvor im Hause „Unter den Eichen". Generalstabsintendant Bösler und seine Verwaltungsmacht waren bereits am frühen Morgen abgerückt; lediglich meine Mitarbeiter waren noch da und warteten ziemlich nervös auf mich. Ich rief sie sofort zusammen und hielt nun meinerseits eine Ansprache in der Art, in der Pohl sie einen Tag früher gehalten hatte :

„Meine Herren, der Befehl zum Abmarsch ist gegeben. Ein Teil des Wehrmachtsverwaltungsamtes ist bereits unterwegs. Wir haben heute

zu folgen, und Sie packen Ihre Sachen zusammen.
Da ich Sie hier einzuteilen habe, rückte ich gestern mit dem WirtschaftsVerwaltungshauptamt in Steglitz nicht ab, ich teile Ihnen aber jetzt mit, daß ich überhaupt nicht daran denke, Berlin zu verlassen. Wenn wir irgendwo noch eine Aufgabe haben, dann bei der sicherlich eintretenden Hungersnot in Berlin. Hier kennen wir uns aus, hier sind wir, seitdem die Intendanturen mehr oder weniger ausfallen, über die Magazine verfügungsberechtigt und hier brauchen uns die drei Millionen Menschen, die nicht kämpfen können und sollen, sondern die in den kommenden Wochen nur erdulden müssen. Sie wissen, daß Sie abzumarschieren haben, mein Entschluß geht nur mich etwas an. Sie alle sollen Berlin heute am Nachmittag verlassen. Das ist keine Schande, sondern Befehl der Wehrmachtsführung. Ich stelle es Ihnen aber auch frei, dem Befehl nicht zu folgen, sondern zu bleiben, nach besten Kräften und Möglichkeiten weiterzuarbeiten und sich nützlich zu machen. Wir werden nicht mit der Waffe kämpfen, sondern uns dafür einsetzen, daß der Berliner, ob Soldat oder Zivilist, nicht um seine Nahrung betrogen wird. Von heute an hören die Unterschiede zwischen Zivil und Militär, die unsere Tätigkeit manches Mal über Gebühr erschwert haben auf, und die Vorräte, die Berlin noch hat, werden für alle dasein. Die Freiwilligkeit der Entscheidung gilt auch für die Sekretärinnen, die Unteroffiziere und Mannschaften. Ich weiß, daß eine ganze Zahl von ihnen die Familie in Berlin hat. Natürlich bleiben wir Soldaten hier als Dienststelle zusammen und arbeitsfähig. Es ist nicht so, daß diejenigen, die hier bleiben wollen, nach Hause laufen und persönlich Schluß machen können. Es wird gearbeitet, so lange es geht."
In dieser Weise redete ich und gab dann Bedenkzeit. Jeder war mit sich beschäftigt und hatte nicht nur zu entscheiden, ob Berlin oder nicht, sondern im Überlebensfalle ob russische oder englisch-amerikanische Gefangenschaft.
Ich vermied es, jemanden anzublicken. Nach einigen Minuten fragte ich: „Welche Herren rücken ab?" Nur sechs oder sieben nahmen Haltung an und hoben die Hand. Sehr erstaunt fragte ich die anderen - es waren doppelt so viele -. „Sie wollen bleiben?" Sie sahen sich an und antworteten fast einstimmig: „Ja." Ich mußte nachstoßen und sagte: „Sie sind sich dessen bewußt, was das bedeuten kann?" Wiederum ein „Ja". Da gab ich denen, die sich zum Abmarsch entschlossen hatten, die Hand, bestimmte einen Kommandoführer und wünschte ihnen alles erdenklich Gute, vor allem Behauptung und Bewahrung des Lebens.
Nun ging es schnell; wir verabschiedeten die Mannschaften, und ich

entließ die Frauen zu ihren Familien nach Hause. Es schien mir besser, wenn sie nichts mehr mit militärischen Dingen zu tun hatten. Wir hatten in der Versuchsküche einen Vorrat an Nahrungsmitteln, von welchem wir einer jeden etwas mitgaben, ohne uns selbst zu entblößen.

Entscheidungen solcher Art pflegen Hunger zu machen. Als wir Kisten und das Büromaterial auf die Lkw's gehievt und Berlin wiederum um einige brennbare Materialien erleichtert hatten, fanden wir uns auf den für unsere Körpermaße relativ zu kleinen Bänken einer Volksschulklasse zusammen und veranstalteten ein angesichts des 6. Kriegswinters opulentes „Liebesmahl".

Die Würfel waren gefallen und wir alle irgendwie entlastet. Ich selbst fühlte mich wesentlich besser als am Tage zuvor.

Sogleich begannen wir mit unserer Arbeit. Ein Kochlehrstab mit vier Mann, der bisher an der Front gewirkt hatte, um dort zu zeigen, wie man auch unter den primitivsten Verhältnissen Essen zubereiten kann, zählte zu unserer Freiwilligenschar. Er war mit einem Fahrzeug und Demonstrationsmaterial ausgerüstet und konnte jeden Tag in einem anderen Teil der Stadt arbeiten. Dort, wo sich Menschen anzusammeln pflegten, und sich vor Brotläden, Fleischereien oder an Straßenbrunnen Schlangen von Wartenden bildeten, da hielten die vier Mann an, jeden Tag an einer anderen Stelle, bauten ihren Stand auf und brachten den sich bald in großen Trauben um sie versammelnden Frauen und Männern bei, was man alles kochen kann, wenn man im Keller und auf der Straße haust. Wer es im Felde gelernt hat, sich das Ohr eines Küchenbullen im Stahlhelm zu erschließen und von ihm anerkannt zu werden, der weiß auch Berliner zu nehmen. Der Humor ging bis zur letzten Stunde nicht unter; Mutterwitz und Vaterderbheit vereinten sich zu charmanten Wortgefechten; die Lehrköche waren mit Leib und Seele bei ihrer neuen Aufgabe und mitten drin im Volke, das sich sichtbar über die Soldaten freute, die sich seiner Bedürfnisse annahmen.

Müller und ich waren von jetzt an zusammen oder getrennt viel unterwegs; in der Volksschule waren einige Lehrbücher und Dienstvorschriften zurückgeblieben. Im Büro „Unter den Eichen" lagen meine früheren Berichte über die Ernährung in Rußland unter Verhältnissen, wie wir sie hatten oder haben würden. Beides war wichtig, und ich blieb, wie es sich gerade ergab, einmal hier, einmal dort, um Merkblätter Für die Berliner Bevölkerung auszuarbeiten mit Hinweisen auf Not- und Hilfsmöglichkeiten im letzten Chaos. Die städtischen Behörden, die recht und schlecht arbeiteten, rissen sich darum und unternahmen alles, sie zu vervielfältigen und unter die Leute zu bringen.

Müller war voll damit beschäftigt, die Entwürfe an Interessenten zu verteilen, was soviel bedeutete, wie sie ihnen zuzutragen oder, wenn er Glück hatte, durchzutelefonieren.
Die Aktion „Clausewitz“ hatte zwar die obersten Behörden aus der Stadt gebracht, sie hatte aber unter den Verbleibenden eine Verwirrung ohnegleichen geschaffen. Daß das Vakuum anzieht, ist Naturgesetz. So begann ein allgemeines Umwechseln in die freigewordenen und zumeist, da bisher von hohen Behörden besetzt, besseren Büros. Schon vorher war es schwierig gewesen, eine telefonische Verbindung zu bekommen. Das wurde nunmehr zu einem Glücksfall. Denn wenn es einmal auf der anderen Seite läutete, dann meldete sich keiner oder jemand, den man nicht gesucht hatte. Niemand war da, der koordinieren wollte oder konnte. So legte man sich sein eigenes Telefonbuch nach dem Zufälligkeitsprinzip an; es umfaßte zumeist nur wenige, mühsam ausgekundschaftete Nummern.
Mit dem Briefträger konnte man schon gar nicht rechnen; Ordonnanzen standen nicht mehr zur Verfügung. Wollte man also jemanden, der über etwas Wichtiges befand, treffen, so mußte man selbst die Beine in die Hand nehmen und ihn von dem Büro, das er einmal innegehabt hatte, in das verfolgen, das er zur Zeit einnahm. Hinweisschilder erleichterten die Suche zumeist, und die Freude des Aufgefundenen, Für wichtig und entscheidend gehalten zu werden, vermenschlichte Dienstbeziehungen und erweichte gegensätzliche Standpunkte zu erfreulichen Kompromissen. Ich hatte es mir schon im ersten Kriegsjahr als Verbindungsmann des Reichsgesundheitsführers Dr. Conti zu verschiedenen Ministerien zur Gewohnheit gemacht, Referenten persönlich unter Umgehung der Aktenboten aufzusuchen und - Aug in Aug ging alles schneller - damit gute Erfahrungen gemacht. Deshalb blieb ich auch jetzt, ohne meine inzwischen wesentlich gehobene militärische Würde ins Spiel zu bringen, bei diesem Verfahren, das man freilich mit dem besten Willen nicht als rationell ansehen darf, wenn es auch unter den verbliebenen Kommunikationsmöglichkeiten wiederum die beste darstellte.
Um die Soldatenverpflegung machte ich mir im Augenblick keine großen Gedanken. In und um Berlin standen mehrere Heeresproviantämter zur Verfügung. Ein Intendant oder Zahlmeister, der diesen nicht mindestens das entriß, was die jeweilige Einheit benötigte, war nach dem damaligen Erfahrungsstande undenkbar.
Wesentlich ernster war es um die Versorgung der Zivilbevölkerung bestellt. Man mußte zur Massenverpflegung übergehen, wenn die Lebensmittel rationell verwendet und die Menschen einigermaßen ausreichend ernährt werden sollten. Bald würde es zudem kaum noch

jemanden geben, der für sich allein kochen konnte. - Ich war zwanghaft besessen von Plänen zur Organisation von Massenverpflegungsstätten, für welche Küchen und Menschen zu gewinnen waren. Entsprechende Verbindungen wurden angeknüpft, und ich machte mich fast täglich auf den Weg, um Geeignetes ausfindig zu machen. Zu meiner Freude und Erleichterung fanden sich viele Gleichgesinnte. Überall regte sich in den verschiedenen Stadtvierteln der Wille zur Selbstbehauptung, und ich fand allenthalben Gaststätten, Heime und Schulen, in denen Gemeinschaftsküchen entstanden. Die Verbindungen zwischen den Stadtbezirken waren weitgehend unterbrochen, jedes Viertel, ja fast jede Straße sorgte für sich allein. Oft genug hing es nur von einer umsichtigen Frau, von einem tatkräftigen Manne ab, ob gehandelt wurde. Und von solchen gab es in diesem Berlin der letzten Kriegstage mehr, als ich gedacht hatte. Die Vorlauten schwiegen oder waren verschwunden, und es traten jetzt die Unauffälligen hervor, die lieber arbeiteten als Worte machten. Sie waren Praktiker, die mit Gegenständen umzugehen verstanden, ihre Umwelt seit Jahren kannten und deshalb Fehlendes von irgendwoher bald beibrachten. Ihre Lage betrachteten sie nüchtern, ganz ohne Illusion, und, weil sie dies taten, sorgten sie für die nächsten Tage und Wochen vor. Vom Endsieg war lediglich noch auf den Zetteln die Rede, die Gehenkten um den Hals hingen. Alles geschah im Rahmen der Organisationen: Rotes Kreuz, Frauenschaft, N. S. V., die eine gewisse Autorität, Macht und damit Unangreifbarkeit garantierten. Denn was hier geschah, begann sich unterhalb jeder behördlichen Verwaltungsebene nach dem Prinzip des „Versorge dich selbst" abzuspielen. Die Leute wußten recht gut Bescheid, wo in der Nähe Lebensmittel lagerten und was gegebenenfalls, wenn jede Zuweisung aufhörte, noch beigeschafft werden konnte. Sie kannten ihre Pappenheimer, die in den Kellern ihrer Geschäfte Güter gehortet hatten. Wenn es sich als notwendig erweisen sollte, würden sie also in Tagen ohne Legalität auch Illegales unternehmen, um den Menschen ihres Bezirkes Essen zu verschaffen. Aus dieser Grenzsituation heraus betrachteten sie mich, der ich als ein Stück militärischer Obrigkeit hineinschneite, gewöhnlich mit Mißtrauen und Abweisung, besonders, wenn ich nach diesen und jenen Beständen und Versorgungsmöglichkeiten fragte. In solcher Lage macht der Kluge sich arm und klein und fordert. Dies pflegten sie sogleich zu tun und erkannten dabei recht bald, daß ich ihnen kaum materielle Hilfe bringen konnte. Aber ich hatte Kenntnisse, konnte sachliche Ratschläge geben und sie allgemein unterrichten. Wenn ihnen schließlich aufging, daß ich sie nicht reglementieren wollte, sondern ebenfalls meinte, die Zeit, in der jeder auf sich gestellt werde, sei

nicht fern, und es herrschten dann andere Gebote als früher, - dann konnten wir ernsthaft über die Tage des tödlichen Kampfes sprechen, in denen es heißen würde : „Bergt, gewinnt, heimst ein, damit ihr rettet und erhaltet."
So wurde ich zu einer Art von Kommunikationsmittel oder Kitt innerhalb der zerrissenen Stadt, weil ich versuchte, einen Hauch von Gemeinschaft und etwas Zusammengehörigkeitsgefühl zu erhalten. Rein sachlich gab ich Winke, wie man sich im Fall des Falles dem öffentlichen Gut gegenüber verhalten solle. Es war richtiger, es an sich zu nehmen, als es dem Gegner zufallen zu lassen. -
Faktisch war also an dem, was ich während mancher Tage trieb, nicht viel dran; dennoch tat ich es gerne, weil ich überzeugt war, gewichtlose Kameradschaftlichkeit wie diese, die unerwartet von draußen dargetan würde, sei auch eine Möglichkeit, den Lebensmut zu kräftigen und zu erhalten.

Unser Leben verlief völlig ungeregelt; ein Weg von zehn Minuten konnte stundenlang dauern, wenn man in einen Angriff geriet. Fast ängstlich blieb man jedoch darauf bedacht, wenigstens abends in eine der Höhlen einzukriechen, die man kannte und in der eine Decke oder ein Stück Brot zu finden war. So schlief ich manchmal in meinem Privatkohlenkeller mit Ausblick auf den Himmel, manchmal in einer meiner beiden Dienststellen und fand schließlich irgendwie immer dahin.
Außer der Sorge um Gemeinschaftsküchen gab es noch zahlreiche Fragen, die mit den in Berlin lagernden Lebensmittelvorräten zusammenhingen und die nur von überregionalen Behörden entschieden werden konnten. Deshalb machten wir uns verschiedentlich in das Stadtinnere auf, um nach ministeriellen Abwicklungsstellen zu suchen, in der Hoffnung, von diesen irgendwelche Auskünfte über Zuständigkeiten zu erlangen. Die Wilhelmstraße war in dem Teil, der an die Straße „Unter den Linden" grenzte, weitgehend zerstört, und so war auch das Ernährungsministerium ausgebombt. Die Ausweichquartiere in der Tiergartenstraße waren gleichfalls geräumt und schienen für den Untergang freigegeben. Aber zu unserer Überraschung stießen wir hier doch noch auf Lebendiges, als wir, eigentlich nur versuchsweise, ein Haus mit der Bezeichnung „Reichsgesundheitsführung" betraten, die verschiedenen Türen prüften und plötzlich vor Staatssekretär Dr. Conti, dem Reichsgesundheitsführer, standen. Zusammen mit seinem verbliebenen Ministerialdirektor saß er irgendwie fragil auf dem Sofa inmitten eines arg lädierten Zimmers mit Gartenblick auf knospendes Grün. Die Sonne malte kleine Kringel auf den Fußboden,

und Wolken feinsten Staubes tanzten in den schräg spielenden Strahlen. Der immer sehr zurückhaltende und sich wahrscheinlich zur Aktivität nur zwingende Mann wirkte recht bedrückt. Im wahrsten Sinne des Wortes hielt er die Stellung und wartete - ohne Referenten, ohne seinen Stab von Hilfskräften, und nicht mehr imstande, Dinge in Gang zu bringen, die schon lange ihren Gang selbst und in unvorhergesehene Richtung genommen hatten. Doch schien er sich dies nicht einzugestehen. Mein Besuch freute ihn offensichtlich und regte ihn zu der Frage an, ob ich in Berlin bleiben würde. Ich erwiderte, jetzt sei es an der Zeit sich zu stellen, deshalb würde ich bleiben. Allzu viele seien bereits verschwunden.

Lebhafter befragte er mich daraufhin nach meiner Meinung über den Generalarzt Professor Schreiber. Obgleich dieser und ich wegen sich überschneidender Kompetenzen notwendigerweise in einem diffizilen Verhältnis zueinander standen und ich ihm wahrscheinlich einige Arbeitsgebiete abgenommen hatte, waren wir doch stets gut miteinander ausgekommen, wenn auch stets in der Distanz, die der aktive Arzt dem Reservisten, und der leitende Angehörige einer Sanitätsinspektion dem einer Verwaltungsbehörde gegenüber hielt. „Gegen ihn ist sicherlich gar nichts einzuwenden; wir haben immer korrekt zusammengearbeitet", meinte ich. „Nun gut", erwiderte er befriedigt, „er ist zum Festungsarzt von Berlin vorgesehen, und ich soll dem Führer mitteilen, ob er ein zuverlässiger Nationalsozialist ist." Einigermaßen erstaunt über die Probleme, welche die verbliebenen Behördenspitzen unter diesen Verhältnissen bewegten, fragte ich: „Festungsarzt ist doch Generalarzt X?" „War", sagte der Ministerialdirektor, und dies war seine einzige Bemerkung während des ganzen Gesprächs. „Er hat Berlin verlassen."

„Ich werde auch hierbleiben", sagte Conti, „wenn der Führer es wünscht." Er wünschte es nicht; Conti fuhr wenige Tage später ab und nahm sich im Gefängnis von Nürnberg das Leben, ehe es zum Prozeß um ihn kam. Mit Generalarzt Schreiber kam ich in den noch verbleibenden Wochen in eine durchaus erfreuliche Berührung. Obgleich er eigentlich kaum Truppenarzt gewesen war, sondern durchweg führende wissenschaftliche Positionen in der Sanitätsinspektion innegehabt hatte, tat er doch nach seiner Ernennung das Menschenmögliche, um Verbandsplätze und Lazarette in verschiedenen Verteidigungsbereichen einzurichten, stark behindert durch Mangel an Ärzten und Sanitätspersonal. Schließlich wurde er bei Einengung des Verteidigungsraumes in dem Lazarett tätig, das im Reichstagsgebäude eingerichtet worden war. Dort nahm man ihn dann gefangen. Sein weiteres Schicksal ist der Erwähnung wert. Als Gefangener im

Schmucke der Generalsuniform nach Moskau geflogen, mußte er im Triumphzug der erbeuteten Menschen und Waffen über den Kremlplatz marschieren und kam anschließend in eines der berüchtigten Vernehmungsgefängnisse, wo man ihn der Vorbereitung des Bakterienkrieges beschuldigte und mit dem Tode bedrohte. Dies war jedoch nur ein vorgeschobener Grund. Vielmehr hatte man es darauf abgesehen, ihn zum Belastungszeugen für den Nürnberger Prozeß zu präparieren, wozu als erster Hebel Bedrohung diente. Im März 1946 kam ich für kurze Zeit gleich ihm in das Lager Krasnogorsk, das als Vorhof der Butyrka diente und in welchem die Sowjets wichtigere Gefangene am längeren Zügel traben ließen. Wir konnten nur kurz miteinander sprechen, aber ich habe ihm zu danken, daß er in einer Zeit, als Denunziationen an der Tagesordnung waren, kein Wort über meine Zugehörigkeit zur Waffen-SS verlauten ließ, die mir in der Zwischenzeit „verlorengegangen" war. Anderthalb Jahre später, bei erneutem Zusammentreffen im gleichen Lager, hatte er die Zeugenaussage in Nürnberg hinter sich, die ihn wohl unter den älteren deutschen Offizieren isolierte, die aber doch die Russen irgendwie zu Dank verpflichtet hatte. In einer ausgelesenen Gruppe von vierzig Mann, die die Basisgruppe für die nationaldemokratische Partei des Herrn Bolz darstellte, welcher hier noch als Mitglied der sowjetischen kommunistischen Partei posierte, während er später in Ostdeutschland Chef dieser sich bürgerlich gebenden Partei und Außenminister war, stellte er sozusagen den Doyen dar. Der Mund der Kriegsgefangenen hatte für diese Hervorgehobenen, welche gesondert wohnten, mit doppelter Generalsverpflegung versorgt wurden und Ausgang nach Moskau hatten, den Begriff „Pension Judas Ischariot" sicherlich nicht zu Unrecht gefunden. Wer nicht als Kollaborateur oder sich Anbiedernder gelten wollte, hielt sich fern von ihnen. Eines Tages stieß ich auf Schreiber; wir konnten nicht umhin, uns zu begrüßen, wobei ich dachte, wenn schon nicht damals, so hat er dich sicher inzwischen denunziert. Jedoch verhielt er sich ganz unerwartet so, als wenn er eine Maske abwürfe; er zerdrückte die Mütze zwischen den Händen und zischte : „Wie ich sie hasse, wie ich sie hasse! Wenn ich doch erst heraus wäre." Damit hatte er sich in meine Hand gegeben. Dies wußte er, geschult wie er inzwischen war und zum Mißtrauen gegen alle anderen Gefangenen angehalten. Er vertraute meiner Schweigsamkeit. Wenige Wochen später reiste die Gruppe nach Ostdeutschland. Schreiber, für eine hohe Stelle im Gesundheitsministerium vorgesehen, blieb gerade so lange, daß er seine Angehörigen sammeln konnte, dann ging er Hals über Kopf in den Westen. Die Auswirkungen seiner Flucht waren für die Gefangenen im Lager Krasnogorsk, die den Professorentitel führten, nachhaltig unangenehm; denn mächtige Politoffiziere fühlten sich nicht nur gefoppt, sondern mußten auch die Folgen ihrer unzureichenden Menschenkenntnis tragen. Sie erfanden also eine Art akademischer Sippenhaft und schrieben Schreibers Tat uns auf's Konto.

Eine weitere Erkundungsfahrt führte zum Ernährungsminister Backe, der ebenfalls zunächst noch in Berlin war, dann aber nach Schleswig-Holstein zur Regierung Dönitz reiste. Mit diesem geriet er in Gefangenschaft, kam schließlich in amerikanische Hand und nahm sich das Leben, nachdem er noch in einer letzten Schrift seine Tätigkeit als Ernährungsminister im Dritten Reich beschrieben hatte. Deutscher, in einem Dorfe des Kaukasus geboren, hatte er als Knabe Gemetzel und Hunger in einer Zeit überstanden, die inzwischen in der Sowjetunion die „große vaterländische Revolution" genannt wird. In jungen Jahren nach Deutschland ausgewandert, war er zu einem Landwirt geworden, der als Minister schwierigste Versorgungsprobleme ohne großes Aufheben anging und mit Erfolg löste. Jetzt war freilich auch er machtlos geworden und voller Sorgen; denn nüchtern und aus bester Kenntnis russischen oder besser sowjetischen Wesens wußte er im voraus, was bevorstand. Nach meinem Urteil wurde von den Ministerien, in denen ich zu arbeiten hatte, das damalige Ernährungsministerium unter Backe am besten, am sachverständigsten und auch am sachlichsten geführt. Die Abteilung, in welcher die Produktion erfaßt, und die andere, in der die Nahrungsgüter verwaltet und verteilt wurden, kannte keine politischen Einflüsse. Hochbefähigte Verwaltungsbeamte, wie Ministerialdirektor Dr. Moritz, welcher schon zu kaiserlicher Zeit im damals preußischen Ministerium tätig gewesen war, lenkten die Verhandlungen mit souveräner Gelassenheit. Die sorgfältig ausgearbeiteten Anordnungen und Erlasse führten kaum zu Reklamationen; denn man hatte sich zur Regel gemacht, sämtliche Seiten eines Problems zu berücksichtigen. Ich selbst war als Vertreter Contis schon im September 1939 zu dem damals noch unter Darrés Leitung stehenden Ministerium abgestellt und dem Staatssekretär Backe zugeordnet worden. Nachdem man mich etwa drei Wochen lang getestet und mit Fragen geplagt hatte, die sowohl eine sachliche als auch eine politische Lösung zuließen, nahm man mich in den Kreis auf, und es entwickelte sich eine Zusammenarbeit, wie man sie sich besser nicht hätte vorstellen können. Auch nach der Ernennung zum Ernährungsinspekteur konnte ich ärztlich-wissenschaftlicher Vertrauensmann dieses Ministeriums bleiben und mich der Wertschätzung von Backe erfreuen, den auch ich sehr hoch achtete. Deshalb freute ich mich, ihn zu einem Gespräch über die Ernährungslage aufsuchen zu dürfen.

Sein Wohnhaus irgendwo am Stadtrand - doch erinnere ich mich nicht mehr wo - war zugleich sein letzter Dienstsitz. Mit der Straßenbahn gelangten wir glücklich in die Nähe, gerieten aber dann in einen solchen Platzregen, daß wir völlig durchnäßt ankamen. Durchnäßte Soldaten pflegen Mitleid und Hilfsbereitschaft bei Nichtuniformierten beiderlei Geschlechts zu erwecken. So bot man uns Tee an. Aber ehe dieser gerichtet war, wurde schon Großalarm gegeben - stärkste feindliche Verbände im Anflug auf Berlin. Wir mußten die Besprechung in den unterirdischen Bunker verlegen, der im Garten errichtet worden war. Für jeden Minister war auf Anordnung Hitlers ein fester Privatbunker gebaut worden. Während sich über uns der gewohnte Lärm eines schweren Angriffs entwickelte und den Zementblock wiederholt zum Erbeben brachte, saßen wir nebeneinander auf einer schmalen Eckbank und berieten. Backe hatte lediglich den Ministerialdirektor Dr. Claussen als seinen persönlichen Referenten bei sich. Er wirkte blasser als früher, und sein Gesicht war schmaler geworden. Wie immer musterten aufmerksame Augen hinter einer randlosen Brille den Verhandlungspartner. Ich richtete die Bitte an ihn, uns unter den derzeitigen Verhältnissen vom Zwang zu entbinden, Lebensmittel lediglich nach Maßgabe der geltenden Rationierungssätze auszugeben. Über Berlin verteilt waren zivile und militärische Verpflegungsdepots angelegt, mit z. T. erheblichen Beständen, die für mehrere Monate ausreichen konnten. Es war durchaus möglich, daß sie bei den kommenden Kämpfen zerstört oder von den Russen erobert würden. In jedem Falle würden die Berliner das Nachsehen haben. Eine gerechte Verteilung innerhalb der Stadt war sowieso nicht mehr möglich; jede Menschengruppe blieb auf das angewiesen, was greifbar in ihrer Nähe gelagert worden war. Bürokratie bis zur letzten Leitersprosse könne nur schaden, meinte ich, und man müsse der Allgemeinheit Lager ohne Umstände freigeben können, wenn sie anders nicht mehr zu retten waren.

Er bedachte sich, überlegte mit Claussen, ob eine derartige Lockerung der Rationierungsbestimmungen Weiterungen im Reiche nach sich ziehen würde, und kam zu dem Schluß, daß sie draußen wohl nicht mehr bekannt werden würde. So entschied er mit einem leisen Seufzer: „In einem solchen äußersten Falle wird nichts anderes als Freigabe an die Bevölkerung übrigbleiben. Aber es ist wünschenswert, die Ordnung, solange es irgend geht, aufrechtzuerhalten. Sie können in Berlin machen, was Sie für richtig halten - wenn Sie noch etwas machen können."

Ich hatte die gewünschte Vollmacht und war erleichtert; denn von jetzt an konnte ich unter Berufung auf allerhöchste Anordnungen

jedem entgegentreten, der auftrumpfen würde, um für den eigenen Bedarf zu requirieren oder um zu vernichten und zu verbrennen.
Der Angriff hatte einem anderen Stadtteil gegolten. Noch vor der Entwarnung machten Müller und ich uns deshalb auf den Weg zurück und erreichten nach einigen Stunden wohlbehalten das Quartier für diese Nacht.

Das Gefühl, auf mich allein gestellt zu sein, beschwerte mich nicht; es trieb mich vielmehr zur Entfaltung meiner gesamten Kenntnisse an. Oft war ich in Erregung, ja geradezu wie im Rausche, wenn mir ein neuer Weg zur Besserung der Ernährungslage eingefallen war. Ich schlief kaum, sondern dachte und grübelte, fühlte mich - vielleicht etwas größenwahnsinnig - als Hausvater Berlins und mußte doch erkennen, daß ich im Wettlauf mit der Zeit dauernd an Boden verlor. Das Dach brannte uns über dem Kopf ab; die Bedürfnisse blieben die gleichen, aber die Kraft sie zu decken, wurde von Luftangriff zu Luftangriff geringer. Und doch konnte man nicht aufgeben, wie man vielleicht eine aussichtslose wissenschaftliche Arbeit aufgegeben oder beiseite gelegt hätte. Hier war man als Arzt tätig, der erst einhält, wenn das Leben entwichen ist. Mein Feind hieß Hungersnot. Ihn hatte ich als Knabe schon im ersten Weltkrieg zur Genüge kennengelernt. Die Bekanntschaft hatte mich derart nachhaltig beeindruckt, daß sich später meine gesamten wissenschaftlichen Arbeiten um Tier und Mensch im Hunger drehten. Von Beginn des zweiten Weltkrieges an war er mein allgegenwärtiger Gegner, und ich schlug nach ihm, wo ich konnte. Aber er wuchs und wuchs, und gerade hier in Berlin würde er vieltausendköpfig seine volle Größe entfalten. Was vermochte ich schon anders, als hier und da die Kehle eines seiner Häupter zuzudrücken. Aber selbst das war eine Aufgabe des Nachdenkens und des Handelns wert. Vor wenigen Monaten, um die Jahreswende, war ein englisches Flugblatt gefunden worden, in dem man mich als den Hungerdiktator Hitlers bezeichnet hatte. Es hatte mich nicht sonderlich erregt. Denn ich wünschte mir wirklich die Macht eines Diktators, um diesen Hunger unter Kontrolle bringen zu können. In nächtlichen Stunden malte ich mir aus, daß ich wie Moses durch die Stadt ginge, mit dem Stabe an Trümmer klopfe und riefe: „Hier fließt das gute Wasser, niemand kann es Euch zuleide abstellen; hier habt Ihr frisches Brot, dort das duftende Fleisch. Alles, was Ihr braucht, kommt zu Euch in die Keller, und Ihr werdet inmitten von Lärm, Feuer und Staub keinen Mangel an Essen haben.“
Statt dessen trieb mich am frühen Morgen eines dieser Tage die Ungewißheit hoch, ob die Soldaten in den Abschnitten, in denen sie

kämpfen sollten, ausreichend verproviantiert waren. An und für sich war das die Sorge ihrer Zahlmeister und Verwaltungsbeamten und letzten Endes des Festungsintendanten. Aber einen solchen gab es nicht mehr. Nach mehrmaligem Wechsel war der letzte irgendwohin verschwunden und hatte nichts hinterlassen. Versorgungspläne waren nicht aufzutreiben. Die aus Berlin selbst stammenden, d. h. von den Wehrmachtsbehörden zurückgelassenen und zur Verteidigung abgestellten Einheiten hatten zwar Verpflegungsmittel, die sie mitschleppten und nicht aus dem Auge ließen. Aber es hieß, daß wesentlich stärkere Kräfte von der Oderfront in die Hauptstadt zurückgenommen würden. Diese brachten sicherlich nichts mit, kannten sich in der Stadt nicht aus und würden also die nächsten besten Verpflegungslager, im Zweifelsfalle solche für die Zivilbevölkerung, requirieren. Der Soldat, der kämpfen muß, will, wenn es sich vermeiden läßt, nicht auch noch hungern und nimmt sich als immer Stärkerer deshalb, was er braucht. Wenn es also nicht gelang, die großen Heeresverpflegungslager zu dezentralisieren, dann stießen wir die Zivilbevölkerung direkt in den Hunger hinein.

Hinzu kam, daß wir es in der großen Stadt natürlich nicht nur mit Engeln zu tun hatten. Ich glaubte damals, wer in Berlin sei, habe auch Anspruch auf Lebensmittel. Erst in der Gefangenschaft erfuhr ich, daß zwanzig- bis fünfzigtausend Deserteure, Versprengte, Flüchtlinge im Ruinendschungel der sterbenden Stadt unangemeldet gelebt und sich den Zugriffen der Sicherheitsorgane zu entziehen gewußt hatten. Sie saßen keineswegs in bestimmten Gegenden fest, sondern fluktuierten unterirdisch hin und her.

Sie entzogen sich den Flächenbränden nach Luftangriffen, verschwanden später aus den Stadtteilen, in denen sich die Sowjets breitmachten, vermieden aber auch die von unserer Seite in fester Hand gehaltenen Straßen. Sie waren praktisch nicht existent, aber sie lebten und beteiligten sich in einer mir nicht vorstellbaren Weise am Aufbrauch der Vorräte. Das zeigte an, daß die Restobrigkeit weder Gewalt noch Überblick über die Menschen in der Stadt hatte.

In der Gefangenschaft, als es niemandem mehr weh tat, und sie sogar glaubten, durch Bekenntnisse solcher Art bei den Russen etwas zu gewinnen, erzählten sie von diesen Untergrundgeheimnissen. Waren sie Aktivisten, dann wurde in ihrem Munde Desertion zu Widerstand und Flucht zu Sabotage, beides zu Handlungen, die zu gehobenen Positionen in der Gefangenenlaufbahn berechtigten. Andere blieben ehrlicher und gaben zu, Nerven und Mut verloren gehabt zu haben oder einem Mädchen verfallen gewesen zu sein. Gefangenschaft nivelliert auf die Dauer; nach und nach schwiegen alle hierüber. Aber es

ist doch wohl nicht ohne Bedeutung zu wissen, welche Geheimnisse Städte in sich anhäufen, wenn ein verlorener Krieg zu Ende geht.
Fast ohne Grenzen überschnitten sich in diesen Wochen in meiner Erinnerung die Tage mit den Nächten. Ich besinne mich nicht, bemerkt zu haben, daß die Jahreszeit fortschritt und der Frühling Ansätze machte, einzuziehen. Ich kann deshalb nicht auf einen Tag fixieren, wann etwas geschah. So gut wie zu jeder Stunde ereignete sich etwas von Bedeutung; aber dauernde Markanz stört die Größenzuordnung, und Kleinigkeiten prägen sich mit gleicher Kraft ein wie erschütternde Vorgänge. Die Russen waren an der Oder stehengeblieben. Die einen erklärten dies zutreffend damit, daß sie Nachschub heranzögen, während andere in vager Selbsttäuschung annahmen, der Feind würde es nunmehr genug sein lassen, weil er sich ausgeblutet habe und weiteres nicht mehr leisten könne. In recht mitteleuropäischer Überheblichkeit glaubten sie, ihre Wünsche seien so gewichtig, daß sich der östliche Gegenüber ihnen fügen müsse. Aber dieser führte seinen Krieg und ließ Wünsche zu jämmerlichen Utopien werden.
Während der Kampfpause hörten wir ab und zu kurzdauerndes Artilleriefeuer von der Oder her, doch blieben unsere Armeen im wesentlichen ungestört am westlichen Ufer des Flusses in Stellung. Am sechzehnten April begann die letzte Phase des Kampfes. Ununterbrochenes Grollen schwerer Abschüsse ließ uns in Berlin erschauern und erahnen, daß die Russen an die letzte Festung heranwollten, die sie noch zu nehmen hatten.

Von Hitler war bisher kaum die Rede gewesen; jetzt hieß es, er sei in der Stadt und werde sie nicht verlassen. Niemand hatte sein Kommen erfahren, auch zeigte er sich nirgends, sondern blieb in der Reichskanzlei verborgen und regierte von dort. Diese Kunde gab vielen Hoffnung. Es könne, meinten sie, doch noch nicht alles zu Ende sein, wenn Hitler in der Festung Berlin bleibe. Gerüchte von Wunderwaffen unermeßlicher Stärke, mit deren Einsatz er immer noch gezögert habe, die aber jetzt in Aktion treten und die große Wende herbeiführen würden, breiteten sich aus. Im Vergleich mit ihnen - vernahm man - seien die V-Waffen des Jahres 1944, die doch große Teile Londons in Schutt und Asche gelegt hätten, reines Kinderspielzeug gewesen. Die Atombombe sei nunmehr in unterirdischen Werkstätten im Bau; es gäbe völlig neue, superschnelle Flugzeuge, die keine Propeller mehr benötigten, und Raketen mit einem neuen Sprengstoff, dessen Explosion ganze Geschwader in der Luft auseinanderplatzen ließ. Die Feinde würden zerstäubt werden. Die gewaltigsten Möglichkeiten seien in der Hand des in Berlin weilenden Führers vereint. Er berechne in bewunderungswürdiger, unerschütterlicher Tapferkeit und Siegeszuversicht den einen Zeitpunkt, an dem er sich der feindlichen Armaden mit einem Schlage entledigen werde. Seine Ahnungen, seine Einsicht, seine Vorausschau hätten niemals getrogen, trögen niemals und würden niemals trügen. Wenn es einen gebe, der pokern könne, dann sei er es.

Goebbels, Gauleiter von Berlin und Propagandaminister, wurde Reichsverteidigungskommissar der Stadt und rief immer und immer wieder in Tagesbefehlen zum Widerstand auf. Niemals bleibe Wien russisch, niemals würde Berlin russisch. Alle müßten gleich ihm dem Führer vertrauen. Dessen Zuversicht und Siegesgewißheit seien so stark, daß auch er, Goebbels, die Stadt nicht verlassen, sondern sie halten, halten und halten werde bis zur endlichen Befreiung durch die zum Einsatz anrückenden, unerschütterten Heere aus der Tiefe des deutschen Raums.

Er verließ Berlin in der Tat nicht, sondern entleibte sich einen Tag nach Hitlers und seiner Kinder Tod.

Eine seltsame Mischung von Brand-, Gerücht- und Staubwolken legte sich auf die arme Stadt; es war fast unmöglich, das Wirkliche von dem Vorgeblichen zu trennen, und die Stimmung der Menschen schwankte entsprechend zwischen Einsicht und Traum. Eine bange Zuversicht bemächtigte sich ihrer; zeitweise überwog die Angst, zeitweise die Hoffnung, soweit man nicht überhaupt zur Annahme neigte, zunächst ereigne sich Fürchterliches, dann aber sei man hindurch - falls man es hinter sich bringe. Wir konnten uns diesen Gefühlsschwankungen so wenig entziehen wie alle anderen; sie bedrückten uns und stellten ein arges Handicap für geregelte und zielgerichtete Arbeit dar.

Allenthalben in der Stadt begriff man indessen immer deutlicher, daß es zu einer Hungersnot kommen werde. Das Interesse an allen Möglichkeiten, sie zu ertragen und zu überstehen, nahm von Tag zu Tag zu. Jeder wollte gerne erfahren, was er speziell für sich und seine Familie tun könne. Die Zeitungen, die nicht mehr viel zu schreiben hatten und das, was sie etwa erfuhren, zum Teil nicht bringen durften, kamen darauf, daß sich in Schöneberg Männer gerade mit diesem aktuellen Thema beschäftigten. Berichterstatter und Berichterstatterinnen, Angehörige der Propaganda-Kompanie und anderer Propaganda-Abteilungen fragten sich zur Schule und in mein Büro „Unter den Eichen“ durch und verlangten Orientierung. Wir waren über die Gelegenheit froh, unsere Empfehlungen und Lehren verbreiten zu können, und sparten nicht mit Vorschlägen, die die Zubereitung von Fröschen und Ratten sowie von Wildkräutern umfaßten oder Schutzmaßnahmen

gegen Feuerstürme und Seuchenbekämpfung zum Inhalt hatten. Mit anderen Worten, wir erklärten, wie man in einer Großstadt ein Wild- - und Buschleben führen könne. Es erschienen eigene Flugblätter, deren Bearbeitung wir sehr ernst nahmen, weil wir überzeugt waren, daß der, der sie las und sich im Notfall an einige Lehren erinnerte, auf jeden Fall besser dastand als einer, der lediglich blind um sich tappte. Der Wissende ist erhaben; man muß manche Dinge so einhämmern, daß man sich auch noch in der Panik instinktiv an sie hält.
Zwischen dem 10. und etwas über den 20. April hinaus war Berlin so etwas wie Niemandsland. Engländer und Amerikaner hatten den Russen die stark angeschlagene Stadt anscheinend bereits überlassen und ihre schweren, regelmäßigen Luftangriffe am Tage und in der Nacht eingestellt. Die Sowjets aber ließen sich mit dem Fangstoß Zeit und legten wohl auch geringeren Wert auf Bombardierungen aus der Luft als auf den direkten EroberungsangrifF von der Erde aus, für den die Zeit noch nicht reif war. Das erklärt, warum es eine relativ friedliche Zwischenzeit gab, die den sonderbarsten Hoffnungen und Mutmaßungen Auftrieb verlieh. Hitlers Geburtstag am 20. April fiel gerade noch in diese Pause. Die allenthalben verbreitete Grundstimmung - ängstlich wegen der Lage, in der man sich befand, zuversichtlich wegen des „Führers“ - macht verständlich, daß dieser Tag wie in den jahren zuvor als Feiertag begangen wurde. Armselige Staffage in den Trümmern sprach dafür, daß er nicht nur befohlen war. Goebbels malte das Bild eines abgezehrten Kämpfers für Freiheit und Recht des deutschen Volkes in den Äther und stand damit nicht einmal allein. Die Spitzen des Reiches waren zur Gratulationscour angetreten. Dies hatte man von ihrer Treue noch erwartet, dann verließen sie innerhalb weniger Stunden die verurteilte und verdammte Stadt.
Auch ich hatte die Mitarbeiter in der Volksschule am Schöneberger Rathaus versammelt. Ich konnte nicht vergessen, daß sie auf meine Verantwortung freiwillig geblieben waren, um zu helfen, und ich wollte ihnen in zeit- und tagesgemäßer Form durch Auszeichnung mit Orden danken. Die wenigsten hatten bisher eine Anerkennung erfahren, und es war zu erwarten, daß sie eine solche auch vor Toresschluß noch zu würdigen wüßten. Meiner Dienststellung nach hatte ich unbestreitbar das Recht, Orden zu verleihen, auch wenn ich dies bisher höheren Vorgesetzten überlassen hatte. Solche gab es in erkennbarer Nähe weit und breit nicht mehr. „Zwanzigster Vierter ohne Orden ist Hochzeit ohne Braut“, meditierte Müller bei einem Becher voll Kaffee und einem Margarinebrot am Vorabend der beabsichtigten Veranstaltung. „Trauschein und Verleihungsurkunde allein genügen nicht, der Mann will etwas an der Brust hängen haben.“ Damit stieß er

mich mit der Nase auf ein von mir nicht bedachtes Problem. - Woher Orden nehmen? Im Umkreis gab es keine offizielle Möglichkeit zur Beschaffung repräsentahven Schmucks. Aber Müller hatte bereits überlegt und fuhr fort: „Wenn Sie gestatten, beschaffe ich die Kreuze. Ich kenne eine Stelle, wo sie noch nicht ausgelagert sind, aber ich kann sie nicht alleine holen.“ Wir machten uns zu mehreren auf den Weg, und er führte mich zu einem Geschäft, dessen Besitzer die Stadt verlassen hatte. Die Auslage war in enwünschter Weise bestückt, so daß die erforderlichen Auszeichnungen, wenn auch nicht legal, so doch ohne Unkosten für die Reichskasse requiriert werden konnten. Ich suchte mir einen Polizisten, der sich neben mir, um die Rechtlichkeit unseres Vorgehens zu garantieren, vor den Laden postierte. Er war Berliner und deshalb nicht ohne Humor. Währenddessen besorgte meine Begleitung den Einbruch, entnahm die gewünschten Orden nebst Bändern und Kästen, stellte einen Entnahmeschein aus und verbarrikadierte Schaufenster und Ladentür plünderungssicher. Als zuständiger Entleiher barg ich das nunmehrige Reichsgut in meiner Aktenmappe und ließ es darin offiziell werden. Dank Müller war die Feier gesichert.

Wir versammelten uns hierzu im größten Klassenzimmer. Im allgemeinen gelingen mir festliche Ansprachen nicht recht. Diesmal traf ich es aber doch; die Dinge, die auf uns warteten, waren so schwerwiegend, daß der Ernst uns alle übermannte. Ich verlieh mehrere Kriegsverdienstkreuze erster Klasse, so an Müller, an den Oberregierungsrat Ziegelmayer, der mein Vertreter in der Ernährungsinspektion der Wehrmacht war, ferner einige Kriegsverdienstkreuze zweiter Klasse an Intendanten und Stabszahlmeister, die bisher immer leer ausgegangen waren. Mehr konnte ich nicht tun, um meinen persönlichen Dank auszudrücken, aber es genügte mir, daß sie sich über die Anerkennung freuten, so privat sie auch für sie blieb. Das bevorstehende unglückliche Kriegsende mußte sie wertlos machen. Jedoch möchte ich Ziegelmayers mit einigen Worten gedenken. Er hatte sich ganz außerordentliche Verdienste um die moderne Truppenverpflegung erworben und damit innerhalb des Heeresverwaltungsamtes wie auch bei der Lebensmittelindustrie einigen Einfluß bekommen, persönlich aber hatte er eigentlich keinen rechten Erfolg. Dies war Folge davon, daß er vor 1933 als Lehrer Sozialdemokrat gewesen war und sich offenbar als solcher betätigt hatte. Wie manche anderen war er beim Aufbau der Wehrmacht in die Heeresverwaltung eingetreten und hatte unter dem Generalintendanten Pieszczek die Aufgabe bekommen, die er als einziger übernehmen und ideal ausfüllen konnte, nämlich die Truppenköche aus dem Mittelalter in die Neuzeit hinüberzuführen und dabei zu bedenken, daß ein etwaiger Krieg wieder wie 1914/18 zu Blockade und damit Rationierung führen werde. Es mußten somit von vornherein Verpflegungsmittel aus solchen Grundstoffen entwickelt werden, die immer vorhanden sein würden. Sowohl um die technische wie die nahrungsmittelchemische Seite dieses Problems bemühte er sich mit Leidenschaft und Erfolg, vielleicht manchmal allzu unkritisch, weil voller Optimismus. Schon vor dem Kriege schuf er zusammen mit der einschlägigen Industrie das berühmte Bratlingspulver, in welches er das hochwertige und haltbare Eiweiß der Sojabohne einführte. Dieses Produkt ist, wenn man sich umhört, den Soldaten des 2. Weltkrieges in fester Erinnerung geblieben, da es zu zahlreichen Witzen Anlaß gab. Im Laufe des Krieges mußte dann die Sojabohne durch andere Rohstoffe, z. B. durch Sonnenblumenkerne sowjetischer Herkunft, ersetzt werden, aber das Bratlingspulver selbst behielt seinen ernährungsphysiologischen Wert. Da der Widerstand der Truppenköche, „Küchenbullen" genannt, nicht zum wenigsten wegen der Abneigung der Truppe gegen die Verarbeitung anderer Nahrungsmittel als der „klassischen", außerordentlich stark war, richtete Ziegelmayer Lehrgänge für die Köche ein, und diese bildeten schließlich die Basis für zahlreiche Lehrküchen und Feld-Lehrstäbe, die erheblich zur Verbesserung der Soldatenernährung beitrugen. Noch vor 1939 wurde der „Schmelzkäse in Tuben" erfunden, welcher die kalte Verpflegung unter Feldbedingungen bereicherte und eine rationelle Verwertung von Milchprodukten zuließ.

Von Kriegsbeginn an lief die Phantasie Ziegelmayers auf vollen Touren. Er hatte einen Stab ausgezeichneter Fachleute um sich versammelt und setzte seinen ganzen Ehrgeiz darein, die Verpflegungsmittel so gut zu verpacken und so sicher an die Front zu bringen, daß der Verlust durch Verderb minimal blieb. Dies führte ihn auch in die Technologie; denn Verpackungswissenschaftler, wie der Münchner Professor Heiss, und Wissenschaftler der Kälteindustrie, welche eine Kühlkette von der Fabrik bis vorne zur Truppe an der Front konstruieren sollten, gehörten zu seiner Dienststelle. Hier stieß er freilich bald auf unüberwindliche Schwierigkeiten, weil Göring wahrscheinlich schallend lachte, als er erfuhr, daß man die Metalle, welche er für seine Flugzeuge benötigte, auch für Kühlgeräte zur Verbesserung der Truppenverpflegung anforderte.

Andere Arbeiten galten der Verringerung des Transportgewichtes zur Erleichterung des Nachschubs. Denn es war natürlich unrationell, Wasser in Nahrungsmitteln aus dem Heimatgebiet bis weit nach Frankreich und Rußland hinein zu befördern, wo es sowieso mehr als genug gab, zumal wenn die Transportkapazität so gering war, daß man Verpflegungsmittel zurückließ, weil man Munition dringender befördern mußte. Die Trocknung oder Dehydrierung von Lebensmitteln wurde geradezu zu einem Sport, an dem sich auch die Amerikaner beteiligten, weil sie Verpflegung über noch weitere Strecken zu verschicken hatten. Freilich gelang bis zum Ende des Krieges die vollkommene Fleischtrocknung nicht; man erhielt allenfalls Produkte, die zwar Fleischbestandteile enthielten, aber kein Fleisch waren. Trotz oder auch wegen solch unverkennbarer Erfolge blieb die Stellung von Ziegelmayer immer irgendwie unsicher. In seiner Behörde hatte er einen festen Rückhalt, wenn auch von Kriegsbeginn an die verdienten Beförderungen wiederholt abgelehnt wurden; ansonsten hatte er allenthalben Neider und Feinde, die auf seine politische Vergangenheit in der Absicht hinwiesen, ihn zu verdrängen und seine Position mit ihren ausgezeichneten Arbeitsmöglichkeiten einzunehmen.

Auch mich hatte Ziegelmayer wohl immer zu seinen potentiellen Gegnern gerechnet, weil ich dort - in der Waffen-SS und im Hauptamt für Volksgesundheit - tätig war, von wo er unablässig offen und versteckt angegriffen wurde. Ja, er hätte sogar auf den Gedanken kommen können, daß ich geradezu der Veranlasser seiner Schwierigkeiten war. So tasteten wir uns bei häufigen und vollendet höflich erfolgenden Begegnungen etwa so ab wie Boxer zu Beginn der ersten Runde.

Ich wollte aber keinen Kampf, sondern Zusammenarbeit und erreichte schließlich auch eine gemeinsame Sitzung der Kontrahenten: Heer, WaffenSS und Partei. Etwa ab 1943 wurden wir in unseren Dienststellen sogar zu unmittelbaren Konkurrenten; denn die zunehmenden Rationierungsschwierigkeiten erforderten vermehrte Anstrengungen zur Auffindung neuartiger und hochwertiger Nahrungsmittel, und außerdem mußten nach der Niederlage von Stalingrad für die Truppe Konzentrat-Verpflegungen geschaffen werden, d. h. Portionen von 400-500 g Gewicht einschließlich Verpackung, die alle lebensnotwendigen Nahrungsmittel für einen Mann und einen Tag enthielten und vom Flugzeug abgeworfen werden konnten. Es entwickelte sich ein lebhafter Wettstreit, bei welchem einmal Ziegelmayer und seine Leute, das andere Mal meine Mitarbeiter obsiegten und Besseres schneller boten.

Als nun Mitte 1944 nach langen Verhandlungen über die Ämterabgrenzungen die Stelle eines „Inspekteurs für Truppenverpflegung und -ernährung“ bei der Wehrmacht geschaffen und mir übertragen wurde, gelangte die Abteilung Ziegelmayer unter meine Fittiche. Mit einiger Ängstlichkeit trafen wir im neu geschaffenen Amt aufeinander. Er nahm an, ich würde, „endlich an die Macht gekommen“, ihn sofort hinausbefördern, und ich befand mich in Schwierigkeiten, weil mir mehrere sehr mächtige Männer, voran Himmler über Pohl, mehr als hautnah zu verstehen gegeben hatten, daß Ziegelmayer nun endlich in der Versenkung verschwinden müsse. Doch wollte ich auf keinen Fall Werkzeug eines Hasses sein, den ich nicht teilte, und ich dachte in einer Zeit, die allerengste Zusammenarbeit erforderte, wenn überhaupt noch etwas erreicht werden sollte, nicht daran, eine arbeitsmäßig geschlossene Gruppe ihres Kopfes zu berauben, sondern sie im Gegenteil durch Zuführung neuer Kräfte zu stärken. So erklärte ich ihm ehrlich, wie es stand, sagte zugleich, daß ich mich stark genug fühle, den Aufforderungen zu seinem Sturz nicht Folge zu leisten, und bat ihn, meine Vertretung zu übernehmen.

Wir kamen zu einer vertrauensvollen Zusammenarbeit und stellten bald eine Schar von Fachleuten dar, die sich aufs beste ergänzten und in der sich der eine auf den anderen verlassen konnte. Wir blieben bis zu dem Tage, von dem die Rede ist, zusammen und haben einiges geleistet. Ziegelmayer war gerührt, als ich ihm das Verdienstkreuz, seine erste höhere Auszeichnung an die linke Brustseite heftete und auf seine Leistungen hinwies, die jedem Soldatzn zugute gekommen seien und keinem einzigen geschadet hätten.

Bei den anderen verfuhr ich ähnlich; die Situation war klar. Nach einem „Hoch“ und „Heil“ stand uns der Sinn nicht so recht, obgleich wir es ausbrachten; denn es war uns durchaus bewußt, daß sich der zu Ende gehende Krieg gerade an uns mit aller Gewalt austoben werde. Ich war für die Verbliebenen verantwortlich, und so sagte ich, wir würden uns jetzt trennen müssen; das Amt als solches habe keine Aufgabe mehr. Sie müßten sich auf Lazarette, Verpflegungsstellen, Forschungsinstitute verteilen, um dort ihre besonderen Kenntnisse bei der Bekämpfung des Hungers anzubringen. Leider würden wir dann ohne Zusammenhang und vereinzelt sein. Einer würde vom anderen nichts mehr erfahren können. Ob schwere Gefangenschaft mit nicht abzusehendem Ausgang drohe oder schnelle Erschießung durch irgendein sowjetisches Kommando, das könne keiner voraussagen. Dem Schutze des Roten Kreuzes könnten wir uns nicht unterstellen; denn unser Dienst habe nicht Verwundeten und Kranken, sondern geradewegs nur den Unverwundeten und Gesunden gegolten. Wir hätten zur Linderung ihrer Beschwerden beizutragen; dies sei zwar auch Hilfsdienst und komme gerade denen zugute, die in wesentlich größerer Anzahl als die Kämpfenden lediglich Opfer seien, Opfer, deren Nöte trotz aller Beteuerungen des Gegenteils nicht genügend berücksichtigt würden. Auch ganz auf uns selbst gestellt und allein sollten wir uns niemals die Überzeugung nehmen lassen, daß wir gerettet, aber nicht zerstört hätten.

Dies Außerordentliche hob die Stimmung zu einer gewissen inneren Freudigkeit. Wir hatten einen Schlußstrich unter Bisheriges gezogen und rüsteten für ein neues Unbekanntes. Wie immer in einem Interregnum, fühlten wir uns leichter und freier; eine Last war abgefallen, die nächste noch nicht auferlegt. Wir feierten mit den letzten Zuteilungen an Bier und Schnaps. Kaffeebohnen aus dem angeblich allerletzten Bestand wurden gemahlen, und plötzlich stellte ein Nichtraucher eine Kiste voll recht unterschiedlicher, also allmählich gesammelter Zigarren und Zigaretten auf den Tisch.
Im sichersten Hause der Stadt nahm wahrscheinlich um die gleiche Zeit eine andere Gratulationscour ihr Ende. Minister gingen. Ein Marschall hob seinen edelsteinverzierten Stab, senkte ihn salutierend und sagte: „Mein Führer, ich bitte mich abmelden zu dürfen. Aber an der Spitze meiner Armee kehre ich zurück, um Berlin zu entsetzen und Sie zu befreien.“ Und ein Mann mit tiefer Stimme erwiderte: „Jawohl, ich erwarte Sie hier.“ Droben auf den letzten Kommandohöhen war das Kriegsschauspiel schon beendet - doch die in den Ebenen wußten's noch nicht.
Auf dem Tempelhofer Felde standen Flugzeuge mit laufenden Motoren. Ein Paladin nach dem anderen fuhr vor, stieg ein, flog ab.

Die letzte Strophe begann; und sie hatte keinen Refrain mehr. Der seit dem 16. April anhaltende Geschützdonner hatte die bisherige Sprachregelung von der Erschöpfung der Russen Lügen gestraft. Jetzt erschienen auch ihre Bombengeschwader über der Stadt. Noch arbeiteten sie nicht mit der maschinenmäßigen Sicherheit der Amerikaner am Tage, nicht mit der Eleganz der britischen Moskitos in der Nacht. Eher schienen sie den Flugraum über einer großen Stadt zu erproben, um die feindliche Abwehr hervorzulocken und deren Standort kennenzulernen. Diese jedoch war nur noch unbedeutend. Die deutschen Jäger hatten, wie man sagte, kaum noch Benzin, und wenn noch etwas Deutsches in der Luft war, dann waren es Transportmaschinen, die sich knapp über die Bäume und Häuser hinweg aus Berlin herausdrückten.
Der Angriff der Russen an der Oder und das allmählich sich beschleunigende Zurückweichen unserer Truppen auf Berlin zu oder nördlich und südlich, wo es zu dem verhängnisvollen, mörderischen Kessel von Halbe kam, daran vorbei, ließ mich sorgen, ob die Stadtmitte verproviantiert war, wie es der Abschnittskommandant hätte veranlassen müssen. Reichskanzlei, Wilhelmplatz und Wilhelmstraße waren die Stellen, wo um die Entscheidung gerungen oder wo unser Schicksal besiegelt werden würde. Auf dieses Gebiet mußten die Rus-

sen große Teile ihrer Streitkräfte konzentrieren, und hier würden wir uns halten, solange es ging. Erst wenn hier der letzte Schuß gefallen war, war der Krieg beendet.

Es war mithin auszurechnen, wo unsere Truppen massiert und die Abwehrmaßnahmen aufs äußerste gesteigert werden würden. Ich bemühte mich deshalb, festzustellen, in welchem Ausmaß und für wie lange Zeit das Stadtzentrum zwischen „Linden" und „Potsdamer Platz" mit Lebensmitteln versorgt war und wie es damit in den Ministerien stand, die gleichfalls verteidigungsbereit gemacht wurden. Es stellte sich zu meinem Entsetzen heraus, daß die Stadtverwaltung zwar für die Zivilbevölkerung Vorräte bereitgestellt hatte, daß aber zur Verpflegung der Tausende von Soldaten, die hier erwartet werden mußten, nichts, überhaupt nichts veranlaßt worden war. Die Verpflegungsmittel lagen unabgerufen in den großen Proviantämtern am Spreehafen und in Potsdam.

Es stand mir nicht zu, diese Situation mit dem Ausdruck „Chaos" zu entschuldigen oder mit der Bemerkung Nachlässigkeit und Leichtfertigkeit zu verdammen. Ich machte mich vielmehr auf den Weg nach Lichterfelde in die Kasernen der Leibstandarte, deren Kommandeur Mohnke für die Verteidigung des Zentrums vorgesehen war, traf ihn glücklicherweise auch an und wies ihn auf die schwerwiegenden Unterlassungen in der Verteidigungsvorbereitung hin. Noch war er für diesen Abschnitt „Zitadelle" nicht zuständig, aber er war überrascht, hielt den Tatbestand für unmöglich und bagatellisierte im übrigen das Problem zu einer Frage von zweitrangiger Bedeutung. Denn etwas zu essen fände ein Soldat ja immer irgendwo. Jedoch gerade Räuberei wollte ich vermeiden; das „Irgendwo" konnten ja nur die zivilen Verpflegungseinrichtungen sein.

Niedergeschlagen schlug ich mich von Lichterfelde nach Steglitz durch und verbrachte eine sorgenvolle Nacht in meinem Büro „Unter den Eichen". Das stark zerstörte Gebäude wurde nicht mehr gesichert. Das Wachbataillon war in seinen Verteidigungsabschnitt eingerückt. Lediglich ein Trupp von einigen Männern hauste irgendwo und bewachte befehlsgemäß Proviant und irgendwelche Materialien. Die Abdunkelung war unzureichend, weshalb man besser nirgends Licht machte. Ich tappte in meine Stube und legte mich auf meine Decke, welche ich beim letzten Übernachten nicht mehr zusammengefaltet hatte. Die sterbende Stadt war erfüllt von unheimlichen Geräuschen : Schüsse fielen irgendwo, näher und ferner, einzeln und in schnellen Feuerstößen. Menschen schrieen voller Angst oder im Alkoholtaumel. Aus der Ferne, und nachts immer deutlicher vernehmbar als tags, Artilleriefeuer von der Front, helleres Stakkato und dumpfes Dauergrollen, das die

Erde bis nach Berlin hinein und die Häuser erbeben ließ. Kommandos, Geräusche marschierender Kolonnen, Erdarbeiten, Tierlaute. Das charakteristische Geräusch einer russischen „Nähmaschine“, die über der Stadt kreiste und ihre kleinen Splitterbomben einzeln fallen ließ, so wie ich es im Felde bei Rostow genauer kennengelernt hatte, als mir lieb gewesen war. Kein gewaltiges Unisono eines Großangriffs, vielmehr zermürbende Nadelstiche. Die Stadt ächzte und bäumte sich in scheußlichen Träumen.
Brandfahnen brachten Staub in die Stube, dazwischen aber auch in einer Windwelle eine Brise Frühling aus dem benachbarten Botanischen Garten. Man atmete sie ein wie ein Stück Frieden. Dann Panzerrollen, Leuchtkugeln zum Himmel hinauf, die für Sekunden über die Stubenwand einen gelben oder roten Schein wandern ließen. Gespenstisches Leben aus der Tiefe hervor, vereinsamte Menschen, Bedrohungen für alle. Ich schlief nicht, sondern lag mit geschärften Sinnen regungslos, hörte in die Nacht hinein auf Schritte. Schlichen vielleicht schon eingesickerte Russen herum? Ich hatte Angst und wußte es.
Entkleidet hatte ich mich seit Tagen nicht mehr; an meiner Seite lag ein Seitengewehr und, aus der Koppeltasche gezogen, die Pistole. Unablässig tickte rechts neben meinem Kopf die Uhr auf dem Stuhle und zwang mich zur Bilanz über die Unternehmungen, welche wir in den letzten Monaten betrieben hatten. Sie waren vorbei; nicht mehr aktuell. Das Stichwort „Clausewitz“ hatte ihnen von einer Stunde zur anderen ein Ende bereitet, es sei denn, daß sie irgendwo zum Nutzen einiger ein eigenes Leben gewonnen hatten. Ich lag da und prüfte, um Angst und Unruhe zu vertreiben, alles, was ich in sechs langen Kriegsjahren geleistet hatte. Konnte ich mich damit sehen lassen oder war es, soviel Sorgen ich damit auch gehabt hatte, doch nur ein Krampf, ein Nichts gewesen?
Im zivilen Bereich war es zuletzt die Insulin-Aktion gewesen. Bis zu Beginn des Jahres 1944 bereitete die Versorgung der Zuckerkranken mit diesem lebensrettenden Hormonmedikament kaum Schwierigkeiten. Es wurde aus Bauchspeicheldrüsen von Tieren gewonnen, und das Ernährungsministerium hatte, als im Augenblick des Kriegsbeginns Sendungen aus Südamerika plötzlich ausfielen, sofort die Sammlung der Drüsen in den Schlachthöfen und die Ablieferung an die verarbeitenden Fabriken geregelt. So war es nicht zu einem merklichen Mangel gekommen; denn es konnten jährlich nach wie vor etwa eine Milliarde Einheiten Insulin gewonnen werden, die zur Behandlung der etwa 70 000 insulinbedürftigen Kranken vollauf genügten. Aber mit dem Verlust der besetzten Gebiete Rußlands und dann

ab 1944 auch Frankreichs, mit der Störung des Eisenbahnverkehrs durch Fliegerangriffe war die Produktion rapide gefallen, zunächst auf die Hälfte, im Oktober 1944 schon auf ein Viertel des Bedarfs. Nur ein Teil der Diabetiker konnte noch versorgt werden, und ich hatte zu entscheiden, welche Erkrankungsformen weiterhin uneingeschränkt Insulin erhalten durften und bei welcher Krankheitsschwere das Medikament entzogen werden mußte. Auch wenn ich bereits 1941 eine Zählung der Zuckerkranken im Reichsgebiet hatte durchführen lassen und mithin einen Überblick über deren Alter, Geschlechtsverteilung und Wohnorte hatte, so empfand ich die Verantwortung doch schwer; krasse Fehlentscheidungen konnten dazu führen, daß die Komafälle (Säurevergiftungen) sich häuften und viele an einer Krankheit starben, die an und für sich zumeist zu beherrschen war, seitdem ab etwa 1930 das Insulin in ausreichenden Mengen zur Verfügung stand. Wir, der zuständige Ministerialrat des Innenministeriums, der Vertreter der Reichsapothekerkammer und schließlich ich, der als Beauftragter der Reichsärztekammer die Federführung hatte und als Arzt die Auswirkung einer Fehlentscheidung am besten übersah, rangen in zahlreichen Besprechungen um eine praktikable Lösung, die sowohl von der Bürokratie wie auch von den Ärzten gebilligt wurde. Ich hatte Richtlinien ausgearbeitet, nach denen in allen Ärztekammerbezirken Beraterstäbe aus Diabeteskennern zur Prüfung der Einzelfälle gebildet werden sollten. Die Vorschriften wurden noch im Dezember 1944 durch Rundschreiben bekanntgegeben und dann in der Ausgabe des Ärzteblattes vom 21. 3. 1945 den Ärzten zur Kenntnis gebracht. Aber inzwischen waren sie überholt; es wurde fast kein Insulin mehr produziert, die Verteilung der geringen vorhandenen Vorräte über das Reichsgebiet und die Bevorratung der Apotheken war unmöglich geworden. Die schöne Regelung, auf die ich stolz gewesen war, war nichts mehr wert, und jeder Arzt, jeder Kranke war auf sich selbst gestellt. Noch Anfang April hatten wir als Geschenk der Firma Lilly aus Dänemark zwei Millionen Einheiten Insulin mit Erleichterung empfangen. Die Hälfte behielten wir in Berlin und übergaben sie den maßgeblichen Kliniken und Ambulanzen. Eine halbe Million schickte ich zu Prof. Katsch nach Greifswald, der sich damals mit seinen Assistenten bereits um die Insulingewinnung in seinem Diabetes-Institut auf Rügen bemühte. Die letzten 500 000 Einheiten gingen im Koffer eines Medizin-Professors, der sich nach der Flucht aus einer westlichen, von den Amerikanern besetzten Universitätsstadt zu unserer Verfügung gestellt hatte, nach Kiel an Prof. Reinwein. Viele Jahre später erfuhr ich von diesem, daß er sie niemals erhalten hatte.

Der Kurier hatte das Insulin zwischen Berlin und Kiel in Alkohol verwandelt. Zufrieden mit diesem Tausch erschien er in der Klinik, ohne Reinwein Mitteilung davon zu machen, daß dieser Sprit einmal Insulin gewesen war - Insulin, das man inzwischen fast schon mit Gold aufwiegen konnte. Dennoch wies Reinwein ihn mitsamt seinen Gallonen aus dem Hause. Er war ein Mann strengster Pflichterfüllung und wie ein Löwe, wenn er vermutete, daß irgend etwas einem Kranken schaden könne. Einen Alkoholvorrat wollte er aber in keinem Fall in der Klinik haben. Er war im ersten Weltkrieg lange Jahre in russischer Gefangenschaft gewesen und befürchtete die unheilvollen Folgen eines Gelages, wenn das Krankenhaus besetzt wurde. Hätte er geahnt, welches Medikament ihm entgangen war, er würde dem habilitierten Jünger des Hippokrates gegenüber keine Gnade gekannt haben.

Aber zurück : War das große, sorgenvoll geführte Unternehmen sinnvoll gewesen, hatte es Menschen am Leben erhalten?
Und nochmals weiter zurück zu dem wesentlich größeren, das uns nicht nur ein Jahr, sondern während der ganzen Kriegszeit beschäftigt und schließlich, als die Ernährungslage immer schwieriger wurde, bedrängt, täglich neu bedrängt hatte, dem zentralen Ernährungsproblem in Mangelzeiten. Ein gewisses Eiweißdefizit bestand offenbar bei allen Schichten des Volkes; die Rationierung konnte den Bedarf nicht voll decken, aber der Mangel schädigte kaum, und für die Heranwachsenden, die relativ größere Mengen benötigten, war ausreichend gesorgt. Aber die Versorgung verschlechterte sich, wenn auch zunächst langsam; die „Eiweißlücke" wurde größer. tch wurde unentwegt von der Angst geplagt, daß bald die Zustände von 1917 und 1918 erreicht werden würden, die mich damals als Knaben so entscheidend beeindruckt hatten. Hungerkrankheiten in den Gefängnissen, in den Gefangenenlagern, in den Großstädten, bei den Kindern, bei den Müttern, unter den Greisen. - Gedunsenheit, Schwäche, Tod.
Noch war es nicht soweit, wenn man um sich blickte - und doch, es war schon soweit, wenn man die Kehrseite betrachtete, d. h. Gelegenheit hatte, einen Blick in die Lager für russische Kriegsgefangene und die Konzentrationslager zu werfen.
Dort vegetierten Skelette -
hier war kein Gesunder unterernährt, wenn er auch an Übergewicht verloren haben mochte.
Dort gab es keine besondere Ernährung für Kranke -
hier bestand ein feinverzweigtes System von Anordnungen und Richtlinien für die Hausärzte, und fast jede Erkrankung konnte mit der richtigen Diät und auch mit Nahrungszulagen behandelt werden. Dort standen die Juden außerhalb jeden Rechts -

hier erhielten sie in den Jahren, als sie noch unter dem gelben Stern in den Städten wohnen durften, die gleichen Rationen wie die sonstige Zivilbevölkerung.
Es gab keine Diskriminierung in dieser Beziehung. Ärzte hatten erstritten, daß bei der Lebensmittelrationierung lediglich nach ärztlichen und ernährungswissenschaftlichen Gesichtspunkten verfahren wurde.
Zu meinem Entsetzen erfuhr ich erst 1942 vom Hunger in Lagern und bei Pflichtarbeitern, aber alle Ernährungswissenschaftler befaßten sich vorsorglich schon von 1940 an mit Arbeiten über die Gewinnung zusätzlicher Eiweißstoffe, welche nicht aus dem Bereich der zum Äußersten beanspruchten Landwirtschaft stammen konnten, sondern industrielle Produkte sein mußten. Diese hatten zwei Voraussetzungen zu erfüllen:
Masse - nur mit Hunderttausenden von Tonnen konnte man jede Gefahr bannen und Zivilbevölkerung und Wehrmacht gleichzeitig besser versorgen, mit Kilogrammen oder einigen Tonnen konnte man nur spielen oder sich nach oben hin beliebt machen.
Hochwertigkeit - jeder pflanzliche und tierische Eiweißstoff ist gleichartig aus mehr als zwanzig verschiedenen Bausteinen, den Aminosäuren, aufgebaut; jeder unterscheidet sich von dem anderen durch Varianten in der Zusammensetzung, so etwa wie die Häuser einer Stadt. Die meisten Aminosäuren kann sich ein Organismus, wenn sie in seiner Nahrung Fehlen, aus Grundsubstanzen selbst herrichten, aber bei mindestens acht vermag er das nicht, sondern ist auf Zufuhr von außen angewiesen. Diese unersetzlichen Aminosäuren werden essentielle genannt; sie sind in tierischen Eiweißstoffen wie Fleisch, Milch und Ei immer in ausreichender Menge vorhanden, aber bei verschiedenen pflanzlichen, z. B. von Blättern, Früchten, Getreide und Knollen, gar nicht oder unzureichend, weshalb diese auch „unvollständige" Proteine genannt werden. - Das Ziel „hochwertige Eiweißstoffe in großer Menge" wurde mit dem gleichen Eifer angegangen wie die Entwicklung einer neuen Waffe, aber leider infolge sich mit zunehmender Kriegsdauer immer höher auftürmender Hindernisse niemals richtig erreicht. Der Vergleich mit einer Waffenentwicklung ist durchaus angebracht; denn die führenden Sanitäts- und Verpflegungsdienststellen von Heer und Waffen-SS waren die Organisationen, welche sich dieser Forschungen besonders energisch annahmen, zunächst wieder einmal in beinahe häßlicher Konkurrenz, dann, als Vernunft über Prestige gesiegt hatte, auf abgegrenzten Gebieten in sachlicher, schließlich enger Zusammenarbeit.
Begonnen wurde mit der Nährhefe, die bereits im ersten Weltkriege bearbeitet worden war. Man baute auf den vorliegenden Erfahrungen

auf, wechselte von der Molke als Zuchtflüssigkeit und Nährboden auf die Abwässer (Sulfitablaugen) der Zellstoffabrikation über und wiegte sich bald in der stolzen Hoffnung, fast eine viertel Million Tonnen im Jahr erzeugen zu können, als die ersten Großversuche zur Zufriedenheit verliefen. Dies war noch in der Periode des Wettkampfes, als die Heeresforscher und -wirtschaftler mit möglichst jeder Zellstoffabrik einen Vertrag abschlossen und den Bau entsprechender Anlagen förderten, während zum Ärger Himmlers, der durchaus überall die Spitzenposition halten wollte, sein Wirtschaftsamt zu Fuß hinterherhinkte.

Erst im Jahre 1942 hatten wir einigermaßen gleichgezogen und die Möglichkeiten erhalten, in den Zellstoffabriken von Hirschberg in Schlesien, Küstrin und Wittenberge Anlagen zu errichten. Jedoch waltete über dem Programm ein Unstern. Wittenberge, wo aus Stroh Zellstoff hergestellt wurde, arbeitete nie richtig, da es stets von Bomben getroffen wurde, und auch die Fertigstellung von Küstrin verzögerte sich, bis es Kampfgebiet wurde. Hirschberg war unser Stolz, aber auch hierhin kamen die Russen im Winter 1944/45, als wir die Hefe am bittersten benötigten. Eine ununterbrochene Kette von Schwierigkeiten, ausbleibende Genehmigungen, beschlagnahmte hochwertige Stähle, Mangel an Arbeitskräften, Bombenangriffe und zahlreiche andere Unzulänglichkeiten ließen die Diskrepanz zwischen Soll und Ist unerträglich groß werden. Es war kein Trost, daß es dem Nachbarn Heer nicht viel besser erging. Wir hatten das eine gemeinsnm, daß wir uns neben denjenigen, die Vernichtungswaffen erfanden und produzierten, niemals behaupten konnten. Diese waren immer in der Vorhand und setzten sich, wie das noch in keinem Kriege anders gewesen sein dürfte, ohne Hemmungen durch, weil sie ja den Sieg erringen müssen und dieser unvermeidlicherweise Opfer fordert.
Mehr Nutzen brachte, oder, anders ausgedrückt, weniger eklatant scheiterte das Biosyn-Projekt, welches freilich auch niemals die Ausmaße des Nährhefe-Programms annahm; denn es konzentrierte sich auf zwei Fabriken. Am 10. 3. 1943 hatte Himmler einen SS-Kameraden empfangen, den er, weil er über wichtige Rohstoffe befand, hofierte: den Staatsrat und späteren Staatssekretär im Reichswirtschaftsministerium Schieber. Dieser hatte ihn für eine neue Idee gewinnen wollen, und Himmler zeigte sich begeistert; denn schon am nächsten Tag schrieb er an Pohl, Schieber habe ihm einen ausgezeichneten Vorschlag zur Gewinnung einer neuen eiweißhaltigen Substanz, einer Art Pilzwurst, gemacht. Er glaube, es handle sich um eine wertvolle Zusatznahrung für die Truppe, und er beauftragte Pohl, dieser Sache nachzugehen.

Uns war zu diesem Zeitpunkt die neue Eiweißquelle, die Schieber propagierte, bereits bekannt, aber wir konnten mit ihr nicht viel anfangen, weil sie auf Molke gezüchtet wurde. Diese stand uns nicht zur Verfügung. Immerhin wußten wir, daß sich Professor Bleyer in München, der bekannte Lebensmittelchemiker, äußerst lobend über das neue Produkt ausgesprochen und es seinem Nährwert nach mit Kalbfleisch verglichen hatte. Es handelte sich um das Myzel des Edelschimmelpilzes Oidium lactis, der in vielen Käsesorten wächst und ihnen den charakteristischen Geschmack verleiht. Ich erinnerte mich deutlich genug, welchen Ärger und welche Schwierigkeiten ich in der folgenden Zeit mit diesem Produkt gehabt hatte, bis es schließlich - auch erst im Jahre 1944 - verwendungsreif wurde. Zunächst erfuhren wir durch den Brief, daß Schieber den gleichen Schritt getan hatte, der auch bei der Nährhefe gemacht worden war, nämlich den Übergang von der Molke als Nährlösung auf die reichlich vorhandene Sulfitablauge, und daß dieser Schritt offenbar gelungen war. Aus dem Werk Lenzing, das zu Schiebers Zellstoffkonzern gehörte, waren uns nämlich sogenannte Pilzwürste mit der Bitte um Untersuchung auf Genießbarkeit zugegangen. Diese Würste hatten Häftlinge des Konzentrationslagers Mauthausen, die in diesem Werke arbeiteten, als Belohnung und Verpflegungszulage mitgebracht. Die Lagerverwaltung teilte mit, daß die Gefangenen die Wurst auf ihr Brot schmierten und sie mit Begeisterung verzehrten. Wir untersuchten die Masse, aßen selbst davon und fanden nichts Bedenkenerregendes.

Himmlers Brief war Anlaß zur Aufnahme der Verbindung mit der in Österreich gelegenen Fabrik.

Ich fuhr eines Tages mit entsprechender Vollmacht, aber, wie ich gewohnt war, unangemeldet nach Lenzing, um die Fabrikationsanlage in unvorbereitetem Zustande zu besichtigen. Zum Unglück für die dortige Verwaltung kam ich in der Mittagspause an, in der kein maßgeblicher Mann anwesend war. Aber ich konnte die Halle betreten, in welcher der Pilz in einer großen Wanne wuchs, abfiltriert und verarbeitet wurde. Was ich sah, ließ meine zuvor wirklich erhebliche Begeisterung für „Biosyn", auf welchen Namen das Produkt bereits getauft war, auf den Nullpunkt absinken. Die Anlage, die in einer alten Bretterbude untergebracht war, starrte von Schmutz und lag unmittelbar neben einem Abort. In der Wäscherei, in welcher die Ablauge ausgespült wurde, lag frische neben halbverfaulter Pilzmasse auf dem Erdboden, und Fliegen summten in Massen, wenn sie nicht gerade Eier in die schmierigen Haufen legten. Und daneben Kunststoffdärme, in welche diese „feine" Ware gepreßt werden sollte. Jeder Kontrolleur hätte eine Molkerei in dieser hygienischen Verfassung augenblicklich

verschlossen und versiegelt. Ich verhielt mich entsprechend, untersagte jede Abgabe an die Häftlinge in Mauthausen und gab Pohl einen entsprechenden Warnbericht unter Bedauern, daß eine gute Sache auf solche Weise in Mißkredit gebracht würde.
Schieber handelte bei Himmler sofort, indem er erklärte, ich sei, da ich sein Erzeugnis schlecht mache, offensichtlich durch die Herren von IG-Farben bestochen worden, welche an der Hefeproduktion interessiert seien und sämtliche Zellstoffwerke für sich usurpieren wollten. Himmler war an einer empfindlichen Stelle getroffen und geneigt, ihm Recht zu geben. Es stand einige Tage nicht besonders günstig um mich. Jedoch hatte ich einerseits abgesehen von der Achtung für ihre Leistung - mit den IG-Farben nichts zu tun und konnte andererseits anläßlich einer Besprechung bei Pohl und Schieber meine Kritik mit Tatsachen so untermauern, daß letzterer umschwenkte, sehr freundlich wurde und die Einrichtung einer einwandfreien Anlage in seiner Zellstoffabrik bei Arnsberg vorschlug unter der Voraussetzung, daß ihm die SS die Arbeitskräfte und erforderlichen Metalle stellte. Zugleich gründete er einen „Biosyn-Ausschuß“, in dem maßgebliche Wissenschaftler (die Professoren Diemair, Schittenhelm, Bleyer u. a.) das Kontrollrecht über das Biosyn haben sollten. Auch ich wurde hinzugezogen. Das Versprechen wurde gehalten; ein halbes Jahr später besichtigten wir zu dritt das neue Werk und waren jetzt begeistert. Alle früheren Untersuchungen der Substanz ließen uns bedenkenfrei und ohne weitere Prüfung am Menschen fordern, daß die gesamte Produktion, die mit Hilfe von Häftlingen in Gang gebracht worden war, nun den Konzentrationslagern zugute kommen müsse. Schieber stimmte dem zu, aber sonderbarerweise blieb die Erzeugung in den ersten Monaten 1944 merkwürdig gering, bis wir merkten, daß wir getäuscht worden waren. Das Werk verkaufte sein Biosyn in kleinen Portionen zu guten Preisen auf dem „Schwarzen Markt“ und fand begeisterte Abnehmer. Es blieb nichts anderes übrig, als die gesamte Produktion für kriegswichtige Zwecke zu beschlagnahmen. So wurden, bis schließlich Luftangriffe das Werk arbeitsunfähig machten und Tiefflieger den Lkw-Transport auf den Landstraßen ernsthaft störten, doch immerhin etwa 400 Tonnen in drei Konzentrationslager Mitteldeutschlands gebracht, wo sie von 100 000 Häftlingen gerne aufgenommen wurden. Weitere Pläne mit einem zu Pulver getrockneten Biosyn zerschlugen sich.
Aber in dieser nächtlichen Stunde, in der ich vor mir Rechenschaft ablegte, dachte ich, daß sich trotz der mir persönlich entstandenen Schwierigkeiten das Projekt gelohnt hatte, weil es hochwertiges Eiweiß Menschen zugängig gemacht hatte, die es am meisten benötig-

ten.
Trotz des Strebens nach dem großen Los, das Optimalversorgung mit Eiweiß hieß, mußten wir uns schließlich oft genug mit kleinen Gewinnen zufrieden geben, die wenigstens die Ernährung einiger Gruppen etwas verbesserten, zum Beispiel mit der Konservierung und Verarbeitung von Blut, welches, trotz aller Bemühungen um Sammlung in den Schlachthöfen, gewöhnlich in die Abgüsse floß, obgleich es von höchstem Wert war. Ich studierte die baltischen Blutgerichte, und es gelang, einige brauchbare herzustellen kleine Gewinne, wie gesagt, aber lebensrettend wenigstens für einige Gefangene in Lagern. Schließlich aber mußten wir von 1944 ab fast verzagen; es kamen nicht einmal mehr kleine Gewinne heraus, und wir griffen, wie man so sagt, nach den berühmten Strohhalmen - nämlich nach phantastischen Projekten, die bedeutende Wissenschaftler, welche sich die gleichen Sorgen wie wir machten, vorschlugen. Eines von diesen stammte von Professor Rein in Göttingen, dem weithin bekannten Physiologen. Anfang März 1945 suchte mich der Sanitätsinspekteur der Luftwaffe, Professor Schroeder, auf und überreichte einen Brief Professor Reins, in welchem dieser vorschlug, die Koniferensamen über den Nadelwäldern, welche zu gewissen Zeiten in dichten Wolken in der Luft schweben, mit großen Netzen abzufangen; diese Netze sollten von Flugzeugen geschleppt werden. Er versprach sich von diesem Verfahren sehr viel und propagierte es mit großem Nachdruck, war aber anscheinend nicht mehr richtig darüber orientiert, daß wir nur noch sehr beschränkte Arbeitsmöglichkeiten besaßen.
Der Generalstabsarzt hatte keinen Anlaß, mich aufzusuchen; er hätte mich zu sich bitten können, der ich sowieso allen erdenklichen Vorschlägen und Erfindungen nachjagte und einer Anregung, die von Rein stammte, jedenfalls große Aufmerksamkeit geschenkt hätte. Aber er war wohl von der Sache selbst nicht so recht überzeugt und wählte deshalb den mehr privaten Weg eines Gesprächs unter vier Augen. Er war von stattlicher Gestalt, wesentlich mehr Arzt als General und strahlte Hilfsbereitschaft, ja Güte aus. Wir waren schnell einig und wollten, ohne noch große Hoffnung auf Verwirklichung hegen zu können, wenigstens mit den Vorbereitungen beginnen. Die Luftwaffe sollte die technische Seite der Pollen-Gewinnung, d. h. insbesondere die Entwicklung des Fanggerätes und die Flugzeugbereitstellung, die Ernährungsinspektion die lebensmittelchemische Seite übernehmen. Es war ja nicht bekannt, welche Inhaltsstoffe dieser Samenstaub besaß und von welcher Wertigkeit das darin enthaltene Protein war. Taugte es für die menschliche Ernährung und konnte man es direkt in das Brot einbacken? Eine Parallele zu den Getreidekeimlingen, die sehr

hoch eingestuft wurden, war gegeben, aber diese standen leider ebenfalls als Nahrungsmittel kaum zur Verfügung, da sie zur Gewinnung von Vitaminen benötigt wurden.
Auch dieses Unternehmen blieb im Ansatz stecken, als das Stichwort „Clausewitz" durchgegeben wurde und Professor Schroeder mit der Sanitätsinspektion der Luftwaffe abrücken mußte.

Das war erst vor ein paar Tagen gewesen; ich dachte zurück, während ich mich auf die Seite wendete und die Decke wieder über den Körper zog. Dabei wurde mir in meiner schlafbefangenen Unruhe, in welcher die Gedanken leicht ineinander überfließen, bewußt, daß es mit der Zunahme der Kriegsschwierigkeiten eigentlich einfacher geworden war, Entscheidungen zu treffen und auf ein Ziel hin zu arbeiten, wenn auch schwerer, es zu erreichen. In den ersten drei Jahren voller Siegeshoffnungen waren allenthalben Propheten und Goldmacher aufgetaucht, die Ideen und Institute oder nur Vorstellungen hatten, für welche sie Geldgeber und - für sich selbst - Befreiung vom Wehrdienst beanspruchten. Bei irgendeiner hohen Militär-, Partei- oder Wirtschaftsstelle hatten sie durchweg einen Partner oder Gönner gefunden, von welchem sie zu einem anderen überzuwechseln verstanden, wenn er seinen Zweck für sie erfüllt hatte oder mißtrauisch wurde. Zu ihrem Handwerk gehörte, daß sie Gefahren an die Wand malten, die meist nur in ihrer Einbildung existierten, aber strenger wissenschaftlicher Kritik nicht standhielten. Wurden sie einer solchen unterworfen, so erklärten sie flugs, daß wieder einmal Intuition durch Angelschnüre kleinlich-reaktionär-akademischer Beckmesserei nicht nur gehemmt, sondern auch entwürdigt werde. Damit erzielten sie zumeist einen Effekt.
Denn von der Intuition lebten auch die Großen, die ebenfalls sachliche Kritik für unfair hielten. So zeigten sie sich den Opfern der „Professoren" - es sei denn, daß sie ihnen bereits zu teuer gekommen waren -, zumeist wohlgesinnt. Aber einmal erkannten schließlich die großen Förderer doch, daß sie einem „Cagliostro" aufgesessen waren. Dann nämlich, wenn die Vitamine immer nur im Reagenzgläschen vorgezeigt wurden und niemals Speicher füllten, oder wenn die Raketen, die den Bombengeschwadern entgegenfliegen und sie noch über dem Meere vernichten sollten, sich niemals vom Konstruktionspapier abhoben.
Der Auswahlprozeß zwischen echt und falsch, den wir als Verantwortliche vornehmen mußten und bei dem wir fast überall auf Vorurteile oder Voreingenommenheiten stießen, war hart, zeitraubend und für uns selbst nicht ohne Gefahr. Zudem band er einen guten Teil

unserer Arbeitskraft und beanspruchte auf Weisung höchster Stellen oftmals finanzielle Mittel, die an anderer Stelle mit mehr Aussicht auf Erfolg hätten eingesetzt werden können. Cui bono? Irgendwelchen Scharlatanen und Drückebergern, etlichen Größen, die durch eine von ihnen geförderte Erfindung ihr Prestige bei Hitler steigern wollten.
Als aber schließlich die Verknappung begann und die Karten auf den Tisch gelegt werden mußten, fanden zahlreiche Illusionisten, es sei besser, sich wieder, so sie überhaupt vermochten, der reinen zweckfreien Wissenschaft zuzuwenden. Auch die Hartnäckigeren verschwanden schließlich, als die Bombenangriffe das Leben in Berlin unangenehm werden ließen und die Reisen von Stadt zu Stadt behinderten. Die wenigen, die blieben, mußten wohl der Sache ergeben sein und fanden sich auf dieser Grundlage zu gemeinschaftlicher, strenger Arbeit zusammen. Erfolge blieben schließlich nicht aus, aber sie kamen zu spät und dann ab 1944 nur noch wenigen Menschen zugute.
Das waren Vorstellungen, die in bittere und böse Phantasien übergingen und mich schließlich in einen Halbschlaf verfallen ließen, aus welchem ich aufschreckte, als ein Schuß ganz in der Nähe fiel. Mein Herz klopfte schnell und heftig gegen die Rippen; ich horchte und hörte nichts weiter. Vielleicht, daß ich den Knall nur geträumt hatte. Der Schuß erweckte befremdliche Assoziationen. Ich mußte, so stark beherrschte mich das Eiweißproblem, weniger an Kriegstod von Menschen als an das Sterben der Pferde denken, für welche das Futter früher fehlte als die Lebensmittel für die Menschen. Heu und Hafer waren ab Herbst 1944 nicht mehr ausreichend vorhanden.
Das Ernährungsministerium drängte auf die Verminderung der Pferdebestände beim Heer. Die treuen Helfer waren nicht weniger herumgekommen als die Truppen und hatten es in Rußland genauso schwer gehabt und gleiches geleistet. Niemand ging an einem deutschen oder Panje-Pferd vorbei, ohne es zu streicheln, und wenn eine bespannte Kolonne durch Schnee- und Schlammstraßen getrieben worden war, so wurden die Rösser nach Erreichung des Ziels selbst von todmüden Fahrern noch mit aller möglichen Sorgfalt versorgt. Sie ließen einander nicht im Stich. Ich hatte Pferdeherden der französischen Armeen auf riesigen Koppeln gesehen, als ihre Reiter schon in die Gefangenschaft abrückten. Ich hatte die toten Pferde von Feuerwehrzügen nach Bombenangriffen gesehen, aus deren Leibern erfreute Berliner sich Bratenfleisch von lange nicht mehr ausgewogener Schwere schnitten; mir blieben aber auch aus Griechenland die schrillen Schreie eines Pferdes mit gelähmter Hinterhand im Ohr, das zur Seite der Straße, auf der wir vorwärtsfuhren, mit den Vorderfüßen die Grasnarbe zerschlug,

ohne daß ein Wagen anhalten und ein Insasse ihm den Gnadenschuß geben konnte.
Sollten die anderen nun auch verhungern und kraftlos verrecken? Wir hatten noch daran gedacht, die Tiere mit Zellstoff zu füttern, der in großen Mengen in verschiedenen Fabriken lag, aber es fehlte an Möglichkeiten, ihn abzutransportieren. Auch getrocknete Meeresalgen, die wir aus Norwegen erwarteten, sollten einen Aufschub gewähren. Alles blieb unzureichend, so daß schnell gehandelt werden mußte, ehe die Tiere in den Hungerzustand gerieten. Zweihunderttausend Pferde sollten und mußten geschlachtet werden. Die armen Tiere - und doch erfreute mich ihr Tod; denn er bedeutete Fleisch, viel Fleisch für Truppe und Zivilbevölkerung. Ich wollte es hauptsächlich, und zwar etwa zu gleichen Teilen, mit Rindfleisch zu Dauerwurst verarbeiten lassen. Dem stellten sich jedoch unüberwindliche gesetzliche und bürokratische Hindernisse entgegen. Noch in dieser zwölften Stunde galt das Lebensmittelgesetz, nach welchem Pferde nur in speziellen Metzgereien geschlachtet und verarbeitet werden durften und wonach die gemeinsame Verarbeitung von Pferde-, Schweine- und Rindfleisch zu Wurst verboten war - mit Strafandrohung. Ich bepackte mich mit wunderschönen Mischwürsten, die wir versuchsweise fabriziert hatten, sowie einem unglaublich nahrhaft aussehendem Stück Rauchfleisch aus Pferdebrust und begab mich - es war etwa März 1945 - zu den Leitern der maßgeblichen Dienststellen. Sie aßen ungebührlich große Happen und riefen, sofern sie ihre Untergebenen nicht exakt nach dem Führerprinzip leiteten, auch Referenten und Sekretärinnen hinzu, damit sie Kostproben nähmen und ein Urteil abgäben; alle lobten die Fleischerei-Erzeugnisse, jedoch war es selbst 1945 kaum möglich, Gesetze abzuändern. Ich faßte jedoch das allgemeine Augenzwinkern richtig auf. Im Bereich der Wehrmacht wurden jedenfalls Würste hergestellt, die den gesetzlichen Bestimmungen bezüglich Zusammensetzung keineswegs entsprachen, aber durch Verzehr den Paragraphen des Lebensmittelgesetzes schnellstens entzogen wurden. Leider war es auch in diesem Falle zu spät, als daß diejenigen noch einen Vorteil davon hätten haben können, die Pferde nicht in eigener Verfügungsgewalt hatten. Auch wurde die Anordnung nicht mehr überall bekannt, denn Tausende von Pferden wurden von den Sowjets erbeutet und mit den Kriegsgefangenen zur Wiedergutmachungsarbeit bis nach Sibirien gebracht. Ich sah dort einen Schecken mit dem Allgemeinnamen „Hans“, der wegen seines riesigen Kopfes und seiner Zugkraft hoch geschätzt wurde. Uns Gefangenen dienten seine Mähnen- und Schwanzhaare zur Herstellung von Rasierpinseln. Die kahlgewordene Schwanzrübe beeinträchtigte seine

Schönheit beim Aspekt vom Kutschbock her. - Heute wird man das damals umgangene Gesetz ohne Zweifel und mit vollem Recht wieder beachten.

Dabei hatte man diesen Pferden noch kurz vorher, ehe man sich den Futtermangel eingestand, unter dem Namen „Unternehmen Biene" einen Sonderauftrag zugedacht, der die Herzen der hieran beteiligten, seit Jahren abgehalfterten Kavalleristen höher schlagen ließ. Der Hintergrund für das operettenhafte, aber, wie man sagte, direkt auf Hitler zurückgehende Unternehmen, war ernsthaft genug. Die hohe Vaterschaft bewirkte, daß es überhaupt in Gang gebracht und unter die Leitung eines pensionierten Kavalleriegenerals gestellt wurde.
Ende 1944, Anfang 1945 hatten sich schwere Unzulänglichkeiten in der Verteilung der Verpflegungsmittel für die Bevölkerung eingestellt. In Pommern und Mecklenburg lagerten einige hunderttausend Tonnen Roggen und Weizen, während in Süddeutschland Knappheit herrschte. Große Mengen von Fleisch wurden in Kühlhäusern Schlesiens und Ostsachsens aufgehoben, wo sie vor Luftangriffen ziemlich sicher schienen; Fett und Zuckervorräte wiederum waren irgendwo im Oderraum deponiert. Die Verteilungspläne waren geheim und nur dem Ernährungsministerium sowie den Reichsstellen für die Bewirtschaftung der einzelnen Grundnahrungsmittel bekannt. Aber die Verschickung dieser Güter vom Lagerort zu den Verbrauchern mit der Eisenbahn auf der Schiene oder dem Schiff auf den Kanälen, geschweige denn mittels Lkw's, die Neigung hatten, alle 50 bis 100 km stehenzubleiben, war nicht mehr möglich. Nicht nur die großen Umschlagbahnhöfe wurden durch Bombenangriffe täglich mehr in Mitleidenschaft gezogen und wertvolle Güter vernichtet, auch die Eisenbahnstrecken, Straßen und Kanäle waren inzwischen zu gesuchten Angriffsobjekten der Tiefflieger geworden. Da halfen die vor die Lokomotiven gesetzten Güterwagen voller Steine, da halfen selbst aufmontierte Flakgeschütze, die sowieso nur für besonders wichtige Güter- und Personenzüge in Frage kamen, nur wenig. Ausgebrannte Lokomotiven und Waggons säumten überall die Strecken, und der Güterverkehr mußte immer mehr und mehr in die Nacht verlegt werden.
Wir hatten Gelegenheit genug gehabt, die russischen Panjepferde und -wagen zu bewundern, wenn sie bei eisiger Kälte und auf den Schlammstraßen der Tauperiode unverdrossen dahinzottelten und, zwar je Wagen wenig, aber insgesamt riesige Massen an Gütern von Ort zu Ort schleppten. Dies hatte auch Hitler beeindruckt, als man ihm davon berichtete, und er befahl unter dem Eindruck panjemäßi-

ger Emsigkeit das „Unternehmen Biene“, welches zutreffender vielleicht „Unternehmen Hero und Leander“ hätte genannt werden müssen, weil es Produkt der Erkenntnis war, daß ein Nahrungsgut auf dem Wege zum Verbraucher behindert wurde. Der mit der Organisation beauftragte reaktivierte General aktivierte binnen weniger Wochen Pferde, leichte Wagen, Stellmacher und Beschlagschmiede sowie Landesschützen als Fahrer. Bald trotteten Pferde mit Wagen über kleine und kleinste Landstraßen auf und ab, nach Norden und Süden, zum Teil im Schutze der Bäume, welche freilich noch winterlich kahl waren. Die Tiefflieger kamen schließlich auch hinter diesen Ausweg und dezimierten Menschen, Tiere und Wagen. Verschiebung der Fahrten in die Nacht half nicht mehr viel. Das Unternehmen „Biene“ erlag schließlich kläglich der Macht widriger Umstände.

Kein Erfolg mehr, überall nur Teilerfolge, die von Monat zu Monat weniger nützten. Nach dem Ausfall der Pferde hatten Ziegelmayer und ich die Rapskuchen als Eiweißträger Für die menschliche Ernährung entdeckt, die zuvor den Pferden als Kraftfutter vorbehalten gewesen waren und nun sozusagen „frei“ wurden. Das Öl war ihnen bereits entzogen worden. Die Rückstände der Samen, wenn auch mit Schalen, bestanden fast zur Hälfte aus recht hochwertigem Eiweiß. Sie waren ziemlich bitter und deshalb ungenießbar; aber ich hatte eine Möglichkeit gefunden, sie auf einfachem Wege, nur durch Aufkochen, zu entbittern. Wir fanden in Selbstversuchen heraus, daß 30 g je Kopf und Tag den Eiweißhaushalt bei rationierter Ernährung wesentlich verbesserten. Alle in der Dienststelle Arbeitenden hatten die tägliche Mittags- und Abendsuppe aus Roggenmehl, dem wir ebenfalls durch einen einfachen Trick erhöhte Dicke und größeren Sättigungswert - eine im Grunde nur scheinbare Verbesserung - verschafften, mit diesem Zusatz gegessen. Das veredelte Gericht kratzte etwas im Halse, war aber durchaus genießbar. Mit größter Beschleunigung waren entsprechende Anweisungen an die Truppe gegeben und das Ernährungsministerium gebeten worden, Raps und Rapsschrot nunmehr auch als geeignet für die Ernährung des Menschen in Erwägung zu ziehen. - Das Abkochwasser wurde bald zu einem zwar schlecht schmeckenden, aber beliebten Tee in unserem Kreise, den wir mit einer gewissen Unverfrorenheit auch Gästen höheren Ranges vorzusetzen wagten. Ich hatte nämlich die Erfahrung gemacht, daß das Getränk anregend und roborierend wirkte wie etwa Bohnenkaffee, den wir nicht mehr hatten. Die Mitarbeiter schlossen sich dieser Ansicht an, ob nur, weil ich der Chef war, oder aus Überzeugung, vermag ich nicht zu sagen, weil es nicht an der Zeit war, entsprechende

Untersuchungen anzustellen. Auf jeden Fall tranken wir den gelblichen und leicht getrübten Absud, sooft wir uns abgekämpft fühlten. Offenbar wandelten wir hierbei empirisch auf den Spuren der Urvölker bei der Entdeckung medikamentöser Wirkungen von Pflanzen.
Ich überlegte mir, als dieser Gedanke wirr durch mein Gehirn flog, ob ich mich nicht durch ein Glas Rapstee ermuntern sollte, konnte mich aber nicht dazu ermannen, ihn zu kochen. Denn nun überfiel mich die Erinnerung an die sorgenvollen Wochen um den Jahreswechsel 44/45, als wir anläßlich einer Sitzung im Ernährungsministerium vor die Notwendigkeit einer drastischen Kürzung der Lebensmittelrationen gestellt wurden. Diese hatten bisher noch gerade eben ausgereicht, jetzt mußten sie für alle, Soldaten und die gesamte Zivilbevölkerung, um etwa 20% unter das Existenzminimum gesenkt werden. Das bedeutete Hungersnot in absehbarer Zeit, wobei die sich immer mehr vergrößernden Verteilungsschwierigkeiten, die den Eintritt der Not in vielen Gebieten beschleunigen mußten, noch nicht einmal berücksichtigt wurden.
Überall arbeiteten Physiologen und Ärzte mit ihren Rechenschiebern. Die vorhandenen Nahrungsmengen waren vorgegeben; nun sollte ausgetüftelt werden, wie man sie verteilen konnte, ohne daß eine Menschengruppe allzusehr benachteiligt wurde und besonders schweren Schaden erlitt. (Heutzutage würden Computer eine solche Berechnung binnen weniger Augenblicke erledigen, unbeeinflußt durch seelische und ärztliche Regungen). Wir alle aber waren nicht ganz neutral; jeder hatte Bevölkerungs- und Wehrmachtsschichten, die er für besonders wichtig hielt und deshalb um etwas weniger einschränken wollte als die Allgemeinheit. Die Folge war eine fortlaufende Reihe von Besprechungen in immer größerem Kreise für zunehmend weitere Bereiche, bis schließlich die nach langen Auseinandersetzungen festgelegten Januar-Rationen Volk und Truppe bekanntgegeben werden konnten.
Es waren Hungerrationen; wir durften uns nichts anderes vormachen. Bemühungen, sie zu vermeiden, waren gescheitert. Ich hatte mir bei Kriegsbeginn geschworen, daß ich alles tun wolle, um es nicht wie im ersten Weltkriege bis zum Hunger kommen zu lassen. Ich hatte versagt. Schlimmstes mußte befürchtet werden, und ich war in Berlin geblieben, weil es hier zuerst in Erscheinung treten würde. Ich verfiel in eine Niedergeschlagenheit, die dieser Nacht angemessen war. München, das Krankenhaus Schwabing, in dem ich so glücklich gewesen war und in dem ich so viel für die Heilkunde, für meine Kranken hatte tun wollen, lag weit hinter mir. Aus den Anfängen selbständiger Tätigkeit hatte der Krieg, wie so viele andere, auch mich gerissen und

an Aufgaben gezwungen, die von unseren Plänen und Träumen weit entfernt lagen. Niemals würde ich in die alte Haut zurückkriechen können, niemals wieder empfinden, wie ernsthaft schön es ist, von Krankenbett zu Krankenbett zu gehen, etwas Heilsames zu wissen und auszusprechen. Schwabing lag unerreichbar fern; niemals mehr würde dieses Krankenhaus das für mich sein, was es gewesen war und was ich solange festgehalten hatte, wie ich irgend konnte. Das Vergangene war tot und die Zukunft sturmverhangen.

Ich erwachte voll; zweifellos, ich hatte Angst gehabt, eine Angst, die Erinnerungen zusammenschwemmte und mir erbarmungslos klargemacht hatte, daß meine gesamten vielfältigen Bemühungen im Grunde unnütz gewesen waren. Der Tag dämmerte trübe. Draußen regnete es; kalte Nebelschwaden drangen durch das offene Fenster und senkten sich auf mich herab. Ich reckte mich, stützte mich auf einen Ellbogen und sah auf die Uhr. Zeit zum Aufstehen, aber dem Gefühl völliger Zerschlagenheit nach hätte ich weiter liegen bleiben sollen. Ich wollte mich nicht selbst entschließen und stellte es dem Schicksal anheim; floß Wasser, dann war es recht zum Aufstehen. Der Hahn drehte sich in meiner Hand und, da es im Hause kaum noch jemanden gab, der mir Konkurrenz machte, lief ein dünner Wasserstrahl, ausreichend zum Waschen und Rasieren. Dies belebte immerhin, und bald saß ich vor dem leeren Schreibtisch, um zu erwägen, ob es Sinn habe, auf der Kochplatte Kaffeewasser warm zu machen und das Stück Brot aus dem Spind zu holen. Lieber unmittelbare Berührung mit dem guten Lebenselement! Einen Becher voll Wasser nach dem anderen ließ ich vollrinnen und schüttete ihn in mich hinein. Das Wasser war nicht kalt und auch etwas bräunlich, aber ich trank und trank, bis ich wasser- und damit überhaupt satt war. Brütend blieb ich vor dem Tisch sitzen.

Müller hatte ich am vergangenen Tage in Lichterfelde gelassen; er entstammte der „Leibstandarte Adolf Hitler“ und hatte Kameraden getroffen, die gleich ihm bisher überlebt hatten. Jetzt rückte er an und war bei nicht allzu hoch geschraubten Ansprüchen als dienstfähig anzusehen. Da das Regiment heute in die Reichskanzlei einzog, hatte man sämtliche alkoholischen Marketenderwaren dem Zugriff der Russen entzogen, die die Kasernen ja voraussichtlich als nächste beziehen würden. Er war ebenfalls nicht zum Reden aufgelegt, Arbeit gab es im Augenblick nicht. Wir saßen einander gegenüber und hingen irgendwelchen unklaren Gedanken nach. Im Laufe des Vormittags läutete das Telefon. Eine geheimnisvolle Macht hatte es aus dem Rest der noch funktionierenden Apparate herausgefischt und eine für uns entscheidende Verbindung zustande gebracht. Aus der Reichskanzlei

sprach der Kampfkommandant Mohnke, den ich am vergangenen Tage aufgesucht und enttäuscht verlassen hatte, um mitzuteilen, er habe mit dem Führer über die Verpflegungslage gesprochen, und dieser habe befohlen, ich hätte umgehend in die Reichskanzlei überzusiedeln und dort die Verproviantierung der Reichskanzlei und des Stadtzentrums zu übernehmen.
Wir waren im Augenblick hellwach und bei der Sache, nachdem wir etwas geschluckt hatten. „Avanti, auf zum letzten Gefecht" forderte Müller nicht eben melodiös. Wir rissen die Spinde auf und räumten unsere Habe zusammen. Ich blickte auf den treuen Seesack aus derbem, dunkelblauem Leinen, der mich seit der Schlacht um Dünkirchen durch Frankreich nach Norwegen, Griechenland und weit in die Sowjetunion hinein bis nach Rostow begleitet hatte. Haltbar in weißer Ölfarbenschrift war der Name des Vorbesitzers, wahrscheinlich eines englischen Matrosen Smith draufgemalt und genügte mir als Ausweis; denn ich hatte nie in Erwägung gezogen, ihn durchzustreichen und durch den meinen zu ersetzen. Der Sack stand im Spind, unten prall gefüllt und im oberen Drittel schlaff, durch ein hervorragendes, immer noch englisches Seemannsgarn verschnürt, als auf den Kopf gestellter, halb gefüllter Fesselballon. Wieder einmal ging es mit ihm hinaus in das Feuer, aus dem ich ihn im Juni 1940 geborgen hatte. Wir waren in das brennende Städtchen Cassel, nahe Dünkirchen, eingefahren, das die Engländer einen Augenblick zuvor verlassen hatten, um den 16 km entfernten Strand noch rechtzeitig zum letzten Schiff zu erreichen. Wir sollten den Kessel abdichten, wußten sonst kaum etwas vom Stande dieser Schlacht, waren aber gebannt von dem Inferno, das sich unweit auftat. Das Städtchen lag auf einer Anhöhe, kaum wert, als Hügel bezeichnet zu werden, und ich hatte mich, da immer noch hin und her geschossen wurde, in den Schutz eines zerborstenen Steintores gelegt. Vor mir streckte sich die Ebene mit grünen Wiesen und sich schon ins Gelbliche verfärbenden Feldern, durch welche Brandspuren führten und in welchen brennende und ausgebrannte Wagen unordentlich und zerschmettert herumlagen. Dahinter, mit dem Fernglas deutlich auszumachen, grau, flach und weit das Meer. Weiße Haufenwolken am sonst blauen Himmel, flirrende Hitze. An der Stelle, an der das Land ins Wasser überging, in einer Breite von nur zwei oder drei Kilometern, eine teerfarbene, dichte Wolke, die bis in den Himmel hinaufzog und dort allmählich übers Meer hin zerfaserte. An ihrem Fuße breithin Flammen, die rot und gelb aus dem Brandschwarz herauszüngelten. Ein homerisches Bild schauerlicher Zerstörung; ich mußte an die Armen denken, die sich aus dem nichts verschonenden Brande auf das Meer hinausretten mußten und denen nur

dieser Strand geblieben war. Denn was schon brannte, blieb dennoch nicht ungestört sich selbst überlassen. Aus dem Mittag und aus den weißen Wolken kommend, zogen deutsche Sturzkampfflieger (Stukas) in regelmäßiger Folge über uns weg, setzten fast über unseren Köpfen zum Sturze an und schleuderten unter dem schreckenerregenden Aufheulen, das jeden Sturz begleitete, Bombe nach Bombe in die Brände. Abwehr von drüben gab es nicht mehr.

Wer dort noch lebte und nicht erschlagen oder erstickt war, konnte vielleicht nicht einmal mehr an Rettung denken. Die Boote, die von der Insel zur Rettung herübergefahren kamen, konnten wir durch den Vorhang hindurch nicht sehen. Aber sie waren da, nahmen die Versprengten auf und setzten sie in die Heimat über. Tod und Freiheit lagen unmittelbar nebeneinander.

Wir selbst rückten von Cassel nicht weiter und bekamen das ausgebrannte Schlachtfeld nicht zu sehen. Zur Seite der Straße zwischen anderem, weggeworfenem Gut lag der Seesack, schon ausgeleert und auf seinen Inhalt hin gemustert, selbst jedoch nicht begehrt. Mir, der ich eine Abneigung gegen Offizierskisten hatte, gefiel er auf den ersten Blick, und so machte ich ihn zu meinem Eigentum. Das war vor fast fünf Jahren gewesen, und er hatte alle Strapazen mit mir geteilt, ohne weiteren Schaden zu nehmen, als daß er recht abgescheuert aussah. Aber keine der beschlagenen Kisten, mit denen zusammen er an 6000 km auf Lkws und Sankas gefahren sein mochte, hatten ein Loch in das derbe Segelleinen stoßen können. Sein unschätzbarer Vorteil lag ja darin, daß der Inhalt bei nicht zu praller Füllung beweglich blieb und sich beliebig deformieren ließ. Man brauchte auch, wenn man im Dunkeln den Arm hineinsteckte, um etwas zu suchen, niemals zu befürchten, daß ein anderer Gegenstand verlorenging und liegenblieb, wie das bei Kofferbesitzern alltäglich vorkam. Ich zog meinen Sack fast zärtlich aus dem Spind und musterte seinen Inhalt. Er enthielt Wäsche, ein Paar Schuhe, einige medizinische Bücher, Nähzeug, eine Butter- und eine Brotdose, eine Feldmütze, Schreibpapier und sonstigen Krimskrams. Jetzt wurden die Seifendose mit einem Stück Kriegssandseife gefüllt, Rasierapparat und sonstiges Toilettenzeug hinzugegeben, außerdem das Besteck und der Becher, sowie, nach einigem Überlegen, noch ein Blechteller aus Reichsbesitz. Obendrauf kamen einige Verpflegungslisten und -anweisungen. Ich zog das Seil, das durch eingenähte Ringe lief, zusammen und war fertig zum Aufbruch. Noch ein Klaps auf den Sack wie zum Abschiede; denn an dem Orte, zu dem ich ihn nun schleppte, würden sich unsere Wege voraussichtlich trennen. - In der Tat weiß ich nicht, ob ein Russe sich heute seiner Unverwüstlichkeit weiterhin erfreut.

Ich nahm die Pistole vom Stuhl, schob sie in die Koppeltasche und gürtete das Koppel um; Müller nahm seine Maschinenpistole. Mäntel an, Stahlhelme aufgesetzt. Ein Blick von der Tür bis zum Fenster; die Stube wirkte ausgestorben.

ARZT IN DER REICHSKANZLEI

Der Wagen, der mir beim Abrücken des Hauptamtes vor zehn Tagen zugeteilt worden war, stand vollgetankt im Hof. In der Zwischenzeit war er durch Bombeneinwirkung nicht beschädigt worden, was für den relativen Frieden am Himmel während dieser Tage sprach. - Müller fuhr ihn vorsichhg von Sperre zu Sperre. Diese wurden seitens der Verteidiger nur mit Mißtrauen geöffnet, meine Ausweise genügten jedoch. Noch einmal besuchten wir die Schule in Schöneberg, aber auch dort hauste lediglich noch der Lehrkochstab, den ich nachkommen hieß. Ziegelmayer und mehrere seiner Mitarbeiter waren verabredungsgemäß zu Generalarzt Schreiber, dem Festungsarzt, gestoßen, um ihm bei der Verproviantierung der neuen Lazarette und Verbandsplätze behilflich zu sein.

Nachdem wir erst einmal die äußeren Sperren überwunden hatten, kamen wir schneller voran und ins Stadtzentrum hinein. Dort gingen Transporte hin und her; sie wurden im einzelnen nicht kontrolliert. Auch wir fuhren ungehindert und ungeprüft mit Vollgas zur Reichskanzlei.

Von der Potsdamer Straße aus tasteten wir uns durch die engen Passagen des mit Trümmern bedeckten Potsdamer Platzes zur Hermann-GöringStraße hinüber und hielten bei der Kreuzung zur Voßstraße am Garagentor der Neuen Reichskanzlei. Der brave und standhafte Posten dort ließ sich mit vollem Recht durch feldgrauen Mercedesstern, Dienstgradabzeichen und Ausweise nicht imponieren, sondern fragte beim Kampfkommandanten zurück, der unser Passieren genehmigte. Das Tor schob sich auseinander, und wir rollten leicht abwärts in den Garagenhof hinein, wo die großen schwarzen Regierungswagen, deren Radius einstmals das Gebiet des großdeutschen Reiches umfaßte, eingefangen, dicht an dicht standen; in ihrer Mitte einer der hellblauen Wagen Görings. Sie rosteten einem ungewissen Schicksal entgegen. Wir ließen uns einen Platz anweisen, von dem wir nochmals ausfahren konnten. Ich griff nach Brotbeutel und Seesack auf dem Hintersitz, Müller nach seinem Rucksack. Kurz darauf erschien ein Melder Mohnkes, um uns zu ihm zu bringen. Er vergewisserte sich nochmals genau, daß wir auch wirklich die Angekündigten waren, und führte uns durch einige Wirtschaftsgänge, dann eine enge Treppe hinauf, bis vor eine Tür. Auf der Vorderseite war diese aus edlerem Holze als auf der Rückseite; denn sie öffnete sich in die über hundert Meter lange, eher schmale als breite Halle, in welcher einst Staatsemp-

fänge und Festlichkeiten stattgefunden hatten. Noch immer bot diese einen imponierenden Anblick; denn von Bomben verschont und im Hinblick auf die zukünfhgen großen Zeiten nach dem voraussichtlichen siegreichen Kriegsende auch nicht ausgeräumt, erschien sie uns Wanderern, die lediglich Trümmer kannten, wie eine Oase des Friedens. Ornamentaler Steinboden, darauf an beiden Seiten edle und große Teppiche, Tische und Sesselgruppen. Raum genügend, um einem huldvoll begrüßenden Mächtigen zu nahen, zur Seite zu treten und die Nächsten heranschreiten zu lassen. Man dachte an Uniformen und hohe, glänzende Stiefel, Orden am Halse und Schärpen von der rechten Schulter zur linken Hüfte, Verneigungen und grüßend erhobene, ausgestreckte Arme an erstarrenden Gestalten. Die schweren, samtenen, oliv-farbigen Vorhänge hingen bis auf den Boden. Viele Fensterscheiben, die durch sie nur zum Teil verdeckt wurden, waren zerborsten und mit Pappe abgedichtet. Draußen schien die Sonne, doch war es hier eher düster und staubig; dunkel, fast schwarz hingen die Leuchter von der Decke. Die Festhalle war zum Durchgang geworden, und Hunderte von groben Stiefeln der Art, wie wir sie trugen, Stiefeln, die aus Kälte, Nässe und Schmutz kamen, waren auf gewirkte Teppiche und edles Holz getreten, hatten Flecken hinterlassen, die durch Staubsauger nicht mehr beseitigt wurden. Durchschwitzte Männer hatten Lasten hindurchgeschoben, ohne Zeit zum Begaffen des Glanzes zu finden. Rauhe Befehle und Rufe waren ausgestoßen worden, und alles zusammen hatte den letzten Platz konservierter Reichsherrlichkeit nunmehr in den Kampfraum einbezogen.
Wir betraten ihn, ich hatte den Seesack geschultert. Niemand hielt sich im Augenblick in dieser Galerie auf. Der Melder hatte sich anscheinend verirrt und befand sich offenbar nicht dort, wohin er gewollt hatte; er öffnete suchend eine überhohe Türe zur Linken und hieß uns in einen Raum treten. Es war das Arbeitszimmer Hitlers. Noch standen der Schreibtisch und sein Sessel in Fensternähe links querab; sonst war es so leer, wie es wahrscheinlich ausgesehen hatte, wenn er von Berlin abwesend war. Durch eine breite Front von Fenstern, die von Säulen unterbrochen wurde, sah man in den Park, dessen Bäume nun schon grün wurden. Ich warf den Seesack erschrocken ab, als ich draußen, nur wenige Meter entfernt, eine Gruppe hoher und höchster Offiziere und Parteispitzen am Eingange eines Bunkers erblickte; es mochten zwanzig oder fünfundzwanzig Mann sein. Etwas abseits, die schwere Mütze auf dem Haupte, stand Hitler selbst bei zwei Generalen und redete auf sie ein, alle anderen waren ihm aufmerksam zugewandt. Nahe den Chefs hatten sich Adjutanten und Melder aufgebaut und flüsterten miteinander. Aus solcher Nähe sah ich Hitler zum er-

sten Male und war erleichtert, daß er den Rücken gegen uns kehrte. Verwirrt über die Wandlung der Dinge, die sich mir zufällig und symbolisch kundtat, schaute ich auf ihn herunter von dem Zimmer aus, in dem er allmächhg regiert, die Welt erschreckt und in einen Krieg geraten war, der sich jetzt gegen ihn selbst wandte. Wir standen im Schatten; sie draußen im Sonnenschein, und jenseits der nahen Fronten wartete eine Welt gierig darauf, uns alle zu ergreifen und zu vernichten.

Am Stirnband meines Stahlhelms sammelte sich der Schweiß kalt und klebrig.

Nachdem er sich vor wenigen Wochen in den Bunker zurückgezogen hatte, hatte Hitler diesen Raum keinmal mehr betreten; es mußte ihn schaudern, wenn er an diese Zelle seiner Macht zurückdachte - falls er es überhaupt tat. Hier hatte er Generalität und Minister von seinen Vorhaben in Kenntnis gesetzt, tapferen Männern Auszeichnungen verliehen, Künstlerinnen und Künstler geehrt. Wer hätte gewagt, unangemeldet zu ihm zu kommen - jetzt standen zwei Unbekannte herinnen in seinem Reichsraum und sahen hinaus auf ihn, der aus dem Bunker gestiegen war, um Sonne und Frühlingsahnung zu schlucken - nur noch die Vorahnung; denn seine Fülle würde er nicht mehr erleben.

Doch seine Macht, obschon verloren und verspielt, band uns weiterhin. Wir fühlten uns bedrängt und beschämt, als hätten wir vom Apfel der Erkenntnis gekostet und einen Einblick getan wie weiland das Weib des Lot. Niemals hätte ich im entferntesten daran gedacht, auf solche makabre Weise seinen Platz einnehmen zu müssen.

Nach wenigen Augenblicken wandten wir uns; ich schleifte den Sack hinter mir her zur Tür. Einige Konservendosen polterten. Der Melder fand jetzt den richtigen Ausgang, wir stiegen erneut eine Kellertreppe hinunter und betraten einen langen Gang, der parallel zur Voßstraße durch die Länge der neuen Reichskanzlei führte. Von ihm aus öffneten sich nach rechts und links Türen in zellenähnliche Stuben. In einer von diesen hatte Mohnke den Gefechtsstand aufgeschlagen; er wies uns in einen benachbarten Raum ein und gab uns zugleich den Befehl, für dreitausend Mann eine für sechs Wochen ausreichende Verpflegung heranzuschaffen und zu lagern. Solange würde es voraussichtlich dauern, bis die Truppen außerhalb Berlins sich formiert und den Entsatz der Stadt erzwungen hätten.

In diesem Teil des Gebäudes kannte ich mich einigermaßen aus; denn ich hatte, ehe es zerstört wurde und ausbrannte, einige Monate auf der anderen Seite des Wilhelmplatzes im Hotel Kaiserhof gewohnt. Wurde zu jener Zeit ein Luftangriff gemeldet, und war in Abwesenheit

Hitlers kein Arzt in der Reichskanzlei, dann schickte man wohl nach einem Arzt in das Hotel hinüber, und ich folgte der Bitte, weil die Verbandsstube besetzt sein mußte. Eben die Räume, in welche jetzt die Kampftruppe eingerückt war, dienten damals als Luftschutzkeller für die Anwohner der näheren Umgebung. Sobald Alarm gegeben worden war, kamen sie herbeigerannt, hasteten über die für Versorgungsfahrzeuge eingerichtete, schräg abwärtsführende Rampe und verteilten sich in den Räumen. Viele Kinder mit Müttern kamen zusammen und fühlten sich sicher. Es war hier auch ein kleiner Operations- und Behandlungsraum vorhanden, in dem allnächtlich Schwester Erna vom Augusta-Viktoria-Hospital Dienst tat. Niemals war im Keller selbst Hilfe nötig geworden, wohl aber nachher im Anschluß an die Angriffe, wenn die Feuerwehr der Reichskanzlei in die betroffenen Stadtteile fuhr und gerne den Arzt auf einem ihrer Wagen mitnahm. Unmittelbar nach der Entwarnung brausten aus dem sich weit öffnenden Tore der Tiefgarage die drei oder vier schweren Wagen und fuhren in manchmal halsbrecherischer Fahrt zu den Katastrophenplätzen. An diesen gab es dann allerdings genug zu tun. Hinter verschütteten Kellerausgängen riefen Verzweifelte nach Befreiern, aus den Fenstern brennender Häuser beugten sich Entsetzte, die keinen Weg mehr über Stiegen hinunter auf die Straße gefunden hatten. Kolonnen von Hausbewohnern löschten und bargen; Verwundete wurden zu den schnell eingerichteten fliegenden Verbandsplätzen gebracht, versorgt oder in Krankenhäuser transportiert. Verkohlte lagen an den Straßenrändern. Trostlos auf etwa einen Meter zusammengeschrumpft, vermochten sie nicht so sehr Mitleid, wie die neben ihnen liegenden Zerschmetterten, als Schaudern hervorzurufen. Hohläugig, übermüdet, weinend oder im Hochgefühl, noch einmal davongekommen zu sein, aufgeheitert, wogte die Bevölkerung einer Straße scheinbar ohne Ordnung, jedoch stets gleichsam einem geheimen Plane verfallen, auf und ab. Dieser hieß sie, sich zu vergewissern, ob die Angehörigen in anderen Vierteln gut davongekommen waren, der trieb sie, anderen zu helfen, wenn das Eigene gesichert schien, oder in den eigenen vier Wänden zu räumen und zu richten und den früheren Stand wieder herzustellen. Wir blieben gewöhnlich, bis das Gröbste behoben, die letzten Zeitzünderbomben in die Luft gegangen schienen und die Räumungskolonnen russischer Kriegsgefangener anmarschierten. Dann machten wir uns langsam auf die Rückfahrt. Das rauschhafte Gefühl, zu dem Angst, Hilfsbereitschaft und Übermüdung sich gemeinsam steigerten, verblaßte im Morgengrauen, wenn weithin die frisch gesetzten Zerstörungen zu übersehen waren. Mit rotgeränderten Augen und intensiv nach Feuer und Brand riechend, kehrte ich in die fast friedlich anmu-

tende Welt des Hotels zurück.
Diese Zeit schien unendlich lange vorüber.
Damals, in jener Vorzeit hatten Sven Hedin oder Colin Ross auf der Estrade der Halle gefrühstückt, der berühmte Biochemiker von Euler aus Stockholm sich hier mit deutschen wissenschaftlichen Freunden getroffen, und abends war wohl auch Emil Jannings im Luftschutzkeller aufgetaucht, der sich auf eine Treppenstufe zu setzen und Texte zu memorieren pflegte. - Damals, ja damals hatte der Außenminister des „Großdeutschen Reiches", Herr von Ribbentrop, dem Außenminister der befreundeten Sowjetunion, Herrn Molotow, hier ein großes Essen gegeben. Elfter November 1940: ich hatte durch eine Lücke in der Treppe auf den streng abgesicherten Vorplatz geblickt, über den ein kleiner Mann in einem wenig ansehnlichen grauen Mantel, eskortiert van einigen prächtigen deutschen Legationsräten und Offizieren, zu dem Galadinner eilte. - In einer Nacht des Jahres 1943 brannte der Kaiserhof aus. Ich war auf einer Dienstfahrt, aber Wochen später erhielt ich einen Bücherkoffer zugestellt, der in irgendeinem Keller durchnäßt, aber sonst unversehrt, gefunden worden war.
Ich orientierte mich schnell wieder; in den zwei oder drei Jahren seit dem letzten Aufenthalt in diesen Bunkerräumen der Neuen Reichskanzlei hatte sich kaum etwas verändert. Das Revier war, wie ich im Vorbeigehen bemerkte, mit Arzt und Schwestern besetzt, das Zimmer und die Vorratsräume des Hitler'schen Verwaltungs- oder Küchenchefs Kannenberg waren ebenfalls nicht geräumt.
Die große Rampe zur Voßstraße hin, die in Friedenszeiten stets Neugierige herbeigezogen hatte, wenn ein Kohlenwagen auf sie fuhr und langsam versank, war aufgeklappt und mit Doppelposten besetzt. Der ebenerdig zur Göringstraße hin gelegene Kasinoraum war mir nicht bekannt gewesen. Hier arbeiteten jetzt Köche, und hier hinauf, bis beim Essen die Granaten in der Nähe explodierten und die letzten Fensterscheiben zersplitterten, stiegen die Männer allmittaglich aus der Unterwelt ans Tageslicht, um beim schnellen Abspeisen freier atmen zu können. Wenige Tage später waren diese friedensmäßigen Massenversammlungen nicht mehr möglich, bis zuletzt blieben aber die Köche oben und in unmittelbarer Gefahr, während die Essensholer aus den Bunkern nur kurz erschienen, um Töpfe und Kannen entgegenzunehmen. Noch arbeiteten die Stadtwerke und lieferten Licht und Wasser, aber technische Truppen arbeiteten bereits an mobilen Stromerzeugern und Notaggregaten. Gänge, Flure, unterirdische Wagenhallen waren von den Truppen des Kampfkommandos besetzt; sie verteilten sich jedoch in dem großangelegten Bau, und so mangelte es zunächst nicht an Raum. Wir teilten unsere Stube mit zwei Offizieren

und schoben zweistöckige, zum Luftschutzinventar gehörige Feldbetten an die Wand, um in der Mitte einen Arbeitsplatz einrichten zu können, wozu wir einen Tisch und Schemel requirierten. Jedoch änderte sich das zunächst rein militärische Bild innerhalb von wenigen Tagen.

Unser Auftrag war klar und eindeutig. Er erweiterte sich schon am gleichen Tage; denn es sprach sich schnell herum, daß sich jetzt Leute in der Reichskanzlei befänden, welche über den goldenen Schlüssel zu den Proviantämtern verfügten. Infolgedessen kamen aus den Stützpunkten Adlon, Villa Goebbels, aus dem Propaganda- und dem Luftfahrtministerium und von anderen Stellen, die ich nicht in Erinnerung behielt, Intendanten und Zahlmeister herbei, um Verpflegungsmittel zu fordern. Dieser Andrang stellte mich vor eine neue Situation. Wenn ich auch mit der wissenschaftlichen Seite der Soldatenernährung zu tun gehabt hatte, so bisher doch überhaupt nichts mit der Verwaltung und Verteilung der Verpflegung, die stets anderen und minutiös auf ihre Rechte pochenden, deshalb stark umworbenen Ämtern vorbehalten geblieben war. Eine Ämterkumulation gab es in jener Zeit nur ganz hoch oben. Ich zögerte einige Zeit, den Anforderungen nachzukommen. Als schließlich aber klar wurde, daß sich kein zuständiger Generalintendant mehr in greifbarer Nähe befand oder überhaupt in Berlin anwesend war, und daß allenthalben brave Verwaltungsoffiziere bei den Verteidigungsbereichen geradezu inständig auf Anweisungen und Befehle warteten, machte ich mich, ungelernt wie ich war, als letzter Angehöriger des Wehrmachtsverpflegungsamtes schließlich doch einer Amtsanmaßung schuldig, was leichter ging, als ich erwartet hatte; denn die allermeisten noch Tätigen waren in diesen letzten Tagen mehr daran interessiert, Befehle zu erhalten, als selbst Entscheidungen zu treffen. So verging meine anfängliche Unsicherheit bald, zumal ich in Müller einen Mann zur Seite hatte, der sich in diesem Metier auskannte und mit voller Aktivität aus dem Vollen zu handeln begann, da kein anderweitiger Vorgesetzter seinen Elan beschnitt. Wie immer lagen die größten Schwierigkeiten beim Beginn. Um die schnell und großzügig berechneten Vorräte heranfahren zu lassen, benötigten wir für drei Tage 30 Lkw's. Diese konnten zwar vom Kommandanten zur Verfügung gestellt werden, aber seine Artilleristen forderten sie mit der gleichen Verve wie wir und ausschließlich zur Hierbeischaffung von Granaten, Panzerfäusten und zahlreichen anderen sprengstoffhaltigen Gegenständen an. Ein vertrauliches Gespräch ergab, daß auch den menschlichen Bedürfnissen ein realer Wert zukam. Unsere Begründung, daß man zwar immer essen müsse, aher nicht immer zu schießen brauche, hatte in den letzten Kriegswochen größere Durchschlagskraft als in früheren Zeiten mit Siegesaspekt. Wir kamen überein, die Kolonne zu halbieren. Der Teil, der zuerst ausreichend gehamstert hatte, sollte sich anschließend am Einfahren des anderen beteiligen; jedoch waren wir unsererseits sicher, daß wir fahren würden, solange es nur irgend anging.

Mir war nicht ganz klar, wie die ganze Sache ablaufen, ob ich mit den Leitern der beiden Berliner Proviantämter Schwierigkeiten haben würde und ob sie wirklich auch über alle Verpflegungsmittel verfügten, die wir benötigten. Im schlimmsten Falle hatten sie lediglich Mehl oder Kartoffeln und wir das Nachsehen. Mit der ersten Kolonne fuhr ich zum Spreehafen hinaus, wo neben den Lagerhäusern auch noch beträchtliche Mengen unangetasteter Kohlen- und Kokshaufen auf Verbraucher warteten. Schon diese Fahrt am 23. April verlief nicht ohne direkten Beschuß. Er würde sich voraussichtlich schnell steigern, und wir konnten uns freuen, wenn wir die Verpflegungsmittel wirklich so vollständig zusammenbekamen, wie wir planten. Die Proviantämter erwiesen sich als allround-versorgt und imstande, die erforderlichen Mengen abzugeben. Von diesem Augenblick an lief die Sache; aber schon während der drei Tage, die zum Anfahren benötigt wurden, wuchsen die Gefahren für unsere Fahrer und ihre Wagen ungemein. Die Russen belegten die breiten, ins Zentrum führenden Straßen immer stärker mit Granaten. Inmitten der explodierenden Geschosse taten sich Trichter unmittelbar vor den Autos auf, welche mit staunenerregender Genauigkeit zwischen Löchern und Trümmern dem Ziele zukurvten. Bald wurden Kolonnenfahrten unmöglich; die russische Luftaufklärung legte den Beschuß zwischen die Wagenreihen, so daß wir schließlich jeden Lkw für sich fahren lassen mußten, ihn einzeln entluden und schnellstens wieder zurückschickten. Dem Artillerie-Nachschub erging es nicht anders, aber die Gefahr war dort wesentlich größer; denn geladene Munition mußte unter einem Treffer explodieren, während ein Unfall auf unserer Seite allenfalls die Nächstwohnenden auf die Straße gelockt und zum bargeldlosen Einkauf veranlaßt hätte.

Jedenfalls erwies sich, daß die Aktion gerade im allerletzten Augenblick in Gang gebracht worden war. Im großen und ganzen hatten wir aber Glück und brachten innerhalb der vorgesehenen Zeit die gesamte Verpflegung ohne Menschenverluste und größere sonstige Ausfälle herein. Die Fahrer, aber auch die Helfer, die während des Beschusses be- und entluden, leisteten Außerordentliches. Dies galt in gleicher Weise für die Munitionsfahrer, welche ebenfalls Glück hatten.

Das Lagern der Vorräte machte keine Schwierigkeiten; jeder Stubenbewohner sah es gerne, daß an den Wänden Kartons mit Konserven,

Würsten, Haferflocken übermannshoch abgestellt wurden. Wir hatten zwischen einhundertfünfzig- und zweihunderttausend Tagesportionen eingefahren, und das war eine Menge, für welche der Platz an den Stuben- und Gangwänden nicht ausreichte. Wir wichen in die ebenerdigen Räume aus, in denen, aus Sicherheitsgründen für die Besatzung, auch Munition gestapelt wurde. Ehrenhalle und Hitlers Arbeitsraum wurden einbezogen, und bald wuchsen an den Hallenwänden zur Voßstraße hin Burgen von Dauer- und Knäckebrot hoch, während Säcke mit Erbsen, Bohnen, Nudeln oder Mehl friedlich neben Granaten, Maschinengewehrmunition und Panzerfäusten lagerten. Nun galt es, Feldküchen zu installieren; die hinderlichen Teppiche und Sesselgarnituren wurden beiseitegeschoben und durch die große vordere Eingangstür Feldküchen angerollt, für welche der Stand zur Parkseite hin am günstigsten erschien. Die Abzugsrohre wurden ins Freie geführt, Holz, Kohle, Wasser von erfahrenen und jeder Situation gewachsenen Kriegern beigeschleppt. Bald gab es, und von diesem Tage an für etwa eine Woche, zweimal täglich ein Wettkochen zwischen vier Feldküchen. Wasserschwaden und Erbsensuppengeruch zogen aus der Festhalle in den Park, in welchem sich die Spitzen des Reichs von jetzt an nur noch selten und für kurze Zeit zeigten. Denn der Russe schoß sich unterdessen immer besser auf unsere Festung ein, so daß es nicht mehr ratsam erschien, im Freien zu wandeln. Aber wenn dies doch geschah, dann wurde von den Promenierenden der appetitmachende Geruch aus brodelnden Feldküchenkesseln nicht ohne Genuß eingesogen. Die Köche standen an ihren Geräten auf dem Tritt, rührten mit Inbrunst, salzten und würzten, um sich, sobald 120 Liter Suppe bei sorgfältig reguliertem Feuer wallten und Blasen hochwarfen, in einen der tiefen und weichen Prachtsessel niederzulassen und das Garen ihres Gerichtes zu verfolgen. Unermüdlich rückten beigeordnete Helfer mit Brennstoffen und Wassereimern nach. Bei dergestaltem Kriegstreiben verlor der zentrale Repräsentationsraum des Reichs, wie so viele andere vor ihm, allmählich sein besonderes Gesicht, wurde zur Arbeitshalle und schließlich dann binnen weniger Stunden zur Ruine. Einstweilen jedoch war alles noch Vorgeplänkel. Der von uns mitgebrachte Kochlehrstab hatte sich in der früheren Kantine zwischen modernen Gerätschaften niedergelassen und teilte an jeden, der durch seine Anwesenheit legitimiert wurde, Essen aus. Um die Mittagszeit schoben sich die Hungrigen aus den Bunkerräumen des neuen Teils der Reichskanzlei in das Erdgeschoß, aßen an Tischen, genossen Licht und Sonne, um dann wieder für 24 Stunden in der Unterwelt zu verschwinden. Immer wieder knallte es nahe, kurz und trocken, kam eine der letzten Fensterschei-

ben herein, aber es handelte sich zunächst um Streufeuer und störte nicht.
Müller verdankten wir schließlich den Verpflegungsclou; er stieß in einem noch funktionierenden Kühlhaus auf Schweinehälften aus Heeresbesitz und verteilte sie großzügig an alle erreichbaren Kampfgruppen; hundert jedoch brachte er mit in die Reichskanzlei. Es gab Frischfleisch in großen Mengen und immer wieder; denn die halben Säue hielten sich nach Erweckung aus dem Tiefschlaf nicht. Die im Kühlraum der Kantine ausgelegte Strecke schwand sehr rasch. - Unsere Stapelware war ungleich der Munition ungefährlich. Von dieser waren mehrere hundert Tonnen teils im Freien, im Ehrenhof des Gebäudes vor dem großen Bronzeportal, teils, wie bereits gesagt, in der Halle gelagert als Vorrat für Verteidigungsnester der Umgebung und für die Reichskanzlei selbst. Unter einem Volltreffer konnten sie jederzeit in die Luft gehen, aber die Pioniere beruhigten die Kellerbewohner. Die Betondecken würden eine solche Explosion wahrscheinlich aushalten. Man hatte keinen anderen Platz mehr zur Verfügung und wollte auch nicht in den Tunnels der U-Bahn lagern, in denen Menschen hausten und sich außerdem Gefechte entwickeln konnten.
Am Eingang des Ehrenhofs stand der Funkwagen der Nachrichtenabteilung als, wie man sagte, fast letzte Verbindung zur Außenwelt. Man vermutete zwar, daß man über ihn mit dem Großsender Nauen und weiterhin dann mit allen Reichs- und Heeresstellen in Verbindung stünde, aber dies war wahrscheinlich ein Irrtum, und der Nachrichtenkreis erstreckte sich lediglich noch auf Berlin. Jedoch sollen bis zur Besetzung Münchens Fernschreiber nach dort gearbeitet haben und Direkttelefonate über eine Sonderleitung mit dem „Braunen Hause“ noch möglich gewesen sein. - Aber wer war dort schon geblieben?

In den unterirdischen Räumen der neuen Reichskanzlei war es unterdessen zunehmend enger geworden - nicht nur der Vorratslagerung wegen. Es fanden sich Offiziere, Beamte, die ihre Arbeitsplätze verlassen hatten, Amtsträger der Partei, SA- und SS-Führer sowie Diplomaten ein, die, schlicht gesagt, hier im festen Hause Schutz suchten. Ihrer Zugehörigkeit zur Führung nach hatten sie Anspruch auf Unterbringung und ihrem Range nach verlangten sie hevorzugte Schlafstätten in kleineren Räumen. Der Kampfkommandant ließ sich und seine Männer nicht verdrängen; denn er konnte mit Recht darauf pochen, daß die Sicherheit aller alleine von seiner, bereits allzu kleinen Schar von Kämpfern abhinge. Unter diesen aber wurde die Stimmung schlechter; denn sie wollten wohl Adolf Hitler und seinen Stab, nicht aber irgendwelche kräftigen Männer beschützen, die sich früher immer martialisch gegeben hatten, sich jedoch jetzt, wo es verlangt wurde, nicht einreihten, sondern lediglich den Anspruch erhoben, beschützt zu werden. Sonderbarerweise machte keiner aus dieser wachsenden Gruppe Anstrengungen, zu Hitler zu gelangen und von ihm einen Einsatzbefehl oder Einreihung in eine Kampfabteilung zu erbitten. Auch unseren Raum füllten sie alsbald; acht, zehn, bald zwölf Männer hausten bei uns. Eichenblätter und Kränze von Eichenlaub auf den Kragenspiegeln bewirkten, daß sie auf uns armselige Sternenträger verächtlich herabsahen und sich bemühten, uns zu verdrängen, weil sie zur Führung, wir aber nur zur Truppe gehörten. Das war auch sicherlich richtig; sie hatten Feindesland wahrscheinlich allemal erst dann betreten und in ihren Zugriff genommen, wenn die Truppe mit Schweiß und Blut die Arbeit verrichtet und beendet hatte. Sie saßen also jetzt um den Tisch herum unter hellen Lampen, obgleich das Aggregat bereits bis zum Äußersten beansprucht war und Strom gespart werden sollte. Sie lamentierten, stritten sich, wer alles schon am ehesten, am besten gewußt habe, und wo der unverzeihliche Fehler liege. Sie randalierten, griffen nach den Flaschen in den Koffern, die Ordonnanzen ihnen nachgebracht hatten, ehe sie zu einem Kampfkommando „abgestellt" wurden, und soffen.

Draußen aber wurden zu gleicher Zeit bereits mehrfach verwundete Männer nochmals verwundet, fielen Bürger, starben Frauen und Hitlerjungen, die auf Panzer geschossen hatten.

Müller war der erste, der sich still entfernte, nachdem er bei seinen Verpflegungsleuten einen freien Strohsack ausfindig gemacht hatte. Ich mußte noch einige Dinge abwickeln und blieb, weil man wußte, daß ich in dieser Stube zu finden war. Meine Wut über diese bizarre Umgebung, die zu nichts mehr als zum Abholen zu gebrauchen war, steigerte sich in dem Maße, wie sich mir ihre Welt offenbarte. Sie hatten natürlich bald herausgefunden, daß ich der Zerberus der Verpflegung war, und änderten entsprechend schnell ihr Verhalten. Zunächst hatten sie uns gekniffen, um uns zum Ausziehen zu veranlassen, jetzt streichelten sie mich wie die Ameisen eine zuckerspendende Blattlaus. Das falsch-vertrauliche „Doktorchen hier, Doktorchen dort", mit denen hochdekorierte Kommandeure operierten, um beim Bestehen kleiner Leiden nicht Stabs- oder Oberstarzt sagen zu müssen, wurde hier noch unerträglicher als jemals im Felde. Denn sie, die bis zu dem Moment, als es ihnen direkt an den Kragen ging, in Bild und Wort Heroismus gestaltet hatten, wurden, wenn sie damals gute Schauspieler gewesen waren, jetzt zu ganz minderen Mimen. Noch trugen sie Uniformen, aber im Koffer hatten sie den Zivilanzug nebst rotem Schlips, den sie derzeit, ohne in Lebensgefahr zu geraten, noch nicht anziehen konn-

ten. Waren sie vor wenigen Monaten noch besorgt gewesen, sich von allen anderen abzuheben, so erstrebten sie jetzt Unauffälligkeit und befleißigten sich dieser wenigstens insoweit, als sie sich passiv verhielten und schimpfend, aber nicht eben schlecht versorgt, in den Stuben blieben, die sie zu Höhlen herrichteten. Sie machten Generalprobe und zu gleicher Zeit Kehraus. Fremde, die eintraten, knurrten sie an, weil sie nicht wollten, daß allzu viele ihre Gesichter sähen und behielten. Jedoch war abzusehen, daß sie dem erstbesten Mann, der Sichel und Hammer an der Mützenkokarde und eine Maschinenpistole im Arm trug, mit einem erstaunten und verständnisheischenden Kinderlächeln entgegensehen und den Versuch machen würden, ihn mit Handschlag zu begrüßen, falls er sie nicht durch einen eindeutigen Wink mit der Waffe veranlassen sollte, die Hände todesangstschnell über den Kopf zu heben.
Dafür die Opfer und der Riesenberg vergeblich vertanen guten Willens? - Aber inwieweit gehörte ich schließlich auch dazu??

In der Nacht zum 24. auf den 25. April konzentrierte sich schwerstes Artilleriefeuer auf die Reichskanzlei. Salve um Salve deckte sie ein; der Erdboden, die Wände zitterten, die Lampe tanzte im Kreise, zeitweise verlosch sie, dann wieder brannte sie überhell. Die Prominenz lag auf Feldbetten oder auf der Erde und starrte zur Decke. „Die kommt durch", schrie einer schrill, dann winselte er. Es war keinem behaglich zumute; wir alle saßen mit eingezogenen Köpfen da und hatten im Glauben, es könne gegebenenfalls von Nutzen sein, die Stahlhelme aufgesetzt. Jeden Augenblick konnten die Munitionsdepots hochgehen, und die Richtigkeit der Berechnungen, nach denen die Dicke der Betonwände genüge, würde sich dann wohl eindeutig erweisen. Soldaten lagen gefechtsbereit auf dem Steinboden des Flurs, Zivilisten, die hereingeflüchtet und aufgenommen worden waren, neben ihnen. Verwundete wurden die Rampe, die von einem Sturmtrupp eisern bewacht wurde, heruntergeschleppt; denn man konnte nach einem so schweren Beschuß wohl einen plötzlichen Überfall und Handstreich der Russen erwarten. Artilleristen rätselten, von woher der Beschuß kam - feuerte schwere Artillerie noch vom Stadtrand her oder waren es schon überschwere Granatwerfer, die höchstens drei oder fünf Kilometer entfernt ostwärts aufgestellt sein mußten?
Gegen Morgen ließ der Beschuß nach und hatte weniger Schaden angerichtet, als zu erwarten war und der mit Rauch vermischt in den Keller einschwebende Gesteinsstaub annehmen ließ.
Die oberirdischen Teile der Reichskanzlei waren an vielen Stellen angerissen, aber sie standen. Die Verpflegung war kaum mitgenom-

men, die Munition wurde nach und nach ausgegeben, so daß die durch sie hervorgerufene Gefahr mit jedem Tag abnahm. Die Köche hatten die Stahlhelme auf, kochten und hatten keinen Ausfall gehabt.

Von drunten, dem Keller aus gesehen, lief sich der Kampf im Abschnitt „Zitadelle" ein. Mohnke empfing Meldungen, schickte Ablösungen und Ersatz hinaus, hatte die Karte vor sich und verfolgte die Bewegungen des Feindes, so gut er es bei seinen beschränkten Möglichkeiten und Kräften konnte. Zweimal täglich ging er in den Führerbunker zur Teilnahme an der Lagebesprechung und erfuhr dort, wie sich die Kämpfe in den acht anderen Abschnitten gestalteten. Seine Stimmung stieg und fiel, wie sie drüben stieg und fiel. Wenn er an einem Tage von Wunderwaffen geschwärmt hatte, so gab er an einem anderen keinen roten Heller mehr für das Leben eines von uns. Er und mit ihm alle, die drüben ratschlagten und berieten, mußten erkennen, daß man immer weniger und bald gar nichts mehr von dem erfuhr, was sich außerhalb Berlins abspielte. Der Sender des OKH in Nauen sei ausgefallen oder abgebaut worden, flüsterte man. Die Führung wurde blind und taub, schließlich verzweifelt, und so schlug sie auch nach Verlust aller Sinne sinnlos um sich. Aus Strategie und Taktik wurde, wie immer, wenn es um das Letzte geht, Kampf von Mann gegen Mann.

Die Russen arbeiteten sich langsam, zum Teil sogar schon aus nordwestlichen Bezirken, auf das Stadtzentrum vor. Sie erstrebten, nachdem sie die Amerikaner an der Elbe durch Verbrüderung zum Stehen gebracht hatten, den vollkommenen, d. h. den alleinigen Sieg in der Hauptstadt. Nur sie wollten es sein, die den Reichstag, die Wilhelmstraße und schließlich Hitlers Höhle, die Reichskanzlei, eroberten. Ja, sie wollten erobern. In den Kellern, in den weitläufigen, undurchschaubar zerstörten Häuserfeldern verbarg sich die Bevölkerung, paßte sich aber jeder Veränderung der Situation an, indem sie zwischen unten und oben auf der Suche nach Wasser, nach Brot oder einem Gerücht aus Nachbars Keller fluktuierte. Sie wartete im Niemandsland immer noch mit Hoffnung; als sich nirgends ein glückbringendes Zeichen am Himmel entdecken ließ, trat an deren Stelle wachsende Angst vor den Russen. Nicht wenige Männer und Frauen entleibten sich in diesen Tagen, andere suchten nach weißen Tüchern, um sie auf alle Fälle rechtzeitig zur Hand zu haben.

An den Hauptstraßen hatten sich unsere Männer zur Rundumverteidigung eingenistet und übersahen gerade eben noch das, was in ihrer Umgebung stattfand und was sie auf Spähgängen feststellten. Melder gaben es dem General weiter, dieser brachte es zur Lagebesprechung mit, und es zeigte sich, daß die Abwehrkräfte bei weitem nicht für die angenommene Verteidigungsdauer ausreichen würden. Eine unzureichende Zahl von Fronttruppen - man sprach von einem dezimierten Korps und wenigen Bataillonen, aber auch von norwegischen, französischen, flämischen Einheiten war in die Stadt eingerückt. Die Verluste unter ihnen waren sehr hoch; die Volkssturmmänner, die mit ihrer unzulänglichen Bewaffnung gar nichts ausrichten konnten, verliefen sich allmählich oder wurden von vernünftigen Vorgesetzten zu ihrem Glück nach Hause geschickt. In einem wenn auch immer wieder verzögerten Vorwärts walzte die sowjetische Macht dem Schlachtenende entgegen.

Im Bunker machten sich nach wenigen Tagen die Anzeichen der Überfüllung bemerkbar; das Lichtaggregat begann unregelmäßig zu arbeiten, die Beleuchtung wurde unzulänglich. Auch der Wasserdruck sank; die Toiletten waren verstopft, und es bildeten sich vor ihnen Lachen, deren Geruch die Gänge füllte. Hygiene galt bald nichts mehr gegenüber dem Drang; Seuchen drohten. Aber der Zustrom von Menschen hielt an und verstärkte sich dann in dem Maße, wie sich die Russen herankämpften. Meine Geschäfte, derentwegen ich in die Reichskanzlei befohlen worden war, waren um diese Zeit eigentlich bereits abgeschlossen; die Versorgung in unserem Bereich zur allgemeinen Zufriedenheit der Truppe sichergestellt. Man sah bald voraus, daß der Kampf keine dreißig Tage andauern würde. So berechneten wir bei der Essenszubereitung nicht allzu genau nach den festgelegten Sätzen und kochten ausreichend für jeden mit, der hier verteidigte oder Schutz gesucht hatte. Wenn sich nicht eine neue Arbeit für mich fand, würde auch ich zum Strandgut gehören, das noch immer angeschwemmt wurde.

Die Belegung wurde zunehmend dichter, bald kläfften die Leute sich gegenseitig an und begannen ihre Ränge in der Hierarchie herauszukehren, um angemessenen Raum zu erobern. Zwischen den Positionskämpfen artete dann das Auf- und Abrechnen zu geiferndem Geschimpfe aus; das Fegefeuer der Kastraten einer Bewegung begann.

So schmetterte ich denn, nachdem ich um mich herumgebrüllt hatte, in wildem Zorn zu irgendeiner Stunde die Tür meiner bisherigen Stube hinter mir ins Schloß und stapfte verzweifelt über die Menschenleiber, die den Gang draußen füllten und kaum ein Durchkommen zuließen. Ich mußte hinaus und stellte mich neben den Posten an die halboffene Rampe. Er beobachtete wachsam, mit geschärften Sinnen das Vorfeld; ich mußte den Blick zum Himmel heben, kam aber vom Nächsten nicht los. Nacht, zerborstene Häuserwände gegenüber, Fensterhöhlen, darüber ein rötlich flackernder Himmel. Der Gestank un-

seres Unterstands gesellte sich zu dem Brandgeruch, der in leichten Wellen durch die Ruinen strich.
Abschüsse und Einschläge unentwegt, Panzer, Geschütze, Maschinengewehre. Der junge Posten wußte in etwa, woher geschossen wurde und wo es einschlug. Er diagnostizierte die Kaliber und stellte fest, ob sowjetische Aufklärungsflieger über uns kreisten. Im Augenblick lagen wir im Schatten der Schlacht und hatten Ruhe. „Sie liegen noch jenseits der Spree", flüsterte mir der etwa Zwanzigjährige zu, „aber Stoßtrupps sollen schon in den S- und U-Bahn-Schächten gesehen worden sein." Bewegung zwischen den Schatten. Männer, Keuchen. Wir drückten uns an die Wand; die Wache orientierte sich an den Geräuschen, legte an. Aber deutsche Laute. „Hallo Wache" - horchende Stille - eigene Leute? Wir riefen zurück. Zwei Männer taumelten heran, die zwischen sich einen Verwundeten mehr zerrten und schleppten als trugen. Dennoch, der Posten hob die Waffe.
„Man muß auf alles gefaßt sein", meinte er. Aber die Männer riefen nach dem nächsten Verbandsplatz.
„Ihn hat es 'Unter den Linden' erwischt, bringt ihn weiter. Wir müssen zurück".
„Ich übernehme ihn",rief ich, „aber ihr könnt auch etwas verschnaufen." Nicht einmal eine Zigarette nahmen sie an; sie schüttelten sich, von der Last des Körpers befreit, zogen die Koppel fester und verschwanden im Dunkeln. Meinen Verwundeten mit einem zerschmetterten Bein und in tiefem Schock lud ich auf die Arme und brachte ihn vorsichtig mit Hilfe einer Frau, die sich sofort erhob, als sie uns heranschwanken sah, zum Revier.
Man war bei der Operation, eine ganze Reihe anderer Getroffener wartete im Vorraum. Wir legten unseren Mann als letzten in die Reihe. Er und auch die anderen waren ohne Verwundetenzettel gekommen, deutliches Zeichen, daß es in den Kampfabschnitten keine Verbandplätze und Ärzte gab. Die Männer draußen waren auf sich allein gestellt, der Treue ihrer Kameraden überantwortet. Kein Sanitäter, keine Tragen, kein Sanka, der sie zum Hauptverbandsplatz fuhr - nur der Nachbar am Gewehr, der den Verwundeten selbstverständlich im Kampf ersetzte und ebenso selbstverständlich in einer Kampfpause wegbrachte - in eine Richtung, in weleher er einen Verbandsplatz vermutete.
Der Chirurg und zwei Schwestern waren voll beschäftigt; eine assistierte, während die andere die Narkose gab. Ich holte, ohne daß sie von der Arbeit aufsahen, eine Gipsschere und begann, die Wartenden für die Versorgung zurechtzumachen. Sie stöhnten und waren zugleich erleichtert, obgleich ich sie wenden und bewegen und ihnen

Schmerzen bereiten mußte. Dem einen wurden Rock und Hemd aufgeschnitten, damit man an die Brustwunden herankam, dem anderen Ärmel oder Hosenbein abgetrennt. Einige waren über dem Warten bereits gestorben. „Morphium dort, Spritzen hier", sagte die Operationsschwester, als ich nach der ersten Versorgung erneut in den Operationssaal trat und nickte mir zu. Es war Schwester Erna.

Ich holte eine Schachtel mit Ampullen, die Spritze und sterile Nadeln. Jeder Schützling bekam Schlaf und Schmerzlinderung, einige begannen leise zu träumen. Es wurde im Raum stiller, die schwere Operationsarbeit verlief leichter und schneller. Nach zwei Stunden etwa riß der Chirurg die Maske von Nase und Mund und wandte mir ein mageres, völlig erschöpftes Gesicht zu. „Haase" stellte er sich vor; ich erwiderte mit meinem Namen und meinte: „Ich könnte Ihnen doch wohl behilflich sein, auch wenn ich Internist bin."

„Vom Ernährungsboß zum Truppenarzt!", lachte er. „O ja, mit tausend Freuden", erwiderte ich. „In Griechenland und Rußland habe ich den Chirurgen der Sanitätskompanien assistiert und die Verwundeten vorbereitet. Das ließe sich vielleicht auch hier machen; denn mir scheint, daß wir in einigen Tagen den Keller voller Operierter haben werden. Man könnte Vorsorge treffen." Die Schwestern begrüßten mich herzlich mit einem „Bleiben Sie hier". Und auch Haase sah man die Erleichterung über die Hilfe an.

Wir traten in das hinter dem Operationsraum gelegene Zimmer, in welchem Operationskleidung, Verbandsmaterial und Hausapotheke untergebracht waren. Die Schwestern säuberten draußen den Raum und setzten den Sterilisator in Betrieb. Haase ließ sich auf ein Feldbett nieder und schien völlig am Ende seiner Kraft, so daß ich sagte: „Diese Stunden am Operationstisch haben Sie stark mitgenommen."

Er wehrte ab: „Das sollte ich wohl gewohnt sein; aber ich habe einen Pneumothorax, und der verbliebene Lungenrest ist nicht groß. Drum muß ich eben etwas japsen." Ich blickte erstaunt zu ihm hinunter und setzte mich auf einen Schemel. „Warum sind Sie dann hier und nicht in einem Lazarett?"

„Sie wissen nicht", entgegnete er, „daß ich bis 1936 Begleitarzt des Führers war. Ich habe damals um Ablösung gebeten, weil ich die Chirurgie nicht aufgeben wollte, und war Oberarzt in der Charité. Brandt wurde mein Nachfolger; vor wenigen Wochen wurde er durch eine Intrige Morells gestürzt und sitzt in irgendeinem Gefängnis, um erschossen zu werden. Als ich hörte, daß der Führer gerade jetzt ohne chirurgischen Begleiter sei, zog ich meine Uniform an und meldete mich an seinem Geburtstag bei ihm. Inzwischen hatte aber Gebhardt, ehe er Hohenlychen verließ und nach Süddeutschland ging, seinen

Oberarzt Stumpfegger vorgestellt, und dieser hat sich dem Führer ganz als Begleitarzt attachiert. Hitler wollte aber doch, daß ich in der Reichskanzlei bliebe, und so habe ich dieses Revier übernommen, in dem noch kein Arzt arbeitete."

Er sprach abgehackt und kurzatmig, so daß ich fragte: „Kann Stumpfegger Sie nicht wenigstens hier etwas entlasten?".

Er winkte müde ab: „Der ist drüben, kommt manchmal herüber, um zu sehen, wie es mit dem Verwundetenanfall aussieht, und berichtet dem Führer. Zur Versorgung der Neuen findet er keine Zeit. Aber auch ich werde immer wieder zum Führer befohlen. Deshalb freuen wir uns alle sehr über Ihr Kommen. Es geht ja erst an. Wir werden Liegeräume für die Operierten schaffen und sie versorgen müssen. Es wird so viel zu schneiden geben, daß es über meine Kraft geht und Sie es tun müssen. Falls Sie Zweifel überkommen, können Sie fragen. Einen Ratschlag kann ich immer noch geben, auch wenn ich hier sitze und nach Luft schnappe." Ich fühlte mich glücklich und in das Reich zurückgekehrt, dessentwegen ich ja überhaupt meinen Beruf gewählt und aus dem mich, gerade als ich daranging, es auszustatten, die Kriegsnotwendigkeiten abgerufen hatten. Zugleich aber war ich entsetzlich unsicher; an den hereinkommenden Verwundeten sollte ich Meisterarbeit tun; ich, der ich als Chirurg allenfalls Lehrlingskenntnisse besaß. Wie viele nicht wiedergutzumachende Fehler würde ich machen, wie oft dort verderben, wo ich retten wollte und wo ein Besserer gerettet hätte. Aber gab es denn einen Anderen, gab es einen Geeigneteren und stellten wir beide zusammen nicht die einzige Möglichkeit dar? Es war wohl so. Ich wurde ins Wasser geworfen und mußte schwimmen. „Wohnen können Sie hier leider nicht", unterbrach Haase meine Gedanken, „wir haben es hier bereits allzu eng."

„Ich behalte mein Bett drüben gegenüber; wer weiß, wie oft ich noch dazu kommen werde, es zu benutzen", entgegnete ich.

Und schon waren wir eingespannt; bald vergaßen wir für Stunden, was jenseits des Verbandsplatzes vor sich ging. Männer wurden gebracht, Frauen heruntergetragen; unterschiedslos und auch kaum unterscheidbar mischten sich Zivilisten und Soldaten, alle zerrissen und zerfetzt durch das schreckliche Trommelfeuer, das auf dem Raume Tiergarten, Brandenburger Tor, Wilhelmstraße, Potsdamer und Anhalter Bahnhof lag. Wie viele der Getroffenen man zu uns, wie viele man zu anderen Verbandsplätzen brachte, das erfuhren wir nicht. Angeblich waren im Hotel Adlon, im Luftfahrtministerium, im Bunker am Anhalter Bahnhof und im S-Bahnhof Stadtmitte ebenfalls Ärzte und Verbandsplätze; aber es bestand keinerlei Verbindung zu ihnen. Wir kannten ihre Leistungsfähigkeit nicht und wiesen deshalb,

als die Ankömmlinge sich stauten und bis weit auf den Gang hinaus abgestellt wurden, niemanden ab und zum nächsten Revier. Überall schien alles improvisiert und abhängig von Schwestern und Ärzten, die zufällig zusammengekommen waren. Wir waren wahrscheinlich am günstigsten gestellt, weil wir regelrecht operieren konnten.
Bald waren wir, schneller als unter normalen Verhältnissen, aufeinander eingespielt. Ich operierte, Schwester Erna assistierte, die andere, an deren Namen ich mich nicht mehr erinnere, narkotisierte. Haase lag im Hinterzimmer, raffte sich auf, sooft er konnte, stellte sich hinter mich und verbesserte meine Arbeit oder ging zu den Verwundeten, um diejenigen herauszusuchen, die unbedingt als nächste vorgenommen werden mußten. Jedoch verfiel er stark und war immer seltener tätig.
Drum streckte ich den Rücken, wenn wir die vier oder fünf Leiber versorgt hatten, die bereits wartend im OP lagen, und ging, wie ich war - denn nun mußten wir schon mit den Operationsmänteln sparen -, um unter den Neuankömmlingen Visite zu machen und diejenigen auszuscheiden, denen offensichtlich nicht mehr geholfen werden konnte. Ich wählte die nächsten aus, und dann ging es am Tisch weiter. Auf Bitten von Professor Haase der als Führerbegleitarzt mehr erreichen konnte als ich, stellte uns der Kampfkommandant aus seinem Verfügungstrupp vier bis sechs Träger ab, so da wir selbst vom Tragen und Heben auf den Operationstisch entlastet wurden. Einige dieser Träger erwiesen sich bald als wertvolle Sanitäter. Die Frage, wo wir die Frischoperierten lassen sollten, stellte sich sehr rasch immer dringender. Wenn der Eingriff Erfolg haben sollte, benötigten sie Platz, Raum und Ruhe. Aber damit wurde es von Stunde zu Stunde schlechter bestellt. Die Zahl der hereinkommenden und aufgenommenen Flüchtlinge mehrte sich; die „Herren“ in den Stuben hielten diese fest besetzt und wollten niemandem weichen, aber auch nirgends mittun, wo doch soviel zu tun war, um einigermaßen Ordnung und Sauberkeit zu erhalten. Mohnke war schon großzügig genug, daß er den Bunker nicht sperrte und lediglich für die kämpfende Truppe reservierte. Auch hatte er genügend Sorgen.
Schwester Erna und ich erzwangen uns eine vorläufige Regelung, als wir mit blutig-nasser Operationskleidung, die Abscheu hervorrief und dadurch Macht gab, schließlich zwei Quertrakte räumten und die Operierten dort zusammenlegen ließen. Nun erst waren sie dem Kampf und unmittelbaren Menschenlärm wirklich entzogen, waren operiert, mit schmerzstillenden Spritzen versorgt, gesäubert, verbunden und dadurch, daß man sich ihrer angenommen hatte, beruhigt und entlastet. Mit geschlossenen Augen dahindämmernd machten sie

in dem Gefühl leben, im Hause Hitlers, gleichsam unter den Augen des „Führers“, besonders gut aufgehoben zu sein. Wir beließen sie bei diesem heilsamen Glauben, obgleich er angesichts eines chaotischen Provisoriums mehr als ein Irrtum war. Doch immerhin, wahrscheinlich hatte es in diesen Tagen in Berlin kaum einer besser als diese Männer auf der Grenze zwischen Tod und Leben; denn Leichtverwundete wurden nicht aus der Kampfzone entlassen.
Wir drehten uns im immer gleichen Kreise : Uniformen und Kleider zerschneiden oder aufreißen, Wunden ansehen, Tetanusspritze, Morphiumspritze, sanfter Druck auf ein Augenpaar, daß es sich schließe, Schmerzensschreie und gute Worte - auf den Tisch - der nächste und nochmals der nächste - Schwindel, Kreise vor den Augen - Tasse Kaffee - erneutes Bereitmachen zur Operation - das Abgenommene raus. Es sind zu viele Beine und Arme im Raum! Träger, die Gliedmaßen nackt, leichen- und wachsblaß, wie sie nach der Kompression aussehen, durch das Menschengedränge hindurch in den Park schleppen, und welche Leiber, die nicht mehr Körper waren, sondern blutige Fleischbrocken, unverhüllt und schweigend der Öffentlichkeit des Bunkers darbieten, nachdem sie wimmernd verendet waren. Mehr Platz für die neu Herangeschleppten, Platz für die Operierten - Platz, damit in der allgemeinen Zerstörung wenigstens etwas erhalten und noch einmal zurechtgerichtet werden kann.

Vom 24. April bis zum Kapitulationstage wurden im Revier der Neuen Reichskanzlei etwa 350 Operationen vorgenommen.
Es dürfte verständlich sein, daß die Hochspannung, unter der ich stand und die sich mit einem tiefen Gefühl der Befriedigung über eine sinnvolle Arbeit verband, mich die Zeit vergessen ließ; denn es gelingt mir nicht, Tage und Nächte eines Existierens unter der Erdoberfläche und bei künstlichem Licht voneinander abzugrenzen. So kann ich viele Erinnerungen zeitlich nicht mehr einordnen und werde sie als Episoden berichten, als welche sie mir ja auch bei fast unausgesetzter Tätigkeit in den Blick gerieten, schlagartig, in das Hirn hineinblitzend und vielleicht gerade deshalb von ihm wohlverwahrt.
Hitler, so wird kolportiert, sei eines Tages, begleitet von Frau Goebbels und ihrer Kinder aus dem Bunker unter der alten Reichskanzlei in das Notlazarett gekommen. Er habe zu den Verwundeten gesprochen und die Kinder hätten ein Lied gesungen. Das trifft nicht zu. Niemals erkundigte sich ein Angehöriger der Führerumgebung nach dem, was sich in einer Entfernung von nur etwa hundert Meter ereignete, selbst der ausgezeichnete Chirurg Dr. Stumpfegger, der so vieles wesentlich besser gemacht hätte als ich und eine unersetzliche Hilfe

abgegeben hätte, zeigte sich nie, obgleich er drüben im engsten Kreis sicherlich nichts zu tun hatte. Nur der arme, schwerkranke Haase war in gewisser Weise Vermittler, sonst herrschte Sprach-, vielleicht wegen ausgeprägter Egozentrik, Teilnahmslosigkeit. Doch muß ich sagen, daß ich gar nicht daran dachte, daß einer von drüben kommen möge.

Ich hatte keine Verbindung mehr zu meinen früheren Mitarbeitern; sie waren über ganz Berlin zerstreut, aber der Festungsarzt, Professor Schreiber und mein Stellvertreter Dr. Ziegelmayer hatten sich, wie bereits erwähnt, zusammengefunden und ihre aus der Vorkriegszeit bestehende Zusammenarbeit erneuert, als sie im Keller des Reichstagsgebäudes ein Lazarett einrichteten. Eines Tages, noch ehe der Beschuß zur Vorsicht bei Spaziergängen veranlaßte, kamen sie zu mir herüber, und ich konnte zeigen, daß ich dabei war, mehr zu tun, als lediglich Verpflegung zu stapeln. Vom weiteren, so überaus verschlungenen Lebenswege Schreibers berichtete ich bereits. Dr. Ziegelmayer traf es, wenn man es so nehmen will, besser; auch er wurde im Reichstagsgebäude gefangengenommen, aber die Russen erkannten sehr schnell, daß sie einen unheilbaren Zivilisten in Uniform und außerdem einen wertvollen Spezialisten vor sich hatten, welcher ihnen in ihrer Besatzungszone mehr nützen konnte als in einem Gefangenenlager. Wahrscheinlich kannten sie unsere Arbeiten und Versorgungspläne noch besser als wir die ihren. Er hielt sicherlich mit seinem Wissen und seinen Kenntnissen nicht hinter dem Berge und machte praktikable Vorschläge zur Verpflegung der immer mehr in die Hungersnot hineingeratenden Bevölkerung. Jedenfalls war er bald in Freiheit, wurde zum Direktor des Institutes für Vorratswirtschaft und, nach Wiedereröffnung der Universität, zum Professor ernannt. Auch nach der Trennung in Zonen blieb er in seiner Wohnung in Westberlin und versah von dort seinen Dienst im Ostsektor. Er versuchte ängstlich, sich politischen Pressionen zu entziehen, und gab nie einen Hinweis auf seine frühere Tätigkeit. Das Wort „Heeresverpflegung“ und alles, was damit zusammenhing, verschwand aus seinem Sprachschatz und den grundlegenden Büchern, die er noch herausgab, aber dennoch kam er offenbar nie ganz frei und starb um 1950 auf ungeklärte Weise - Beispiel eines hochbegabten und aktiven Mannes, der sich seinem Wesen nach der Tätigkeit für die Allgemeinheit nicht entziehen konnte und mochte. Er lehrte, schuf unentwegt Neues und agierte. Bei den Mächtigen aber, welcher Farbe auch immer sie waren, stand er stets im Verdacht der Unzuverlässigkeit und blieb bis zum Lebensende dem politischen Druck ausgesetzt.

Die Ausstattung unseres kleinen Operationstraktes mit Materialien und Medikamenten war wohl für normale Verhältnisse reichlich, ja vorbildlich, aber für die Versorgung der zahlreichen Verwundeten, die wir in Obhut nahmen, auf die Dauer nicht ausreichend. Sorgenvoll standen wir vor den Schränken und sahen, wie die Vorräte schwanden. Wir begannen, soweit es angängig war, zu sparen. Ein Depot für besondere Notfälle war in der ganzen Reichskanzlei nicht zu entdekken und wohl, da alles auf Sieg abgestellt war, nicht einmal in Erwägung gezogen worden. Ja, selbst bei der Planung für den Verteidigungsfall, der man das Ungünstigste zugrunde legen mußte, hatte man keine Apotheke, wie sie doch jeder Division zur Verfügung stand, im Stadtzentrum untergebracht. In der sich verstärkenden Angst, eines Tages vor dem Nichts zu stehen, machte ich mich darum in stilleren Nachtstunden auf den Weg, um bei den Revieren der näheren Umgebung, im Propagandaministerium jenseits des Wilhelmplatzes oder im Luftfahrministerium an der Leipziger Straße zu erkunden, ob sie etwa besser versehen seien, aber sie befanden sich in der gleichen Notlage. Statt dessen kamen auf denselben Schleichwegen, die auch ich benutzte, zwei Sanitäter aus dem großen Bunker am Anhalter Bahnhof in der sicheren Erwartung, daß es in der Reichskanzlei mit Personal und Material optimal bestellt sei und sie jede Hiilfe erhalten könnten. Ihr Bericht prägte sich mir tief ein. Wir fühlten uns sehr elend, weil wir ihre Wünsche überhaupt nicht erfüllen konnten; denn was in jenem Bunker vor sich ging, überstieg den Jammer des bei uns erst beginnenden Infernos schon weit. Der gewaltige Betonklotz zwischen den verzweigten Gleisen, der als kantiger Würfel die Dächer der Nachbarhäuser und -ruinen überragte, schien so sicher; nicht die schwerste Granate, keine Überbombe konnte ihm etwas anhaben. Deshalb hatten sich in ihm unzählige Schutzsuchende versammelt, soviel ihrer nur hineingingen. Alle Zellen, alle Treppen und Gänge waren besetzt und belegt. Der Bunker war im wahrsten Sinne des Wortes mit Menschen vollgepfropft. Und dann waren die Entlüfter ausgefallen, so daß die Innentemperatur auf tropische Grade stieg. Hatten die im feuchten Brodem verzweifelt um Abkühlung und frische Luft Ringenden die eisernen Schutzblenden vor den schießschartenartigen Fenstern aufgestoßen, dann setzten die Russen Granaten hinein, und man mußte sie unter hoher Gefahr wieder dichtmachen. Die Alten und Kranken, die in die innersten Räume gebracht worden waren, litten am meisten. Die elektrische Beleuchtung funktionierte gerade soeben, aber wohl nur solange, wie das Notaggregat arbeiten konnte. Das Allerschlimmste war, daß es kein Wasser gab. Das Trinkwasser hatte rationiert werden müssen, aber unter den Tau-

senden von Eingeschlossenen waren Kinder, Verwundete, Kranke, die Durst litten und deren Jammern nach Wasser von Stunde zu Stunde zunahm. Sämtliche Toiletten waren natürlicherweise inzwischen verstopft, und es bestand die Gefahr, daß sich Seuchen ausbreiteten. Tapfere Männer und Frauen hatten gewagt, mit Eimern vom Bunkereingang zum Spreekanal zu stürzen, um wenigstens die allergrößte Not zu lindern, selbst auf die Gefahr hin, daß das Wasser verschmutzt und eigentlich ungenießbar war. Doch das jenseitige Kanalufer befand sich bereits in russischer Hand; jeder Wasserholer wurde abgeschossen. Keine weiße Fahne, selbst nicht die mit dem „Roten Kreuz , half, und so wagte sich dann auch bald niemand mehr auf einen sinnlosen Todesgang. Der Bunker war nicht dazu eingerichtet, daß tagelang Menschen in ihm hausten. Er mußte zu einer Brutstätte des Elends und der Seuchen, darüber hinaus aber, vom Feinde umstellt, zum Massengrab werden. Er schützte wohl vor äußerer Gefahr, dagegen vermehrte er in unvorstellbarem Maße die von innen, aus menschlicher Schwäche stammende.
Wir erfuhren, daß nur ein Arzt drüben tätig war; die Boten baten um Abstellung eines zweiten, aber wir hatten niemanden für sie und konnten nicht einmal jemanden von einer anderen Stelle benennen. Angesichts meiner eigenen Verwundeten und des zu erwartenden Zustroms weiterer Opfer konnte auch ich nicht einmal nur für einen Tag hinüber, um auszuhelfen und bei dringenden Operationen zu assistieren. Wir waren entsetzt, nicht allein über den Bericht der Boten, sondern über das Unvermögen, überhaupt etwas zum Besseren zu ändern. Das einzige, das wir vermochten, war, einige Verbandsmittel in eine Tasche zu packen und sie mitzugeben. Sehr niedergeschlagen machten sich beide Männer auf den Rückweg.
Wir hörten später nichts mehr vom Bunker am Anhalter Bahnhof. Die Eroberung des Viertels durch die Russen konnte die Verhältnisse in ihm nur bessern. Aber niemals traf ich später auf einen Menschen, der über das schließliche Schicksal der dort Eingeschlossenen hätte berichten können. Als der Mangel an Verbandstoffen auch bei uns ein bedrohliches Ausmaß annahm, bat Haase Stumpfegger, sich für die Reichskanzlei umzusehen. Irgendwo mußten doch noch Bestände aufzutreiben sein. Daraufhin kam nach wenigen Stunden abends eine Meldung aus dem SS-Lazarett in Steglitz, man räume in der Nacht und verlege weiter in die Stadt hinein. Das gesamte Verbandmaterial könne nicht mitgenommen werden. Wenn ein Bote vor Tagesanbruch herauskäme, könne er sonst zurückbleibende Verbandsmittel und Medikamente übernehmen. Das schien ein Geschenk des Himmels. Ich trieb Müller auf; dieser stellte unseren Pkw bereit und, ehe es hell

wurde, waren wir srhon unterwegs und tasteten uns, ohne die Scheinwerfer einzuschalten über Schöneberg nach Steglitz hinaus. Das Lazarett lag unweit der früheren Dienststelle „Unter den Eichen" stadtauswärts. Man mußte an der Front des Botanischen Gartens entlanggehen und befand sich dann nahe am Lazarettgebäude. Die Straßen lagen verlassen wie ein Dorfweg um Mitternacht. Unser Amt schien inzwischen durch Beschuß keinen weiteren Schaden erlitten zu haben, aber wir kamen nicht weiter als bis eben dorthin. Zwei Panzer standen im Schutz der Häuser und sicherten die Ausfallstraße nach Westen hin ab. Die Besatzungen waren ausgestiegen und saßen neben dem Geschützturm auf dem Panzer. Der Kommandant des einen hielt uns, als wir vorbeifahren wollten, an und sagte, sein Machtbereich ende an der Mündung seiner Kanonen. Es sei möglich, daß sich die Russen bereits im Botanischen Garten eingenistet hätten; auf keinen Fall seien weiter draußen noch deutsche Truppen. Wir waren außerordentlich enttäuscht, aber ich vertraute auf die durchgegebene Meldung, ließ Müller mit dem Pkw bei den Panzermännern und deren Frühstück, gab mir innerlich einen ziemlich starken Ruck und machte mich auf den Weg ins Niemandsland. Vorsichtig und ständig sichernd schlich ich am Eisengitter des Botanischen Gartens entlang. Der Weg schien unendlich, alle Sinne witterten, und ich konnte mich dennoch auf den wichtigsten, die Augen, am wenigsten verlassen. Ich sah nur Dunkel und als mattes Grau wenige Meter weit vor mir den Bürgersteig. Der Garten duftete, waren es die frühen Mahonien, waren es die sich öffnenden Knospen? Töne! Vielleicht kurzer Gesang des frühen Rotkehlchens und erster Morgengruß der Amsel? Sonst Stille in der Nähe, beängstigende Stille. Plötzliches Rascheln im Gebüsch jenseits des Zaunes. Erschrockenes Verharren - war es ein Igel gewesen? In der Ferne ununterbrochenes Artillerie- und Infanteriefeuer. Dort, woher ich kam, flackrig-feuriger Schein weit über den Himmel hin, doch meinen hiesigen Stand nicht erhellend. Lauerten sie schon im Hinterhalt, folgten sie mit dem Gewehr zielend dem Schatten, bereit, daraufzuknallen, wenn die sichernde Gestalt sich gegen einen helleren Hintergrund abhob? Auf der anderen Straßenseite Häuser; waren sie schon besetzt? Hatte es überhaupt einen Sinn, weiter in das Dunkel hineinzuirren, sollte man nicht umkehren und sagen, es sei nichts mehr zu holen gewesen? Ich dachte an rückwärts, doch die Füße strebten vorwärts.

Endlich hatte ich das Ende des Gitters erreicht; der Botanische Garten lag hinter mir, noch eine kurze Wegstrecke und ich befand mich auf dem Gelände des Krankenhauses, in welchem ich mich einigermaßfen auszukennen glaubte und doch im Dunkeln nicht mehr auskannte.

Ich duckte mich in das Gebüsch hinein und horchte angestrengt. Irgendwo mußten doch von Menschen stammende Geräusche vernehmbar sein; Flüstern, schleifende Schritte von Männern, die schwere Gegenstände trugen und in einen Lkw hineinschoben. Aber nichts! Ich hörte nichts. Von Baum zu Baum sprang ich auf der Anfahrtstraße zum Hauptgebäude vor und fand es tot, dunkel, wie ein Haus nur in verlassenem Zustande sein kann, und verschlossen, überall verschlossen. Ich ging an ihm entlang, drückte auf die Klinken von Kellertüren, überstieg die Balustrade einer Liegeterrasse und bemühte mich, die Tür zu einem dahintergelegenen Krankenzimmer zu öffnen. Auch abgeschlossen, nirgends ein Einlaß.

Sie waren fort und früher abgerückt, als mir angegeben worden war. Der Boden war ihnen zu heiß geworden. Verbandsmaterial und Medikamente, deren Menge entsprechend der Länge meines Weges wie eine Fata Morgana gewachsen war, waren fort. Aber die Russen hatten die Häuser bisher wenigstens noch nicht besetzt. Ich wurde wieder zuversichtlich und machte mich auf die Suche nach dem Eingang des unterirdischen Operationsbunkers. Dort wenigstens bestand, wenn sie überhaupt noch bestand, Aussicht, etwas Brauchbares vorzufinden. Ich sah oder besser erfühlte so etwas wie einen Betonklotz und eine Treppe, auf welcher ich mich hinuntertastete, eine Tür, die sich auf Druck öffnete, und mattes Kerzenlicht. Kein Operationssaal - Menschen in Krankenbetten, die mir mit mehr als erschreckten Gesichtern entgegensahen.

Kam der Russe? Nein, er kam nicht; es war 'Lobet den Herrn' noch einmal ein Deutscher. Acht sehr alte Frauen, für die man auf den Fahrzeugen keinen Platz mehr fand, hatte man in diesem unterirdischen Raum zusammengelegt und ihrem Schicksal überlassen.

Sie waren alle in hohem Maße pflegebedürftig und konnten nicht mehr selbst für sich sorgen. Aber man hatte ihnen keine Pflegerin gestellt. Es gab vielleicht auch keine; denn die Schwestern dieses Lazaretts stammten zumeist aus den Niederlanden oder Norwegen und hatten Anlaß zur Angst vor den Russen. „Ja", erzählten die alten Frauen verwirrt, „schon vor Mitternacht waren alle weggefahren, und das Lazarett war schneller, als beabsichtigt, vollständig geräumt worden. Die Ärzte, die Verwundeten und Kranken, die Autos - alle weg." Sie hatten sich in ihr Schicksal ergeben und klagten auch nicht. Einmal mußte es ja doch zu Ende sein mit ihnen, den so alten, heute oder morgen - „aber vielleicht doch nicht gerade durch die Russen?" fragten sie. Ihr Erschrecken hatte erwiesen, daß ihnen doch noch etwas am Leben lag. So wie sie dalagen in ihren unordentlich in den kühlen

Keller gestellten Betten - das war Verlassenheit - Verlassenheit der bereits durch Alter Vereinsamten. Das Herz ging mir auf; ich schaute sie an, blickte um mich herum im trostlosen Raum und begann dann, was ich so leidenschaftlich gerne tat, Visite zu machen. Ich hatte Zeit für die eine und für die andere und für die dritte... Keine Angst, daß auf einmal Russen dastünden. Ich hatte alte Menschen immer gerne aufgeheitert. Ich konnte es auch hier, und etwas Mut blieb wohl hinter mir zurück. Ungern verließ ich sie in ihrer Verlorenheit, aber ich mußte zurück. Niemand konnte voraussehen, was ihnen widerfahren würde: Böses - überraschend Gutes? Beides war möglich, wenn russische Soldaten Babuschkas fanden. Von der Tür her winkte ich Abschied, schloß sie vorsichhg hinter mir und stieg in die Dämmerung hinein. Schon konnte man Umrisse erkennen; die Äste waren bereits halbbelaubt. Amseln hatten überall mit dem Morgengesang begonnen. Der Schlachtenlärm war eingeschlafen. Frühstückspause hüben und drüben? Ich trabte jetzt mit eingezogenem Kopf am Gitter des Botanischen Gartens zurück; die Eisenstäbe hatten oben Spitzen. Würden sie jetzt schießen? Aber den Schuß, der mich träfe, würde ich ja nicht hören. Atemlos kam ich an der Stelle an, von der ich ausgezogen war. Müller und der Pkw waren noch da, die beiden Panzer jedoch abgerollt. Ich zuckte mit den Schultern und zeigte: „Nichts." Müller lächelte, nur halb bei der Sache.
Er hatte den Wagen etwas zurückgesetzt und schaute in den Hof des ehemaligen SS-Wirtschafts- und Verwaltungshauptamtes hinein. Soldaten schleppten auf den Schultern Säcke aus dem Kantinenkeller in einen Lkw. Ungebrannter Kaffee! Welche Reichtümer sie bis in das 6. Kriegsjahr hinein gehabt und zu verschweigen gewußt hatten. Der Kommandant des Hausbataillons, das irgendwo eingesetzt war und verblutete, nahm sie für seine Männer an sich. Müller ließ sich sein Kochgeschirr füllen. Eilig strebten wir zur Reichskanzlei zurück. Wir hatten bei der Suche kein Glück gehabt und mußten uns weiterhin behelfen. Vielleicht gab es noch Vorräte an Bettwäsche in irgendeinem Vorratsraum des Hausverwalters. Müller gehörte zu den gesegneten Soldaten, die immer, wohin sie auch kommen, etwas finden. Ich bat ihn, sich umzusehen und, wenn er etwas entdecke, Zivilisten aufzutreiben, die Bettücher zu Binden verarbeiten könnten. Schließlich hatte man ja auch in früheren Kriegen Charpie gezupft. Es gelang ihm auch diesmal, um dies vorwegzunehmen, den Auftrag befriedigend durchzuführen.
Wir fuhren, so schnell wir konnten. Einige Sperren waren besetzt, und wir wurden aufgehalten. Unvermittelt setzte aber Beschuß mit schweren Waffen ein. Wir kamen infolgedessen im menschenleergefegten

Stadtinneren wieder einmal schnell voran und schlüpften wie Ratten in den geschützten Garagenhof der Reichskanzlei ein.
So wie wir unseren vergeblichen Ausflug im schützenden Nachtdunkel gemacht hatten, so hatten auch die Träger die Gunst der langen Schatten genutzt, um Verwundete heranzubringen. Schwester Erna hatte die Instrumente bereits sterilisiert. Wir begannen zu operieren.
Als wir damals - die wenigen Tage lagen unendlich lange zurück - in die Reichskanzlei eingezogen waren und ihr Glanz uns imponierte, war sie eine Insel, ausgenommen von der Zerstörung ringsumher. Aber jetzt hatte sie sich binnen weniger Tage ihrer Umgebung angeglichen. Unter Hunderten von Einschlägen bröckelte sie auseinander, wenn auch ihre starken Mauern erst halb zerstört waren und die Bunker überhaupt noch nicht beschädigt erschienen. Aber die Lebensschwierigkeiten nahmen jetzt allmählich überhand. Zimmer und Gänge wurden auf eine Notbeleuchtung umgestellt, das Revier indessen verfügte über ein eigenes Aggregat und blieb hell erleuchtet. Monteure werkelten an den Leitungen draußen, konnten aber gegen Überbeanspruchung auch nicht Abhilfe schaffen, obgleich sie immer mehr Räume von der Versorgung ausschlossen, wenn auch nicht durchweg die, um die es nicht schade gewesen wäre. Denn ärgerlicherweise gab es in den Sonderzimmern weiterhin eine erhebliche Anzahl von Parteiflüchtlingen, die bevorzugt versorgt und in die Schwierigkeiten der Masse nicht einbezogen sein wollten und noch nicht wurden. Es war ein Glück, daß sie in ihren Stuben kein Bad und kein Kloset hatten; so mußten sie die allgemeinen Örtlichkeiten benutzen, wenigstens dort der Reihe nach antreten und sich mit angewidertem Gesicht bis zur Erledigung der menschlichen Bedürfnisse Schritt um Schritt vorarbeiten, eingekeilt in die Masse der Wartenden und sich bedrängt Drängenden.
Masse - das Netz zog sich zu, die Entmutigung wuchs, die Sehnsucht nach Sicherheit, nach irgend etwas, was als Asyl gelten konnte, nach ausstrahlendem Schutz, nach „Zuflucht im Schoße der Macht", wuchs ins Unermeßliche und trieb unschuldig Vertrauensvolle in die Reichskanzlei, zum „Führer", der ja doch schließlich schon oder noch immer geholfen hatte. Das einfache Volk kam. Sie machten sich aus Kellern auf, in denen sie in jedem Augenblick Russen erwarten mußten, packten letzte Habe, nahmen Taschen und Säcke, Koffer oder Beutel hoch und hasteten hinkend und stolpernd, erstarrte und schreiende Kinder mit sich zerrend oder an der Brust sichernd, von Straßenecke zu Trümmerblöcken, bis sie schließlich erschöpft den Eingang an der Voßstraße fanden und in den Bunker hinuntertaumelten. Die Posten ließen sie ein; es gab keinen Befehl, sie abzuweisen, keine Hinweise

auf Überfüllung, kein Zurückstoßen in die Todesgefahr der Straße, in die völlige menschliche Verirrung und Ratlosigkeit. Wer kam, wurde aufgenommen.
Dies wäre nicht möglich gewesen, wenn sich nicht ein Helfer gefunden hätte, der mit Umsicht und Autorität, die ihm bei den Verängstigten von selbst zufiel, Ordnung brachte und immer wieder Möglichkeiten zur Erleichterung auch größter Schwierigkeiten fand. Es war Kapitän zur See Albrecht, einer der Adjutanten Hitlers, der meines Wissens anderweitig kaum jemals in Erscheinung getreten ist. Ihm schien die Verwaltung des ganzen Gebäudes zu unterstehen. Er kam „von drüben", aus dem hermetisch abgeschlossenen Teil der „Alten Reichskanzlei"', sah sich bei uns um, bemerkte das verderblich werdende Chaos und die Unmöglichkeit, daß einer von uns es steuern könne, und handelte schnell. Aus dem Führerbau kamen Kleidungsstücke, Decken, Tabakwaren, Kerzen; er wies die Andrängenden ein, sicherte ihnen Plätze, ermöglichte durch Eröffnung bisher verschlossener Gänge die Einrichtung einer weiteren Abteilung für die Operierten, und schließlich brachte er es auch fertig, die neu angebrachten Verwundeten von der Menge der Flüchtlinge zu trennen.
Selbst für die gänzlich erschöpften Männer der Kampfgruppe Mohnke, die von den Kampfplätzen abgelöst wurden, damit sie einige Stunden schlafen konnten, fand er in der Nähe der Rampe einen einigermaßen ruhigen Platz. Unauffällig und konsequent richtete er alles, ging still nach „drüben"' und kehrte mit Hilfsmitteln zurück. Auch um uns im Revier bemühte er sich. Er schien aus tiefer Resignation oder Depression aufzutauchen, wenn er zu uns kam, und wir in nachdenklichen oder besorgten Gesprächen zusammenstanden und berieten, was getan werden könne.
So manche von den Eingeflohenen, viele der verwundet Angebrachten starben. Ihre Leichen wurden durch das Gedränge in den Park getragen, in Granattrichter gelegt und nur flüchtig bestattet. War der Beschuß allzu stark, dann wurde das Totengräberamt für die Lebenden zu gefährlich, und sie legten die Toten oben am Ausgang zum Park bis zum Eintritt einer Feuerpause ab. Die von den Gestorbenen freigegebenen Plätze wurden sofort wieder besetzt; jeder war froh, nachrücken zu können. Ein unaufhörliches Summen durchzog die Gänge, in denen es zu Anfang, als sie noch fast leer waren, immer gehallt hatte wie in einem großen Saal. Jetzt dämpfte die Masse der Menschenleiber die vielerlei menschlichen Geräusche. Wer hinhörte, vernahm eine auf- und abschwellende Fermate von Flüstern, Seufzen, Weinen, Klagen und Beten. Kaum, daß einer schrie und außer sich geriet. Dazwischen erregend und unentwegt das Tuckern zweier Ag-

gregate. Hörte es einmal auf, dann verlosch auch das trübe Licht allmählich, und in den elektrischen Lampen glühten schließlich nur noch einzelne Fäden.

Noch immer gelang es, alle irgendwie zu speisen. Nach Rationen rechnete keiner der Magazinverwalter mehr. Der Speisesaal war unbenutzbar geworden, aber die Köche, deren Herde und Kessel noch funktionierten und die noch Wasser hatten, blieben, wenn irgend möglich, oben und arbeiteten. Es gab Suppen und dicke Breie, durch viel Fleisch angenehm veredelt. Dann Dauer- und Knäckebrot, von dem wir einen wahrhaft unerschöpflichen Vorrat besaßen. Essensträger stürzten zu bestimmten Zeiten, und wenn nicht gerade ein Feuerüberfall stattfand, ins Erdgeschoß hinauf, griffen zu und teilten dann unten „frei Kellerflur" an die Wartenden aus, was es gab. Der Geruch von Erbsen und Nudeln vermehrte die Dämpfe und Ausdünstungen um weitere Nuancen. Allmählich legte sich jener schwere Brodem auf uns, in dem dann später unendlich viele Menschen jahrelang lebten und der sich ihnen allen als typisch für Not und Elend unvergeßlich einprägte.

Ich selbst war fast unausgesetzt beschäftigt und, wenn ich Operationsraum und Revier verließ, vor Müdigkeit fast blind, so daß ich nur Menschen sah, aber kaum einzelne Gesichter erkannte. Immerhin blieben einige „Solitäre" nicht ohne Eindruck auf mich, wie etwa jene „Dame", die irgendeines Tages eine Gastrolle in unserer unterirdischen Welt gab und die Blicke selbst müdester Männer der Kampfgruppe auf sich zog. Meiner Schätzung nach stammte sie aus der Gegend des Alexanderplatzes, wo sie sicherlich bereits einige Jahre lang das klassische Gewerbe betrieben hatte. Sie mochte um 30 Jahre alt sein und hatte ihre nicht eben bescheidenen Formen in einen feldgrauen Offiziersrock gezwängt, pralle Hinterbacken kamen in der knapp anliegenden Reithose zu plastischer Wirkung, und elegante hohe Stiefel schützten die strammen Waden, glänzten jedoch verständlicherweise nicht so, wie es Paradestiefel zu tun haben. Auf halblangem Haar trug sie verwegen schief eine Feldmütze mit Kokarde; eine Hakenkreuzbinde am linken Oberarm wies sie als irgendwie der Partei zugehörig aus. Am Ledergürtel, der die Taille zwängte, ruhte eine Revolvertasche mit einem Colt beachtlichen Formats, wahrscheinlich Kaliber 0,9 cm, auf der ausladenden linken Hüfte und unterstrich die allgemeine Wehrhaftigkeit. Sie gehöre, erklärte sie den sich um sie sammelnden Kriegern, zum Freikorps „Adolf Hitler" und sei gekommen den Führer zu beschützen und zu verteidigen. Ob er in der Nähe sei? Während sie die Hände in die Hüften stemmte, ließ sie sich zunächst rundum betrachten und als Mitkämpferin abtaxieren,

dann strebte sie zum Führertrakt. Die dort stehenden Posten kreuzten gleichsam die Speere und gaben den Eintritt nicht frei, so daß sie der selbstgestellten Aufgabe nicht gerecht werden konnte und den Rückweg antrat. „Das Weib hat Mut", sagten die Männer, als sie, lauthals und berlinerisch darüber schimpfend, daß ihre Einsatzbereitschaft nicht gewürdigt werde, aus dem Bunker kletterte und in Richtung ihres Standplatzes verschwand. Falls es ihr gelang, rechtzeitig die Wahluniform abzulegen, wird sie wahrscheinlich noch manchen in ihre Arme stürzenden Russen erledigt haben.
Diese an und für sich ganz nebensächliche Episode blieb mir gleichwohl im Gedächtnis, und als mir beim Niederschreiben dieser Erinnerungen Zweifel kamen, ob alles, was ich niederschrieb, auch wahrhaftig sei und der Wirklichkeit entspreche, beschloß ich bei mir zu ergründen, ob es je ein „Freikorps Adolf Hitler" gegeben habe, von dem an anderer Stelle die Rede war, von dem aber lieber niemand etwas genaueres wußte.
Zu meinem Glück wurde ich auf seltsame Weise fündig, als mir ein merkwürdiges Zeitungsblatt mit einem ausführlichen Bericht über dieses Korps in die Hand fiel, das mich dann auf weitere Spuren setzte.
Auch wenn das Thema in nur mittelbarem Zusammenhang mit dem eigentlichen dieses Buches steht, möchte ich es erörtern, unterrichtet es doch ebenfalls über die verworrenen Zustände, die in den letzten Monaten des 2. Weltkrieges allüberall im Reiche herrschten.

„Sanfte Gewalt, Sie könnten mich noch ein wenig schonen", sagte ich eher anerkennend als ärgerlich, als ich nach mehreren Operationen versuchte, mich aufzurichten. Der Rücken schmerzte, und ich bewegte die Wirbelsäule halb kreisend, um sie wieder beweglich zu machen. Die Schwestern waren in gleicher Weise qualvoll ermüdet, uns allen verlangte nach einer kurzen Pause, um uns eine Tasse Nescafe zu machen, dem seit 1943 neu in die Truppenverpflegung eingeführten Produkt, das für uns alle mehr als ein Genußmittel darstellte. Ohne sonderliche Beschämung zu empfinden, hatte ich einen Karton mit zehn Dosen für uns im Operationssaal abgezweigt, obgleich er eigentlich lediglich der kämpfenden Truppe vorbehalten war. Mein Stoßseufzer galt einem jungen Mädchen von etwa 20 Jahren in weißem Kittel und mit der Rote-Kreuz-Binde am Arm. Es hatte einen Notizblock in der Hand und anscheinend bereits längere Zeit hinter mir gestanden, um gerade diesen Augenblick zwischen zwei Operationen abzupassen. Sie lächelte ernsthaft, was dem jungen Gesicht einen tapferen Zug verlieh, und sagte, ohne auf mein Grollen zu achten:

„Sie müssen noch Visite machen und Verordnungen treffen. Es ist später als sonst, und die Kranken warten." „Ach Kind", erwiderte ich, „hier gibt es überall zu tun, und alles ist dringlich. Die draußen bei Ihnen sind ja schon operiert und verbunden." „Aber sie warten, Verbände sind durchblutet, und manche werden sterben", sagte das junge dunkelhaarige Mädchen, „ich muß Sie holen." Überzeugt, daß ich ihr nachkommen würde, tastete sie sich zwischen den noch wartenden Verwundeten durch, und ich folgte ihr wirklich. Einem jungen Soldaten, der neben dem Operationstisch auf der Trage lag und gerade auf ihn hinaufgehoben werden sollte, strich ich entschuldigend über die feuchte Stirn: „Du bist der nächste; ich komme gleich wieder zurück, aber sie will es ja." Er trug die Jacke eines Marinekadetten. Sein rechter Arm war zerschossen, und die goldenen Knöpfe nahmen sich in dieser Umgebung sehr fremd aus.
Wir drängten uns durch die im Gang Hausenden zu den Verwundeten, derentwegen sie gekommen war, und machten Visite. Ich beurteilte Heilungsverläufe, ordnete Verbände und machte mit einem Besteck, das den Ansprüchen der Sterilität gewiß nicht mehr entsprach, Injektionen. Sie begleitete mich von Mann zu Mann, schrieb auf und merkte sich, ganz Aufmerksamkeit -, was ich für die nächsten Stunden anordnete. Sie würde nichts vergessen, sondern alles tun und darüber hinaus an Erleichterungen beibringen, was nur denkbar und möglich war. Jeder hier Liegende hätte ihr Verlobter sein können, aber der Eine war als Panzeroffizier seit Monaten in Rußland verschollen. Aus Liebe, Trauer und Hoffnung gleichzeitig strömte ihre stets wirkende sanfte Gewalt. Sie hatte mir mit stiller Selbstverständlichkeit von ihm erzählt, als sie wenige Tage zuvor zusammen mit etwa zwanzig anderen jungen BDM-Führerinnen aus Steglitz in die Reichskanzlei geflüchtet war, gejagt von der Angst vor den Russen und gezogen von der Erwartung, hier Schutz zu finden. Als die Mädchen sahen, wo es fehlte und was es zu tun gab, begannen sie sofort, sich nützlich zu machen und die Pflege der Verwundeten zu übernehmen.
Die beiden Schwestern waren erleichtert, daß sie sich nicht mehr um die bereits Versorgten kümmern mußten, wozu ihnen jede Zeit fehlte. Sie und natürlich Kapitän Albrecht trieben die notwendige Zahl von Kitteln und Armbinden auf. Wir konnten sie einkleiden und machten sie zu DRKHelferinnen, denen die Sorge um die operierten und verbundenen Verwundeten übertragen wurde. Jede war von Stund an lebhaft um ihre Gruppe besorgt. Sie scheuten keine Gefahren bei der Herbeischaffung der notwendigen Getränke und des Essens. Wenige andere wagten sich sonst noch zu den Köchen hinauf, aber eines dieser Mädchen war sicherlich immer oben, um etwas Besonderes

herrichten zu lassen und zu erbetteln. Von innen heraus freudig und zuverlässig waren sie bei der Sache und blieben mit geradezu mütterlicher Geduld um jeden der mehr als dreihundert Männer besorgt, die im Laufe der Tage hier zusammengetragen wurden und alle lebensgefährlich verletzt waren. Die „sanfte Gewalt" stieg ganz von selbst zur „Oberschwester" auf.
Sie blieben bei den Verwundeten bis zur Einnahme der Reichskanzlei. Die Russen behandelten und achteten sie als Krankenschwestern und brachten sie mit den Soldaten nach Frankfurt an der Oder in das Gefangenenlazarett in der „Hindenburg-Kaserne". Ihre Hoffnung auf Schutz hatte sich erfüllt; es widerfuhr ihnen nichts, und sie wurden im Laufe des Jahres 1945 eine nach der anderen entlassen. Als ich selbst im Herbst in sehr unerfreulichem Zustande in dieses Lazarett gebracht wurde, berichteten mir die letzten noch Verbliebenen von diesem im ganzen glücklichen Schicksal. „Sanfte Gewalt" hatte ebenfalls mehrere Monate in Frankfurt gepflegt und war bereits wieder nach Berlin zurückgekehrt. Viele werden mit mir wünschen, daß der verschollene Panzeroffizier überlebte und den Weg zurückfand.

Der Kampf um die Entscheidung spielte sich vorerst immer noch über und direkt auf unseren Köpfen ab; denn die gesamte russische Feuerkraft konzentrierte sich allmählich auf den Raum der Reichskanzlei. Knapp 100 Meter von uns entfernt lebte Hitler. Die von ihm gehaltene Position war in jedem Falle Gegenstand erregendster Emotionen für Feind und Freund. Ersterer strebte mit aller Macht zu ihr hin, um die Brutstätte allen Blutvergießens und ungeheuerlichen Unheils auszuräuchern, und beeilte sich unter Einsatz aller Mittel, in den letzten Zufluchtswinkel des Fabeltieres hineinzukommen, das er wohl lebend fangen und im Käfig in der Welt herumführen wollte. Die anderen aber, die ihm angehangen hatten und noch anhingen, weil es in aussichtsloser Not keine Befreiung gibt, begriffen noch immer nicht und flüchteten sich weiterhin in seinen Umraum, wo sie jetzt, wenigstens jetzt, Wundergewalt erhofften und erbaten. Die Kämpfer auf beiden Seiten schließlich waren es, die vorwärtsstrebten und zurückhielten. Schlachtblind geworden, empfanden die einen nichts anderes als „dorthin kommen müssen" und die anderen lediglich „hier bleiben, hier verharren". Diesem Urtriebe waren beide unterworfen, ohne daß es noch eines Befehls bedurfte. Sie vollzogen ihn einfach und, wo sie aneinandergerieten, brachten sie sich den Tod.
Den Bedrängten und den Treibenden schwanden in dem unaufhörlichen Zerbersten und Explodieren das Bewußtsein der Existenz und sie verstanden nicht eigentlich, ob sie noch lebten oder schon tot

waren. Bis in den Kern hinein ermüdet und ausgeleert fühlte sich jeder an seiner Kampfesstelle tödlich allein und wurde schließlich auch im Alleinsein getötet. Schimmer, unendliche Farbenglut aus einem berstenden Hirn flutend, unerträgliches Getöse eines stürzenden Himmels - und an der Front irgendwo an einer Ecke, in einem Loch lag ein armer zerrissener Mensch mehr. Entwertet und im Zucken eines Augenblicks wesenlos geworden. Blut färbt alle Waffenröcke gleich.

Drunten aber in der Zitadelle, wo es bisher nicht direkt ans Leben ging, war Hauptquartier, als habe sich alles nur vorübergehend verschoben und als kämen Nachrichten wie eh und je von allen Fronten. Lagebesprechungen, ich erwähnte dies schon, wurden abgehalten und jeder, der noch irgend etwas zu kommandieren hatte, nahm an ihnen teil. Der Blick für Größen und Konturen war verlorengegangen; man agierte mit Hunderten als seien es Hunderttausende, mit Straßen und Häusern, als seien es Länder, und schließlich mit „toten Seelen", wenn bereits verschlissene Regimenter, die kein Melder mehr erreichen konnte, zu Einbruchstellen hin in Marsch gesetzt wurden oder Umfassungsmanöver einleiten sollten. Vieles mißlang im Mißverhältnis zwischen Wunschtraum und Wirklichkeit, dann wurden unfähige Offiziere bestraft und abgesetzt. Kleines gelang, und dann wurde mit Beförderungen und Auszeichnungen nicht gegeizt.

Man sprach von diplomatischen Aktionen und agierte mit den Restteilen des Reiches, als sei es ein unverletztes Ganzes. Keiner übersah noch alles; große Schäden wurden unsichtbar hinter kleinen Erfolgen, und Hitler wirkte immer noch einmal für Stunden als hinreißender und begeisternder Führer, ja Prophet. So kehrten Mohnke und die anderen manchmal erbittert, manchmal hoffnungslos, aber immer wieder doch auch über die Maßen hoffnungsvoll von den Lagebesprechungen zurück. Haase, der unregelmäßig, aber täglich hinüberbefohlen wurde und ein bis zwei Stunden blieb, verfiel in diesem Hexenbad und wurde von Stunde zu Stunde schwächer. Die Auflösung zeigte, von Zuckungen entstellt, ein verbleichendes Gesicht. Goebbels allein dachte an die unzähligen Blinden, Tauben und Vereinzelten, die sich in den Kellern drängten und die Steinzeit nachempfanden. Er filterte das bei den Lagebesprechungen Diskutierte, tat Schlagobers darüber und übergab die zusammengebraute Meldung der letzten Berliner Zeitung, dem „Panzerbär", zum Druck oder setzte ermutigende Gerüchte in Umlauf. Quellab werden Gerüchte im Fließen größer, nehmen Nebengerüchte auf, wandeln sich und stehen in Abhängigkeit von der Landschaft, die sie durcheilen. Niemand beherrscht sie bis zu ihrem schließlichen Erlöschen, aber sie beherrschen das Verhalten Unzähliger, welche sie entweder hoffnungsfroh hoch über die Klippen der Not heben oder aber an ihnen zerschleudern. Darüber wird noch einiges zu sagen sein. Wir im Operationsraum waren, abgeschlossener vom Raunen der Umwelt als die Parteimänner in den Stuben und die Hunderte auf den Fluren, allzusehr in Anspruch genommen von schnellen ärztlichen Entscheidungen, wie sie von Augenblick zu Augenblick getroffen werden mußten, und auch allzu müde durch die körperliche Arbeit des Operierens. Gerüchte fanden bei uns keinen Halt und keinen Boden.

Ich ging aus irgendeinem Grunde zu Mohnke; neben ihm saßen zwei Berliner Jungen von etwa 16 Jahren. Sie kamen soeben von Hitler und hatten glänzende Augen; er hatte sie begrüßt und mit dem Eisernen Kreuz erster Klasse ausgezeichnet. Der eine hatte vier, der andere fünf T 34 mit Panzerfäusten abgeschossen. Sie kannten sich in den Trümmern aus, lebten wie Ratten in Kellerlöchern, hatten einen Stahlhelm auf und Armbinden mit der Bezeichnung „Wehrmacht" um den dünnen Oberarm gewickelt. Mohnke ließ sie sich satt essen, und sie erzählten, wie sie in ihren Löchern gekauert und gelauert hätten, bis sich ein Panzer vorsichtig um die Ecke schob, das Geschützrohr etwas erhoben. Dann hatten sie das neben ihnen liegende Rohr der Panzerfaust langsam auf die rechte Schulter gehoben, kurz visiert und abgedrückt. Drüben Krach, Feuer, Explosion, Verwirrung, in der sie selbst wie Wiesel verschwanden, ehe von den Russen dorthin geschossen wurde, von wo der Feuerblitz ausgefahren war. Die beiden marschierten frohgemut und aufgestachelt ab, als sie genügend Brot mit Leberwust verschlungen und Bohnenkaffee dazu getrunken hatten; sie wollten es nochmals versuchen. Nicht wenige dieser Kinder fanden sich nach Monaten in russischen Kriegsgefangenenlagern wieder; denn die Sowjets hatten nicht vergessen, daß es so etwas wie einen „Werwolf" gegeben hatte, gegründet nach dem Motto „Das Volk steht auf, der Sturm bricht los". Sie fürchteten den Partisanenkrieg und brachten einen Teil der Jugendlichen weg. Selbst in der Gefangenschaft behielten diese Knaben, die im Laufe der Jahre zu Männern wurden, ohne im Hunger geistig und körperlich zu reifen, etwas Spielerisches im Umgang mit den Posten und Bewachern bei, und irgendwie väterlich ihnen gegenüber verhielt sich im Allgemeinen die Mehrzahl der „alten Kameraden" im Lager.

Tragisch empfand ich das Schicksal einer anderen Gruppe, deren einzelne Angehörige nicht wie die gewitzten Berliner Jungen gleichsam in die Schlacht hineingeboren worden waren.

Wahrscheinlich hatten Großadmiral und Seekriegsleitung an Leonidas und seine Dreihundert in den Thermopylen gedacht, als sie Hitler zusagten, auch die Marine werde sich am Kampf um Berlin beteiligen. Gedanken dieser Art waren damals in vielen lebendig.

In 24 Junkers-Transportmaschinen wurden Seekadetten aus den Marineschulen Flensburg und Kiel nach Berlin eingeflogen. Einige Flugzeuge sollen abgeschossen worden sein, aber die Mehrzahl landete etwa am 23. oder 24. April noch auf dem Flugplatz Gatow. Etwa 300 Marinesoldaten rückten in die Wilhelmstraße ein und fanden Unterkunft im Auswärtigen Amt, in dessen Garten sie, was alles eher als sinnvoll erschien, Stellungen aushoben.

Sie trugen weiße Mützen, blaue Uniformen mit goldenen Knöpfen, lange Hosen und Halbschuhe. Alle waren drahtig, durchtrainiert, für den Dienst auf den großen Schiffen oder im U-Boot ausgebildet, Ingenieuranwärter, Artilleristen, künftige Kapitäne für große Fahrt.

Straffe, schlanke Offiziere führten sie, und alle waren begeistert über die neue große Aufgabe - nicht ungleich den Kriegsfreiwilligen des ersten Weltkrieges, obgleich wir uns im sechsten Kriegsjahr befanden.

Aber die Zeiten, in denen man ein Admiralsschiff enterte, und selbst die Tage von 1914, als Ulanenregimenter mit eingelegter Lanze Angriffe auf Maschinengewehrnester ritten, waren vorüber. Man hatte auch schon gelernt, daß der Kampf um eine Stadt etwas anderes ist als der im freien Felde: Im Falle der Matrosen waren diese Erkenntnisse und Erfahrungen offenbar ohne Belang.

Sie wurden - ihres Symbolcharakters wegen? - in einem Abschnitt nahe der Reichskanzlei eingesetzt. An Waffen verfügten sie lediglich über Karabiner; vom Straßenkampf verstanden sie nichts, so war es kein Wunder, daß die allermeisten binnen weniger Tage fielen oder verwundet wurden, und die Kompanien aufgerieben waren.

Die Toten wurden zusammengelegt, ehe man sie begraben konnte -, Teil der Strecke eines mächtigen Jagdherren. Einige operierten wir. Niemand konnte die goldenen Knöpfe auf dem Blau der elegant geschnittenen und jetzt zerrissenen blutbefleckten Jacken übersehen. Grenadiere, Frauen und Kinder starben farblos. Seither erstehen mir die Farben blau-gold vor dem inneren Auge, wenn mich das Gefühl der Sinnlosigkeit eines Sterbens überkommt.

In Erinnerung an diese armen Männer behielt ich stets ein bitteres Gefühl, ja schließlich ein Gefühl der Erbitterung, denn es ging mir nach und nach auf, daß sie nicht Opfer, nicht einmal notwenigerweise Geopferte, sondern schlichtweg Dahingemordete, Ermordete waren.

Am 27.4.1945 äußert Hitler bei der Lagebesprechung in einem Raum seines Bunkers:

> „Großadmiral Dönitz hat Marinesoldaten für den persönlichen Schutz des Führers abgestellt. Das sind die tapfersten Männer,

die er überhaupt besitzt. Davon will er mir eine bestimmte Anzahl zur Verfügung stellen. Das Angebot kommt von Dönitz selbst. Er bringt sie unter allen Umständen herein. Wenn ich die habe, so ist das eine gewisse Entlastung für Sie, weil es die höchste Elite eines Oberbefehlshabers eines Wehrmachtsteiles ist. Die 150 Tapfersten von den 600 000 Mann der Kriegsmarine gibt Dönitz für meinen persönlichen Schutz. Es kann der Moment kommen, wo die äußerste Standfestigkeit alles ist.«[1]

Diese Äußerung ist mit größter Wahrscheinlichkeit authentisch, da sie von Heinz Lorenz, dem Stellvertreter des Reichspressechefs Dr. Dietrich im Führerhauptquartier (FHQu) damals im Stenogramm aufgenommen, und auch von ihm 1947 im Internierungslager Eselsheide für den britischen Geheimdienst rückübertragen wurde.

Großadmiral Karl Dönitz in Plön oder Flensburg mußte ebenso wie Adolf Hitler und die an der Besprechung teilnehmende Generalität wissen, daß Matrosen für Straßenkämpfe nicht ausgebildet wurden und in ihren auffallenden Jacken mit Kragen und glänzenden Goldknöpfen lediglich gerne genutzte Zielscheiben abgaben. Das störte sie alle nicht, und Hitler selbst brüstete sich geradezu damit, daß diese jungen Marinekadetten, die Elite der Seeleute, vom Großadmiral allein für seinen Schutz bestimmt worden seien, sich für ihn persönlich, nicht einmal mehr für Deutschland aufopferten oder opfern ließen. -

Dies ist für mich nach schweren Überlegungen ein geradezu frevelhafter Mißbrauch des Fahneneides gewesen, dessen Sinn doch darin besteht, einen Schwörenden mit Leib und Seele unverbrüchlich an ein Übergeordnetes zu binden, dessen Teil er ist und dem er sich hinzugeben vermag in der Gewißheit, daß auch der Eidesnehmer, welcher dieses Übergeordnete, das Reich, sein Volk vertritt, sich ihm, dem Eidesgeber, gegenüber verpflichtet sieht und er sein Wohl wahrt. Aber so war es in diesem Fall, und in wie vielen sonst, nicht gewesen.

Daß ich zu anderen Zwecken in die Reichskanzlei gekommen war als zu operieren, vergaß ich über meiner Tätigkeit recht schnell. Und eigentlich hatte ich auch keinen Anlaß anzunehmen, daß ich noch jemals als Ernährungsinspekteur und Verteiler von Verpflegungsmitteln benötigt würde. Es war nicht wahrscheinlich, daß man hinsichtlich der Verpflegung irgendwo in Berlin anders handelte, als wir es taten, die wir nichts darin fanden, mit den vorhandenen Vorräten aus dem Vollen zu leben, solange es irgend ging, bereit, den lieben Gott für den Tag nach der Stunde Null einen guten Mann sein zu lassen.

[1] Der Spiegel 1966 Nr.3, S. 45

Unzählige waren sicherlich schon im Augenblick soweit, daß sie dies tun mußten. Aber es lag in keines Menschen Möglichkeit, sie herauszufinden und nochmals besser zu stellen.
Berlin war nicht nur in so viele Dörfer zerfallen, wie es einst gebildet hatten, sondern darüber hinaus gleichsam in unzählige Schären, deren jede von der anderen isoliert war. - Dennoch erwies sich einige Male, daß meine ursprüngliche Aufgabe noch nicht völlig beendet war.

Eines Tages oder Nachts erschien ein Mann, der mit offenem Hemd und hochgekrempelten Ärmeln, langer Leibschürze und weiß bestäubtem Gesicht und Haar wie ein Bäcker aussah und sich auch als solcher ausgab, bei einem Posten der Reichskanzlei und bat um einige Säcke Mehl. Er wurde zu mir geführt und wiederholte seine Bitte. Ihnen sei in ihrer Bäckerei das Mehl ausgegangen, und sie könnten jetzt nicht mehr für ihre Straße backen. Als ich ihm durchaus nicht glauben wollte, daß es mitten im Kampfgebiet eine arbeitende Bäkkerstube gebe, erbot er sich, mich hinzuführen, falls ich ihm dafür Mehl überließe, was ich ihm, wenn ich das Unglaubliche selbst gesehen hätte, auch versprach. Wir trabten dicht an den Häusern entlang durch die Wilhelmstraße in Richtung „Linden", überquerten in großen Sprüngen die zerschundene Prachtavenue, wo die Russen sich damit vergnügten, das Pflaster aus etlichen Kilometern Entfernung Stück um Stück umzupflügen und in den Mittelteil Granatsplitter einzusäen. Glücklich drüben angekommen, tauchten wir in die Neue Wilhelmstraße ein, wechselten in die Dorotheenstraße über - so weit kannte ich mich aus - und standen dann nach einigen Kreuz- und Querläufen inmitten brennender Häuser vor der Wunderbäckerei. Sie arbeitete wirklich; ringsumher lag fast alles in Trümmern, und der Backofen stand bereits halb im Freien. Er war angeheizt; einige schwitzende Männer standen vor seiner geöffneten Tür und holten mit langen Schiebern das erbackene Brot heraus. Jedes Stück fand ofenheiß seinen Abnehmer, ohne daß dieser zu bezahlen brauchte. Es war offenbar zu gefährlich, an einer Stelle, auf die jeden Augenblick der feindliche Beschuß gelegt werden konnte, eine Schlange zu bilden. Die Wartenden hockten vielmehr in Löchern und versteckten sich hinter Mauern oder Vorsprüngen. Nach einer unersichtlichen Ordnung sprang einer nach dem anderen auf, empfing sein Brot und eilte mit dem kostbaren Gut heim in den Unterstand der Familie.
Dies vollzog sich wie selbstverständlich, ganz berlinerisch, und es war ebenso selbstverständlich, daß wir den Bäckern auf dem beschriebenen Wege aus der Reichskanzlei zehn Säcke Mehl zukommen ließen. Später habe ich mir so manches Mal überlegt, wo sie den Teig wohl

vorbereiteten. Wenn der Sauerteig nicht unter ruhigen und konstanten Verhältnissen, nach Möglichkeit in zugfreiem Raum, angesetzt werden kann, geht das Brot nicht auf. Der Bäckermeister und seine Gesellen waren anscheinend noch wesentlich größere Helden, als es mir damals schon erschien.

An einem dieser Tage fiel mir auch zu, über das Schicksal der beiden Verpflegungslager zu entscheiden, aus denen wir uns verproviantiert hatten. Die von uns und von den anderen Verteidigern entnommenen Portionen hatten die Bestände nicht erheblich beansprucht. Nun wurde es eine Frage von einem oder zwei Tagen, daß die Russen eindrangen und die großen Vorräte zu Beuteware erklärten, womit sie den Deutschen verlorengegangen wären. Die noch tätigen Intendanten, die bisher vom Beschuß ziemlich unbehelligt geblieben waren und einigermaßen Ordnung hatten halten können, schickten einen der ihren mit der Bitte um Entscheidung zu mir, ob man die Lager jetzt sprengen dürfe. Ich hatte gerade zuviel zu tun, als daß ich mich an Ort und Stelle hätte orientieren können, und offenbar war die Sache zu dringlich, als daß man die Entscheidung noch hätte verzögern können; denn der Offizier hatte sich unter erheblichen Gefahren zu uns durchgeschlagen.
Der Befehl zur Sprengung ging mir sehr gegen den Strich. Ich war nicht hinreichend genug Verwaltungsmann, um die Dienstbelange unabhängig von der allgemeinen Notwendigkeit betrachten zu können. Vor meinen Augen sah ich hier brennende Hallen und dort Menschen, denen das fehlte, was in die Luft flog und in Flammen aufging. So sagte ich: „Lassen Sie die Lager für die Zivilbevölkerung freigeben." Dieser Befehl behagte meinem Gegenüber nicht recht; nicht so sehr, weil er eine solche „Verschleuderung" fiskalischer Habe als unzulässig empfand, sondern vornehmlich, weil er die Folgen des Befehls fürchtete. Sie waren auch mir klar; denn ich hatte bei Vormärschen mehrfach erlebt, wie es zugeht, wenn Menschenmassen in Verpflegungslager eindringen und zu plündern beginnen. Auch hier in Berlin würde ein vielleicht anfänglich noch geordneter bargeldloser Einkauf in Plünderung ausarten, wenn die Scharen nicht mehr gebändigt werden konnten, die Russen hineinschossen und, wenn die hastig Einsteckenden die ersten Erwerbungen wegwürfen, weil sie später vermeintlich Besseres entdeckten. Sie würden über Säcke steigen und sie zerreißen, so daß das Mehl aufstäubte, sie würden Marmeladeneimer öffnen und umstürzen, Butterfässer zertreten und was noch alles sonst anstellen. Eine Plünderung ohne Vernichtung wertvollen Gutes war nicht denkbar. Wie rücksichtslos und zerstörend Menschen sind, er-

fährt man bei Aktionen, wo Hast und Habgier sich in Augenblicken explosionsartig entladen.
Und dennoch war es immer noch besser, daß unsere Berliner einigen Nutzen von den Vorräten hatten und nicht die Russen, die alles militärische Gut, wie es Kriegsbrauch war, für ihre Armeen verwenden würden. Wohl die gleichen Gedanken beschäftigten mein Gegenüber und ließen ihn zögern. „Sie bekommen den Befehl schriftlich", sagte ich und schrieb ihn nieder. Einen Dienststempel brauchte man nicht mehr, und ich hatte auch keinen.
Zufällig erfuhr ich später, daß die Lager innerhalb eines Tages und, noch ehe die Russen sie besetzten, weitgehend ausgeleert wurden, und daß die Räumung sogar einigermaßen gut ausgegangen war.
Am 28. April hatte ich mich noch einmal um etwas Ähnliches zu kümmern, als bekannt wurde, daß das westlich Potsdam, nahe Schloß Marquardt gelegene Verpflegungsamt zwar noch unter fast friedensmäßigen Verhältnissen arbeitete, aber daß die dort vorhandenen fünf Millionen Verpflegungsportionen sicherlich nicht mehr vollständig an die kämpfenden Truppen ausgegeben werden konnten. Ich erinnere mich nicht mehr, von wem diese Mitteilung kam; irgendwie landeten solche Meldungen schließlich immer noch in der Reichskanzlei und, wenn sie die Verpflegung betrafen, bei mir. Die Höhe der Bestände - das zwanzigfache dessen, was wir ins Stadtzentrum verlagert hatten, faszinierte mich. Wenn es noch gelänge, diese Mengen nach Berlin hereinzubekommen! Der Versuch mußte gemacht werden.
Sich aus dem Stadtbereich Berlin zu entfernen, war gefährlich. Man stand dabei beinahe mit jedem Bein und jeder Zehe im Grabe. Wurde man nicht von Russen abgeschossen oder gefangen, was etwa das gleiche war, dann wahrscheinlich von eignen Leuten gegriffen und als Deserteur aufgeknüpft, ohne daß man viel gefragt wurde. Denn über Potsdam führte die letzte, gerade eben noch offene Straße nach Hamburg und Schleswig-Holstein. Jeder Uniformierte, der sie außerhalb einer Militärkolonne befuhr, stand automatisch im Verdacht, sein letztes Heil in der Flucht suchen zu wollen. Das nahmen aber diejenigen, die hier die Russen erwarteten, sehr übel.
Dennoch wollten wir dorthin; es war die einzige Gelegenheit, noch Lebensmittel für Berlin zu bekommen. Ich wollte mich unmittelbar an Ort und Stelle über etwaige Transportmöglichkeiten orientieren und, wenn es angängig war, geeignete Maßnahmen ergreifen. Aber aufgeknüpft werden wollte ich nun eben auch nicht. Deshalb wandte ich mich an den Obergruppenführer Fegelein, der mir als Verbindungsmann Himmlers zur Reichskanzlei als einziger einen entsprechenden Marschbefehl erwirken konnte. Ich erhielt ihn auch, sogar als Führer-

auftrag, aber Fegelein verhielt sich bei dieser mich elektrisierenden Aussicht so gleichgültig, daß ich ärgerlich dachte, die hohen Herren beim innersten Stabe hätten doch offenbar sogar jetzt noch keinen Begriff von dem, was wirklich lebenswichhg war. -
Müller brachte es wieder einmal fertig, unseren Pkw vollzutanken und vor die Ausfahrt zu dirigieren. Nach kurzem Schlaf auf dem Feldbett im „Fegefeuer", in dem die Mitbewohner einmal nicht räsonnierten, weil sie schnarchten, traten wir am 29. April frühmorgens den Ausflug an. Den gleichen Weg wie die letzten Male benutzend, rollten wir ziemlich schnell die Potsdamer Straße hinaus über Steglitz in Richtung der zerstörten Stadt Potsdam. Verstreutes Artillerie- und Infanteriefeuer über Berlin, sonst verhältnismäßige Ruhe. Nichts deutete darauf hin, daß die Stadt an diesem Tage einer der schwersten Beschießungen ausgesetzt werden sollte. Die Sperren schienen zum Teil nicht einmal mehr besetzt zu sein, so daß wir ohne Behinderung durch die Vororte nach Wannsee gelangten. Kurze Kontrolle an der Glienicker Brücke, vorsichtige Fahrt durch das Ruinenviertel Potsdams und westlich wieder aus der Stadt heraus. In den Trümmern schien es weiter zu schwelen, dünne Rauchfahnen drehten sich zwischen Mauerwerk empor, und brenzliger Geruch hing uns noch eine lange Strecke nach. Jenseits Potsdam bemerkten wir deutlich, daß wir uns auf dem großen Fluchtwege befanden. Nicht nur die Fahrzeuge, auch die Fußgänger hielten sich ängstlich auf der Straße und vermieden Abkürzungen querfeld, weil die Russen angeblich bereits in den Wäldern saßen. Links und rechts unter den Alleebäumen lief die Kette der Flüchtlinge : Männer, nur deshalb Zivilisten, weil sie keine Uniform trugen, in der Mehrzahl aber Frauen, Fahrräder oder Handwagen schiebend, darauf Kleinkinder und letzte Habe gepackt und irgendwie festgezurrt, ihnen zur Seite größere Jungen und Mädchen, übermüdet, aber weiterhetzend, dazu humpelnde Alte - die Schwächsten und Verzweifelndsten, so schien es, aus ganz Berlin.
Wer sollte wissen, ob es ihnen schließlich zum Heil ausschlug, daß sie die Stadt verlassen hatten, um doch nur in Wäldern unterzukriechen und dort vom Feinde genommen zu werden. Denn nach Hamburg hinauf kam von diesen keiner mehr.
In der Straßenmitte zogen Militärfahrzeuge verschiedenster Art, wir bald mitten unter ihnen und auffällig - zwei Offiziere der Waffen-SS im Mercedes - und Richtung Hamburg!
Flehentliche Bitten um Mitnahme, böse Blicke, grobe Flüche hinter uns und an uns gerichtet: „Feige Schmarotzer, - hartherzige Halunken, - wollen nur die eigene schäbige Haut retten, - Dreck am Stecken, - Bluthunde, Fahrt doch direkt über uns weg, wenn ihr sowieso schon

alles zerstört habt. - Die Uniform hilft euch bald auch nichts mehr, hängen müßt ihr doch." -
Es ging immer schleppender voran; die Trecks zu beiden Seiten, die Kolonne in der Mitte stauten sich, von hinten immer stärker bedrängt. Halbwüchsige kletterten auf die Rücksitze, standen auf den Trittbrettern, ließen sich mitziehen. Vor uns, hinter uns, soweit man sehen konnte, begannen sie Säcke und Taschen auf die Autos zu werfen und sie für sich zu besetzen. Wir rückten langsam weiter, von einer Nebenstraße auf die Hauptchaussee zu, die auch wir einige Kilometer weit befahren mußten.
Auf einem Hügel nahe der Einfahrt, so daß er sah und gesehen werden mußte, stand neben seinem geländegängigen VW ein Panzermajor und sammelte Panzer und versprengte Soldaten, die eigentlich lieber nach Hamburg hin entkommen wollten, um sich auf einem weiten Felde. Panzerfahrer und Soldaten fügten sich seiner mächtigen Gestalt und Stimme und waren im Augenblick wieder diszipliniert. Bald hatte er ganz allein zehn oder zwölf Panzer zusammen und fuhr sie mit aufgesessener Infanterie in einen Kampfabschnitt zurück. Ein Kommandeur wie dieser brauchte keine Schergen und keine Drohungen. Merkwürdigerweise schienen die Panzer, die so an der Fahrt nach Hamburg gehindert wurden, keine Benzinsorgen zu haben. Gerade mit dem Benzinmangel aber hatten sich Gerüchte befaßt und ihn als Ursache des ungünstigen Standes der Schlacht um Berlin angegeben. Die Russen, flüsterte man, kämen so schnell vorwärts, weil unsere Panzer keinen Sprit mehr hätten und wehrlos liegengeblieben seien. Das würde sich aber bald ändern, wurde die Flüsterpropaganda wieder ins Positive gewendet; denn bei Genthin habe man ein riesiges, unterirdisches Lager der Luftwaffe mit vierzig Millionen Litern Benzin entdeckt, das Göring für Berlin nicht habe freigeben wollen. Dem aber sei ein Führerbefehl entgegengestellt worden. Nun rolle Tankwagen um Tankwagen nach Berlin. Es werde nicht mehr lange dauern, bis alle Panzer wieder fit seien. Dann aber!
Auf der Chaussee, an die wir uns schließlich herangearbeitet hatten, fuhren militärische Einheiten dicht an dicht in geschlossenen Kolonnen, und selbst der Fahrkunst Müllers gelang es nicht, in die Reihen einzudringen und uns mitschwemmen zu lassen. Wir mußten warten; Abteilungen aller Art, schließlich auch das SS-Lazarett Berlin, auf das ich vor wenigen Tagen meine Hoffnung gesetzt hatte, als ich Verbandsmaterial suchte, fuhren vor unseren Augen vorbei. Auch in dem Raum, in den es damals verlegte, schien es seltsamerweise nicht genügend Arbeit gefunden zu haben, und irgendwer hatte gemeint, im Nordwestteil des Reiches sei es damit besser bestellt, und den Ab-

marschbefehl gegeben. Im Pkw mit Fahrer fuhr der Chefarzt vorweg, ihm folgten in dichter besetzten Pkw's die Abteilungsärzte, in mehreren Omnibussen Schwestern und Sanitätsdienstgrade, schließlich Sankas und Lkw's mit Materialien. Relative Vollständigkeit schien garantiert. Ich blickte neidisch auf die Bestände, von denen voraussichtlich niemand mehr etwas haben würde.

Wir grüßten beiderseits, die drüben mit einem Augurenlächeln, aber Müller nutzte die Gelegenheit, sich einzureihen und das Stück mitzufahren, bis wir nach Schloß Marquardt abbiegen mußten. Wir packten die Mitfahrer ab und verließen das Gedränge; erfreut schloß der Hintermann die Lücke. Schloß Marquardt, ein früher bekanntes Restaurant, hatte als Zentralmarketenderei des Heeres gedient und als solches erhebliche Mengen hochprozentiger Alkoholika beherbergt. Wir fanden die gesamte Belegschaft damit beschäftigt, Flaschen zu zerschlagen und den Inhalt um sich herum zu vergießen. Der sich verbreitende Duft war aromatisch und berauschend, die Aktion selbst durchaus lobenswert; ein vernünftiger Intendant sorgte vor und verhütete Exzesse. Erfreulicherweise hatte er auch soviel Einfluß auf seine Leute, daß diese die orale Alkoholvernichtung unauffällig und nur mäßig betrieben. Von Schloß Marquardt bis zum Zentralverpflegungslager, dessen Name mir entfallen ist, waren es nur noch einige Kilometer Weges, die wir beinahe urlaubsmäßig auf Waldwegen hinter uns brachten, bis wir es etwas abseits einer größeren Straße liegen sahen. Hinweisschilder waren nicht mehr zu sehen. Man hatte sie abgenommen und spielte Vogel Strauß, der den Kopf in den Sand steckt.

Als unser großer Pkw anfuhr, beäugte uns der Posten unangenehm berührt und mißtrauisch. Müller kündigte mich an, schnell hob sich der Schlagbaum und senkte sich unmittelbar hinter uns sofort wieder. Wir kamen auf einen von Lagerhallen umgebenen Platz, auf dem offenbar schon jetzt der Frieden „ausgebrochen" war.

Überrascht sahen wir Verpflegungskolonnen auf die Zuteilung warten. Ihre Führer legten schriftliche Anweisungen vor, die Richtigkeit der angeforderten Mengen wurde überprüft und bestätigt, die Abholer an die Ausgabe verwiesen. Soldaten fuhren die Rationen auf Karren heran, sie wurden gezählt, abgenommen und die Übernahme quittiert. In abgeteilten Glasbüros saßen weißbekittelte Zahlmeister inmitten riesiger Lagerhallen, sie überwachten und prüften, was Untergebene hin- und herbewegten. Preußische Genauigkeit wie seit eh und je und keine merkbare Erregung, da die Vorstellung, Herr über Dinge zu sein, die jeder benötigte, ein Gefühl von Sicherheit hervorrief.

Das Gehirn eines Inspekteurs registriert automatisch, wo etwas vorgespielt wird, wo nicht. Hier war es nicht der Fall. Wir wurden an den Hallen vorbei zum Büro des Chefs geführt und waren nicht erstaunt, als der Stabsintendant friedensmäßig Meldung erstattete. Auch er schien nicht sonderlich darüber überrascht, daß das Wehrmachtsverwaltungsamt seine Bestände kontrollierte; denn er hatte die fälligen Meldungen seit zwei Wochen einbehalten, weil er nicht wußte, wohin sie zu schicken waren. Und eine solche Verzögerung mußte in einer ordnungsgemäß verlaufenden Verwaltung eine Inspektion als Konsequenz nach sich ziehen.

Er hatte die Fenster des Zimmers weit geöffnet, um Sonne hereinzulassen. Aus der Ferne hörte man Abschüsse und Einschläge und nicht weit entfernt, niemals abreißend, das Geräusch fahrender Kolonnen. „Die große Straße liegt jenseits des Wäldchens", sagte er, die Belästigung von draußen gleichsam entschuldigend.

„Sie verfügen über etwa fünf Millionen Portionen Mundverpflegung?" fragte ich. Er drückte auf einen Knopf und erwiderte: „Ich kann lediglich die Zahlen von gestern abend angeben; was heute herausging, wird erst nach Ausgabeschluß zusammengerechnet." Eine Ordonnanz reichte die Liste herein. „Knapp 4,8 Millionen", las er, „wenn ich abrunden darf." „Sie haben Geleisanschluß. Gibt es irgendeine Möglichkeit, Waggons mit Verpflegung nach Berlin zu bringen?" Er verneinte; die Strecke über Potsdam sei zerstört; es stünden noch fünf entladene Waggons auf den Geleisen, die man nicht mehr habe wegbringen können.

„Wie steht's mit Lkw's?" „Sie mußten nach Berlin abgegeben werden." „Haben Sie Telephonverbindung mit einer anderen Dienststelle?" „Seit einer Reihe von Tagen nur noch mit dem Verpflegungslager in Potsdam, jetzt ist sie gestört, weil dort angeblich gekämpft wird."

Wie er denn seine Sachen loswerde? Man müsse schon kommen und sie holen.

Und schließlich, was er seinen Leuten befohlen habe? Er antwortete kurz: Weitermachen wie bisher."

Dieser Befehl wurde offenbar befolgt. So sehr wir enttäuscht waren, daß der hier lagernde Reichtum nicht nach Berlin gebracht und, mangels Bevölkerung hier, auch nicht an diese abgegeben werden konnte, so sehr zeigten wir ihm doch unsere Befriedigung über sein Verhalten.

Ich unterrichtete ihn über die Lage in Berlin und über das, was er zu erwarten habe. „Die einzige noch halbwegs offene Straße aus Berlin heraus ist die, deren Verkehrslärm zu uns herüberdringt."

In ein oder zwei Tagen würde sie irgendwo von den Russen besetzt werden. Dann sei der Sack um Berlin geschlossen. Ob sein Amt sich innerhalb oder außerhalb des Sackes befinden werde, könne man nicht voraussagen. Es sei auch gleichgültig; denn anschließend würde doch der gesamte Raum besetzt werden. Für ihn bedeute dies, und dies sei ein Befehl an ihn: „Heraus noch mit möglichst großen Lebensmittelmengen!"' Jeder, der vorbeikäme und verlange - ja, man solle darauf direkt hinweisen -, ob Militär oder Zivil, Frau oder Mann, müsse mit den besten Dingen versorgt werden. Keine Quittungen verlangen; denn die könne der Russe nicht lesen. Aber Fixigkeit - Fixigkeit sei das Gebot der Stunde und Dauerwurst die beste Reserve auf langer Flucht.

Er und seine Leute sollten bleiben; angesichts des Paradieses, an das sie zwar sonst nicht glaubten, würden den Russen die Augen übergehen und in ihrer Freude über die unerwartete Beute würden sie die dazugehörenden Gefangenen voraussichtlich gut behandeln und bei der Bestandsaufnahme benötigen. Denn hier wäre es mit der Freiheit zu plündern schnell vorbei, deutsches Heeresgut - russisches Heeresgut.

„Nicht sprengen?" fragte er abschließend. Ich überlegte kurz: Vernichten? Was hier erhalten bleibt, verhilft vielleicht irgendwo einer Zivilbevölkerung dazu, daß ihr Lebensmittel nicht weggenommen werden. Also auch hier nicht zerstören. Ich beschied : „Nein, wenn Sie die Hallen sprengen lassen, müssen Sie mit Ihren Leuten sofort in die Wälder. Wahrscheinlich sind die Russen besonders ungnädig, wenn sie das Mehl nicht verbacken, sondern verbrannt vorfinden. Erinnere mich an ähnliche Situationen mit umgekehrten Vorzeichen. Ihre Aussichten sind am günstigsten, wenn Sie hier sozusagen als sorgliche Hausväter gefangengenommen werden."

Und in schnellem Rückerinnern an das in Marquardt Gesehene fragte ich abschließend: „Haben Sie Alkohol?" „Nein", erwiderte er fast bedächtig und überlegend, „nur Flaschen mit Öl und Essig." „Na, dann stellen Sie den Essig vornehin", sagte ich.

Das Problem war erledigt, wir mußten nach Berlin zurück. Der Intendant führte uns, sichtlich stolz, aber doch nach unserem Besuche wehmütig, durch eine der Hallen. Auf Rosten lagen die Säcke mit Mehl und Nudeln oder Reis, jede Schicht quer über die untere gelegt bis Mannshöhe; ein Block neben dem anderen und mit einem Meter Abstand, damit sie Luft hatten und man sie kontrollieren konnte.

Der Intendant war aus dem Ruhrgebiet; er sagte „Glückauf", und wir fuhren, ohne an dem ungewöhnlichen Gruß dienstlich Anstoß zu nehmen, an. Denn auch wir hatten einen Stoßseufzer auf den Lippen: „Wenn es geht, lieber Gott, laß uns ohne Panne nach Berlin."

Meine Prophezeiung dem Intendanten gegenüber erwies sich als falsch; fünf oder sechs Stunden später, wir mochten kurz vorher in die Reichskanzlei zurückgekehrt sein, befanden sich die Russen schon im Besitz dieser Stätte der Ordnung.

Es schien fast unmöglich, auf die große Chaussee zu gelangen und dort gegen den Strom zu fahren. Irgendwie ausweichen wollten und konnten die selbst von hinten geschobenen Flüchtenden nicht, das Aufsetzen eines Kommandeurstanders machte auf niemanden Eindruck. Schließlich war es die Fahrkunst Müllers, die uns weiterbrachte. Er verstand es mehrfach, den Wagen recht nachdrücklich auf Geländegängigkeit zu testen, beanspruchte ihn auf das äußerste, und dieser versagte sich uns nicht. Müller holte aus ihm heraus, was er hergab, und er gab alles her, was uns zurückbrachte. Alle, denen wir in die Quere kommen und die wir zu Ausweichmanövern veranlassen mußten, erregten sich über die Blödsinnigen, die jetzt, ausgerechnet jetzt noch nach Berlin hinein statt von Berlin weg wollten. Jedoch ließen uns die Kernsprüche, die man uns zubrüllte, wesentlich kühler als die Beschimpfungen am Morgen bei unserer Herausfahrt.
Bis Potsdam hin wurden wir auf der Straße von Fliegern merkwürdig wenig behelligt, obgleich es nicht leicht ein günstigeres Objekt zum Einüben von Jungfliegern geben mochte als diese ungeschützten Kolonnen; auch Erdbeschuß kam nur sporadisch und eher zufällig.
Dagegen lag Potsdam, das wir gegen Mittag wieder erreichten, im Feuer schwerer Artillerie. Gerade als wir an der Garnisonkirche vorbeifuhren, brachen aus ihrem bereits geborstenen Turm erneut schwere Mauerstücke. Mir war so, vielleicht aber war es nur phantastischer Ausfluß einer tiefen Trauer über die hier in Erscheinung tretende völlige Vernichtung Preußens, als spiele das Glockenspiel. Aber ein „Lobe den Herren" und „Üb' immer Treu..." in diesen, in solchen Wochen? Jetzt noch?
Im unsicheren Schutze einer Mauer wagten wir es, den Wagen abzustellen; wir wollten erkunden, was aus dem Verpflegungsamt Potsdam geworden war. Es war nicht einfach, zum Havelufer hinunterzukommen; das Amt lag etwa hundert Meter entfernt jenseits des Flusses, in seiner ganzen Ausdehnung in dichten schweren Qualm gehüllt und allenthalben brennend.
Der Russe schoß hinein und herüber; es wurde gekämpft. So blieb nichts mehr zu suchen, und gab es nichts mehr zu finden. Wir wußten Bescheid, zogen die Köpfe ein und strebten mit „Sprung auf" und „Volle Deckung" wieder zu unserem Wagen zurück, dem gleichfalls nichts widerfahren war. Von Potsdam ging es dann zunächst schneller; wir sahen und hörten, daß sich vor uns über Berlin etwas Schwe-

res zusammenbraute. Geschwader schwerer sowjetischer Kampfflieger waren in der Luft und flogen nur an 1000 Meter hoch, fast unbehindert durch unsere Abwehr.
Drei weinende Mädchen stoppten in der Nähe der Glienicker Brücke unser Militärfahrzeug und baten flehentlich, in die Stadt hinein mitgenommen zu werden. Wie die anderen, zwischen denen wir den Tag verbracht hatten, hatten auch sie sich auf den Weg aus Berlin gemacht, aber angesichts des Durcheinanders und nackten Existenzkampfes den Mut verloren. Nun strebten sie wieder zu den Eltern zurück. Sie wohnten irgendwo in der Stadtmitte und waren durchaus ansehnlich von Gestalt. Wir rieten ihnen, während sie im Fond des Wagens kauerten, sich dieser Ansehnlichkeit baldmöglichst zu entledigen und sich zunächst einmal, bis das Schlimmste vorbei sei, einige Lebensjahrzehnte anzustricken. Auch sei es besser, nichts von dem zu zeigen, was sie jetzt zeigten. Unsere antikosmetischen Ratschläge vermochten sie zu erheitern. Wir setzten sie heimatnahe einigermaßen getröstet ab und, da wir uns in einem gewissen zeitlichen Vorgriff bereits als Tugendretter fühlten, küßten wir ihnen zum Abschied nicht ausgerechnet die Hand.
Dabei war die Rückfahrt in ihrem letzten Stück nicht so glatt verlaufen, wie sie sich noch bei Potsdam anzulassen schien. Nur wenige Wagen, auf die die Beobachter sich konzentrieren konnten, fuhren in gleicher Richtung, und so hatten wir zunächst drei, dann fünf neugierige Flieger als Begleiter über uns. Wir fühlten uns wie durch Ferngläser begutachtet und krochen mit den Schädeln geradezu in die Stahlhelme hinein. Ein besseres Objekt für Zielübungen mit einem Bord-MG oder handsamen Bomben gab es weit und breit nicht. Wider Erwarten nahmen sich die Russen nicht Zeit für ein kleines Spiel mit uns, obgleich die Straße sich weithin lang und gerade erstreckte. Unter dem Druck von oben fuhren wir mit Höchstgeschwindigkeit, wobei sich angesichts der dicht an dicht gesetzten Straßenverwerfungen Müllers Reaktionsgeschwindigkeit und Ausweichfreudigkeit mehrfach als lebenserhaltend erwies.
Hingerichtete, in Zivilkleidern oder Uniformen, waren dennoch nicht zu übersehen. Sie hingen an zerissenen Barrikaden oder Masten und trugen ein Plakat mit handgeschriebenem Urteil vor der Brust; ihr Kopf war schief zu einer Schulter hin geneigt, während der Hals durch den Strick in die Länge gezogen war. Aber Abschreckung half nicht mehr viel, wenn die Sperren doch schon zerstört und die vielerlei Gewehrarten nicht brauchbar waren. - Die Flieger über uns bogen ab, als wir im letzten Anlauf in die Kurve gingen und in die Einfahrt der Reichskanzlei einschlüpften. Dort hatten sie schon ungeduldig

gewartet und den Operationssaal vorbereitet. Als ich gegen Abend den im Augenblick letzten Verwundeten versorgt hatte, versuchte ich Fegelein zu erreichen, um ihm den Mißerfolg unserer Aktion zu melden. Es war nicht mehr möglich. Was ihn, den Verbindungsmann Himmlers zu Hitler, verdächtig gemacht hatte, durfte nicht mehr zu klären sein. Jedenfalls war er aus der Reichskanzlei verschwunden und als man ihn in seiner Wohnung suchte und fand, steckte er in Zivilkleidern und hatte eine größere Geldsumme bei sich. Dies verstärkte den Verdacht, daß er fliehen wollte und hohe SD-Führer brachten ihn als Gefangenen in die Reichskanzkei zu Hitler, der ihn sofort selbst zum Tode verurteilte. Nun war er in Henkers Hand und wurde wenig später erschossen.

Der Henker? Es gab ihn auch hier -, ob er sich selbst dazu ernannt hatte oder von irgendeinem Rachegott zum Dienst in die Reichskanzlei abgestellt worden war, weiß ich nicht. Jedoch zeigte er sich unter einer Gestalt, in der man sich seit eh und je einen Henker vorstellt. Ich sah ihn einen Luftwaffenhauptmann abführen, der, angeblich auf der Flucht ergriffen, im Gefechtsstand vor ein Standgericht gestellt und wegen Feigheit vor dem Feind zum Tode verurteilt worden war. Der Henker stieß, als ich draußen vorbeiging, soeben die Tür des von Tabakqualm vernebelten und mit Menschen dicht gefüllten Raumes auf, in dessen einer Ecke das Gericht so schnell das Urteil gesprochen, wie es sich zusammengefunden hatte, und zog einen bleichen, willenlosen Mann hinter sich her, dem Schulterstücke und Kragenlitzen abgerissen worden waren. Er drängte sich und ihn roh durch die Menge, die den Gang füllte und offenbar nichts begriff, schob ihn dann die Treppe hinauf, die in den Park führte und auf welcher auch die Gefallenen hinausgetragen wurden, um ihn draußen abzuknallen.
Entweder war er einäugig oder er schielte entsetzlich, jedenfalls schien mir, als hätte ich niemals einen Menschen mit grausamerem Blick gesehen. Der braune Ledermantel, der eine gedrungene Gestalt mit Bauchansatz umgab, glänzte speckig, und eine Art von Tiroler Hut mit kleiner Krempe saß schief auf einem derben, breiten, brutalen Kopf; die Mienen schienen zu einer Art befriedigten Grinsens erstarrt. An einer breiten Lederkoppel hing die schwere Revolvertasche, und über der linken Schulter trug er als zweites Utensil seines bösen Handwerks einen verschlungenen Strick. Er stapfte durch die Menge, die ihm fast gebannt auswich, ohne nach rechts oder links zu sehen, aber auch ohne den Kopf zu senken. Denn er waltete seines „Amtes“ und richtete offenbar mit Vergnügen oder sadistischer Lust Menschen, die ihm Kellertribunale als Opfer vorwarfen. Beim Anblick dieses

Töters, der nicht Gevatter war oder Sensenmann, sondern ekelhaftes Fleisch und Blut und Rollkommando, gefror jedem, den er beiseite stieß, das Herz; doch niemand wagte, ihn zurückzuhalten - auch ich nicht. Obgleich ich nicht wollte, daß noch einer starb, ließ ich's doch zu. Es rührte mich, ganz sonderbarerweise, eher wie ein Gruselstück an, in dem man Angst aussteht, aber nicht eingreift. Was aus dem Henker schließlich wurde, weiß ich nicht. Ich sah ihn nur jenes einzige Mal.

Ehe ich aber über die weiteren achtundvierzig Stunden berichte, die der Reichskanzlei und damit dem Kriege noch vorbehalten blieben, will ich über meine letzte Amtshandlung als Ernährungsinspekteur berichten, welche genau so improvisiert war wie die vorhergehenden und die wie jene dem Zweck diente, vorhandene Lebensmittel denen zu bewahren, die sie vor allem nötig hatten. Heute kann ich mich gar nicht mehr erinnern, auf welchen Wegen ich wiederum Kenntnis von Maßnahmen bekam, die, wie ich glaubte, mein Eingreifen unbedingt erforderlich machten. Sicher ist, daß ich ganz gut unterrichtet wurde, besonders dann, wenn es irgendwie nach Übergriff oder Fehlverhalten aussah, das in Panikstimmung seinen Ursprung hatte. So auch in dem Fall, an dessen Datum ich mich nicht mehr recht erinnere, auf dessen Eintreten ich aber von Eintritt der Situation „Clausewitz" an mit einer gewissen Sorge gewartet hatte. Wahrscheinlich handelte es sich um den Tag nach unserer Potsdamer Fahrt, also den 29. April. Es hieß, am Nachmittag werde im Rathaus an der Lietzenburger Straße eine Sitzung einer städtischen Ernährungskommission mit Militärs über die Frage der Beschlagnahme der zivilen Verpflegungsdepots stattfinden. Höhere Offiziere beanspruchten angeblich alle verfügbaren Lebensmittel für die Truppe, die sie brauche, um weiterkämpfen zu können, weshalb die Zivilbevölkerung, für deren Rettung ja gekämpft werde, zurückstehen müsse, bis der Kampf entschieden sei. Solche Redensarten hatte ich seit 1939 hören müssen; sie hatten mich nie überzeugt und, in diesem Augenblicke vorgebracht, bedeuteten sie nichts anderes als Beraubung der Menschen in Kellern und Bunkern um das Letzte, das wenig genug war. Zudem aber mußten nach der Stunde Null die dann etwa noch vorhandenen Bestände den Russen als rechtmäßige militärische Kampfbeute zufallen, auf welche noch amtierende oder wieder tätige Zivil-Behörden nicht einmal den Schein eines Anspruchs erheben konnten.
Ich beschloß, mich als ungebetener Gast in die Verhandlungen einzumischen. Müller und ich machten uns auf den Weg, nochmals mit

unserem unverwüstlichen Mercedes, den ich bei dieser Gelegenheit zum letzten Male bestieg und überhaupt sah. Die Lietzenburger Straße und ihre Umgebung kannte ich recht gut, da ich in einem Hause nahe dem Olivaer Platz bis zu den großen Angriffen des Jahres 1943 ein Zimmer bewohnt hatte. Dieses hatte ich, nachdem das Haus in mehreren Schüben ausgebrannt war, schließlich mit einem Kellerraum tauschen können, in welchem ich ein eisernes Bett installierte. Dieser Keller hatte zuvor als Kohlenkeller gedient und war von anderen durch Lattenverschläge getrennt. Man konnte ihn mit einem Vorhängeschloß verschließen, ihn aber dennoch jederzeit betreten, da die Latten beweglich waren. Lag ich auf diesem Eisenbett, in dem keinerlei Matratze oder Wäsche, sondern lediglich ein Rahmen aus Drahtgeflecht Stütze ohne Wärme bot, auf dem Rücken, so sah ich bei gutem Wetter Sterne und manchmal den Mond; bei schlechtem hingegen legte ich mich auf den Bauch und versuchte, den Wassern zu wehren, die komischerweise vom Rücken nicht so unangenehm empfunden werden wie von der Vorderseite. Auch die Verschläge rings umher waren von vormaligen Bevohnern der Obergeschosse besetzt, die insgesamt das Rattendasein ganz gut vertrugen und bei Alarm schnell in den Luftschutzkeller des Hauses fanden. Die Wohnhäuser des ganzen Viertels um den Olivaer Platz waren durchweg schwer mitgenommen. Das breitgelagerte Rathaus aber, schräg gegenüber einem großen Bunker gelegen und von der Straße etwas abgesetzt, hatte bis zurn letzten Kriegstage kaum etwas abbekommen. Mehrere Stufen einer Freitreppe führten in die Halle des Erdgeschosses. Hier draußen, in meiner alten Heimat, war es wieder einmal recht ruhig, was Müller veranlaßte, friedensmäßig mit einer eleganten Volte vorzufahren und direkt vor dem Hauptportal anzuhalten. Wir rückten die Koppel über den Feldblusen zurecht, tauschten die Stahlhelme mit den Mützen und stiegen die Stufen empor. Kaum ein Mensch weit und breit, aber vor dem Eingang zwei Männer in Zivilkleidern und mit weißer Armbinde als Wache. Jeder trug ein Gewehr über der Schulter, dessen Lauf zu Boden zeigte, während der Kolben schräg nach hinten oben ausschlug - degenerierte Volkssturmmänner, welche an die Armierten des November 1918 erinnerten? In revolutionärer Form auch der an uns gerichtete Gruß, Wir sollten uns wegscheren, Soldaten und überhaupt solche der SS hätten hier nichts mehr zu suchen. Die Bürgerwehr habe die Macht übernommen, und dieses Haus gehöre dem Volke. Einer faßte mich am Arm und bemühte sich, mich zum Wagen zu geleiten. Mit dem zweiten befand sich Müller, dessen Gesicht ob solch ungewohnter Anrede eine krebsrote Farbe angenommen hatte, bereits im Handgemenge, in welchem er zu obsiegen schien; denn ein Ge-

wehr auf dem Rücken pflegt in solchen Fällen mehr hinderlich als waffentechnisch hilfreich zu sein. Müller war bereits drauf und dran, seine Pistole zu benutzen. Dabei sah man den beiden hektisch erregten Männern an, daß sie im Grunde nur verhalten tapfer waren und darüber fluchten, daß gerade sie in einem Augenblick Wache schieben mußten, der voller Unannehmlichkeiten war. Ich griff mir Müller und hieß ihn die Pistole einstecken; wir drängten die beiden zur Seite, wobei ich sagte: „Es ist töricht, Kinder, Leute nicht einlassen zu wollen, die zu Hilfe kommen", und dann energisch: „Wo ist die Sitzung?" Der Widerstand war gebrochen; einer gab Bescheid. Wir stiegen auf einer ungemein prächtigen, breiten Treppe zum ersten Stock hinauf, wo wir hinter einer Tür lebhafte und erregte Stimmen vernahmen. Ohne weitere Formalitäten öffneten wir und sahen zwei Gruppen von Männern vor uns, eine in Uniform, eine in Zivil. Sie hatten ersichtlich völlig verschiedene Ansichten über die gleiche Sache und äußerten sie laut, teils mit demonstrativen und beschwörenden, teils mit imperativen Gesten. Als nun zwei Männer in Uniformen der Waffen-SS zu ihnen traten, erschraken die Zivilpersonen offensichtlich in tiefstem Herzensgrunde, während die Militärs erleichtert schienen und ihre Position gestärkt fühlten. Ich wies mich als Ernährungsinspekteur der Wehrmacht aus und beanspruchte in dieser Eigenschaft die Entscheidung in der behandelten Frage. Wir ließen uns an einem langen Tisch, zu dem es den Kreis der Versammelten bisher offenbar noch nicht gezogen hatte, nieder, und die Parteien setzten mir die Forderungen und die Gründe für deren Ablehnung auseinander.
Die Forderungen waren nicht sehr überzeugend; denn die Offiziere konnten nichts anderes anführen, als daß ihre Männer länger kämpfen könnten, wenn sie bis zum letzten Augenblick gut versorgt blieben. Doch kam es auf die Dauer des Kampfes nicht mehr an, sondern nur noch auf seine Aussichten. Und wenn diese nicht gut waren, das heißt nicht zu einem Entsatz Berlins führten, dann wurde die Dauer der Kämpfe ziemlich gleichgültig - im Gegenteil, dann war das schnelle Ende besser als ein langsames. Noch aber hing der Befehl „Verteidigung bis zum letzten Atemzug" über allen, noch galt es als frevelhaft und todeswürdig, etwas anderes als einen glücklichen Ausgang der Schlacht in Erwägung zu ziehen, noch konnten aus dieser Situation heraus die Forderungen der kämpfenden Verteidiger durchgesetzt werden. Jeder Widersprechende war Defätist und mußte als solcher gerichtet werden; wer sich aber einem Defätisten fügte, hätte sich als Feigling gezeigt und das Schicksal mit ihm teilen müssen. Ich sah in die Runde. Keiner, der nicht durch Überstandenes gezeichnet war, keiner wohl, der nicht an seinem Platze bemüht gewesen war,

Unheil, wie er es sah, zu vermeiden und vielleicht niemand, der nicht im Grunde des Herzens von der Aussichtslosigkeit aller Anstrengungen überzeugt war. Ich selbst, durch meine Uniform am wenigsten gefährdet, ja geradezu zum Träger des Tabus abgestempelt, entschied: „Es bleibt wie es ist. Die Truppe soll die zivilen Verpflegungsdepots nicht übernehmen. Es entspricht dem Willen des Führers, daß die tapfere Zivilbevölkerung, welche die Gefahren der Entscheidungsschlacht mit der Truppe teilt, dieser gegenüber nicht benachteiligt wird."
Erleichterung bei den Verwaltungsbeamten, Entgegennahme des Befehls durch die Offiziere. - Ich weiß bis zum heutigen Tage nicht, ob es sich bei denjenigen, welche sich als zivile Bevollmächtigte ausgaben, um Angehörige der bisherigen Verwaltung handelte oder bereits um solche einer neuinstallierten. Denn die sonderbar kostümierten Wachen standen ja nicht von ungefähr am Rathaustor. Dennoch war ich nicht unzufrieden mit mir, als wir zurückfuhren.

Der Flugplatz Tempelhof war inzwischen verlorengegangen. Göring hatte einen Funkspruch an Hitler gerichtet, daß er nunmehr die oberste Gewalt im Reich übernommen habe, nachdem der Führer, in Berlin eingeschlossen, nicht mehr voll handlungsfähig sei. Dieser hatte im Jahre 1939 in einer Rede, die den Krieg ankündigte, den Übergang der Macht auf Göring in einem solchen Falle zwar vorgesehen, erblickte aber in diesem Augenblick, als der Anspruch erhoben und er von Bormann angeblich aufgereizt wurde, nur Hochverrat in ihm, enthob den Reichsmarschall aller Ämter und ließ ihn durch Waffen-SS in den Alpen verfolgen und verhaften. Der sofort zum Nachfolger ernannte und in das Hauptquartier befohlene Generaloberst von Greim mußte deshalb, von der Fliegerin Hanna Reitsch eingeflogen, auf der Ost-West-Achse im Tiergarten landen. Er gelangte, am Bein verwundet, in die Reichskanzlei - das war an dem Tage, an welchem ich nach Potsdam gefahren war. Stumpfegger versorgte ihn im Führerbunker, und am folgenden Tage flog er wieder aus, um sich wenige Tage später dann selbst das Leben zu nehmen. Sein Flugzeug war das letzte, das Berlin überhaupt verließ. Der Tiergarten war von Granaten verwüstet, die dort stehenden Batterien zusammengeschossen, die einst so prächtige Paradestraße, die zu guter Letzt als Startbahn diente, voller Granat- und Bombentrichter und bald auch von den Russen besetzt. Diese sollten von dorther nunmehr auf 500 oder 1000 Meter an die Reichskanzlei herangekommen sein. Wie es um das Luftfahrtministerium stand, war nicht bekannt. Himmlers Hauptquartier, das Prinz-Heinrich-Palais in der Anhalter Straße, sollte verloren sein. Dieser selbst war, wie die Gerüchte wissen wollten, ebenfalls abgesetzt und aus der Partei ausgestoßen worden, da er hinter dem Rücken Hitlers über eine Kapitulation mit den Engländern verhandelt habe. Der Gauleiter von Breslau, Hanke, sei zu seinem Nachfolger ernannt worden. Dann wurde gemunkelt, die Offiziere der „Leibstandarte" seien degradiert worden; diese selbst habe alle Auszeichnungen und Ehrungen verloren, weil durch ihre Schuld Wien aufgegeben worden sei. Erbittert fragten sich die Sachverständigen, wie eine völlig ausgeblutete und dezimierte Truppe denn eine Großstadt hätte halten sollen. Tapfer genug und bis zur letzten Möglichkeit sei gekämpft worden - jeder erkenne das an, nur Hitler nicht.

Der eingeschlossene Hitler schien in seinem Bunker etwas von einem in die Enge getriebenen Wolf angenommen zu haben und sich in einem Rausch des Vernichtens zu gefallen, wenn auch die Selbstzerfleischung nach der Erschießung Fegeleins vor dem innersten Kreise der Verbliebenen zunächst offenbar Halt machte.

Die Einsicht in die Wirklichkeit schien ihn allmählich zu verlassen, wenn sie auch für Stunden vulkanisch und unheilvoll zum Durchbruch kam, aber, ob einsichtsvoll oder nicht, er lebte an den Grenzen seiner Existenz; gleich, ob er sich in den ihn umfangenden Bunker fügte oder ihn zu sprengen suchte, er war ja bereits eingemauert. Welcher Eingemauerte rast nicht irgendwann!

Wahrscheinlich waren wir alle nicht mehr einsichtig -, auch wenn wir glaubten, bei einigermaßen klarem Verstande geblieben zu sein. Im Augenblick eines tödlichen Zusammenbruchs empfindet nicht einmal derjenige, der ihn herbeiführte und einem höllischen Ende entgegensieht, nur Angst und Entsetzen; er vergeht vielmehr in einem Taumel widerstreitender Empfindungen, in welche sich durchaus auch Lust, Schadenfreude und böses Machtgefühl einmischen. Gezeichnete mögen im Augenblick ihres Endes heiter aussehen, und die deutschen Kriegsgefangenen in Rußland, über welche nach langem Leiden schließlich die Todesstrafe oder lebenslängliche Haft verhängt wurde, lachten nach dem Urteil einer wie der andere. Von daher gewinne ich Verständnis für die letzte zwiespältige Verzweiflung jenes Hitlers.

In der Reichskanzlei, in den Bunkern und in Tausenden von Kellern, in welchen nur mehr vegetiert und gestorben wurde, - in Trümmern, über welchen sich Brandwolken und Stäube so verdichteten, daß das Atmen fast unmöglich wurde, - in fast nächtlicher Dunkelheit zu Mittag, aus der fahlgelb die Blitze der Einschläge emporzuckten, - in Gestank, Verwesung, Durst und Hunger erstarb darum trotz Todesangst und Seelenlähmung jene substanzlose Hoffnung niemals, welche Gerüchte zeugt, von denen sie wiederum lebt, und Gerede unter

die Masse bringt, das einen Anschein von Wahrheit vortäuscht. Gerede und Gerüchte haben ihre Tage und Hintergründe. Jene verstreichen, diese wandeln sich, und das in den Wind gesprochene Wort verfliegt mit ihnen. So führen sie ihr eigenes Leben mit Entstehen, Reifen und Vergehen und besitzen auch eine eigene Kraft, Glaubende zu erheben ocler vollends niederzustrecken.
Das recht beständige Gerücht, das die Entsetzung Berlins durch die Armee Wenck betraf, war nicht so gewichtlos wie andere; es hatte einen durchaus realen Hintergrund, auch wenn Goebbels diesem kräftigere Farben gab, als es verdiente. Es hieß nämlich, unter der Führung des Generals Wenck sei eine unverbrauchte und bisher in Reserve gehaltene deutsche Armee ostwärts der Elbe zum Sturm in Richtung Berlin angetreten; sie habe sich in heldenhaftem Anlauf bereits bis nahe Potsdam vorgearbeitet. Es sei nur eine Frage der Zeit, bis die dünne Kette ausgebluteter sowjetischer Kräfte aufgesprengt und die Vereinigung der Angriffskräfte mit den aus Berlin nach Westen vorbrechenden deutschen Verteidigungstruppen gelungen sei. Das bedeute die Wendung. Die Nachricht wurde im Berliner „Panzerbären“ gleichsam mit Fanfaren hinausgespieen. Aber bereits nach zwei Tagen wurde es ruhiger, und schließlich sprach der in nur wenigen hektographierten Exemplaren verteilte Heeresbericht von schweren Kämpfen in den Wäldern und von blutigen Verlusten der Russen. Der Entlastungsangriff war steckengeblieben. Wenck kam nicht; es gelang ihm jedoch, die Reste seiner Truppen über die Elbe zurückzuführen und in amerikanische Kriegsgefangenschaft zu bringen.
Das Mißlingen des Entsatzangriffes wurde schon mit Apathie zur Kenntnis genommen; auch die Wunderwaffen, über welche anscheinend immer wieder dosierte Meldungen von Mund zu Mund in Umlauf gebracht wurden, vermochten den Pulsschlag der Hörer nicht mehr höherzutreiben. Der Moment, in dem sie vernichtend eingesetzt werden würden, schien den in Kellern ermüdet Dahindämmernden bereits jenseits des Punktes „Null“ zu liegen, um welchen die Vorstellungen immer stärker kreisten. Versprengte Soldaten, die in die Keller stürzten, um sich der Uniform zu entledigen oder aber auch, um sich zu sammeln und nochmals herauszugehen, brachten widersprüchlichste Aussagen. Dort hatten Russen alle in einen Keller Gebannten mit ihren Maschinenpistolen erschossen, hier hatten sie die Männer getötet, die Frauen vergewaltigt und schließlich an einem dritten Ort Zigaretten verteilt, unbeholfen getröstet und „woina kaputt“ geschrieen, ehe sie kehrtmachten und wegstampften. Die Berichte mochten ihre Richtigkeit haben und hatten sie auch; sie mochten Hirngespinste sein und waren es auch. Sie hatten sämtlich die gleiche Auswirkung:

Ratlosigkeit, Todesangst, Lebensgier und in deren Folge eine neue Welle von Selbsttötungen, irren Zornausbrüchen und Ergebung in alles - in Unmenschlichkeit und Allmenschlichkeit.

In den unendlich vielen Zellen, in die Berlin aufgeteilt war, mochte sich weithin ähnliches abspielen wie in der Reichskanzlei; denn die Empfindungen waren überall die gleichen und die schweifenden Vorstellungen ergingen sich allenthalben auf ähnlichen Bahnen. Doch mochten die Hoffnungen unterschiedlich sein; die einen sahen das Ende, andere einen Anfang vor sich. Etwas unbeschreibbar Zwiespältiges schied die Menschen bereits, während sie noch unter dem gleichen Drucke bebten.

Die Soldaten in den Widerstandsnestern sahen sich von hinten und oben beschossen, aus Häusern, die sie noch in deutschem Besitz wähnten. Sie glaubten Männer in deutschen Uniformen als Schützen erkannt zu haben. Sogleich hieß es in der Reichskanzlei, die Russen hätten deutsche Gefangene aus der Verräterarmee von Seydlitz in den Kampf geworfen, um die Verteidiger zu verwirren. Und von diesem Augenblick an wurde alles noch unsicherer als zuvor; der letzte Zusammenhalt brach. Überall Russen und ihre Hilfstruppen: Letten, Kalmücken, Deutsche - und die Verteidiger: Heer, Waffen-SS, Franzosen, Wallonen, Dänen, Flamen, Litauer, von Abtrünnigen umringt.

Ein Rattenkrieg hub an, oberirdisch in Ruinen, um Häuser, auf Straßen und unterirdisch in den U-Bahn-Schächten und in der Kanalisation. Wer sich begegnete, zerfetzte sich; Eigene gerieten an Eigene, Fremde an Fremde. Es gab kein Licht, sie erkannten einander nicht mehr, nicht einmal mehr an rauhen Rufen, aber sie schossen, um selbst nicht abgeschossen zu werden. Tote und Blessierte blieben liegen, wo sie abgeknallt worden waren, die noch Lebenden hetzten über Straßen, sprangen in Gänge und Keller, tasteten sich durch Gemäuer, hasteten hintereinander her, um wenigstens den einen oder die wenigen nicht zu verlieren, die sie als Kameraden hatten und kannten. Der Kampfgeist der so furchtbar Beanspruchten pervertierte, und darin lag dann auch das Ende; von der Klimax stürzten sie hinab in äußerste körperliche und seelische Entleerung, in der sie sich ergaben und töten oder gefangennehmen ließen.

Die Russen hatten fast die ganze Stadt Berlin eingenommen und begannen an der Peripherie bereits, sich einzurichten. Die Berliner, über die der Krieg hinweggegangen war, tasteten sich vorsichtig sichernd an das Licht, sich zunächst nur daran erfreuend, daß die Sonne schien und die ständige Bedrohung durch Bomben und Granaten vorüber war. Sie erlebten neue Dinge, nicht wenige kamen dabei um, nicht wenige wurden geholt und verschleppt. Die Masse wartete und verwandte die verbliebene Energie an die Erhaltung des Lebens.

Auf Höfen wurden Kriegsgefangene gesammelt und bewacht; sie konnten Stunden liegen, ohne sich zu rühren und fast ohne an etwas zu denken als vielleicht an Wasser. - Sie waren ausgeschieden; schon an den Strand geworfen.

Aber der Krieg war noch da; er umfaßte nicht mehr als einen halben Quadratkilometer und glich nunmehr einem wilden Strudel, der immer noch Lebendes zerschrotete und in sich hineinsaugte. Er nannte sich Kampf um die Zitadelle; in der Mitte, in deren hohle Tiefe bisher keiner hineinsah, lag die Reichskanzlei. Hier machte die Schlacht noch keine Pause und auch keine mehr bis zur allerletzten. Die Russen zogen die freiwerdenden Geschütze nach und setzten sie gegen die Zitadelle ein. Die Gebäude lagen ununterbrochen unter schwerstem Feuer; alle Arbeit zu ebener Erde wurde aufgegeben; die Halle wurde zerstört, die Feldküchen gerieten unter stürzende Mauern; die Vorräte wurden verschüttet. Die Massen im Bunker versorgten sich, völlig ungeordnet, von den in der Nähe gelagerten Beständen. Jeder verteidigte und nahm, was er gerade erreichte, und zum Ausgleich von Unterschieden kam bald ein gewisser Tauschhandel in Gang. Die Betondecke zu unseren Häupten erbebte immer stärker, aber, da sie schon soviel ausgehalten hatte, glaubten wir uns weiterhin durch sie geschützt und trugen nicht Sorge, daß wir gleichsam schon in einem großen Sarg lebten. Der Boden und die Wände schwankten, wenn die Granaten seitlich in der Voßstraße oder im Park einschlugen und die Explosionswelle, von irgendwoher in den Bunker brechend, sich donnernd ausbreitete und Massen von Trümmerstaub hereinblies. Noch immer sickerten von irgendwoher Zivilisten ein; sie waren in gleicher Weise übermüdet wie die Masse, die nun schon sieben und mehr Tage hier verbrachte und sich stöhnend in die zunehmenden Widerwärtigkeiten fügte. Jeder wartete, und immer seltener fiel ein Wort zum Nebenmenschen, der ebenfalls nur wartete. Beschränkung auf die Erledigung lediglich der Bedürfnisse, sich ausbreitender Winterschlaf der Gefühle und Empfindungen, Warten auf das andere, das beim Steinzeitmenschen Sonne und Wärme brachte, diesen Eingeschlossenen aber etwas, nach dem sich nichts mehr denken ließ.

Wir hatten derweilen zu tun; der Strom der Verwundeten riß nicht ab; wir kamen mit der Versorgung nicht mehr nach. Narkose- und Betäubungsmittel waren noch nicht ausgegangen, aber wir konnten sie nur noch in dem Umfange einsetzen, daß sie eben linderten; die Instrumente konnten kaum oberflächlich desinfiziert und sterilisiert werden, und fast jeder Eingriff war Improvisation. Verbandswechsel war nicht mehr möglich; die Schwestern lockerten Verbände, wickelten alte

Binden neu, lösten mit warmem Wasser verklebte Wunden und wirkten wie Engel mit sanfter Hand und ermutigender Stimme. Wir wußten die Dreihundert, die draußen auf den Gängen wie in einem Koben eng an eng lagen, so gut versorgt, wie es vom Menschenherzen her nur möglich sein konnte.

Uns kamen auf dem Operationstisch indessen Dinge unter, die bisher allein dem Grabenkriege vorbehalten gewesen zu sein schienen. Als ich die Bekleidung eines Verwundeten aufschnitt, um an die Verletzung heranzukommen, zeigte sich der freigelegte Oberschenkel blaß und teigig aufgeschwollen. Ich tastete, und es knisterte mir unter den Fingern: Gasbrand - schon bis in die Weiche hinauf ließ sich das gebildete Gas zwischen den Muskeln verschieben. Der Mann lag mit blauen Lippen im tiefen Schock; er trug die Uniform des obersten Hitlerjugendführers von Berlin und war auf der Wilhelmstraße verwundet worden. Es hatte einige Stunden gedauert, bis es möglich gewesen war, ihn von dort zu uns zu bringen. Zum ersten Male stand ich einer Infektion gegenüber, die im ersten Weltkriege große Opfer gefordert hatte, aber im zweiten einigermaßen hatte beherrscht werden können. Was zu tun war, hatte ich gelesen. Ich brachte riesige Schnitte überall da an, wo ich Gas im Bindegewebe fand, und öffnete bis tief in die Muskeln hinein. Gasbranderreger wuchern in Wundtaschen unter Luftabschluß und vermehren sich dort. Eröffnet man diese breit, so daß der Luftsauerstoff Zutritt findet, dann kann das Wachstum der Bakterien gehemmt und der Mensch gerettet werden. Man muß grausam zuschneiden, und ich tat es. Haase war hinzugerufen worden und riet: „Mehr und weiter". Nach Eröffnung der erreichbaren Höhlen stäubte ich Marfanilpuder, das wichtige Sulfonamid der damaligen Kriegschirurgie für Wundhöhlen, in alle Falten und Ecken. Jedoch war das Werk vergeblich; die Muskeln selbst waren bereits braun und zundrig geworden; der Gasbrand griff um sich, und binnen weniger Stunden trat der Tod ein.

Ein junger Soldat mit derselben Infektion, ebenfalls von der Wilhelmstraße, kam wenig später und wurde in der gleichen rigorosen Weise behandelt. Er lebte, als ich zwei Tage später die Reichskanzlei verließ; vielleicht hat er das große Los gezogen.

Ich blieb fast dauernd an den Operationstisch gebannt; in weniger dichten Stunden konnte ich jedoch mit den Helferinnen Visite machen und dabei auch das Treiben auf den Gängen beobachten, das mir von Mal zu Mal gespenstischer und in dem Maße unwirklicher erschien, als in der Tragödie die Menschenmasse zum erstickten Chor wurde, vor dem wenige und schließlich kaum noch einzelne agierten.

Meine Aufmerksamkeit wurde durch diejenigen erweckt, die irgend-

wie handelten. Die militärische Zucht der geschlossen kämpfenden Einheiten lockerte sich bis zum letzten Tage nicht; Einsätze und Ablösungen nahmen ihren gehetzten, aber geordneten Gang. Wer in Reserve war, schlief vollbewaffnet tief und fest, sitzend oder liegend in dem freigehaltenen Gang nahe der Rampe. Im Kommandostand gab es nie Ruhe; dort wurde geplant, befohlen und geflucht. Melder kamen ein, liefen aus. Wenige Stellen waren noch mit Feldtelefon erreichbar. Erkundungsvorstöße wurden unternommen; der Russe schien manchmal in nächster Nähe, und man war auf einen Sturmangriff gefaßt, dann wurde er wieder fünfhundert Meter weit entfernt, jenseits Bahnhof „Stadtmitte" gemeldet. Die Ausgänge der Reichskanzlei, vor allem die Rampe, wurden gesichert. Trotz aller Sicherheitsvorkehrungen aber war die Kontrolle derjenigen, die einzeln ankamen, wenigstens im Bereich der neuen Gebäude, merkwürdig flüchtig; sie entsprach nicht einmal der, die während des Krieges in Ministerien durchgeführt worden war. Man beharrte in der Ansicht, daß diejenigen, die herkamen, Schutz suchten, und daß dieser ihnen gewährt werden müsse. Das war sicherlich recht getan, und meiner Überzeugung nach handelte man damit richhg.
Jedoch glaube ich, daß die in der Reichskanzlei Eingeschlossenen bereits von Russen beobachtet wurden.
Unter den Kampftruppen erschienen immer einmal wieder Angehörige der zusammengeschmolzenen Division „Charlemagne", sowie einer dänischen oder anderen verbündeten Gruppe, die sich an den Gefechtsstand hielten und von dort Befehle empfingen. Ich beobachtete aber an einem der letzten Apriltage zwei fremde Offiziere, die sich dicht aneinanderhielten und durch den Bunkergang drängten. In irgendeiner Weise, ohne daß ich feststellen konnte in welcher, waren sie unrichtig uniformiert. Lag es an den Schirmmützen, am Uniformgrau, das etwas zu dunkel war, am Koppelzeug, an Schnurrbärten oder am Gesichtsschnitt? Ich sah sie Offiziere und Parteileute taxieren, an denen sie sich vorbeischoben. Niemandem schienen sie aufzufallen. Ich behielt meine Vermutung, daß es Russen seien, bei mir; denn wem hätte, falls ich recht behielt, ihr Tod genutzt?
Merkwürdig war der letzte Überläufer des zweiten Weltkrieges. Auffällig in seiner erdfarbenen Uniform und vom Glück begünstigt, da er heil in der Zitadelle angekommen war, hockte verloren und ratlos ein sowjetischer Soldat neben den Unseren auf einem Treppenabsatz und rauchte die Zigarette, die man ihm gegeben hatte. Zunächst versuchten die Kollegen vom Kriegshandwerk, dann Zivilisten, sich mit ihm zu verständigen; aber sie hatten keinen Erfolg, irgendwelche Aussagen hatte er nicht machen können, Empfehlungen, ihn aufzuhängen,

hatten sich nicht durchgesetzt. Im Gegenteil, die meisten fühlten sich ihm verwandt und identifizierten sich mit dem „armen Schwein', das ihnen wie eine Kopie ihrer selbst erschien. Der Muschik wurde in die Zwangsgemeinschaft aufgenommen, nahm sich Verpflegung wie jeder andere, stellte sich an der Toilette an, verständigte sich mit Fingersprache und Urlauten und verschwand irgendwann in den Stunden der Auflösung aus unserem Gesichtskreis. Vielleicht hat er auch später noch Glück gehabt und seine unverständliche und jeder Vernunft Hohn sprechende Extratour nicht mit dem Leben bezahlen müssen, als er in die Arme von Mütterchen Sowjetunion zurückgeholt wurde und dieses ihn an sich drückte.

Hinter vorgehaltener Hand sprach sich die Nachricht von Mussolinis Ermordung herum. Auf welchem Wege sie bekanntgeworden war, kann ich ebenfalls nicht mehr sagen, aber man erzählte recht ausführlich, italienische Partisanen hätten ihn und seine Geliebte auf der Flucht in Norditalien ergriffen. Auf mehreren Lkw's habe er einen Schatz von Gold und Devisen bei sich gehabt. Während dieser weggeführt worden sei, habe das wilde Volk seinen Haß an dem ehemals geliebten Duce ausgelassen, ihn und die Frau mißhandelt, getötet, zerschlagen und zertrampelt. Mit den Köpfen nach unten seien beide an einem Laternenpfahl aufgehängt worden, und Rasende hätten sich nicht genug tun können, die Leichen zu schänden, zu bespeien und zu steinigen.

Diese Nachricht bewog vermutlich Hitler zu dem Entschluß, seinen Bunker nicht mehr als Lebender zu verlassen.

Noch immer drehten sich indessen die Soldaten wie Marionetten im Kreise des sinnlosen Kampfes; keiner hielt das Uhrwerk an und beschränkte die Zahl der Toten der letzten Stunde - selbst Hitler nicht, als er jetzt endlich die phantastische und fanatisch übersteigerte Hoffnung aufgab, seinen großen Krieg aus einem weniger als nichts heraus mit Hilfe einer ihm geneigten Vorsehung wenden zu können.

Am 29. April diktierte er sein Testament, in welchem er richtete, verdammte und lobte. Keinen seiner größten Paladine hielt er mehr für würdig, die Führung des Reiches in seiner Nachfolge zu übernehmen. Er stieß sie vielmehr aus Partei und Staat. Zum Nachfolger bestimmte er Großadmiral Dönitz, dem er zugleich die Minister verordnete. Er, gelähmt durch Widerstand und Unvermögen anderer, empfand sich als Opfer und brachte das Opfer; ihn würde man verfluchen, dem Deutschen Volke werde man die Zukunft stehlen, aber spätere Generationen würden den Kampf verstehen und zu würdigen wissen, den er gegen die Vormacht Judas habe führen müssen. Dies war in etwa seine letzte Lehre. Wir wußten nichts von dem, was sich an diesem Tage im Führerbunker begab, nichts davon, daß drei Offiziere den Befehl erhielten, den Riegel der Russen zu durchbrechen und eine Niederschrift des Testaments mit den entsprechenden Vollmachten zu Dönitz zu bringen. Es gelang ihnen, und sie waren die letzten, die zu berichten wußten, was in Berlin vor sich ging. Man vernahm, daß Dönitz die Übernahme der Regierungsgewalt bestätigt habe.

Im Bunker der Neuen Reichskanzlei herrschten jetzt chaotische Zustände; er war endgültig und vollkommen überfüllt. Im Unterdeck eines Sklavenschiffes, das von Afrika nach Amerika fuhr, mochten ähnliche Verhältnisse geherrscht haben. Die Peitschen der Aufseher und brutale Gewalt mochten dort für Tage Ordnung erzwingen, bis das Elend erneut überbrandete. Hier gab es untereinander keine Gewalt; denn niemand wollte durch Waffengebrauch übermächtig sein. Man beließ es bei Verwirrung und Elend, an denen zum gegenwärtigen Zeitpunkt niemand etwas zu ändern vermochte. Wer über sich hinausdachte, meinte, beide seien immer noch bessere Gevatter als Tod und Vernichtung.

Ein Mann, von dem ich bereits sprach, stemmte sich mit jener Autorität, die Sicherheit und Güte verleihen, gegen die stinkende Wirrnis, Kapitän Albrecht, einer der Adjutanten Hitlers.

Mir gegenüber ließ er in einer offenen Minute keinen Zweifel, daß er das Ende der Reichskanzlei und seines Führertraumes nicht überleben werde, aber ungleich seinem Herrn, dessen Schicksal er teilen wollte, glaubte er, daß auch nach Hitler Deutsche sein und leben würden. Nachdem er aus den für uns unzugänglichen Räumen der Reichskanzlei herbeigebracht, was irgendwie zur Verbesserung der Lage der Eingeschlossenen und Kranken beitragen konnte, und die dortigen Vorräte erschöpft hatte, blieb er als unermüdlich ordnender und schlichtender Geist unter uns. Niemals verlangte er Unmögliches, aber, wenn es möglich war, fügte man sich seinen Vorschlägen, und selbst die im Fegefeuer räsonierenden Helden aus glücklicheren Zeiten ließen sich zu Einschränkungen herbei, als er sie von ihnen forderte. Dies brachte einigen Raum mehr; Raum, der dringend benötigt wurde. Denn noch immer wurden weniger Tote herausgebracht, als Lebende in diese letzte Herberge einströmten. Einige kamen aus dem U-Bahn-Schacht in Todesangst geflüchtet und berichteten, daß dieser unter dem Landwehrkanal gesprengt worden sei. In einem Augenblick seien die Wasser bis zur Decke des Schachtes gestiegen; Tausende seien ertrunken, und die Leichen bedeckten weithin die Geleise, nachdem das Wasser sich verlaufen habe. Aber Wasser ströme noch immer ein. „Die größte Katastrophe, die größte Katastrophe", wimmerten sie entsetzt und verbreiteten Panik um sich.

Viele Monate später berichtete im Gefangenenlager ein Unteroffizier über das gleiche Ereignis. Er war im Tunnel gewesen, als die Flut hereinbrach, und nur deshalb nicht umgekommen, weil er sich zufällig an einem Ausstieg zur Straße befand. Dieser war zwar verschlossen, aber auf der zu ihm führenden Leiter war er bis zur obersten Sprosse hochgestiegen und hatte so das Gesicht über Wasser halten können. Fast einen Tag lang, meinte er, habe er an der Leiter gehangen, bis sich das Wasser allmählich verlief. Dann habe er sich durch Schlamm und Pfützen hindurch retten können, die Leichen von unzähligen Menschen, die wie Ratten ertrunken waren, hinter sich lassend. Der Mann war glaubwürdig, und dennoch scheint es sich, wie spätere Nachforschungen ergaben, um ein ins Maßlose gesteigertes Gerücht gehandelt zu haben. Ich selbst habe mich in der Nacht vom ersten zum zweiten Mai im schwärzesten Dunkel durch die angeblich noch überschwemmten Schächte vom U-Bahnhof Kaiserhof zum Bahnhof Friedrichstraße durchgetastet, zusammen mit Hunderten und an Tausenden vorbei, die auf den Steigen und zwischen den Geleisen lagen; sie waren warm, trocken und lebten. Keine Andeutung einer Katastrophe, nichts, das auf Tote hindeutete.

Jedoch will ich den Ereignissen nicht vorgreifen; noch befand ich mich in der Reichskanzlei, welche die Russen, nachdem sie fast die ganze Stadt besetzt hatten, enger und enger einkreisten. Wie ein Gärtner, der die Blumen in jeder Ecke des Gartens mit dem Schlauch gut bewässern will, legten sie den Schwerpunkt ihres Beschusses einmal auf das Luftfahrtministerium oder in die entgegengesetzte Richtung auf das Hotel Adlon am Brandenburger Tor, dann wieder auf die Villa Goebbels und unsere Zitadelle. So vernahmen wir das Trommelfeuer zeitweise fast piano, dann wieder fortissimo und furioso, aber immer „sostenuto".

Spät in der Nacht vom 29. zum 30. April - ich hatte mich auf mein Bett im „Fegefeuer" geworfen - weckte man mich; Haase stand vor mir und sagte, der Führer habe uns zu sich befohlen. Er wolle die im Operationssaal arbeitenden Ärzte und Schwestern sehen. Ich war keineswegs in einem ansehnlichen Zustande, als wir uns unter Führung von Haase, der den Weg kannte und den Posten bekannt war, aufmachten. Die beiden Schwestern hatten es verstanden, sich in unglaublich kurzer Zeit adrett zu machen. Ich jedoch war in meiner zerknitterten, verschwitzten und verknautschten Felduniform durchaus nicht präsentabel. Aber was tat's. Man roch, daß wir uns seit Tagen hauptsächlich in einem Operationsraum aufgehalten hatten, um Wunden, die wir nicht hatten schlagen lassen, zu versorgen, so gut wir noch konnten. Im Gänsemarsch gingen wir durch einen engen und mehrfach abgeknickten Gang, der am Eingang und Übergang in den Altbau zwei eiserne Türen hatte, an Kontrollposten vorbei. Sie ließen uns ohne Förmlichkeiten hindurch. Aus dem Gang traten wir in einen länglichen, niedrigen, noch auffallend gut erleuchteten Durchgangsraum, dessen rechte Längsseite eine Wandbank fast ausfüllte; vor ihr standen ein Tisch und zur Mitte des Raumes hin Stühle. Hier saßen mehrere Generale und höhere Offiziere. Sie aßen, tranken und warteten offensichtlich. Haase führte uns an ihnen vorbei zu einer Treppe am anderen Ende des Durchgangs, die in einem Halbkreis etwa drei Meter hinabführte - in den Führerbunker selbst. Wir stellten uns auf den Stufen auf, Haase als Meldender zuunterst; ich eine Stufe über ihm und hinter uns die Schwestern. Wir mochten einige Minuten gewartet haben, da trat Hitler alleine aus der Tür, die seinen Wohnbunker abschloß, und begrüßte uns mit den Worten „Entschuldigt, daß ich Euch noch so spät herausgetrommelt habe“. Haase meldete, und ich salutierte.

Noch während ich Haltung annahm und vorschriftsmäßig zu einer schlanken Säule erstarrte, durchzuckte mich bei dem Anblick des unten an der Treppe stehenden Mannes das Gefühl einer fast unerträglichen Ernüchterung, die mich wie ein Eiswind in eines Augenblicks Schnelle bis ins Innerste hinein erstarren ließ. Ich fror, zusammengerissen wie ich war, am ganzen Körper, und zwischen den Schulterblättern breitete sich das Entsetzen klebrig aus. Dennoch aber, in tiefstem Grunde erregt, nahm ich gleichsam mit jeder Körperpore Eindrücke wahr. Wie ein Hammerschlag fuhr es auf mich nieder : Ich blickte auf das Ende und sah ihm ins Auge. In solcher Nähe hatte ich Hitler bisher nicht gegenübergestanden; dieser Mann unten war nicht einmal ein Hauch dessen, den Millionen Bilder gezeigt hatten. Wohl trug er den grauen Rock mit dem goldgestickten Hoheitszeichen und dem Eisernen Kreuz an der linken Brustseite, auch die lange schwarze Hose; aber der Mensch, der in diesem Tuch steckte, war unvorstellbar tief in sich selbst zurückgefallen. Ich sah hinab auf einen gekrümmten Rücken mit sich abhebenden Schulterblättern, aus dem er den Kopf fast gequält hob, als er Haase anblickte. Ein Gebirge lag auf ihm und machte, daß er mit Mühe zwei Stufen weiterstieg. Das Auge, das er auf mich richtete, starrte schmerzhaft. Es schaute nicht mehr strahlend, das Weiße war getrübt, keine Miene bewegte sich in einem Gesicht, in welchem Augensäcke beherrschend und entlarvend von entflohenem Schlaf zeugten. Tief eingegraben liefen Falten von Nasenflügeln zu Mundwinkeln. Der Mund blieb geschlossen, die Lippen aufeinandergepreßt. Die Bewegung, mit der er meine Hand forderte und sie drückte, war Reflex. Der Mann lebte noch, aber als Wesen auf der untersten Sohle des Daseins - nahe daran, über sie hinweg dorthin zu treten, wo dann gar nichts mehr war.

Mein ärztliches Herz wurde wach und warm, obgleich es wußte, daß hier alles verloren war, und auch keine Hilfe mehr sein durfte. Fast tonlos sagte er, er wolle uns danken, daß wir uns der Verwundeten angenommen hätten. Er stieg auf die Stufe, auf der auch ich stand. Zentimeternahe vor mir Mondlandschaft seines zerstörten Gesichtes in fahlem Gelbgrau. Ein Händedruck für Schwester Erna und ein marionettenhafter weiterer Schritt aufwärts zur zweiten Schwester. Wir hatten geschwiegen, aber sie begann, erregt und aufgewühlt, gehetzt und hysterisch übersteigert zu repetieren, was sie tausendmal gehört hatte: „Mein Führer - Glaube an den Endsieg - Feinde schließlich vernichten - ein Volk, ein Reich - ewige Treue - wir folgen - Heil." Hitler stand vor ihr, blickte auf das agierende Geschöpf. Haase, der sich dicht hinter ihm gehalten hatte, griff nach ihrem Arm. Sie brach weinend, fast schreiend ab. Tiefere Stille als zuvor; die Worte hatten sich in der Decke gefangen, waren von dort zurückgeworfen worden und verschwanden irgendwo in einem Abgrund. Mir erschien der Ausbruch ungemäß, Hitler aber hatte er auf das gestoßen, was sich in ihm noch regte. Er sagte dumpf, ohne das Wort an jemanden zu richten: „Man soll sich seinem Schicksal nicht feige entziehen wollen", und wandte sich. An Haase vorbei, dem er winkte, ihn zu begleiten, stieg er langsam die wenigen Stufen der Wendeltreppe hinab. Eine Ordonnanz öffnete die Tür zu seinen Räumen und schloß sie, als die zwei Männer hindurchgetreten waren.

Die beiden Schwestern und ich wurden an den Tisch in den oberen Vorraum geladen. Man brachte Kaffee und Wein, und wir teilten die Runde mit den Männern, die bis jetzt bei Hitler geblieben waren, den Generalen Burgdorf und Krebs, dem Flugkapitän Baur, dem für die Sicherheit verantwortlichen General Rattenhuber, dem Adjutanten Günsche und einigen Offizieren, deren Namen mir entfallen sind. Goebbels und Bormann waren nicht anwesend.

Das Artilleriefeuer der Russen drang hier wesentlich schwächer und aus anscheinend größerer Ferne durch die meterdicken Betonwände zu uns herunter als in der Neuen Reichskanzlei. Die Militärs meinten, der Beschuß habe überhaupt seit einiger Zeit nachgelassen. Sie dachten an die kommenden Feiertage und äußerten, daß die Russen jetzt nicht allzu stark drücken würden, weil sie die schon sichere Beute erst zum großen 1. Mai erledigen und, auf den Spieß gehoben, Stalin präsentieren wollten.

Wie immer schon in Stunden mit einer völlig ungewissen, aber jeder Wahrscheinlichkeit nach bedrohlichen Zukunft ging das Gespräch um Vergangenes: die Jahre des Friedens leuchteten in unvergessenem, überhöhtem Glanz auf, die Städte München und Berlin entstanden, wie sie gewesen. Leicht, goldener als golden schwebten sie über den Häuptern. Erinnerungen an Feste und Feiern tauchten aus der Niederung des Jetzt auf. Die Gipfel der Alpen, die blauen Seen unter dem bayerischen Himmel lagen greifbar nahe an zitternd-schwelgenden Herzen. Männer hingen Märchen an; einer malte aus und erweckte in den anderen bunteste Farben. Wechselgespräche über das Heute hinaus wie so tausendmal oft in langen Nächten draußen im Felde vor dem Angriff oder nach überstandenem Kampf.

Ich selbst konnte mich an dem Gespräch, das sich um eine Welt drehte, an der ich keinen Anteil gehabt hatte, zunächst nicht beteiligen; denn über das Bild des zerstörten Mannes Hitler, das in einem Augenblick auf mich herabgestürzt und am Boden zerschellt war, kam ich nicht hinweg. Unwäg- und unkontrollierbare Hoffnungen hatten noch immer bestanden - sie waren hinweggeschwemmt worden. Die bereits bebende Erde tat sich auf, der Vorhang zerriß und zeigte das Nichts. Jenseits war nicht Himmel, aber tobende Hölle.

Erregt und um zu fühlen, daß ich wieder warm werden konnte, trank ich vom angebotenen Wein ein Glas nach dem anderen, bis ich mich in den Raum hinein versetzt empfand und die Gespräche der angeheiterten Runde auf- und annahm. Einige Frauen gesellten sich hinzu, Hitlers und Bormanns Sekretärinnen, Frau Junge, Fräulein Krüger und Eva Braun. Man flüsterte mir zu, sie sei die Frau Hitlers. Vor wenigen Stunden habe er sie geheiratet. Goebbels war als Standesbeamter und Bormann war als Trauzeuge aufgetreten. (Dies war unrichtig. Man hatte in der Stadt noch einen Standesbeamten aufgetrieben.)

Dies war eine unerwartete Neuigkeit; ich hatte noch niemals etwas von ihr, geschweige von ihren Beziehungen zu ihm vernommen. Aber wie die Sache nun einmal lag, machte es auch schon nichts mehr aus, daß er sich, nachdem die großen Dinge völlig auseinandergeraten waren, auf die kleinen einer sogenannten legitimen Ordnung zurückzog und sich schließlich der Bürgerlichkeit unterwarf, die er so sehr verachtet und bekämpft hatte.

Zu dem Gefühl der Kälte trat das der Entfremdung; dem Kreise der Gestürzten gehörte ich jetzt zwar zu und fühlte mich auch mit ihm eins, - aber ich hatte nie zu ihm gehört, als er noch auf dem Obersalzberg wie auf einer Götterburg thronte, durch einen Wolkenring am Bergfuße abgetrennt von den Sterblichen in der Tiefe und sich selbst völlig genügend. Diese Welt lag jenseits meiner kleinen, und ich konnte die junge Frau, die diesem eng gewordenen Kreise unentrinnbar verbunden war, wie einen Gegenstand betrachten, der mich nicht berührte. Wenn sie von ihrer Verstrickung wußte, woran nicht zu zweifeln war, dann merkte man es ihr nicht an. Vom Kopfende des langen Tisches her und in einem Raume, der etwas von einem Wartezimmer an sich hatte, unterhielt sie sich ungezwungen und fast fröhlich mit den ihr wohlbekannten Männern und den Schwestern über Alltägliches und Gegenwärtiges. An ihr Gesicht, ihre Gestalt, ihre Kleidung erinnere ich mich nicht mehr. Diese Eindrücke vom Rande entfielen dem Gedächtnis völlig, wenn ich auch meine, daß sie an der Verwahrlosung nicht teilhatte, welche drüben bereits alle befallen hatte und auch hier schon nach den Uniformen griff.

Die Tapferkeit der Frauen, die in der Zentrale geblieben waren und hier zum Teil dann auch den Tod fanden, soll nicht unerwähnt bleiben. Frau Goebbels, die in dieser Nacht nicht zugegen war, muß freudig und heiter so etwas wie der gute Geist dieser zutiefst Eingeschlossenen gewesen sein. Ich vermute, daß sie sich eher aus großer Zuneigung zu Hitler als zu ihrem Ehemann von diesem das Leben nehmen ließ. Sie machte sich keine Illusionen mehr und mochte um diese Stunde den Entschluß fassen, ihre sechs Kinder, die sie bei sich behalten hatte, zu töten und dem Sadismus von Rache und Verfemung zu entziehen. Ein Helfer bot den Becher mit vergiftetem Saft, und die fröhlich Ahnungslosen starben schon im Augenblick des Trinkens.

Wer sich wie jetzt wir im innersten Bezirk befand, wurde nicht mehr kontrolliert, sondern konnte sich frei bewegen und sogar in den Führerbunker hinuntergehen, in welchem sich die Toilette befand. Ich hielt es wie die anderen und ging über die schon beschriebene Wendeltreppe zu der unbewachten Türe, hinter welcher Hitler vorhin verschwunden war. Als ich sie öffnete, fand ich seine Bunkerwohnung eng und beschränkt vor mir. Von einem mittleren, schmalen Gang führten mehrere Türen rechts und links in Zimmer; in ihm selbst aber saßen an einem kleinen runden Tisch auf einfachen Bürostühlen Hitler und Haase so intensiv ins Gespräch vertieft, daß sie von niemandem, der vorbeikam, Notiz nahmen. Dicht an Hitler vorbei, der seinen Rücken dem Gang zuwandte, ging ich in den Waschraum, in welchem zwei Schäferhunde in einem abgeteilten Raume winselten und bellten. Ich hatte die Überraschung überwunden und nahm mir auf dem Rückwege etwas mehr Zeit, um den ersten, so überwältig niederschlagenden Eindruck zu überprüfen.

Hitlers linke Hand, die er auf den Tisch stützte und in welcher er seine Brille hielt, zitterte rhythmisch und klopfte dabei auf die Platte. Den Unterschenkel und Fuß der gleichen Seite hatte er zwischen je ein Stuhl- und Tischbein gezwängt, um so das Schütteln des Beines zu unterdrücken, das dennoch erkennbar blieb. Die Bewegungen waren typisch, und die Diagnose eines Parkinsonismus, einer Paralysis agitans, war wahrscheinlich. Er litt also an einem fortschreitenden arteriosklerotischen Leiden der Blutgefäße des Gehirns, welches tiefgelegene Gruppen von Ganglienzellen allmählich veröden ließ. - Die gebückte Haltung, der sich dem Brustkorb nähernde und deshalb auf einem anscheinend verkürzten Halse ruhende Kopf blieb auch im Sitzen erkennbar und festigte in mir den Eindruck, den ich schon etwa zwei Jahre vorher gewonnen hatte, als ich ihn auf Bildern der Wochenschauen sah. Es schien sich bei ihm die Bechterewsche Krankheit zu entwickeln, die die Wirbelsäule verkrümmt verknöchern läßt. Innerhalb weniger Jahre mußte er ein Krüppel sein, der seinen Blick nur noch schwer vom Erdboden und den nächsten Dingen abwenden konnte. In dieser Diagnose dürfte ich mich getäuscht haben.
Ich prägte mir den Anblick ein, so daß ich ihn vor meinem inneren Auge auch heute wieder lebendig werden lassen kann. Die beiden Männer flüsterten noch miteinander, als ich die Türe ins Schloß zog. Hitler hatte seinen letzten ärztlichen Berater gefunden. Nachdem er Morell verabschiedet hatte und in Stumpfegger lediglich den kerngesunden Riesen sah, der ihn im Falle einer Verwundung auf die Schulter heben und in eine Ecke schleppen konnte, wandte er sich in seinen letzten Tagen einem Schwerkranken und Todgeweihten zu, mit dem er über sein eigenes Sterben verhandelte, das schnell und sicher sein mußte.
Währenddes war die Begleitung im Obergeschoß, kaum sechs Meter entfernt und keineswegs schalldicht abgeschlossen, wesentlich fröhlicher geworden. Die Gesichter hatten sich allenthalben gerötet. Dr. Stumpfegger und der Zahnarzt Dr. Kunz waren hinzugekommen. Die Sekretärinnen fragten nach Uniformen und Militärstiefeln, um für einen Marsch durch Trümmer und Unrat gerüstet zu sein.
Uns Jüngere, die wir dienstlich nicht gehalten waren zu bleiben, drängte es fort - irgendwie waren wir auf einmal von einer wilden Zerstörungslust erfaßt. Wir zogen in die unter der alten Reichskanzlei gelegene Zahnstation. Der Operationsstuhl dort war gute Wertarbeit und ließ sich nicht zerstören, als wir unruhige Verzweiflung an ihm ausließen, ihn steigen ließen, drehten und schließlich umzuwerfen suchten. Klirrend kippten Glastische mit Instrumenten. Wir stierten einander an - einer kam und suchte mich. Ernüchtert verließen wir

den Raum. Die Schwestern waren bereits bei Operationsvorbereitungen, als ich zurückkehrte. Bei Morgengrauen waren im Gedränge weiterer Einflüchtlinge zahlreiche Verwundete herangebracht worden. Erschöpft berichteten sie, daß die Russen überall rundherum schon ganz nahe seien, während die Zahl der Verteidiger kleiner werde und die Munition allmählich ausginge. Eine Verteidigungslinie gebe es nicht mehr, sondern lediglich eine Zusammenballung von Verteidigungsnestern in Granattrichtern, Kellern und irgendwelchen Fensterhöhlen, die noch etlichen Schutz boten. Munition sei mehr als knapp; große Bestände hätten den Russen überlassen werden müssen.
Bis auf den Operations- und Vorbereitungsraum, die Gänge und Räume für die lagernden Verwundeten und den Kommandostand der Verteidiger waren Stuben und Flur nunmehr mit Menschen vollkommen überschwemmt, die hilflos und fast schon erstickend wie Fische im Netz zappelten. Sie drängten sich aneinander, weil sie noch immer glaubten, hier am sichersten und beschütztesten zu sein, obgleich die Massierung körperliche und seelische Gefährdung mit sich brachte.
Ich war dabei, einen Oberschenkel zu amputieren und bemüht, die Arterien zu finden und abzuklemmen, nachdem ich mit dem großen Amputationsmesser den schnellen Zirkelbogen um die Schenkelrunde gemacht und den durch diesen einen Schnitt freigelegten Knochen durchgesägt hatte. Ein Helfer hielt den Fleischklumpen, der vor der Zerschmetterung durch eine Granate einmal Bein gewesen war, in ein blutdurchtränktes Leinentuch gehüllt eng an seinen Leib gedrückt, um ihn wegzuschaffen, sobald er vom Körper getrennt war. Ein anderer richtete den verbleibenden und nahe der Weiche mit einer Gummibinde abgeschnürten Stumpf senkrecht hoch. Vorsichtig ließ ich die Binde lockern, die zuvor wachsbleiche Haut färbte sich rosa, dann rot. Blut strömte wieder ein, und ich schaute gespannt auf die große Operationswunde, um mit der Klemme zuzufahren, wenn irgendwo Blut zu sickern oder eine Arterie zu spritzen begann. Das Leben des Mannes, den die Schwester in tiefer Narkose hielt, hing davon ab, daß ich jetzt alle Blutungsstellen fand und zunächst einmal abklemmte. Eine Nachblutung später, wenn er erst draußen neben den anderen lag, würden wir kaum rechtzeitig bemerken und zum Stehen bringen können. Das Präzisionswerk war getan; eine Menge von Klammern hing wie eine Schar von Wölfen am Fleisch. Schwester Erna reichte mir den Nadelhalter mit dem derben Catgutfaden, und ich begann, während sie die Spitze jeder Klemme vorsichtig, um sie nicht abzureißen, aus dem Fleisch herauswinkelte, eine Blutungsstelle nach der anderen zu umstechen. Dann zog ich den Faden zusammen und machte einen festen Knoten. Mancher Faden riß; dann wurde die

Umstechung wiederholt. Eine Klemme nach der anderen fiel weg. Schließlich waren wir fertig und lösten die Unterbindung ganz. Sorgfältige, eingehende Kontrolle der Fläche. Nirgends blutete es nach. Befriedigt griff ich nach der Knochenzange und knabberte vom Rande des Oberschenkelknochenrestes scharfe Kanten und kleine Späne ab, dann schob ich den Hautsack über Fleisch und Knochen. Er war, stellte ich zu meiner Erleichterung fest, genügend groß geraten. Ich fixierte die Haut mit einigen großen Nähten, um dem Wundsekret Abflußmöglichkeit offenzuhalten, und verband mit kläglichen Resten des schon benutzten und oberflächlich gereinigten Verbandmaterials. Bleich, blaß, übernächtigt, elend und völlig erschöpft hatte sich Professor Haase durch die Menschenmenge bis in den Operationssaal gedrängt, stand hinter mir und sah mir einen Augenblick zu. Dann näherte er seinen Kopf meinem linken Ohr und flüsterte: „Heute um 15 Uhr wird der Führer aus dem Leben scheiden." Er trat zurück und schleppte sich in den hinteren Raum. Ich hatte kaum aufsehen, gar nicht reagieren und nichts sagen können. Schweigend beendete ich meine Arbeit; die nächste Operation folgte, eine weitere schloß sich an. Ohne Unterbrechung ging es in dieser Weise den ganzen Vormittag lang. Manchmal hielt man mir eine Tasse Kaffee vor den Mund; ich trank und spürte das heiße Getränk hinunterrinnen. Ich schwitzte, konnte manches Mal nur noch getrübt und unscharf sehen, obgleich ich doch unterscheiden und auseinanderhalten mußte. Rauschgefühl, Schwindel - Blut überall. Ich arbeitete mechanisch wie am Fließband. Einige Male ertappte ich mich, daß ich halb singend zählte - weiter, unentwegt weiter.

Außer dem unseren gab es anscheinend kaum noch einen Verbandsplatz im Inneren des Verteidigungsringes, und so kamen vielleicht vier oder fünf neue Verwundete in der Zeit, in der ich einen versorgen konnte. Irgendwann in dieser Zeit gegen Mittag verschwand Haase, der während dieser Stunden auf dem Feldbett im Apothekenraum gelegen und nach Luft gerungen hatte. Er gab mir einen leichten Schlag auf die Schulter, der bedeutete, „es ist soweit und muß getan werden".

Ich beugte mich über einen aufgerissenen Leib und bemühte mich, mit feucht-glitschigen Gummihandschuhen ein Knäuel schon geblähter Eingeweide, das herausgetreten war, wieder in den Bauchraum zu verlagern, nachdem ich einen Darmriß übernäht hatte. Der Verletzte lag in tiefem Schock, seine Nase ragte spitz und bläulich-blaß aus einem eingefallenen Gesicht. Mit aufgerissenen Augen, deren Weiß riesig schien, starrte er zur Decke und stöhnte leise, wenn ich stärker zugreifen und die Wunde dehnen mußte. Die Schwester stand mit der

Narkosemaske zur Seite und wartete auf die Anweisung, die volle Betäubung zu geben. Wir mußten mit Äther sparen; nur, wenn es nicht mehr anders ging, legte sie die gazeumhüllte Maske über Nase und Mund und tropfte, langsam zählend, das Narkosemittel darauf.
Noch arbeitete unser Notaggregat; während die anderen Kellerräume fast schon im Dunkeln lagen und qualvoll-bedrückend den Schein einer Helle lediglich von Kerzenlicht empfingen, konnten wir noch ausreichend sehen. Aber die Vorräte waren aufgebraucht, die Schränke leer. Die entnommenen und verschmutzten Wäschestücke lagen als tischhoher Haufen in einer Ecke des Operationsraumes. Man hatte Verwundete darauf gebettet, aber immer wieder griff einer der Helfer hinein, suchte unter den blutbeschmierten Tüchern das wenigst blutige heraus und verwendete es als Verband oder Hülle. Unsere Operationsmäntel konnten nicht mehr gewechselt werden; sie waren steif durch geronnenes, sich langsam braun färbendes Blut, das von der Brust bis zum Leibe verschmiert war. Die Mundtücher waren von Atem und Schweiß naß, die Kappen und Hauben ebenfalls. Quer über ein Brillenglas ging der Spritzer aus einer Arterie, deren helles Blut mich getroffen hatte, ehe ich sie finden und abbinden konnte. Ich war völlig durchnäßt in der schwül-feuchten, abgestandenen und überhitzten Luft. Der Ventilator lief nicht mehr. Ab und zu kam jemand und wischte mit einem Stück Zellstoff, das an einer Kornzange befestigt war, die Schweißtropfen von der Stirn, ehe sie sich selbständig machten und in eine Wunde fielen. Vor den Augen flirrte es, denn die Operationslampe heizte noch, die Pulse klopften in den Schläfen. Dunst, Blutgeruch und Gestank verdichteten sich zum Miasma eines Bresthauses. Man lehnte sich mit dem Leib an den Operationstisch, um einen Halt zu haben und die Arme nicht zu sehr anstrengen zu müssen. Sie zitterten, die Beine zitterten. Ich wünschte nichts sehnlicher, als aufhören und mich hinlegen zu können. Immer diese Verwundeten; warum müssen sie denn in die Granatsplitter laufen! Zorn ergriff mich über das Unübersehbar-Endlose und doch mußte ich dem nächsten zuflüstern: „Dich kriegen wir schon wieder hin - nur durchhalten, aushalten."
Es war ja Krieg, und er nahm noch kein Ende. Irgendwo kämpften einige Gruppen, abgeschnitten, auf sich gestellt, ohne Hilfe, Rat oder Befehl. Manche ergaben sich, andere ließen sich töten. Jedoch, daß man die Verwundeten bergen müsse, war den Männern in Fleisch und Blut übergegangen, und sie taten es, selbst wenn es fast gefährlicher war als zu kämpfen. Denn sie mußten aus der Deckung heraus, mußten schleppen, tragen, zerren und sich dem Gegner darbieten, wenn sie mit der blutenden Last auf dem Rücken über Trümmer,

durch Trichter hasteten, bis sie irgendwo den Verbandsplatz fanden. Wie viele Helfer selbst neben und mit dem Kameraden fielen, vermag keiner zu sagen. Sicher aber ist's, daß immer noch welche außer Atem und in letzter Anstrengung zu uns hereinstürzten, erfreut, wenn dem Mitgebrachten zu helfen war, und leer lächelnd, wenn sie einen Toten gerettet hatten. Soldaten brachten Soldaten, Zivilisten schleppten Soldaten, Soldaten Zivilisten, Männer, Frauen, Kinder.

Sie verschnauften, bis der Puls wieder ruhiger ging, warfen einen Schnaps in die Kehle, wischten mit dem Handrücken Staub und Schweiß aus dem Gesicht und machten sich, als sei es nicht anders möglich, wieder auf den Weg - Namenlose, Unbekannte? Und da wollte ich, ohne daß meinem Leben Gefahr drohte, schwach werden?

Ich sah wieder scharf und deutlich, vor mir auf dem Tisch krümmte sich ein Menschenleib. Zeit zum Überlegen und Bedenken anderer Dinge konnte es ja gar nicht geben. Ungelernter Chirurg, der ich war, immer wieder vor ganz neue Operationsverhältnisse gestellt und ohne jeden Rat eines Erfahrenen, wenn Haase drüben im Bunker weilte, mußte ich mich in jedem Augenblick ganz auf das Allernächste konzentrieren. Wo ein Gelernter routinemäßig richtig gehandelt hätte, mußte ich mein Vorgehen überlegen oder mich dem Augenblick überlassen, in dem ich nach Instinkt und Gefühl operierte, bemüht, Fehler rechtzeitig zu erkennen und zu beheben. Es gab kein Warten, kein Zögern. Jeder, der mir hingelegt wurde, hatte ein Recht auf Behandlung, und ich die Pflicht, alles, was ich vermochte, auf sein Leben zu setzen. Schwester Erna war eine erfahrene Operationsschwester; wir wirkten fast wortlos, aber übereinstimmend zusammen, oft hatte ich ihr für einen Rat oder Hinweis zu danken. Wir blickten mit erleichterter Freude auf, wenn wir glaubten, einen dieser blutig Zerschundenen in einer Weise versorgt zu haben, daß er mit der Aussicht, Verwundung oder Verschüttung zu überstehen, zu den anderen draußen auf eine Decke gelegt werden konnte. Wir waren wortlos im Einverständnis, wenn ich immer wieder einmal ablehnte, daß einer noch auf den Tisch gehoben wurde, und wenn ich dann aus dem zur Neige gehenden Vorrat eine Ampulle Morphium-Atropin nahm und ihm das schmerznehmende, einschläfernde Medikament injizierte.

Es gab keine Zeit, keine Stunde - nur Sanduhr, die sich im oberen Glas nicht leerte und im unteren nicht füllte, obgleich die Körner rieselten. Irgendwann kehrte Haase zurück, blasser und elender als er je zuvor gewesen war. Er winkte fast unmerklich mit dem Kopf, wir sollten auf-hören und ihm in den Nebenraum folgen. Schwester Erna und ich wechselten einen Blick, versorgten unseren Mann fertig und sagten: „Kleine Pause."

Im Zimmer, dessen Tür wir schlossen, lag Haase schon kurzatmig auf seinem Bett, wendete den Kopf und sagte tonlos: „Der Führer ist aus dem Leben geschieden.“ - Wir hatten gewußt, daß es knapp hundert Meter von uns entfernt geschah, aber auf das anderswo Geschehende keinen Gedanken verwenden können.
Nun aber war's schon Vergangenheit; der Bergsturz, in dem er niederfuhr, kam über uns alle und riß uns mit sich. Der Untergang in Entsetzen, den wir hatten abwehren wollen, fand statt. Deutschland war erlegen, und wir alle würden die Last von Millionen Toten zu tragen und zu verantworten haben. Alles verschränkte sich zu einem, eines zu allem. Erleichterung und Beschwerung fielen auseinander, dazwischen blieb Leere, die mit Tränen nicht zu füllen war. Schwester Erna weinte, ich weinte und nahm sie in den Arm. Abgeschlossener war kein Raum als dieser in diesem Augenblick. Es blieben die letzten Tränen seither, obgleich Unglück und Schweres erst ihren Anfang nahmen.
Nur einige Minuten, einige - dann hatten wir uns in der Gewalt und zur Arbeit zurückgewandt. Als ob wir uns lediglich erfrischt hätten, traten wir in den Raum zurück und stellten uns einander gegenüber an den Operationstisch. Ich war barhäuptig, ohne Mundschutz, und trug nur noch die Gummischürze; alles Sonstige, was zum Operateur gehört, war aufgebraucht. Der nächste, der anstand, wurde aufgehoben und auf den Tisch gebettet; er war für ihn wie ein Bett der Hoffnung. Ich schaute, tastete, bewegte und begann. Wir arbeiteten bis in die Nacht hinein, die wir nicht kommen und nicht gehen sahen.
Was wir erfahren hatten, verbreitete sich unterdessen wispernd überallhin; unter dem Eindruck der Kunde erstarrten sämtliche Lebensäußerungen ringsum bis auf die des Wundenschlagens und Wundenheilens. Die Tür links von meinem Standplatz, die in das Hinterzimmer führte, blieb weiterhin geschlossen. Dort lag Haase und kämpfte um ausreichende Luft für seine Lunge. Er war nicht mehr in der Lage aufzustehen und sich hilfreich hinter mich zu stellen. Aber durch die Tür zur Rechten, durch welche Sanitäter und Helferinnen sich drängten, um hereinzubringen oder hinauszutragen, fluteten die sich immer mehr verdichtenden Gerüchte: Noch vorher geheiratet - eine Eva Braun - in ihr Zimmer gegangen sich zuvor verabschiedet. Mit Blausäure vergiftet - erschossen - beide tot in den Garten gebracht. - Der Führer in einen Teppich gewickelt, Benzin darüber gegossen und verbrannt. -
Einfach, so unwahrscheinlich einfach dieser Abgang und doch außergewöhnlich bei den unzähligen Toten durch fremde Gewalt und nicht durch eigene Hand.

Gab es nicht, hatte es nicht ein gewisses Lied gegeben mit „auf zum letzten Gefecht"? Das hatte er nicht gewollt, als es sich als notwendig erwies. Und doch wären die Soldaten, die bis hierher und an diesen Ort gekommen waren, hinter ihm, hätte er sie gerufen, ganz selbstverständlich aus den Kellern ausgebrochen und, wenn er fiel, gestorben wie er. Dies wäre das notwendige und erforderliche Ende seiner Herrschaft gewesen; das Versinken und Versintern in den privaten Bereich war es niemals. Durch das Ende auf dem Sofa stieß er das Bild um, das er von sich hatte abnehmen lassen, und Goebbels, der nun zusammen mit Bormann in der Reichskanzlei die oberste Gewalt ausübte, konnte es für die Wissenden damals und die Überlebenden heute nicht kitten, sondern nur noch mehr zertreten, als er über die letzten ihm verbliebenen Nachrichtenorgane die Meldung verbreiten ließ : Der Führer Adolf Hitler ist im tapferen Einsatz um die Freiheit Deutschlands und Europas kämpfend mit der Waffe in der Hand gefallen.

Die Nachricht erreichte nur mehr wenige Menschen außerhalb der Reichskanzlei, und die Deutschen hüben und drüben erhielten die Neuigkeit, die Niederlage und Zusammenbruch vollends besiegelte, auf die verschiedenste Weise zugesprochen.

Wie er sie aufnahm, das weiß jeder nur für sich allein.

Die Nachricht, Hitler sei kämpfend mit der Waffe in der Hand gefallen, war gewiß eine bewußte und zugleich die letzte Propagandalüge. Aber sie entsprach dem, was viele, die in einer außerordentlichen Extremsituation zwischen Leben und Tod schwebten, vernehmen wollten. Auch unter ihnen kam es zu Erlebnisentartungen, zu tragischkomischen Fabeln, die Hitlers Tod ausführlich schilderten, und nur von Mund zu Mund Verbreitung fanden. Nach Jahrzehnten ging ich solchen Legenden nach (siehe Anhang).

Die Gerüchtmühle drehte sich mit der Geschwindigkeit einer tibetanischen Gebetstrommel. Die mächtigsten Paladine, die in den Jahren zuvor mehr oder weniger offen um die zweite Stelle innerhalb der Hierarchie und damit um die Nachfolge - wenn auch in einem glanzvollen, siegreichen Reich - gerungen hatten, waren aus der Reichskanzlei noch von einem bereits gelähmten Hitler gestürzt und entmachtet worden, sicherlich nicht ohne daß Bormann und Goebbels das ihre dazu getan hatten. Von Görings Anspruch auf die Reichsgewalt und Himmlers Sonderverhandlungen mit den Westmächten über einen schwedischen Mittelsmann, die den Anlaß zum letzten Aufbäumen des auf seinen Bunker zurückgeworfenen Führers gaben, wurde bereits berichtet. Goebbels sollte nunmehr Außenminister, Bormann Parteiminister sein.

Weiterhin hörte man, daß Goebbels in seiner neuen Eigenschaft und als Verteidigungskommissar sowie Gauleiter Berlins Fühler zu den Russen ausgestreckt und Übergabeverhandlungen eingeleitet habe, während man andererseits unter den Offizieren der kämpfenden Truppe auch davon sprach, daß sich die kampffähige Besatzung der Stadt mitsamt den in der Reichskanzlei weilenden neuen Regenten nach Norden durchschlagen werde. Dort stehe, nahe bei Oranienburg und also nur 20 Kilometer entfernt, die Armee Steiner in Auffangsteilung, um sich mit den Verbänden aus Berlin zu vereinigen und sich dann zu Dönitz durchzuschlagen. Weder für das eine noch das andere gab es Bestätigungen; die Gerüchte brandeten gegeneinander, überschlugen sich und vereinigten sich dann zu einer anderen, nicht weniger glaub- oder unglaubhaften Neuigkeit. Die Menschenmasse wurde auf das höchste verwirrt; irgend etwas schien sich zu tun. Mir gab man zu verstehen, daß gerade die Verwundeten, die von den Russen hier unten in der Reichskanzlei vorgefunden würden, das Schlechteste zu erwarten hätten. Man solle deshalb ihr Leben und ihre Leiden mit einer ausreichend großen Morphiumdosis beenden. Ich wurde in die furchtbarsten Zweifel gestürzt, musterte die wenigen Ampullen, die ich noch hatte, und begab mich auf eine stille Visite von Mann zu Mann. Wer kam, kam überhaupt einer für eine Erlösung und einen solchen Gnadentod in Frage? Ich sah Sterbende, die nichts mehr benötigten und andere, deren letzten Lebensstunden eine Injektion noch Helligkeit verleihen konnte. Ihnen gab ich sie. Neben ihnen lagen viele, für die man nur hoffen konnte. Hatten sie starke Beschwerden und Schmerzen, dann verabreichte ich eine lindernde Dosis. Ich wurde meiner Sache immer sicherer und, als ich schließlich alle angesehen hatte, hatte ich keinem eine Überdosis gegeben. Wahrscheinlich hätte ich es auch nicht getan, wenn ich noch einen größeren Vorrat an Morphium und Skopolamin gehabt hätte - aber, wer kennt sich in solchen Stunden und weiß im voraus, was das Bessere für jenen Armen ist, der selbst nicht entscheiden kann und wohl auch nicht befragt werden sollte. Allen war die Lebenschance belassen worden - zu ihrem Glücke, meine ich. Denn als russische Soldaten die Reichskanzlei besetzten, nahmen sie sich der noch lebenden Verwundeten an und brachten sie zusammen mit Schwestern und Sanitätern in das Lazarett der Hindenburgkaserne in Frankfurt an der Oder. Von dort aus gingen sie teils nach Hause, teils in lange Gefangenschaft in die Sowjetunion. Sicherlich erlitten sie viel und starben zu einem Teil. Aber es überlebten mehr, als wenn ich sie, dem Wahn verfallen, umgebracht hätte, - sie, die ich vorher dem Leben zu erhalten bemüht gewesen war. Noch einmal suchte mich in diesen Stunden Kapitän

Albrecht auf und sagte, es entspräche einem Wunsche Hitlers, daß die Verwundeten vor ihrem Ende noch einmal recht gut mit Tabakwaren versorgt würden. Ich solle zwei Männer mitnehmen und ihm folgen. Wir gingen zusammen kreuz und quer durch einige Kellergänge und -räume, bis wir schließlich in den anscheinend zur Wilhelmstraße gelegenen Teil des Gebäudekomplexes gelangten. Die Tür zu einem Verschlag stand auf, durch das vergitterte Fenster schimmerte der Widerschein eines Brandes. Regale an den Wänden waren voller Kartons; offenbar hatte sich jemand bereits mit Plünderungsgedanken getragen. Einige waren herausgenommen und auf den Boden geworfen worden. Ihr Inhalt lag verstreut herum - Orden, nur Orden. Nicht zu erwarten, daß sich zu guter Letzt einer seine Brust selbst geziert hatte. Er war auf seiner Suche in den folgenden Raum gelangt, der sich wohl deshalb ebenfalls als leicht ausgeplündert erwies. Albrecht sah mit erbitterter Miene um sich; aber was verblieben war, genügte völlig für uns. Wir konnten, selbst als wir zum zweiten Male gingen, nicht den ganzen Vorrat an Zigaretten und Zigarren mitschleppen, hatten aber soviel, daß wir alle Bedürftigen, Männer und Frauen, beglücken konnten.
Kapitän Albrecht hatte seinen Teil ausgegeben; er stand einige Zeit still und wie erleichtert neben uns. Dann verschwand er unauffällig von unserer Seite - und aus dem Leben in irgendeiner Ecke des Hauses, das er so gut gekannt hatte. Ich fand ihn in keinem Gefangenenlager wieder und hörte niemals von ihm sprechen. Jedoch verdient er, daß man es tut. Draußen wurde noch geschossen, aber zu gleicher Zeit wurde offenbar auch über die Kapitulation verhandelt; am Abebben des Zustromes weiterer Verwundeter merkten wir, daß die Heftigkeit der Angriffe nachließ. Die Leute wurden durch Streufeuer mehr zufällig verletzt.
So wurden am späten Abend des 30. April ein junger Offizier und sein Fahrer gebracht. Sie hatten zu einem Gefechtsstand vordringen wollen und waren am Rande des Tiergartens in der Nähe der Japanischen Botschaft von einer Granate getroffen und unter einer zusammenstürzenden Mauer mitsamt dem Wagen verschüttet worden. Glücklicherweise waren Retter, die sie befreiten und zu uns brachten, in der Nähe. Aus der Flut der Menschen, die in diesen Tagen wie im Traume an mir vorbeiglitten, sind mir diese beiden Männer in Erinnerung geblieben, weil sich in der Gefangenschaft unsere Wege nochmals kreuzten, wobei dann ein denkwürdiges Schicksal erkennbar wurde.
Der Fahrer trug den Namen eines der großen westrussischen Seen, - welches, weiß ich nicht mehr, - und war vielleicht selbst russischer Herkunft, zudem aber ein bekannter Opernsänger. Er hatte einen

Lungenschuß abbekommen. Ob Splitter im Gewebe drinnen steckten, konnte ich nicht feststellen, weshalb ich die Wunde lediglich zusammenzog und mit Heftpflaster so verklebte, daß keine weitere Luft in den Brustkorb eindringen konnte. Die rechte Lunge war kollabiert und zusammengefallen, so daß er erhebliche Atemnot hatte. Während ich an ihm arbeitete, dachte ich, daß es mit seiner Karriere nun wahrscheinlich zu Ende sei. Selbst wenn der Splitter herausgenommen werden konnte und die Lunge sich entfaltete, würde es Verwachsungen geben, und dann wäre es mit dem langen Atem und der Kraft, auf der Bühne zu agieren, wahrscheinlich vorbei. Ein glücklicher Irrtum. Ein halbes Jahr später schon stand er, von den Mitgefangenen hochbewundert und sich im Glanze sowjetischer Lagerkommandantengunst sonnend, im Speisesaal eines Lagers, das, noch in Deutschland gelegen, gefürchtete Durchgangsstelle nach Rußland war, und sang Arien wie eh und je. Vielleicht rettete ihn seine Kunst vor dem Abtransport. Zusammen mit einer Gruppe anderer Verfemter in dieses Lager gebracht, noch an schwerer Krankheit laborierend, wurde ich auf einen Platz ganz hinten im Saal zugelassen, hörte ihn singen und war tief befriedigt. Seine Stimme füllte den Raum. Ich wagte nicht den Versuch, den Günstling und arrivierten Gefangenen anzusprechen, und wurde dann auch bald genug von allen anderen isoliert.
Sein Chef hatte nur Fleischwunden und Quetschungen davongetragen, war aber vom Tode Hitlers aufgewühlt und bis zur Selbstzerstörung getroffen. Der junge Oberleutnant war NS-Führungsoffizier und als solcher überzeugter und begeisterter nationalsozialistischer Propagandist gewesen. Jetzt verstand er nichts mehr, wußte nicht, was er tun, was er glauben sollte. Hitler folgen? Enttäuscht darüber, daß dieser nur Selbstmord begangen hatte und seinen Männern nicht im Kampf vorangegangen war, lehnte er dies ab. Er tastete nach einem Halt und fand im wüsten Chaos ringsumher keinen. Ich behielt den verstörten Mann hei mir, solange ich Zeit hatte, und setzte mich neben ihn auf den Boden. Wir sprachen, weiß Gott, insgesamt aufgerührt und auf die Schwelle des Lebens gestellt wie Sokrates nach dem Schierlingsbecher, jedach ganz auf das Gegenwärtige gerichtet, über hundert Dinge dieser armen und jener unbekannten Welt. Als neue Verwundete herangebracht wurden, ließ ich ihn zu den anderen hinaustragen und sah ihn in der Reichskanzlei nicht mehr. Aber ich begegnete ihm dann fünf Monate später in der Hindenburgkaserne in Frankfurt an der Oder. Ich war damals mehr Skelett als Mensch, von einer Leberentzündung her noch ziemlich gelb, wollte aber nicht liegen, sondern aus dem überbelegten Krankensaal in den helleren Flur hinaus, in den gegen Mittag die Septembersonne hereinschien. Dort

hockte ich auf der Fensterbrüstung neben einigen anderen von gleich geringer Lebenserwartung. Alle lediglich in Leinenhemd und -unterhose gekleidet, den vorläufigen Ersatz für unsere Uniformen, welche Stück um Stück in russischen Privatbesitz übergegangen waren. Zu sagen hatten wir einander kaum etwas, sondern brüteten still vor uns hin. Die Gedanken, wenn wir überhaupt noch einige bewegten, kreisten um ein Nichts. Aber unsere Aufmerksamkeit wurde wach, als ein junger deutscher Oberleutnant in geradezu friedensmäßig sauberer und glatter Uniform den Flur entlangkam. Er trug einen gutgefüllten Rucksack auf dem Rücken und hatte, was etwas ganz Außerordentliches war, eine brennende Shagpfeife im Mundwinkel. Ein aktiver Raucher! Beneidenswerter Mann, eine Entlassung - kein Schicksalsgefährte und Kamerad mehr.
Wenige Schritte von uns entfernt, nahm er die Pfeife aus dem Mund, trat, leicht Haltung annehmend - gab es so etwas überhaupt noch? - auf mich zu und sagte: „Ich weiß nicht, ob Sie mich noch kennen, aber ich erfuhr, daß Sie hier seien und wollte mich verabschieden. Ich bin jener Oberleutnant, den Sie in der Nacht nach Hitlers Tod in der Reichskanzlei verbanden und mit dem Sie längere Zeit sprachen. Von Geburt bin ich Engländer und werde auf Antrag meines Vaters, der einigen Einfluß hat, ausgetauscht. Ich will nicht in die Sowjetunion, das Land der Marxisten-Leninisten, gebracht, dort vielleicht herumgereicht und zu Propagandazwecken ausgenutzt werden. Sie werden das verstehen. Mein Name ist Engels, ich bin ein Enkel von Friedrich Engels, dem Freunde von Karl Marx. Draußen wartet das Automobil, das mich nach Berlin bringen soll. Kommen Sie gut heim.“
Mühsam ließ ich mich von meinem Sitz auf den Boden gleiten. Vorstellungen verwirrten sich: Kommunistisches Manifest - nationalsozialistischer Führungsoffizier - großbürgerliche Sicherung. Ironie der Geschichte. Väter, Söhne, Enkel.
Aber einer kam wenigstens von hier weg. Ich wünschte ihm Glück. Er schlug die Absätze der hohen Stiefel zusammen und ging mit sicherem Schritt davon - ohne von den mehrfach gestaffelten Wachen zurückgehalten zu werden - in die Freiheit.

Indessen waren alle, die am Morgen des 1. Mai aus schwerem, unruhigbewegtem Schlaf und wilden Träumen erwachten, es müde geworden, Phantasien über die Reichsgewalt und ähnlich fremde und fernliegende Dinge anzuhängen wie noch gestern, als das Bisherige mit einem Schlag zu Ende war und man sich des eignen Seins vergewissern wollte, indem man Hitlers letzte Entscheidungen nachvollzog und sich ihnen fügte. Heute war es etwas anderes. Man wollte den

Atem behalten, den Herzschlag retten. Sich selbst wollte man retten. Man hatte Angst. Diese Empfindung breitete sich bis in die entferntesten Ecken der überfüllten Keller aus und weckte auch die letzten. Sie richteten sich auf den Ellenbogen auf, versuchten einen Blick in die schwache Helle der langen Kellergänge zu tun und suchten den Nebenmann. War er noch zugegen oder mit irgendwem schon in die Freiheit durchgebrochen?

Alle Kleider waren feucht, die Luft, die eingeatmet wurde, lastete tropenwarm und schwer. Man glaubte zu ersticken und röchelte, röchelte wie die ungezählten Schwerverwundeten in ihrem Part der Reichskanzlei, die nicht noch einmal hinaus-, nein, die bleiben wollten und die ja bereits einmal fast tot gewesen waren. Hier waren sie dem Tode entrissen worden, und so gab es für sie nichts Sichereres als diesen Ort und den blutgetränkten, armseligen Liegeplatz.

Für alle anderen jedoch, die Hereingeflüchteten, bedeutete die Reichskanzlei mit einem Male nicht mehr letzte Zuflucht, sondern Ort höchster Gefährdung. Der unsichtbare, aber doch nahe Schutzherr, der in letzter Anstrengung noch den Schild über alle gehalten hatte, war dahin. Mit seinem Verschwinden sah man sich an dem Ort, an welchem Rache grausam an den Zurückgebliebenen vollzogen, das Urteil über ihn an den in seiner Nachbarschaft Gefundenen vollstreckt werden würde. Die Menschen, bislang zu einer Masse zusammengepreßt, wurden wieder zu einzelnen, die an sich dachten und an ihre Rettung alles setzen wollten. Jeder wollte hinaus und sich dort verbergen, wo er nicht automatisch zu den Hitlerleuten gerechnet werden würde.

So verschwanden im Laufe dieses Tages eine große Anzahl von Männern und Frauen, um sich in anderen Trümmervierteln zu verstecken. Dies erwies sich nicht einmal als besonders schwierig. Sobald sie an die Rampe zur Voßstraße traten und auf eine Gelegenheit zum Absprung lauerten, bemerkten sie, daß es draußen zwar ringsumher rauchte und brannte, daß aber die Gefechtstätigkeit fast abgeklungen war.

Der 1. Mai war für die Russen ein so hoher Feiertag, daß der einfache Towarisch ihn recht gerne lebend beging. Auch wollte die sowjetische Führung wohl nicht mehr allzu viele Opfer bringen oder die Deutschen durch fortgesetzte Angriffe zu Verzweiflungstaten reizen. Sie setzte auf die laufenden Kapitulationsverhandlungen.

Deswegen also konnten diejenigen, die es wagten, hinaus. Das Weitere blieb ihr Risiko.

Von der militärischen und politischen Führung wurde der Massenausbruch systematisch vorbereitet. Wie sie vor wenigen Tagen Hoffnung

auf die Armee Wenck gesetzt hatte, so setzte sie jetzt die Erwartung auf jene Armee Steiner, von der ich bereits sprach. Sie schien der einzige Ausweg, nachdem, wie man gemeldet bekommen hatte, der Ausbruch aus dem ZooBunker in Richtung Potsdam an der Zerstörung der Brücken bei Spandau gescheitert war, und von einem Marsch nach Süden nichts erwartet werden konnte. Dort standen starke russische Verbände. In einem Kessel bei Halbe sollten unzählige Soldaten und Flüchtlinge gefallen sein. Einige wenige, die sich von dort nach Berlin durchgeschlagen hatten, berichteten von Wäldern voll mit Toten, von Bergen zerstörten Kriegsgeräts.
Die Reichskanzlei selbst schien ganz isoliert; das Reichstagsgebäude war schon vor fast einer Woche besetzt worden, jetzt kam auch kein Kundschafter mehr zum Hotel Adlon durch. Es war Zeit, etwas zu unternehmen, wenn man überhaupt noch etwas unternehmen wollte.
Ich ging zu meinen Verwundeten, um festzustellen, wie viele von ihnen zwanzig oder fünfundzwanzig Kilometer mitmarschieren konnten. Es waren nur wenige, die sich zur Truppe begaben. Die allermeisten waren nicht einmal transportfähig, obgleich sie auch nicht hätten transportiert werden können. Sie blieben liegen. Schwestern und Helferinnen verließen sie nicht.
Am frühen Nachmittag dieses Tages stiegen Goebbels und seine Frau allein die Treppe hinauf, die aus dem Bunker Hitlers in das von Granaten umgepflügte, verwüstete Erdstück führte, welches einstmals Park der Reichskanzlei gewesen war.
Ihre sechs Kinder waren bereits getötet worden. Sie wußten, daß für sie alles zu Ende war, und so erschoß der Mann zuerst sie, dann sich. Abermals ein Schritt weiter zum Ende. Im Führerbunker blieben der letzte Generalstabschef, General Krebs, der Chef des Personalamtes, General Burgdorf, einige Generale und Offiziere der Waffen-SS, Adjutanten und die für die Sicherheit Hitlers verantwortlich gewesenen Männer des Begleitkommandos. Die Erstgenannten und eine Anzahl anderer erschossen sich an Ort und Stelle, weitere kamen herüber zur Truppe, um sich den Ausbrechenden anzuschließen.
General Mohnke traf als Kampfkommandant der Reichskanzlei die erforderlichen Vorbereitungen. An die währenddes laufenden Übergabeverhandlungen des Kommandanten von Berlin, General Weidling, dessen Gefechtsstand nicht in der Reichskanzlei war, fühlte er sich in seinem Entschluß nicht gebunden oder er war - wahrscheinlicher - über sie nicht unterrichtet.
Er rief am späten Nachmittag die Offiziere, die sich in der Reichskanzlei befanden, zur Lagebesprechung und Befehlsausgabe in einen Raum zusammen, in welchem bisher die Ablösungen geschlafen hat-

ten. Dreißig bis vierzig Mann füllten ihn randvoll; wir standen dicht an dicht. Haase war nicht mehr in der Lage, die Reichskanzlei zu verlassen, weshalb ich als Begleitarzt mit abrücken sollte. Mohnke befahl den Ausbruch in sechs aufeinanderfolgenden Gruppen, die insgesamt seinem Befehl unterstanden, aber je nach der sich ergebenden Lage unter eigener Führung selbständig operieren konnten. Er und sein Stabschef wollten die Spitze und Erkundung des möglichen Ausbruchsweges übernehmen. Als Divisionsarzt sollte ich bei ihnen mitmarschieren. Die Truppe folgte nach Verbänden gegliedert, soweit diese überhaupt noch bestanden. Es handelte sich um belgische, deutsche und französische Abteilungen. Hinter ihnen verließ die Gruppe der Partei- und Staatsbeamten die Reichskanzlei, denen sich unter dem Befehl meines Adjutanten, den ich hier zum letzten Male erblickte, die Angehörigen von Versorgungseinheiten anschlossen. Sicherung nach rückwärts gewährte eine weitere Kampfabteilung.
Es sei, sagte Mohnke anschließend, nicht nur Ziel, sich mit Steiner zu vereinigen, sondern er habe vom Führer persönlich Befehl und Auftrag erhalten, unter allen Umständen sein Testament in die Hand von Großadmiral Dönitz zu legen. Er entfaltete mehrere Bogen, die mit den großen Buchstaben der Führerschreibmaschine beschrieben waren, und las den Versammelten das umfangreiche Schriftstück vor, damit sich ein jeder den Inhalt einpräge. Es bestand aus einem politischen und einem persönlichen Teil. Nach der Lesung schob er es in eine Kartentasche zurück und bestimmte, daß diese, wenn er falle, vom Stabschef und, wenn dieser ebenfalls ausfiele, von mir übernommen werden müßte. Ich durfte also die Vorangehenden niemals aus den Augen verlieren.
Daß bereits zwei Tage früher drei Offiziere mit dem Testament abgeschickt worden waren, um es in den Westen zu bringen, wußte ich damals nicht.
Die Befehlsausgabe ging weiter; Einzelheiten wurden bekanntgegeben. Unversehens, wie früher nur in gefährlichen Situationen in Rußland, fand ich mich in die Rolle eines mit der Waffe kämpfenden Soldaten versetzt. Ich hatte den Auftrag erhalten, mich durchzukämpfen, ein befohlenes Ziel zu erreichen, und war auch völlig bereit, dies zu tun. Also mußte wahrscheinlich geschossen werden. Zu der Pistole, die ich in der Tasche links am Koppel trug, hatte ich bisher kein näheres Verhältnis gewinnen können. Sie gehörte mit zur Uniform und war dem guten Sitz dieser abträglich, weil sie durch ihr Gewicht das Koppel trotz entsprechender Ösen auffällig nach links hinunterzog. Das hatte mir schon manchen unwillig musternden Blick eingetragen. Gezogen hatte ich sie während des Krieges zweimal, einmal, um in

Frankreich auf eine Scheibe und später, um in Norwegen auf eine Konservenbüchse zu schießen. Jetzt war sie nicht einmal geladen, was mir plötzlich siedendheiß einfiel. Ich zog sie und schob das volle Magazin ein, dann lud ich durch und wollte sichern. Da aber knallte es schon. Im geschlossenen Raum hörte es sich an wie die Explosion einer Handgranate. Alle zuckten zusammen, nicht eben übermäßig, da sie Abschüsse gewöhnt waren, und schnell beruhigt, da es bei dem einen blieb. Die Nächststehenden sahen mich mitleidig an, während ich entsetzt um mich schaute. Aber niemand schrie auf oder sank verwundet nieder. Die Kugel, obgleich sie mindestens vom Fußboden abgeprallt sein mußte, hatte wunderbarerweise keinen der sich dicht an dicht Drängenden getroffen. Beschämt und in der Ansicht bestätigt, daß ich, um durchzukommen, eher laufen als schießen würde, schob ich die Pistole wieder in ihre Ledertasche zurück. Da blieb sie dann auch, bis sie Russen höflich, aber dringend anforderten.
Die Befehlsausgabe war währenddessen weitergegangen und der Ausbruchsbeginn für 11 Uhr nachts festgelegt worden.
Nach Ende der Befehlsausgabe ging ich hinüber zu meinen - denn alle trugen sie ein Zeichen von mir - Verwundeten, um mich zu verabschieden. Die Zurückbleibenden wurden mit dem Hinweis, daß die Schwestern und Professor Haase bei ihnen blieben, beruhigt; die Verbände der Mitgehenden wurden nochmals gemustert. Die verbleibenden Zivilisten sollten sich unter die Verwundeten mischen und insgesamt den Eindruck erwecken, als seien alle, die die Russen vorfanden, verwundet oder krank, die Reichskanzlei lediglich ein Lazarett. Schwestern und Helferinnen waren sämtlich als Angehörige des Roten Kreuzes gekennzeichnet, wenn auch ohne entsprechende Ausweise. Jedoch schienen die Verwundeten Rechtfertigung genug. Lebensmittel für alle waren ausreichend vorhanden, wenngleich die besten Dinge arg rar geworden waren und in diesen Augenblicken von den sich zum Ausbruch Fertigmachenden nochmals dezimiert wurden.
Ansonsten befanden sich Räume und Gänge im Zustande scheußlicher Verwahrlosung; abgesehen von unseren Verbandsmaterialien häuften sich auch sonst allenthalben Schmutz und Unrat; die Aborte waren zu Kloaken geworden, Wasser tröpfelte nur noch aus wenigen Hähnen. Gestank verdichtete sich. Es wurde höchste Zeit, daß diese Unterwelt geräumt und die Lebenden an den Tag gebracht wurden. Wer es besser treffen würde, die Verbleibenden oder die Abrückenden, das lag im Schoß der Zukunft verborgen; keiner konnte es errechnen und erahnen. Gefühle, Empfindungen traten in den Hintergrund, wo sie sich verbargen; sachlich, deutlich, ohne Bedauern und Emotion wurde gesagt, was zu sagen war. Hände und Wünsche fan-

den sich zueinander. Erst als ich mich von Haase verabschiedete, der vom Tode gezeichnet war und doch jetzt noch die Verantwortung und Führung aller Verbleibenden übernahm, zerbrach für einen Augenblick die Erstarrung, in der wir nicht recht wußten, ob wir noch lebten oder bereits tot waren.

Er war es, der den Russen, wenn sie eindrangen, als erster entgegenzutreten hatte, und war dann gefährdet genug. Wer wußte, was sie von ihm verlangten und wen sie in ihm, der in dem weitläufigen Gebäude sicherlich der einzige noch lebende hohe Offizier war, vermuteten.

Wir standen voreinander und wußten nichts Besseres, als daß wir voreinander salutierten, wie es der Lebende tut, der am Sarge eines toten Freundes steht. Ein Händedruck; ich wandte mich ab und verließ das Lazarett, in dem ich bemüht gewesen war, so gut zu arbeiten wie ich vermochte - und wo doch wegen meiner Fehler, die ich als solche nicht erkannte, manche unnötig gestorben sein mochten.

Haase blieb also, wurde gefangengenommen und gab erste Auskünfte. Er schützte die Verwundeten und ihre Pflegerinnen, die man fürsorglich übernahm und aus der Gruft der Reichskanzlei an den Tag brachte. Ihn selbst erkannte man bald als einen der Leibärzte Hitlers und schleppte ihn in die Butyrka nach Moskau, wo er schließlich seiner schweren Lungenkrankheit erlag. So lautete der Bericht, den ich erhielt, als ich mich später in den Lagern bemühte, etwas über seinen Verbleib zu erfahren. Auch diese Mitteilung erfolgte lediglich nach Hörensagen. Niemand war mit ihm zusammen in einer Zelle gewesen.

Als ich meine Unterkunft im „Fegefeuer“ betrat, war man dort lebhaft dabei, zu sichten, zu sortieren und zu packen. Während die einen nichts mitnehmen wollten, machten sich andere daran, alles Eigene und mehr, das heißt das von den Nachbarn Liegengelassene, zusammenzuräumen und vollgepackte Koffer beiseite zu stellen. Ordonnanzen, die es tragen könnten, würden sie schon finden, meinten sie. Man benötigte lediglich den richtigen Kommandoton und müsse Leute anherrschen können. Dies gelang, muß ich schon gestehen, einigen aus dieser Menschenkategorie bis in die ersten Gefangenschaftsjahre hinein.

Meinen hochgeschätzten blauen Seesack betrachtete ich mit einigem Kummer, als ich ihm einen Brotbeutel, einige Konserven, zwei Dosen Nescafe, Trockenbrot und einige Hygieneutensilien entnahm. Dann trennte ich mich von ihm und schob ihn unter Gerümpel, um ihm eine Chance zu lassen. Der Stahlhelm wurde auf die während weniger Jahre ergrauten Haare gestülpt; in der alten Felduniform stand ich

situationsgerecht da.
Sechstes Kriegsjahr - Ende - Zukunft findet nicht statt.

KAPITULATIONSGEFANGENER

Als Sammelstelle für die Spitzengruppe war eine unterirdische Garagenhalle angegeben worden, welche zwischen dem alten und neuen Teil der Reichskanzlei zur Wilhelmstraße hin lag; dieselbe, in welcher früher die Feuerwehr stationiert gewesen war. Durch einen Strom von Gestalten, der sich mühsam bewegte, weil jedes Menschenelement in ihm seine eigene Richtung nahm, drängte ich mich langsam dorthin durch. Die Lampen glühten nur schwach; die Gänge lagen in gespenstischem, erregendem Dunkel. Mit meiner Dynamolampe stach ich den Weg vor mir ins Helle und leuchtete immer wieder erschreckte Gesichter aus; der dünne Lichtstrahl half mir, Bahn zu brechen. In der Garage selbst waren einige Fackeln aufgesteckt; sie brannten und blakten gegen die niedrige Decke, warfen schwarze, unscharfe Schatten auf graue Wände. Automobile aus dem anscheinend unerschöpflichen Fahrzeugpark der Regierung hatte man in die Ecken geschoben, um Platz für die Aufstellung freizumachen. Abteilungen warteten schon, Rotten rückten aus der Nacht heran, Befehle, Klirren von Metall auf Metall, Schritte, Stampfen. jahrhunderte wichen zurück; inmitten der sich zum Aufbruch rüstenden Männer fand ich mich nach Hellas versetzt.

Einer stellte sich zum anderen, setzte den Stahlhelm auf, zog die Sturmriemen unters Kinn. Waffen wurden hochgenommen und polterten dumpf. Durchladen und sichern. Dann warten, keine großen Worte, überhaupt keine Worte. Ich stand beiseite und schaute zu; das Herz ging mir auf. Einen jeden hätte ich bergen und fünfhundert Meilen weg versetzen wollen - hinweg über die Feuerlinien, durch welche sie alle, so wie sie hier waren, hindurchmußten. Jünglinge, eher noch Knaben, lang, schlaksig, mager, mit großen Augen, deren Weiß aus graubestäubten Gesichtern Fragen strahlte, die keiner beantwortete. Neben ihnen Zerschossene, Gezeichnete - alle, Junge und Alte, kampferfahren. Angegriffen von Tagen und Nächten, in denen sie fast ununterbrochen am Feinde gewesen waren; bereit, dieses nochmals auf sich zu nehmen, als sei es selbstverständlich und notwendig. Keinen kannte ich nach dem Namen, jeder wuchs mir ans Herz. Sie nahmen das Schicksal auf sich, in sich auf, als sei es ein Trunk Wasser. Würde es einmal einen geben, der ihrer gedachte, ihnen dankte, daß sie starben, weil sie und obgleich sie für ein Nichts starben. Die Dreihundert des Leonidas an den Thermopylen retteten durch ihren Tod. Diese hier retteten nichts mehr, nicht einmal eine

Erinnerung.
Blicke, auf einen Fleck gerichtet und doch nach innen gehend, schmale zusammengepreßte Lippen - Männer ganz Uniform, ganz Waffe, ernst, der Vollstreckung gegenwärtig - und kein Heroismus dabei.
Idealistisch-hippokratische Übersteigerung?
Die Männer waren dreckig, ungewaschen seit Tagen, saurer Schweißgeruch, ungewechselte Unterkleidung, zerrissene, zerschlissene Röcke und Hosen, eingefallene Wangen, lange Bartstoppeln, Mief, Ausdünstung, trockene Lippen, über die die belegte Zunge fuhr, um sie noch einmal anzufeuchten.
Deshalb, ja deshalb kamen sie mir nie aus dem Gedächtnis - Verlassene, deren Los Vergessenheit war.
Der Kommandeur und der Stabschef kamen; ich löste mich von meinem Platz und trat zu ihnen.
„Doktor, kümmern Sie sich auch um die Frauen. Sie gehen mit uns."
Die Sekretärinnen Hitlers und Bormanns unterstanden unserem Schutz. Ein kurzes Kommando; zwei- oder dreihundert Männer, Norweger, Belgier, Deutsche, Franzosen der Division „Charlemagne", formierten sich zur Spitzengruppe.
Kellerfenster wurden geöffnet; einer nach dem andern stieg hinaus, verharrte dicht an die Mauer gedrückt, bis alle herausgekrochen waren. Dann hetzten jeweils fünf bis zehn Mann in kurzen Sprüngen über den Wilhelmplatz hinweg zum Eingang des Untergrundbahnhofs Kaiserhof neben der Ruine des Hotels.
Der Platz war von Bränden feuerrot erhellt, Wolken beizenden Dampfes trieben über ihn und brachten uns zum Husten. Wenn Russen irgendwo in den schon lange ausgebrannten, dunklen Ruinen saßen, konnten sie uns gut ausmachen und wie Hasen auf der Treibjagd abknallen. Doch nur entfernter fielen Schüsse, keiner galt uns. Wohlbehalten und in der befohlenen Ordnung tauchten wir nach Wegräumen von Hindernissen in den U-Bahnschacht und in eine für die vom Feuerschein geblendeten und vor Qualm tränenden Augen doppelt undurchdringliche ägyptische Finsternis. Nirgends, aber auch nirgends ein kleines Licht. In enger Tuchfühlung, fast zu einem Knäuel gedrängt, aber doch vorwärts strebend tasteten wir uns die Stufen hinab und stießen unten auf dem Bahnsteig auf eine Mauer schweigender Menschen. Wir hüben, sie drüben hielten den Atem an.
Waren die Russen schon hier, warteten sie auf uns? - dachten wir. Kommen die Russen von oben auf uns herunter? - befürchteten sie. Erstarrung auf beiden Seiten. Welches Glück, daß niemand aus Angst schoß. Endlich wagte es einer, knipste die Stablampe an und ließ sie

in weitem Bogen kreisen. Wir sahen: es waren die Unseren, Berliner, die im U-Bahnschacht vor den Kämpfen Schutz gesucht hatten! Wir riefen einander zu : „Sind schon Russen dagewesen?"
„Nein, noch keine!" -
„Oben?" „Nein, auch noch nicht!" Sie ließen sich wieder auf dem Bahnsteig nieder und warteten weiter.
Wir wichen ihnen aus, indem wir auf den Geleiskörper hinabstiegen, auf dem nur wenige Menschen waren. Dort sammelten wir. Denn jetzt gings ins Ungewisse. „Taschenlampen aus!" Schwärzeste Nacht. Wir hoben die Füße kaum, der Schotter rollte unter den Schuhen, man stolperte über Schienen, ging in die Knie, hielt sich am Nebenmann fest und wurde weiter mitgezogen wie in einer Herde, ohne daß man wußte, wer als Nachbar mitging. Schweigen, in jedem Augenblick konnte von vorne der Anruf kommen „Stoi". Dann würde das große Schießen losgehen. Jeder Schuß ein Treffer! Die wenigen Binden, die ich bei mir hatte, - wem sollten sie nützen?
Ich fürchtete die Spitze zu verlieren, bei der ich doch sein sollte, und auch die Frauen hinter mir, für die ich verantwortlich war. Bald drängte ich nach vorne, wo Männer vorwärtsstolperten, ohne daß einer zu erkennen war, bald griff ich nach hinten, um eine Hand zu erfassen, an der ich eine Frau und mit dieser die anderen hinter mir herziehen konnte. Eine panische Angst ergriff mich. Ich fürchtete, daß der Zusammenhang verloren ging und daß der Ausbruch an meinem Unvermögen scheitern werde. Wir gingen in Richtung Friedrichstraße. Am Bahnhof Stadtmitte wieder Gedränge auf den Bahnsteigen und die gleichen Befürchtungen wie zuvor, als wir aus dem Schlund des Tunnels auftauchten. Jedoch war es hier nicht so völlig nachtdunkel. Es dämmerte ganz schwach; bei Kerzenlicht arbeiteten Ärzte auf einem Verbandplatz in einem Waggon. Wiederum unzählige Menschen auf den Bahnsteigen. Wir ließen die Laternen leuchten, fanden uns zusammen und waren nicht einmal allzu weit auseinander gewesen. Nun Richtungswechsel auf den Geleisen.
„In der Richtung, in die ihr geht, sind die Russen schon", wurden wir gewarnt. Aber gerade dorthin mußten wir. Wieder ging es in einen dunklen Schacht hinein. Die Spitzengruppe von etwa zwanzig Menschen blieb nunmehr dicht zusammen, und die einzelnen hielten sich wie übermüdete Wanderer ganz unmilitärisch aneinander fest. Wiederholt blieben wir stehen, um weiter aufrücken zu lassen. Aber es fanden sich immer weniger ein. Schon die erste Gruppe zerfiel. Wie würde es erst bei den folgenden sein?
Wir konnten nur vermuten, daß sie plan- und befehlsgemäß die Reichskanzlei in den befohlenen Abständen verlassen hatten und den

gleichen Weg einschlugen wie wir. Verbindung zwischen vorne und hinten bestand nicht. Ein Funkgerät fehlte. Daß aber ein Melder sich von den Letzten bis zu den Ersten oder von diesen nach hinten durcharbeiten konnte, das war völlig unmöglich. Jede Gruppe sah sich schnell genug auf sich selbst gestellt. Was als einheitliche Aktion angelegt worden war und als solche allein Aussicht auf Erfolg gehabt hätte, zerfiel schon auf einer Marschstrecke von zwei Kilometern durch Dunkelheit und Menschengedränge in Einzelaktionen. Die Auflösung begann.

Weil wir nurmehr wenige waren, konnten wir besser in Verbindung bleiben und kamen schneller voran; stillschweigend hatte der Kommandeur es aufgegeben, Verbindung nach rückwärts zu halten. Nicht daß wir jetzt ausschritten, wir tasteten uns nach wie vor weiter, hatten aber doch ein Gefühl für den Schotterboden, die Schienen und Schwellen unter unseren Füßen bekommen und erahnten an einer Veränderung des Fluidums seitwärts, wenn wir an die Wand des Schachtes und an die dort laufenden Kabel zu geraten drohten. Zu unseren Häupten dröhnte ab und zu der dumpfe, rollende Donner schwerer Abschüsse, dann erzitterte das Gemäuer, und die Luftsäule vibrierte. Schossen sie erneut auf die Reichskanzlei und die dort Gebliebenen? Hatten sie den Abmarsch bemerkt?

Offenbar befanden wir uns jetzt unter russischen Stellungen; es war durchaus möglich, daß sie durch Luftführungskanäle blindlings in die Dunkelheit der Bahnanlage hineinfeuerten, wie auch, daß sie schon irgendwo vor uns Sperren errichtet hatten und das Vorwärtskommen unserer Gruppe verfolgten. Wir verhielten und lauschten; ein Arm aus dem Dunkeln vor mir stieß zurück: Halt! - erst allmählich kam der Befehl nach rückwärts durch. Wir standen, atmeten kaum, hörten unter dem Stahlhelm die Pulse im Ohr und suchten sie von Geräuschen zu unterscheiden, die von außerhalb des eigenen Leibes kamen. Wir sicherten mit allen Sinnen, schnüffelten nach fremdartigen Gerüchen, versuchten wie der Fisch im Wasser mit allen Poren Bewegungen zu erspüren. Der Schweiß rann herab.

Anscheinend nichts. - Weiter! Die Hand des Vordermannes zog. - Vorwärts! Einige hundert Meter Schleichen, dann erneutes Sichern. Wieder und nochmals. Endlich, kaum erkennbar, so etwas wie Andeutung einer Dämmerung voraus.

Ein oder zwei Uhr morgens. 2. Mai.

Die Aufstiege zum Bahnhof Friedrichstraße kündigten sich an. Der Zeit nach konnten wir es nicht abschätzen, der durchmessenen Strekke nach mußte es etwa stimmen, obgleich wir uns auch über diese nicht im klaren waren. Leise Verhaltungsmaßregeln. Auseinanderziehen; Schnellfeuergewehre vor, Pistolen heraus. Entsichern. - Pirschen. Eine kurze Strecke, dann wieder Halt. Vorne fiel ein dunkelgrauer Schein von links oben schräg herein; nicht daß er erhellt hätte. Er war nur zu bemerken. Drei Mann vor; erkunden, ob Aufstieg frei. Konnte der Gespenstertrupp, der drei Stunden zuvor zu Durchbruch und Kampf angetreten war und sich jetzt fast schon auf der Flucht ins Ungewisse befand, aus dem U-Bahn-Schacht auftauchen und sich oben auf der Straße den weiteren Weg suchen? Die Meldung „Treppe frei“ kam zurück. Wir rückten nach; einer nach dem anderen, dicht an eine Wand gedrückt, schlichen wir die Stufen hinauf. Oben in der Halle atmeten wir die kühle Nachtluft mit ihrem brandigen Beigeschmack in tiefen Zügen ein. Die Straße war, soweit wir sie überblicken konnten, menschenleer. Auch hier über den Ruinen ein lohgelbroter, flackernder Himmel, der halbwegs erkennen ließ, ob sich in der Nähe etwas rührte. Nirgends Bewegungen oder Geräusche von Menschen. Die Brände waren weit entfernt, zum Stadtinnern hin und in der Richtung, aus der wir unter der Erde her kamen.

„Nicht auf die Friedrichstraße hinaus, nicht über die Weidendammer Brücke“, erging der Befehl. „Auf alle Fälle zusammenbleiben. Wir gehen auf dem Steg über die Spree.“ Spähte man um die Ecke, dann sah man ihn zur Rechten unzerstört über den Fluß gespannt, der sich im Flammenschein spiegelte, als sinke die Sonne und verbreite Abendrot. Leise plätscherte das Wasser in kleinen Wellen an der Ufermauer. Man konnte es zwischen den Abschüssen hören. Zur Linken ragte die starke Bahnhofsmauer, gekrönt vom breit gezogenen und in seinen Strebungen vielfach zerrissenen Dach der großen Halle, deren Fensterscheiben alle zersprungen waren. Zum letzten Male kurzes Sichern nach allen Seiten. Nichts Verdächtiges; nirgends Deutsche, keine russischen Posten. Im Trab an der Bahnhofsmauer entlang, quer über die Straße. Klappernde Schritte auf den Eisenstufen des nicht einmal zwei Meter breiten Steges. Stacheldraht und Hindernisse auf ihm, die ihn sperren sollten, wurden schnell beiseite geräumt. Eilends ging es in langer Kette durch die schmale freigemachte Lücke. Geduckt liefen wir, immer wieder durch Drahtsperren behindert, über das Wasser. Schnell, so schnell es nur ging; denn ob geduckt oder aufrecht, hätte nur einer irgendwo gesessen und beobachtet,dann hätte ihm die Reihe der über rötlichesWasser eilenden und sich über den Steg hinweg tastenden Schatten nicht entgehen können.

Aber es beobachtete oder wachte keiner - wenigstens jetzt noch nicht. Ohne daß ein Schuß auf uns abgegeben worden war, kamen wir alle hinüber. Es schien partout nicht möglich, der Gefangennahme auf sonstige Weise zu entgehen.

Blutend und voller Rißwunden, geprellt und zerstoßen eilten wir auf der anderen Flußseite die Stufen hinunter und fanden uns erschöpft, aber vor Einsicht geschützt, in Haus- und Kellertrümmern. Köstliches kurzes Erholen. Die Frauen waren mitgekommen und hatten den Männern in nichts nachgestanden. Nach kurzer Pause ging es weiter. Allgemeine Richtung „Norden".

Der Pfad, den wir jetzt betraten, war völlig uneinsehbar und offenbar von Pionieren durch ein ganzes Stadtviertel gebrochen in der Absicht, im Häuserkampf Männer und Munition schnell von einem Platz auf einen anderen zu bringen. Er benützte Hinterhöfe, Keller, Wohnungsdurchbrüche, schlug Haken um Ruinen, verlief längs einer schmalen Gasse und wand sich dann auf und ab wieder durch Trümmer und Gemäuer. Der Weg wirkte wie verloren und war dennoch nicht zu verfehlen.

Er war kaum mannsbreit, und wir gingen im Gänsemarsch. Auch hier nirgends Menschen in den von Menschenhand errichteten und in der Not zu Höhlen verdorbenen Hauswerken. Niemandsland - vielleicht vor wenigen Wochen noch Unterkunft für Deserteure und Versprengte und in einigen Wochen wieder Fluchtstätte der Flüchtlinge, die die Rote Armee suchte. Jedoch bestand keine Gefahr, daß wir in diesem Irrgarten überfallen wurden. Wir gingen langsam, fast unbesorgt, und entdeckten auf einmal, als wir eine von einem Durchbruch angeschnittene Wohnung durchqueren wollten, im Schimmer einer Kerze Philemon und Baucis in der Einöde. Blick durch einen türlosen Eingang in eine Küche, dicht nebeneinander auf zwei Stühlen an einem Tisch ein altes Ehepaar. Die beiden waren, als sie uns kommen hörten, erschrocken eng zusammengerückt; er schirmte mit zitternder Hand die im Windzug flackernde Kerze ab, damit ihr Schein nicht auf sie fiel und sie beleuchtete. Aufatmen auf beiden Seiten, Freude bei ihnen, daß Deutsche vorbeikamen. Nein, sie wollten nicht mit, jetzt nicht mehr. Weshalb auch, hier hatten sie ein Leben lang zusammen gewohnt, und die Kinder waren fern. „Russen?" „Nein, noch nicht." Sie reichten jedem vom kalten Herde aus einem Topf einen Schluck Wasser. Wir drückten zwei alte, knochige Hände und ließen sie zurück bei sich, mit sich.

Sorgsam bemüht behielt ich die führenden Offiziere vor und die vier Frauen hinter mir im Auge, während wir weiterhin von Deckung zu Deckung hasteten und über einen Hof setzten, in Keller eintauchten, dann wieder Treppen hinaufstiegen und zu ebener Erde von einem Haus in ein anderes übertraten, Vordämmerung. Wir lernten sehen, wie die Ratten sehen. „Nicht nach links abweichen", rief Mohnke, „dann kommen wir zu nahe an die Charite, die von den Russen be-

setzt ist. Mehr rechts halten, dann müssen wir auf der Invalidenstraße herauskommen."
Aus der Gruppe derer, die den ganzen Weg mitgehalten hatten, stieß jetzt ein Oberstleutnant zu mir vor, der sich auf einen festen Stock stützte. „Nanu", sagte ich erstaunt, weil ich ihn nicht erkannt hatte und er seinen Namen nannte, „ich hatte Ihnen doch gesagt, es sei für Sie besser, wenn Sie in der Reichskanzlei blieben." „Ich wollte aber nicht", erwiderte er, und reichte mir die Hand zum Pulsfühlen. Ich zählte; der Puls schlug langsam und kräftig. „Gratuliere", konnte ich nur sagen, „gestern noch halbtot und heute wie ein Jüngling. Hoffentlich bleibt es dabei." Vor einigen Tagen war er mit Anfällen des furchtbarsten Herzjagens, die ich jemals gesehen hatte, schwer kurzatmig und fast erstickend angebracht worden. Jeden Tag zweimal hatte ich ihm Strophantin spritzen müssen, um das Herz wenigstens zeitweise zu bändigen. Jetzt war er mit uns mitgelaufen; man merkte nichts mehr von der Störung. Und es blieb so. Wir gerieten zusammen in russische Hand und blieben dort noch mehrere Monate ungetrennt. Er war wiederholt schwer krank, und die Vernehmungsoffiziere bereiteten ihm Aufregungen. Die Anfälle von Herzjagen aber, woran er hätte zugrunde gehen können, blieben aus.

Das Trümmerviertel war durchquert; der Durchbruch endete an der Invalidenstraße, die senkrecht zu unserer bisherigen Marschrichtung verlief. Mohnke und sein IA Klingemeier tasteten sich vor, sicherten nach beiden Seiten und schienen zufrieden.
„Einfädeln, an den Häusern entlang nach rechts, bis zur Chausseestraße."

Einmal auf der Straße bemerkten wir, daß Berlin während der Stunde, in der wir uns von der Spree weg mehr unter- als überirdisch vorwärtsgearbeitet hatten, wieder einmal in vollen Aufruhr geraten war. Leuchtkugeln in den gängigen Farben zischten in das Nachtdunkel und kehrten in weitem Bogen zur Erde zurück. Aus allen Himmelsrichtungen suchten Scheinwerfer nach Fliegern; ihre Strahlen spielten miteinander, erfaßten einen Gegenstand, vereinigten sich auf ihn, um sich wieder zu trennen, wenn er sich nicht als bekämpfbares Objekt erwies. Dann senkten sie sich, strichen flach über die Häuser hinweg. Es wurde gleißend hell über unseren Köpfen. Wir erstarrten zu Säulen und preßten uns eng in den Schatten des Hauses, an dem wir gerade vorbeigelaufen waren.
Die Russen waren wach geworden und hatten die Truppenbewegung bemerkt. Die leichten Waffen knatterten, jeder russische Infanterist

schien sein Gewehr oder Maschinengewehr leerfeuern zu wollen. Auch die noch relativ breite und gerade Invalidenstraße wurde von irgendwoher unter Beschuß genommen. Kugeln pfiffen an unseren Ohren vorbei, so daß wir über jedes Mauerstück erfreut waren, das Deckung bot.

Beängstigend aber war das Aufgebot an Artillerie aller Kaliber und aller Gattungen: Batterien, Sturmgeschütze, Panzerkanonen, Panzerabwehr. Einzelne hatten angefangen, andere ermuntert und aufmerksam gemacht, daß etwas vor sich ginge; das Feuer wurde massiert. Schließlich eine ununterbrochene Folge von Abschüssen und Einschlägen!

Die Erde bebte, die Luft zitterte, Pulverschwaden breiteten sich aus und hüllten uns ein. Aber das kostspielige Feuerwerk galt zu unserer Erleichterung nicht uns. Es konzentrierte sich ganz offenbar, soweit man ausmachen konnte, auf die Friedrichstraße, die Spreeufer, die Weidendammer Brücke.

Dort flammte es ununterbrochen auf. Mohnke schrie, aber es hörte sich wie tonlos an: „Die anderen! Sie sitzen drin. Der Russe hat sie auf der Brücke von der Flanke erfaßt und schießt sie zusammen."

Und so war es in der Tat. Während wir an der Peripherie der Schlacht herumirrten, spielte sich an der Weidendammer Brücke ein Drama ab, und Leichenberge türmten sich auf. Wir vernahmen es Tage später im einzelnen, als wir im Lager mit Gefangenen zusammentrafen, die die Vernichtung mit angesehen hatten und ihr entgangen waren.

Wehrlos, von der Seite her über die Spree hinweg - wie beim Scheibenschießen - wurden sie angenommen. Mündungsfeuer von überall. Ein Tigerpanzer rollte auf die Brücke und schoß - nur einen Augenblick. Dann flog er in die Luft und brachte denen Tod, die in seinem Schutz über die Brücke hatten gelangen wollen.

„Dabei ist Bormann draufgegangen", sagten sie, tagelang nachhinein erschüttert von der allgemeinen Vernichtung. „Ausbruch? Daß wir nicht lachen. Hasenjagd!"

So widersnnig es auch klingen mag, so trifft es doch zu, daß der Schlachtenlärm unserem kleinen Haufen Zuzug brachte. Trieb er doch eine ganze Anzahl Versprengter und Vereinzelter, die schon irgendwo untergetaucht waren, wieder auf die Straßen. Sie lauerten, bis sie uns als Deutsche identifiziert hatten, pirschten sich dann heran, ordneten sich ein und liefen mit. Trotz oder gerade wegen der Schlacht, die sich in unserem Rücken abspielte, blieb Mohnke bei dem Plan, nach Norden durchzukomunen, obgleich mit zunehmender Ermüdung sicherlich auch bei ihm die Zweifel am Vorhandensein einer aufnah-

mebereiten Armee Steiner immer stärker werden mochten.
„Hinein in die Chausseestraße und mit aller Vorsicht an der Maikäferkaserne vorbei“, kam es von der Spitze wenige Meter vor uns durch. Bald sahen wir den langgestreckten Komplex anscheinend ziemlich unzerstört auf der linken Straßenseite vor uns liegen, Fanden aber die Straße selbst in Höhe des Haupttors der Kaserne durch eine Mauerbarrikade gesperrt. In ihrem Schutz versammelte sich die minimale Streitmacht und beschloß, hinüberzuentern. Aber drüben, nur etwa 100 Meter entfernt, stand ein T 34 mit abgewandtem Rohr. Als die Reihe der Oberkörper auf der Mauerbrüstung erschien und ausgemacht werden konnte, drehten sich Turm und Geschütz drohend, wenn auch langsam zu uns hin. Wir verschwanden schleunigst wie Max und Moritz, die Apfeldiebe, wenn der böse Nachbar erscheint.
Einer der neu Hinzugekommenen meinte irritiert, ungestraft dürfe selbst jetzt ein russischer Panzer, der uns am Fortkommen hindere, nicht wegkommen. Uniformierter Architekt in einer höheren Baubehörde, wie wir nachträglich von ihm erfuhren, und militärisch etwa in die gleiche Kategorie einzureihen wie ich, hatte er während der ganzen Zeit, die er schon unterwegs war, eine Panzerfaust als einzige Waffe treu auf der Schulter mitgeschleppt und schimpfend die blauen Flecken, die sie drückte, ertragen. jetzt endlich hatte er Gelegenheit, sie auf anständige Weise los zu werden. Unter Assistenz eines kundigen Gefreiten, der sich aber auch nicht mehr ganz voll für die Sache einsetzen wollte, legte er den vorderen Teil des Rohres auf die Mauer, richtete es panzergerecht und drückte mit einem gewissen Zagen, weil er es noch nie getan hatte und über die Folgen nicht recht im Bilde war, ab. Ein majestätischer Flammenstoß fuhr nach hinten heraus, drüben gab es Feuerblitz und Explosion, aber dem Gehör nach lediglich an einer Mauer; denn mit einem trockenen Knall antwortete der T 34 sogleich und sandte eine einzelne Granate über uns hinweg. In stolzer Bescheidenheit trat der Schütze zurück und legte das nutzlos gewordene leere Rohr erleichtert ab.
Wir erwarteten eine erhebliche Streitmacht drüben; sie vermuteten eine kampfstarke Einheit hüben. Beide Seiten legten es nicht auf eine Auseinandersetzung an, sondern ließen es sozusagen bei der Markierung des Standpunktes bewenden. Wir zogen uns von der Sperre zurück und erkundeten einen anderen Weg, der den Durchbruch nach Norden unauffälliger ermöglichte.
Die Nacht streckte sich für unser Empfinden fast unermeßlich; es mochte jetzt drei Uhr sein; Helle brachten noch imer nur Brände, Scheinwerfer und Leuchtkugeln. Sie genügte und gefährdete. Wir gingen zurück und näherten uns wieder dem Kampfgebiet. Die Rui-

nen schluckten ermüdete Männer unserer Gruppe. Beiläufig verschwanden sie, wie sie vorher beiläufig zu uns gestoßen waren. Bald waren wir auf den Kern zusammengeschrumpft, der miteinander die Reichskanzlei verlassen hatte. Eine Detonation, eine einzelne Granatexplosion direkt neben uns. General Ziegler, der vor mir ging, wurde getroffen und zerrissen. Er war sofort tot; wir mußten ihn liegenlassen.

Auch für uns wurde es allmählich zuviel. Wir waren tödlich erschöpft und mußten irgendwo, wo wir vor einem Überfall sicher zu sein schienen, Rast machen. Allesamt recht mut- und ratlos geworden, erwarteten wir von einigen Ruhestunden neue Kraft und Zuversicht. Die Frauen, die wir niemals sich selbst überlassen haben würden, hatten wie selbstverständlich durchgehalten, aber sie taumelten mehr, als daß sie gingen. Ein kurzes Suchen, dann kletterten wir seitwärts der Straße in eine Ruine, von ihr zur nächsten, immer weiter, bis wir nach allen Seiten hin gegen hundert Meter Trümmergelände um uns herum hatten, über welches niemand unbemerkt an uns herankonnte. Auf dem Platz, den wir aussuchten, brannten und qualmten Balken eines heruntergebrochenen Dachstuhls. Wir zerrten weitere herbei, bis ein richtiges und einigermaßen wärmendes Lagerfeuer zustandegekommen war, und warfen uns auf den mit Ziegeltrümmern und Brettern bedeckten Boden. Zu trinken gab es nichts. Obgleich die Lippen rissig und die Münder trocken geworden waren, machten wir uns doch über Fleischbüchsen und Dauerbrot her, würgten einige Bissen hinein und sanken um. Einer von uns zehn übernahm die Wache, aber auch unter den anderen fand kaum einer vor Überanstrengung Schlaf; wir starrten in die Höhe auf Fensterhöhlen und Dachsparren, die sich allmählich und in dem Maße deutlicher vom Himmel abhoben, wie das ferne zuckende Brandgelb in Morgengrauen überging. Mit der Frühe kam die Kühle; Tau, der Brandgeruch aufgenommen hatte, senkte sich herab. Uniformen und Gesichter wurden feucht. Wir fröstelten, bald froren wir, froren mehr und tiefer ins Innere hinein, als man jemals im Winter frieren kann. Die Zähne schlugen aufeinander, ohne daß wir's hindern konnten; wir zitterten und, als wir einander erst sahen, erschienen wir sämtlich, ob Männer, ob Frauen, gleichartige Einheitswesen und kaum noch Menschen. Geschwollene und zerschundene Hände, Gesichter, grau wie die Uniformen, mit Ruß und Asche verschmiert, darin entzündete, gerötete Augen, vor Anstrengung aufgeschwollene Münder, schmerzende Rachen, an welchen Zungen klebten. Rauhe Stimmen, die gleichsam erst angeworfen werden mußten, ehe sie dem Willen gehorchten. Die Rast strengte fast mehr an als Gehen und Schleichen während der vielen verflossenen

Stunden. Müdigkeit und Kühle hatten die Muskeln starr werden lassen; wir fühlten uns vollkommen zerschlagen, und die Bewegungen schmerzten, als wir uns aufrichteten, die Arme um die Knie schlangen und den Kopf darauf legten. Nichts denken, nicht gewahr werden, was ist. Aber die Gegenwart war, trotz des Versuches, ihr zu entfliehen, nicht auszuschließen - Geräusche, Knarren, Ratten, Zusammensturz ausgebrannter Mauern in der Nähe, überall Kriegslärm bis zum Horizont und Zenith.

Kommt das Ende nicht zu uns, dann müssen wir zu ihm.

Deshalb auf und weiter, aus Ruinengründen auf die Straße, auf der Straße zuerst einmal zum „Stettiner Bahnhof".

Wir hatten geglaubt, in diesem Gebiet fast die einzigen zu sein und waren's doch nicht gewesen. Die von der Zerstörung geschaffenen Verstecke hatten nachts Hunderte von Männern von den gefährlichen Straßen gesaugt; jetzt, wo man wieder sehen konnte, spieen sie sie wieder aus. Einzelne, Trupps, Angehörige jeglicher Waffengattung, Offiziere, Mannschaften, Geführte, Führerlose kletterten und schlichen hervor. Sahen sie andere Deutsche, dann sprangen sie, ohne zu sichern, auf die Straße und schlossen sich an. Eine endlose Kette, allerhöchstens zwei Mann nebeneinander, möglichst einzeln hintereinander, nahe, ganz nahe an den Häusern und alle in gleiche Richtung - zum Bahnhof, dann in die Bernauer Straße nach Norden, wo auf irgend etwas irgendeine Aussicht bestand. Keiner führte, keiner folgte, aber alle waren sie gleichen Sinnes; alle wollten eine Chance wahrnehmen, die sie lediglich vom Hörensagen kannten, das sich von Mund zu Mund verbreitet hatte.

Die nächtliche Schlacht war beendet; eine fast märchenhafte Stille, untermalt vom Trappeln unzähliger Tritte, lag in der Luft. Hinter einem Schleier grauer Brandschwaden stieg die Maisonne zaghaft zu einem Himmel empor, der jenseits der Stadt wolkenlos blau sein mußte.

Je näher wir zum Stettiner Bahnhof kamen, desto mehr Männer kamen zusammen. Sie führten noch alle ihre Waffen mit sich und schienen auch bereit, sie einzusetzen, wenn sie überfallen wurden oder sich jenseits einer feindlichen Linie Aussicht auf Freiheit bot.

Aber die Russen rührten sich nicht, sie schickten nicht einmal Flugzeuge über die Stadt. Später erst erfuhren wir, daß der von General Weidling ausgehandelte Waffenstillstand bereits in Kraft getreten war. Keiner von uns wußte es schon, als wir in den großen Sack hineinliefen, den die feindliche Heerführung für diejenigen offenhielt, die an diesem Morgen wieder auf den Straßen erschienen. Es mochten ein- bis zweitausend geworden sein, die vom Bahnhof weiter in die

Bernauer Straße und von dieser nach links abbiegend in die Brunnenstraße mehr sich treiben ließen, als daß sie selbständig gingen. Noch immer eines Feuerüberfalls gewärtig, ließen sie die Straßenmitte frei und hielten sich dicht an die hier weit weniger als im Stadtzentrum zerstörten Häuser.

Köpfe zur Erde gesenkt, zum Teil schon barhäuptig, jedoch Stahlhelme am Koppel, mit hängenden Schultern und beim Gehen einknikkenden Knien strebten sie wie Lemminge in sehr armselig gewordenen, zerrissenen und verdreckten Uniformen mantellos oder auch in lange Fahrermäntel gehüllt einem unbekannten Ziel zu. Gewehre auf dem Rücken, Sturmgewehre vor der Brust, zumeist gepäcklos, manche mit Rucksack. Nicht schnell, nicht langsam, nicht geordnet, aber auch nicht ungeordnet, froh, im Augenblick vom kriegerischen Handwerk befreit zu sein, aber auch bereit, etwas für ihr Leben zu tun. Menschen auf dem Wege zur Masse, jetzt ohne eine Fahne, die etwas versprach. Namenlos wie jene anderen Ungezählten, die in irgendwelchen Löchern der ungeheuren Kampfstadt verblutet waren und nun tot dalagen, des Kriegsgotts riesige Beute, von Schmeißfliegen umschwärmt.

Berlins Norden! Zwischen Prenzlauer Berg, Wedding und Pankow zogen vielfach verästelt die Kolonnen der Auswanderer in Gefangenschaft. Die ehemals „roten“ Gebiete Berlins - nunmehr die Befreiung durch die Rote Armee sehnsüchtig erwartend? Keineswegs. Wer hier wohnte, hatte in Fabriken gearbeitet und schwere Mühen auf sich genommen, um auch nach Luftangriffen den Weg zum Arbeitsplatz zu machen; die Alten hatten sich nicht evakuieren lassen, und die Familien hatten die Kinder nach Möglichkeit bei sich behalten und nicht mit der Kinderlandverschickung nach Schlesien oder Ostpreußen gegeben.

Der Raum war dichter besiedelt geblieben als manch anderer Teil Berlins. Seit Beginn der Kämpfe hatte niemand mehr arbeiten können; wer fabrizierte und produzierte denn noch? Die armseligen Bewohner hatten ohnehin genug zu tun, Lebensmittel zusammenzukratzen und die Keller und Erdgeschosse soweit zu festigen und zu sichern, daß sie einem Nahkampf standhielten. Der seit dem frühen Morgen nicht abgebrochene Zug der Soldaten, die nun schon Stunden währende Feuerpause hatte die Bewohner herausgelockt. In den Fenstern lagen die Alten, an den Türen standen die Mädchen und Frauen, auf der Straße liefen die Kinder herum, wachsam und erschreckt zugleich. Die Frauen waren weit in der Überzahl; aus dem männlichen Geschlecht war der Block der Wehrdienstfähigen herausgebrochen und abgezogen worden.

Sie alle betrachteten gebannt und wie betäubt die ungeordnet Vorbeiziehenden. Keine Faust hob sich, kein Fluch schrillte in die stumme Masse. Kein Weib kreischte hysterisch und verdammend : „Da habt ihr's und recht geschieht's euch." Sie blieben still, Frauen schluchzten und unter Tränen winkten die Mädchen. Immer wieder lief eine in das Haus, brachte Brot, warf einige Zigaretten herüber, andere schenkten kostbares Wasser an die Durstigen. - Sie gaben das Letzte, das sie hatten und selbst bitter benötigen würden. Blicke voll Mitleid her und hin, von Seiten der Soldaten kaum eine scherzhafte Bemerkung, wie sie in besseren Zeiten schnell genug vom Munde ging. Keiner unter ihnen aber auch, soviel ich sah, der bat, man möge ihn aufnehmen, ihm einen Anzug vielleicht des Mannes überlassen, ihn verstecken und im Familienkreis beschützen.
Stummer Dank dafür, daß Arme Armen Gutes taten und ihnen weiterhalfen. Auf einmal war die Umwelt wieder da, man bemerkte Sonnenschein und empfand, daß sich in der Wärme des aufgehenden Vormittags das Frösteln verlor.

Am Humboldthain endete der Marsch, und dort versammelten sich die Anrückenden unter den Bäumen zu großen Haufen. Angehörige der verschiedenen Waffengattungen fanden sich zusammen, und die allgemeine Hoffnungslosigkeit wich; nicht nur die Tatsache, daß man neben Männern stand, deren Tätigkeit man beurteilen konnte, hob den Mut, sondern stärker noch eine respektable Streitmacht, die im Schutze des riesigen Flak-Bunkers aufgestellt worden war: einige Tiger, Sturmgeschütze und gepanzerte Mannschaftswagen, mit Maschinengewehren bestückt. Neben ihnen kampfkräftige Kompanien; Züge und Rotten hatten die Gewehre zu Pyramiden zusammengestellt, Männer lagerten auf der Parkwiese, wurden verpflegt und verhielten sich jugendfrisch, als seien sie im Manöver. Nur eben mal Pause! Der Befehl würde kommen, dann ging es weiter gegen die rote Partei. Das fast unglaubliche Kunststück, seine Leute unentmutigt zusammengehalten zu haben, hatte einer der Abschnittskommandeure fertiggebracht, den Hitler unter Umgehung verschiedener Dienstgrade aus der Reichskanzlei heraus unmittelbar zum blutjungen General befördert hatte. Wenn ich mich recht entsinne, hieß er Bärenfänger und war schon seines Namens wegen den Russen gegenüber richtig am Platze. Aber wichtiger war, daß er seine Untergebenen nicht „verheizt" hatte. Jetzt stand er mit einer Miene, als sei noch längst nicht alles zu Ende, in der Nähe seines Tigers und ließ Generale, Obersten und wen er sonst als Einheitskommandeur und Herrn über einige wehrhafte Männer erkannte, zu sich bitten. Auch zu Mohnke, mit dem wir immer noch in unveränderter „Stärke“ zusammen waren, kam ein Melder und bat ihn zu einer Kommandeurbesprechung. Dieser und Klingemeier, ein Chef und Ia mit völlig leeren Händen, gingen zum Panzer hinüber, bei dem sich auf diese Weise allmählich eine ganze Anzahl hochdekorierter und mit rot-goldenen Generalsspiegeln geschmückter Männer sammelte, die in dem Maße, wie sie sich vermehrten, an äußerer Sicherheit gewannen.

Umdrängt von einer Mauer von Soldaten, Feldwebeln und Offizieren verhandelten sie auf offener Straße. Eine Karte von Berlin ging reihum; sie fuhren mit dem Finger diese und jene Straße entlang, klopften abschließend mit der Faust auf das Blatt und konnten sich allem Anschein nach, trotz imponierender Entschlußfreudigkeit, nicht einig werden. Aber nicht sie waren es, die mein Auge auf sich zog. Ich stand allzu weit entfernt, als daß ich Fetzen des zeitweise hitzigen Gesprächs hätte aufnehmen können. Deshalb sah ich mich unter den Herumstehenden um und hatte auf einmal jene zwei sonderbaren Offiziere im Blick, die mir bereits im Keller der Reichskanzlei aufgefallen waren. Sie standen dem Kreis der Debattierenden so nahe, daß sie zuhören konnten, aber doch so weit entfernt, daß sie einem Mißtrauischen nicht auffielen. Wenn es Schweißhunde waren - und sie musterten den Kreis der Generale so habgierig und besitzergreifend, daß ich davon überzeugt wurde, - dann ließen sie jetzt nicht mehr von der Fährte. Sie würden sich jeden, der dort stand, gesondert herausgreifen und aufpassen, daß niemand verschwand. Im Augenblick hatten sie sie jedenfalls alle zusammen, und es bestand keine Gefahr, daß sich etwa ein einzelner aus der Gruppe löste und sich allein davonmachte. Sie standen nebeneinander, fast regungslos und ohne miteinander zu sprechen, aber sie nahmen Witterung auf.

Täuschte ich mich? Machte ich mir etwas vor? Sollte ich etwas unternehmen, unsere Leute auf sie aufmerksam machen, nur um sie von Rasenden gelyncht zu sehen? Ich schwieg und kehrte zu meinen vier weiblichen Schutzbefohlenen zurück. Sie hatten es sich auf dem Rasen bequem gemacht und warteten wie alle anderen auf die Entscheidung der Ratsversammlung.

Was als Kommandeurbesprechung begonnen hatte, wobei der Dienstjüngste zuerst, der Ranghöchste zuletzt zu sprechen und dann die Entscheidung zu treffen hatte, endete als Palaver. So sehr einige Jüngere, die wie auch wir vom eingetretenen Waffenstillstand nichts wußten, sich für Wiederbeginn des Kampfes und den Durchbruch nach Norden aussprachen, obgleich keiner wußte, wo die Russen eigentlich standen, so sehr waren die Älteren dagegen. Sie hatten sich von der Sinnlosigkeit weiteren Schießens und Tötens, eines bloßen

„mort pour mort“ überzeugt. Überlegung und Vernunft, ein Blick auf die Menschen ringsum und schließlich der Zweifel, ob es ein Deutsches Reich überhaupt noch gab, ließen ihren Willen zu einer nochmaligen, im Grunde doch nur demonstrativen Abschlußaktion erlahmen. Sie sprachen auf die Andersgesinnten ein. „Wollt ihr den Motor nur noch um seiner selbst willen laufen lassen?“ Schließlich ergaben sich auch diese in das Unvermeidliche, das bedrohlich, lebensbedrohlich genug werden würde.

Sie kapitulierten vor der Logik der Niederlage. Der einzige Befehl, der schließlich erteilt wurde, war der, die Handwaffen zu vernichten sowie Panzer und Geschütze verwendungsunfähig zu machen.

Der folgenschwere Befehl wurde exerziermäßig ausgeführt; die Gruppen traten an und nahmen die Gewehrpyramiden auseinander. Jeder Mann ergriff seine Waffe und zerschlug sie am Bordstein der Straße. Einige Handgranaten, in kräftiger Wut geworfen, explodierten am Beton des Bunkers, die Patronen wurden in die kleinen Bachläufe des Parks geworfen oder in Ruinen verstreut. Auf welche Weise die Geschütze unbrauchbar gemacht wurden, kann ich nicht angeben, da mir in dieser Hinsicht die Kenntnis des Fachmannes fehlt. In früheren Zeiten einfacherer Kriege pflegten Kanonen vernagelt zu werden. Auf jeden Fall aber wurden Geschütze und die Motoren der Fahrzeuge in jener Stunde nachhaltig und unwiederherstellbar beschädigt. Als einzige Waffe behielt jeder Pistolenträger seine Pistole.

Das von uns aus den Krieg beendende Zerstörungswerk war getätigt. Als wir die auf einen Haufen geworfenen Waffentrümmer betrachteten, bedauerten wir sie und uns. Wir waren schutzlos geworden und damit Spielball der Gegner. Was war selbstverständlicher, als daß wir uns nunmehr ein Gehäuse suchten, in das wir einkriechen und in dem wir uns verbergen konnten; denn der große Park war von allen Seiten aus allzusehr einsehbar. Die Neigung, sich dem Gegner darzubieten, war jedem Soldaten durch Vorgesetzte und eigene unangenehme Erfahrungen ausgetrieben worden. Tarnung gehört zum Standhalten.

Der Bunker wurde als Schutzort nicht in Erwägung gezogen; er wäre wegen seiner kleinen Eingänge sofort Gefängnis geworden. Statt dessen sprach sich durch: „Alle hinüber, drüben am S-Bahnhof, Gesundbrunnen vorbei auf das Gelände der Brauerei Schultheiss-Patzenhofer.“ Vielleicht wurde das sogar nicht ohne Hintergedanken befohlen. Ungeordnet setzten sich die Männer in Bewegung - ohne die Verfügung über Waffen bildeten auch Kampfgruppen keine Einheit mehr - und fanden einen recht gut erhaltenen Gebäudekomplex

vor sich mit abgeschlossenem Hof für Bierfahrzeuge, die zum gegenwärtigen Augenblick irgendwo in der Stadt oder Europa herumstanden, mit Hallen und hohen Braugewölben, bei denen ich mich nicht mehr erinnere, ob mit oder ohne kupferne Braukessel, mit Zimmern und einem großen Bunker, der, mit den anderen Gebäuden zusammengebaut, mehrere Stockwerke in die Erde hineinführte.
Auf dem Gelände begann nun bereits eine gewisse Sichtung. Wer nichts mehr zu verlieren hatte, wie die Mehrzahl der ranglosen Soldaten, blieb auf dem Hofe, suchte sich einen sonnigen Platz, streckte sich aus und erwartete die Dinge, die jetzt kommen mußten. Der Schwarze Peter lag nunmehr bei den Russen. Andere hatten mehr zu verlieren oder nichts Gutes zu erwarten. Sie zogen sich weiter zurück, und so füllten sich allmählich die einzelnen Räume des Luftschutzbunkers recht schön an. Die Mitglieder unserer Gruppe gehörten zu denjenigen, die sich möglichst weit zurückziehen wollten. Deshalb stiegen wir bis zum Kellergrund des Betonhauses hinunter, wo sich bereits Generale und Obersten zusammengefunden hatten. Wir streiften suchend und ohne Begehr, mit ihnen zusammen in Feindeshand zu fallen, an ihnen vorbei und fanden schließlich in einem Quergang, durch den sich Wasser- und Heizungsrohre zogen, einen abseits gelegenen fensterlosen Schutzraum, der den Feuerwachen als Unterkunft in der Freizeit gedient haben mochte; denn es standen in ihm mehrere zweistöckige Holzpritschen und einige Spinde sowie ein Tisch mit Hockern. Inzwischen begann die Auflösung des Zusammenhalts, die sich bislang in Grenzen gehalten hatte. Während des Suchens nach einer geschützten Höhle - wir waren unter den letzten, die sich zum Weg in die Brauerei entschlossen - war unseren Augen keine Räumlichkeit entgangen, und wir fanden in ihnen Regsamkeiten unterschiedlicher Art. Es hatte sich herumgesprochen und war wohl von einem Offizier oder Parteimann in Umlauf gesetzt worden, daß der Eid auf Führer und Reich erloschen sei. Jeder, der glaube, wegkommen und verschwinden zu können, solle sich aufmachen. Es sei durchaus wohlgetan, wenn man sich den Russen durch Untertauchen in die undurchkämmbaren Ruinenviertel entzöge. Wer an alles denkt, denkt gut. Einige Hoheitsträger der Partei, bisher noch in Uniform, öffneten ihre Ränzel, brachten Zivilkleider zum Vorschein, zogen sich um und schlugen sich in die Büsche. Russen sah man noch nicht, und so mochte es ihnen gelingen.
Auch ich wurde meines Damendienstes ledig. Ein Oberscharführer der Waffen-SS aus der Reichskanzlei, offenbar Kenner des Ruinengeländes, erbot sich, die Sekretärinnen in den Untergrund zu führen und aus Berlin herauszubringen. Sie folgten ihm und, soviel ich weiß,

gelang die Flucht. Je näher die Stunde der Erkenntnis heranrückte, desto mehr verlor mitgeschleppte Habe an Wert. Man begann Beweglichkeit für den Fall, daß der Augenblick der Gefangennahme doch nicht den letzten des Lebens darstellte, für wertvoller zu halten als konservierten Besitz. Wohin man auch blickte, sah man Männer in Rucksäcken und Koffern räumen. Dosen wurden beiseitegestellt, Hemden, Zweituniformen, Strumpfvorräte an Bedürftige verteilt und sogar geheimer Reichtum sichtbar gemacht. Tüten mit Bohnenkaffee lagen auf einem Tisch, Kognak- und sonstige Schnapsflaschen wurden aus schützenden Textilumwicklungen geschält und unter Beteiligung der Nachbarschaft recht schnell ausgetrunken. Immerhin hielten sich selbst jetzt einige nicht an die ungeschriebenen Gesetze des Gebens und Nehmens. Ohne dem Gegenüber, der die Flasche liebevoll betrachtete, Beachtung zu schenken, leerten sie sie in hastigen Zügen. Die Wirkung blieb nicht aus; sie wurden laut und lärmten. Von einem Augenblick zum anderen lösten sich die Bande der Disziplin, die bis in diesen Unterschlupf hinein überraschend fest gehalten hatten. Einige Grölende torkelten durch die Gänge, bald unangemessen zackig grüßend, bald Offiziere als Hitlerknechte beschimpfend und die Russen herbeiwünschend, um sich ihnen zu übergeben. Keiner legte sich mit ihnen an, aber keiner hielt es auch für zweckmäßig, auf sie Einfluß zu nehmen und wildere Ausbrüche zu provozieren. Demgegenüber still ging es in den Stuben zu, wo sich, ehe alle Illusionen zerrannen, einige Männlein und Weiblein nochmals hektisch zum Lieben zusammentaten. - Noch einmal vor dem Nichtmehr.
Aber ich möchte dies nicht zu sehr betont wissen; die Mehrzahl blieb ruhig und ließ, mit eignen Dingen beschäftigt, am Rande geschehen, was in Stunden eines Auflassens jeglichen Zusammenhanges üblicherweise geschieht. Sie schwiegen, Freunde flüsterten miteinander. Alle warteten. Die Russen, so sagten Zivilisten, die mit den im Hofe Lagernden sprachen und für sie kundschafteten, kamen vorsichtig und leise vorwärtstastend von allen Seiten schwer bewaffnet, aber ohne Panzer, heran und begannen die Brauerei zu umstellen. Schnell sprach sich jede neue Nachricht von draußen auch drinnen herum.
Diese letzte veranlaßte die beieinandergebliebenen Offiziere, die vorher Befehlshaber von Verteidigungsbereichen gewesen waren, zu dem Entschluß, verhängnisvolle Weiterungen, die sich aus einem sinnlosen Zusammenstoß ergeben könnten, zu vermeiden und mit dem Kommandeur des Gegners über eine Kapitulation zu verhandeln. Oberst Clausen wurde, mit weißer Fahne und Armbinde versehen, als Parlamentär abgesandt. Er setzte den Stahlhelm auf das Haupt und ging. Viele Stunden lang hörten wir nichts von ihm und erst gegen

Abend kehrte er zurück. Inzwischen nahm die Aktion bereits ihren Anfang. Kurz nach Mittag war es soweit.
Russische Soldaten betraten den Hof, riegelten ihn zu einem Teil ab und führten diejenigen weg, die sie eingekreist hatten. Das wiederholten sie Scheibchen um Scheibchen, wobei sie sich Zeit ließen, kaum brüllten und nicht übermäßig trieben. Das Geschäft des Gefangennehmens, ohne bedeutungsvolles „Hände hoch", spielte sich allmählich ein, und schließlich machten sogar die einzelnen Soldaten bei ihrem Statuswechsel, wenn auch murrend, mit.
Sogar im Bunker entstand Bewegung; man beobachtete durch die kleinen Fenster, wie die Gruppen abmarschierten. Einige, welche sahen, daß kein Schuß fiel und keiner erschossen wurde, gaben auf und strebten in den Hof hinunter, irgendwie erleichtert und bereit, über den Rubikon zu springen. Um siebzehn Uhr hatte sich der Platz weitgehend geleert. Aber jetzt begann es für die Gegenpartei erst spannend zu werden. Die Gruppe russischer Offiziere, die die Beute inspizierte, wurde größer, anscheinend kamen auch immer höhere Offiziere dazu. Sie spazierten ungezwungen auf dem Hofe umher, wenn auch abgestellte Posten mit der Maschinenpistole im Arm den Rest deutscher Männer und die Fenster der Gebäude wachsam im Auge behielten.
Als auch ich zu einem Blick kam, entfuhr mir unwillkürlich der Ruf: „Aha, ihr Freunde, also wirklich." Unter den Russen ergingen sich im Hofe die zwei „deutsch" Uniformierten, die auf die Landser keinen Blick wendeten, aber lebhaft auf einen stattlichen Befehlshaber einsprachen, wie um ihn zu beruhigen und davon zu überzeugen, daß es außer den kleinen Fischen, die gerade abgingen, noch manche großen im Hause gäbe. Castor wies bekräftigend mit der Hand auf den Zementklotz, in dem wir uns drängten, und Pollux nickte bestätigend zu dem Fingerzeig. Sie wirkten wesentlich aufgelockerter und weniger marionettenhaft als bei den früheren Inaugenscheinnahmen. Und mit einem Male erkannte ich, warum sie mir so graufarben und damit merkwürdig erschienen und aufgefallen waren. Keiner trug ein Ordensband im Knopfloch oder auch sonst nur eine Auszeichnung bescheidenster Klasse - und das im sechsten Kriegsjahr! Die perfekte Verkleidung unserer ständigen Begleiter war in dieser Hinsicht nicht perfekt - oder hielten sie es für unter ihrer Würde, sich in dieser Weise wie die „Fritze" auszuschmücken?
Auch mich hatte Unruhe gepackt; sie ließ es mich im Keller nicht mehr aushalten, und ich machte mich auf, das Haus zu erforschen, um vielleicht eine Gelegenheit zur Flucht auszukundschaften. Zur Hofseite hin bot sich keine Möglichkeit, drum stieg ich zum zweiten und

dritten Stockwerk hinauf, von wo sich ein besserer und weiterer Über- und Ausblick bot. Von einem Fenster an der Rückseite des Gebäudes übersah ich einen Teil der Stadt. Aber es war kaum etwas von ihr auszumachen. Die Luft flirrte vor Staub, der in dichten Wolken in den sich neigenden Sonnenstrahlen spielte. Dahinter war alles trüb wie in Nebel gefaßt, und kaum einige Gebäude der Stadt waren einigermaßen deutlich zu erkennen. Ich kannte mich nicht aus, und es erschien mir jetzt sinnlos, einen Weg aus dem Haus zu suchen und alsbald als einzelner draußen den Russen in die Hände zu fallen. Also, mit den andern zusammenbleiben! Ich trat vom Fenster zurück, taumelte geblendet durch den dunklen Flur und stieß gegen einen dicken Mann. Er rauchte eine Zigarette, trug einen blutverschmierten, ehemals weißen Arztkittel und stand vor einer Tür, die durch ein „Rotes Kreuz“ auf weißem Grunde als Revier gekennzeichnet war.

„Brauchen Sie einen Helfer?“ fragte ich. Er verneinte grob mit der Bemerkung, er sei selbst arbeitslos, und verschwand hinter der Tür, die er mit Nachdruck zuschlug.

Einigermaßen hoffnungslos machte ich mich wieder auf den Rückweg zum Asylraum im Keller. Ich mußte mir zugeben, daß ich mit dem Gedanken an eine Flucht oder besser Entfernung eigentlich lediglich gespielt hatte; es fehlte die Entschlußkraft, ganz allein etwas zu unternehmen, auch wäre es wider alle Vernunft gewesen, in Uniform in einem Viertel Berlins zu verschwinden, dessen Straßennamen ich nicht einmal kannte. In der Tiefe der Seele breitete sich ungestalte Öde aus und blockierte die Herzensregungen. Langsam stieg ich die Stufen hinunter, verharrte auf den Absätzen, um zu erhorchen, was sich im Hause tat, und merkte, daß es schon recht leer geworden war. Die Mannschaften und auch zahlreiche Offiziere hatten in kleinen Gruppen, so wie sie einmal den Entschluß gefaßt hatten, den Hof betreten und waren schubweise weggeführt worden. Offiziere, zumeist mittlerer und höherer Dienstgrade, zogen sich in gleichem Maße, wie das Haus sich leerte, aus den oberirdischen Stockwerken in den Keller zurück. Sie wußten, daß über die Kapitulation verhandelt wurde, und wollten sich den Russen erst ausliefern, wenn der Parlamentär zurückgekommen war. Ehe man sich der „Freiheit“ begab, mußten Vereinbarungen getroffen werden, die auch gewisse Rechte beließen, und keiner wollte, ohne diese garantiert bekommen zu haben, völlig waffenlos in sowjetische Gewalt.

Zu meiner Gruppe aus der Reichskanzlei war inzwischen niemand hinzugekommen; bei ihr herrschte wenigstens in dem Augenblick, als ich mich ihr wieder zugesellte, die Meinung vor, man dürfe sich nicht widerstandslos ergeben. Man dachte daran, im Raume beisammenzu-

bleiben, beim Eindringen der Russen auf sie zu feuern und sich schließlich selbst zu erschießen. Im Grunde behagte mir das nicht; ich war nicht für derlei bindende Entschlüsse, die die eventuell Überlebenden wahrscheinlich bereuen würden. Gab es vielleicht doch mehr Möglichkeiten als gerade diese eine mörderische und selbstmörderische Art des Umbringens aus Prestigegründen. Der vierundzwanzigjährige Obersturmführer Stehr war es, der uns beschwor, ein Ende auf diese Weise zu machen. Andere könnten sich ergeben, rief er, aber wir als Offiziere der Waffen-SS dürften den Tod des Führers nicht überleben und müßten den seinen auch zu dem unseren machen. Vor einigen Wochen zur Ausheilung schwerer Verwundungen in ein Berliner Lazarett gebracht, hatte er sich sofort am Tage „Clausewitz" zum Einsatz gemeldet und in einer der Stellungen an der Reichskanzlei gekämpft. Als der Befehl zum Ausbruch kam, war er zu uns gestoßen, um nun, bitter enttäuscht, zu erleben, wie das geplante letzte Kampfunternehmen schließlich im Keller einer Brauerei versackte.
Obgleich es ihm, dem Abiturienten lediglich mit Kriegserfahrung, nur Verwundung und Verstümmelung eingebracht hatte, war sein Leben so sehr mit dem Adolf Hitlers verschränkt, daß er sich nicht von ihm lösen konnte. Er befand sich in einem furchtbaren Gewissenszwang. Hitler langte aus seiner Grube nach ihm, und er hätte doch gerne gelebt. Er war verlobt und liebte sein Mädchen. Aber nach einem solchen Kriegsende dürfe es ihn niemals wieder in der Heimat erwarten, wiederholte er immer wieder, als ich mich zu ihm setzte, um ihn zu beruhigen und seine Erregung abklingen zu lassen. Für ihn war die Geschichte Deutschlands zu Ende, und es half nichts, ihn darauf hinzuweisen, daß die Deutschen weiterlebten, daß es ihnen verdammt schlecht gehen würde und sie auf keinen verzichten könnten, der schon einmal seinen Mann gestanden habe. - Doch er sah nichts ein und hatte sich bereits von allem getrennt. Um dem Einreden zu entgehen, zog er sich schließlich auf die letzte Pritschenreihe zurück, wo er im Schatten der vorderen Betten wie in einem Verließ eng und fast ungesehen hockte, bis er plötzlich wieder und nochmals auf das obere Bett hinaufkletterte, um, mit dem Kopfe fast an der Decke, auf uns einzusprechen, zu fordern und zu höhnen - ein letzter Fahnenschwenker, über den die Wogen zusammenschlugen, ein Gefolgsmann auf dem Wege nach Walhall.
Ich stieg nochmals zu ihm, um den Schwärmenden, Beschwörenden nicht in solcher Weise abseits von uns bleiben zu lassen und an seinem Tode mitschuldig zu werden. Im Gespräch, das sich schließlich zwischen uns doch noch entspann, brachte ich ihn auf seine Verwundungen, von dort zu einem Bericht über seine Familie. Er zog Foto-

grafien aus der Brieftasche, die wir betrachteten und besprachen, wie das unter Soldaten draußen üblich ist; sie verlieren sich immer tiefer in Erinnerungen, wenn sie auf einem Bilde einzelnes vorweisen dürfen, und vergessen darüber ein gegenwärtiges Elend. Aber das letzte, das er hervorholte, war schließlich doch wieder eines von ihm selbst im Augenblick des Empfanges einer hohen Auszeichnung. Er legte es oben auf die anderen und schnitt weiteres Bereden todernst mit den Worten ab: „Es ist ganz und gar nichts zu ändern. Grüßen Sie meine Braut, falls Sie die Gefangenschaft überstehen." Ich konnte nichts mehr erreichen und fragte mich, einigermaßen verzweifelt, warum ich es überhaupt versuchte. Machte ich mir denn noch immer Illusionen über das Bevorstehende, das wahrscheinlich schrecklicher sein würde als ein schneller, selbstbestimmter Tod? War es nicht falsch, daß man sich als Arzt bis zum allerletzten unabwendbaren Augenblick des sichtbaren Todeseintritts bemüht, ein Leben zu erhalten? Und stand ich hier denn überhaupt als Arzt, hatte er mich denn um Hilfe gebeten und ich mich nicht vielmehr ihm aufgedrängt? War es mir gestattet, in Entscheidungen eines Menschen einzugreifen, die ihn vor sich selbst bestätigten, indem sie ihn den Tod suchen ließen? Ich fühlte, daß er sich in diesem Augenblick über jenen emporhob, dem er den Eid geleistet hatte, und schwieg. Stehr schob die Bilder in die Brusttasche zurück, knöpfte den Uniformrock zu. Es war eine abschließende Bewegung ; ich stand auf, drückte seinen Kopf für einen Augenblick auf den Strohsack nieder und kletterte aus dem Halbdunkel seines Unterstandes wieder nach vorne zu den anderen. Er blieb von jetzt an ruhig liegen, nachdem er seine Pistole gezogen und neben sich gelegt hatte. Als ich zu den anderen trat, wurde ich nochmals vor das gleiche Problem gestellt, mit dem ich nun bis zu dem Augenblick des Eindringens der Russen zu ringen hatte. Die Soldaten hatten das Warten auf die Stunde „Null" oder „X" gelernt; sie saßen auf Hockern am Tisch, auf dem eine Kognakflasche und zwei Blechbecher standen. Sie wurden gefüllt und gingen reihum, ziemlich langsam und eigentlich nur, um zu zeigen, daß ein jeder noch Anteil an den Dingen nahm, die außerhalb seiner vor sich gingen. Militärisches war ihnen in Fleisch und Blut übergegangen; deshalb stand auf einen Wink Mohnkes immer wieder einer auf, um einen Spähgang hinaus zu machen. Aus den aufeinanderfolgenden Berichten wurde erkennbar, daß sich die Räume immer mehr leerten; die Russen waren im Haus und behielten das imperialistische Prinzip des „Divide et impera" bei. Ein hochgewachsener Mann in Diplomatenuniform saß abseits von den Soldaten vornean auf einer Pritsche, zusammengeduckt, weil der Zwischenraum zum Oberbett nicht hoch genug war, und beschäftigte sich damit, auf dem Fußboden verstreute Kaffeebohnen mit den Stiefeln hin- und herzuscharren, einmal dort zu einem Häufchen, dann hier zu einem Häufchen. Er war von Anfang an bei unserer Gruppe gewesen; ich hatte ihn vorher nur dem Ansehen nach gekannt als Verbindungsmann des Außenministers von Ribbentrop zum Führerhauptquartier, als der er seit einigen Jahren zur engsten Umgebung Hitlers gehörte. Es war Botschafter Hewel. Als ich mich an seiner Bettstelle vorbeizwängte, sah er auf, und ich hatte den Eindruck, daß er mich anreden wolle. Schon nach wenigen Worten zeigte sich, daß er weniger mit sich selbst als mit Hitler beschäftigt war. Dieser vibrierte in ihm, und da auch in mir der zerstörte und zerstörende Eindruck, den er an seinem letzten Lebenstage auf mich ausgeübt hatte, nachhaltig wirkte, kamen wir sofort auf ihn zu sprechen. Er war so stark aufgewühlt, daß er manches aussprach, was er zu Lebzeiten Hitlers nie über die Lippen gebracht hätte. Als ich meinte, er sei zuletzt doch wohl krank gewesen, erwiderte er, geisteskrank sei er niemals und bis zu seinem Tode nicht gewesen, auch wenn er die Verbindung zur Wirklichkeit oder besser, den rechten Beurteilungsmaßstab für das verloren gehabt habe, was sich in der Umwelt abspielte und gegen ihn erhob. So habe er fast bis zu seiner letzten Stunde nicht von der Vorstellung lassen können, daß Amerikaner und Russen sich über Deutschland entzweien würden. Dies, sagte Hewel als seine eigene Ansicht, würde ja schließlich auch der Fall sein, ohne daß er sagen könne wann - Hitler jedoch habe den Krieg zwischen beiden Mächten geradezu schon für eine Realität gehalten und noch, als die Reichskanzlei bereits umstellt war, auf die Meldung gewartet, Amerikaner und Russen schössen über seinen Kopf hinweg aufeinander. Ereigne sich erst dies, dann sei der Augenblick gekommen, auf den er so unentwegt gewartet habe; er böte ihm phantastische Möglichkeiten, und er würde aus den Ruinen auferstehen wie der Phönix aus der Asche. Die Trümmer selbst habe er eigentlich gar nicht wahrgenommen; sie bedeuteten nichts gegenüber seinem Sieg im Jahrhundertkampf gegen Bolschewismus und Judentum. Und Goebbels? Ja, Goebbels sei ihm in seinen Vorstellungen gefolgt und habe ihn weiter hinein gesteigert. Bormann, nach seiner Gewohnheit, habe fast unauffällig neben ihm gestanden oder gesessen und gelächelt, wie immer, wenn es sich um Vernichtung handelte. Göring und Himler hätten ihn bereits verlassen gehabt; ersterer habe bei solchen Zukunftsphantasien brav und laut gelacht, letzterer nur den Mund zusammengekniffen und das Böse in seinen Augen, das der Zwicker eher hervorhob als unterdrückte, funkeln lassen.

Er, Hewel, habe den Führer seit Jahren begleitet, fast täglich mit ihm zu Tisch gesessen und an den langen nächtlichen Gesprächen teilgenommen. Er kenne ihn; nein, er sei nicht geisteskrank gewesen, wohl sprunghaft, leidenschaftlich, unbeherrscht und so völlig von sich selbst und seiner Berufung eingenommen, daß es ihm fast unmöglich gewesen sei, in großen Fragen, in denen nur er sich selbst Maßstab war, auf andere zu hören. Der „Hof", der sich um ihn gebildet habe, habe ihn studiert, seine Reaktionen genutzt und danach Kabalen und Intrigen gestaltet, er habe ihn zu Handlungen veranlaßt, die er nicht als gelenkt erkannte, sondern für eigene Entscheidungen hielt. Hierüber erging Hewel sich in einiger Bitterkeit und in Andeutungen, die ihn selbst als Opfer von Kabalen in einem sehr privaten Bereich erscheinen ließen. Er schwieg einen Augenblick, um von diesen eigenen Dingen wegzukommen.

Ja - fuhr er dann fort - zeitweise abwesend, versunken, zurückgezogen, habe Hitler sich in der Öffentlichkeit zufahrend, besessen und getrieben verhalten. Jedoch habe er sich während des Krieges gegenüber früheren Jahren stark verändert. Souveränität und Glanz seien allmählich von ihm gewichen, und Böses, Wildes immer offener zutage getreten. Mißtrauen nahm überhand; der Verdacht, hintergangen, betrogen und belogen zu werden, erstreckte sich auf immer weitere Kreise derer, die ihm gegenüber verantwortlich waren. Dieses Gefühl bemächtigte sich seiner zusehends stärker und fast wahnhaft. Immer stärker habe ihn die Vorstellung verfolgt, seine, ihm von der Vorsehung eingegebenen Pläne würden an Dummheit und Verrat der von ihm Erhobenen scheitern. Doch habe er sich andererseits von den meisten dieser auch nicht trennen können. Zugleich aber habe er allgemein die Verbindung zu Menschen immer mehr verloren, die doch eigentlich das gewesen wäre, was ihn groß gemacht hatte. Das wechselseitige Fluidum sei schwächer geworden, weil Menschen ihm immer weniger bedeutet hätten. Neue nahm er kaum noch an, und auch der Kreis derer, an die er sich hielt, verkleinerte sich. Menschen, Volk bedeuteten ihm, mochte auch Goebbels urbi et orbi anderes verkündet haben, nur mehr wenig, mit Ausnahme der Soldaten, die er ausgezeichnet habe und die ihn an sich selbst erinnerten, an den Gefreiten des Stellungskrieges. Er wolle, meinte Hewel nachdenklich, den Verfall nicht leugnen, der den Sieger früherer Jahre des Friedens und des Krieges zu einem gehetzten Renner machte, dem andere zuvorkamen und dem der Ruhmeskranz in der Wolke des Verderbens entschwand. Aber ein geistig Verwirrter niemals.

Darauf erfolgte dann nach einer Pause, in der er sich wohl erinnerte, daß ich Arzt sei und als solcher Aufschluß und Erklärung suche, die mich erschütternde und erleuchtende Mitteilung von den vielen tau-

send Injektionen, die sein Leibarzt Morell ihm verabreicht habe - in immer dichterer Folge. Habe er sich erschöpft und niedergeschlagen gefühlt, sei eine ungünstige Meldung eingetroffen, dann habe er Morell rufen lassen, nach einer Spritze verlangt und sie erhalten.
Sobald ihre Wirkung eingetreten sei, habe er reden und stundenlang arbeiten können, dann habe er das Nachtleben geführt, in dem sich alle nach ihm richten mußten.
Ich unterbrach ihn und fragte dringend, ob er wisse, um welches Medikament es sich gehandelt habe, sich gehandelt haben könne. Er wußte nichts. Zu Morell habe er keine nähere Beziehung gehabt; auch sei diese Angelegenheit immer höchst geheim behandelt worden, obgleich jeder am „Hofe" über die Injektionen fast ebensogut Bescheid gewußt habe wie über die Brille, die Hitler tragen mußte, mit der er sich aber in der Öffentlichkeit niemals zeigte und mit der er nicht fotografiert werden durfte, oder über die „Führerschreibmaschine" mit den besonders großen Lettern, auf der alles Wichtige für ihn umgeschrieben worden sei, weil er normale Schrift nicht mehr habe lesen können.
Mir fiel ein, daß das Testament, welches Mohnke uns vorgelesen hatte, in diesen großen Lettern geschrieben war.
„Wo ist Morell geblieben?" fragte ich hastig, an einem Gegenstand angelangt, an dem ich selbst heftigsten Anteil nahm.
„Weg, vorausgefahren zum Obersalzberg, wenige Tage vor Hitlers Geburtstag", antwortete er. Damals sei noch nicht entschieden gewesen, ob Hitler in Berlin bleibe oder sich in die „Alpenfestung" zurückziehen werde. Eigentlich hätten alle letzteres erwartet, als er sich plötzlich doch zum Bleiben entschlossen und an seinem Entschluß festgehalten habe. Darauf sei ja auch zurückzuführen, daß die Nachrichtenverbindungen in Berlin so unzulänglich gewesen seien und man zuletzt von der Außenwelt fast abgeschlossen gewesen sei, was Hitler vor Ungeduld fast wahnsinnig gemacht habe.
Ich hörte nur „Morell", hauptsächlich „Morell". - Was mochte er ihm gegeben haben außer Koffein und Pervitin, die ich zwei Jahre zuvor in den „Gold"-Vitamultin-Täfelchen gefunden hatte, als ich aus Mißtrauen gegen diesen Mann diese Täfelchen, die angeblich niemand außer dem Führer erhielt, in einem Wehrmachtsinstitut analysieren ließ. Vielleicht gar Morphium?
„Erhielt er nach Morells Weggang noch Injektionen?" fragte ich. Soviel er wisse, nicht, entgegnete Hewel. Diese Behandlung sei Sache allein von Morell gewesen, und der habe sich nicht in seine Karten sehen lassen. Hitler habe ihm vollkommen vertraut, wenigstens ihm, und jeden anderen abfahren lassen, der ihm mit einer Kritik an Morell

habe kommen wollen. Sogar Brandt sei von Morell gestürzt worden, der mächtige Generalinspekteur für das gesamte Sanitätswesen und frühere Begleitarzt.
Ich überlegte fieberhaft, wer ihn weiterbehandelt haben könnte. Stumpfegger mit größter Wahrscheinlichkeit nicht; er war ihm zu fremd - und Haase? Vielleicht - er würde einem Dritten gegenüber niemals auch nur eine Andeutung darüber haben fallen lassen.
So wage ich nicht zu entscheiden, ob Hitler, der sich mir einen halben Tag vor seinem Sterben vernichtet darbot, wie niemals ein Mensch zuvor und nachher, an Entziehungserscheinungen litt oder an der ihn plötzlich über-wältigenden Erkenntnis, auch nur ein Mensch zu sein, über Millionen andere Menschen den Tod gebracht, ein Unglück verursacht zu haben, wie kaum ein Mensch jemals zuvor - er, der über ein tausendjähriges, drittes und endgültiges Reich der Deutschen zu den Ewigen hatte emporsteigen wollen. Das Gespräch wandte sich dem Botschafter selbst zu; er hatte vor nicht langer Zeit geheiratet, aber von Hitler bei der Verabschiedung in der Reichskanzlei das Versprechen abgenommen bekommen, sich im Augenblick der Gefangennahme durch die Russen das Leben zu nehmen, damit er nicht in die Lage geriete, unter Zwang und Bedrohung etwas Ungünstiges über ihn auszusagen. Als Zeichen dessen - letzte Auszeichnung? hatte Hitler ihm eine Blausäurekapsel in die Hand gegeben. Er zeigte sie

Heute weiß ich, wie naiv ich damals war; denn ich bedrängte ihn mit aller Heftigkeit, er möge sich sein Leben nicht nehmen. Was er an Wissen mit in den Tod nehme, würden andere vorbringen. Die Russen würden sowieso das für sie Wichtige erfahren, aber für uns, für uns Deutsche sei es wesentlich, von ihm über Geschehenes Kenntnis zu erhalten. Er wisse besser, er wisse mehr - er habe das Urteil nicht verloren. Auch ihn konnte ich nicht überzeugen. Er winkte ab.
Ich drang nochmals in ihn; er habe doch einen Diplomatenpaß - er hatte ihn mir zuvor gezeigt -, diesen müßten die Russen, wenn sie sich an die international üblichen Regeln hielten, doch beachten. Wahrscheinlich würden sie ihn lediglich internieren, und es könne ihm besser gehen als uns. Nach einiger Zeit würde er heimgelassen werden, heim zu seiner Frau und dem Kind!
Er sah mich an - mit dem Blick eines Besserwissenden und legte sich auf die Pritsche zurück, die als erste nahe unter der Lampe stand. Er lag lang hingestreckt und hatte die Pistole in der Hand - wie hinten, im Dunkeln - sein Bruder Stehr.

Während des langen Gespräches war die Abenddämmerung aufgezogen; der Kundschafter meldete, daß der letzte Raum voraus leergeworden war. Da nun der unsere abseits der anderen gelegen und durch ein Gewirr von Heizungs- und Wasserrohren gleichsam versteckt war, gab ich mich auf einmal im Stillen der Hoffnung hin, daß wir vergessen und übersehen worden seien, daß wir nur eine Nacht zu überstehen brauchten, um dann am nächsten Morgen nochmals aufbrechen und endgültig, der Freiheit entgegen, im Chaos der Großstadt untertauchen zu können.
Träume! Draußen vorsichtige, sichernde Schritte, einer vor den anderen gesetzt, Warten, dann ein nächster, Stille, ein nächster. Das galt uns; wir waren die letzten in der Reuse. Man erwartete einen wilden Verzweiflungsakt und kam mit äußerster Vorsicht heran. Wir standen auf, stellten uns bereit und entsicherten die Pistolen. Auf einmal war es, als ob wir uns alle abgesprochen hätten, und auch mir schien es, als hätte ich niemals etwas anderes empfunden: Schießen bis zur vorletzten Kugel und die letzte für mich selbst. Keine andere Entscheidung als die der anderen. Gott helfe in der letzten Sekunde dieses Lebens.
In der Tür erschien zunächst ein Arm mit weißer Binde und dann ein Mensch, unser Oberst Clausen, der Parlamentär, der mit dem russischen Oberkomando die Übergabebedingungen abgesprochen hatte. Die Pistolen senkten sich, welch ein Glück, daß niemand voreilig geschossen hatte. Clausen sagte an, wie schon vorher in anderen Stuben, die Kapitulation - oder war es der Waffenstillstand? - sei ausgesprochen, die Deutschen gingen mit allen Ehren in Gefangenschaft. Wir dürften die Waffen behalten. Knisternde Stille. Wir standen einander gegenüber; er bat ohne Worte um Vertrauen und um Anerkennung der Lage, bis wir uns beugten, die Pistolen sicherten und die Magazine herausnahmen. Das wenigstens hatte ich inzwischen bei meiner Waffe gelernt.
Dieser Oberst Clausen starb wenige Monate später in Gefangenschaft. an Hungerdystrophie. Er war ein besonnener und ruhiger Mann, der durch sein Verhalten am Kapitulationstag manches Opfer vermied, jedoch nur an diesem einen Tag. Ich blieb bis zu seinem Tode mit ihm zusammen und konnte ihm behilflich sein. -
Dem Parlamentär folgten ein russischer Offizier und vier Soldaten. Als sie den Ausgang verstellten, krachten unmittelbar hintereinander zwei Schüsse im Raum.
Hewel hatte sich die Pistole an die Schläfe gesetzt und, während er die Blausäurepatrone zerbiß, auch abgedrückt. Ich sprang zu ihm; er war tot. Ich sah es mit einem Blick und hatte es sofort gewußt.

Dann durchfuhr es mich wie ein Blitz, in gleicher Weise - Hewel übernahm es von ihm - hatte Adolf Hitler sich umgebracht. Er zerbiß eine Blausäurepatrone und erschoß sich zu gleicher Zeit. -- Es bedurfte keines weiteren Hinschauens. Ich zwängte mich zu dem anderen in sein Todesverließ. Auch hier blieb nichts mehr zu tun. Stehr lag mit zerschmettertem Kopf auf der Pritsche.
Der Anführer sagte auf deutsch: „Warum? Es war nicht mehr nötig; Sie werden es gut bekommen."
Zwei Tote; das war kein Trost. Der junge russische Offizier - ein Unterleutnant, wie wir dann allmählich lernten - legte Wert auf die gefüllten Magazine unserer Pistolen. Die Waffen selbst dürften wir, so sei es ja zugesagt, behalten. Aber wir könnten uns doch selbst, wie soeben jene beiden, erschießen; dies aber würde das russische Oberkommando sehr bedauern. Der Krieg sei jetzt doch zu Ende.
Er sagte das alles in einwandfreiem, merkwürdig weich klingendem Deutsch, und wir warfen die Magazine auf den Tisch. Es war ja schon ganz egal. Dann bat er uns, voranzugehen.
Unbeachtet drückte sich ein Werkmeister oder Arbeiter der Brauerei im Monteuranzug in den Gängen herum. Ich sagte, als ich an ihm vorbeiging, eilig: „Seien Sie klug, nehmen Sie den Kaffee, der hier herumliegt und bringen Sie ihn Ihrer Frau nach Hause. Damit können Sie sich über Wasser halten." Zugleich drückte ich ihm einen Zettel für meine Sekretärin in die Hand, auf dem ich vermerkt hatte, ich sei unverwundet in russische Hand gefallen. Sie möge, wenn angängig, meine Familie benachrichtigen. Er gab den Zettel wirklich weiter; einige Monate später waren meine Angehörigen davon unterrichtet, daß ich den Kampf um Berlin überstanden hatte. Für Jahre blieb dies die einzige Nachricht.

Oberst Clausen ging als erster. Da wir sozusagen den Zipfel der Wurst gebildet hatten, blieb er jetzt - für weitere Einvernahmen nicht mehr benötigt - bei uns. Vor der Tür hatte sich ein weiteres Empfangskomitee von etwa zehn gut Bewaffneten aufgestellt, die, von den Spuren des Kriegshandwerks bereits befreit, uns ohne erkennbare Rührung in Empfang nahmen, sich teils vor, teils hinter uns setzten und die kleine Gruppe über die Treppe hinauf in den Hof führten.
Dort fiel dem Unterleutnant etwas ein; er ließ uns zu einer Gruppe zusammentreten. Die Geleitmänner bildeten spontan einen Kreis und richteten die Mündungen ihrer Maschinenpistolen in Koppelhöhe auf unsere Leiber. Er fragte nach einem Arzt. Als ich mich als solcher zu erkennen gab, nickte er zufrieden. „Bisher haben wir noch keinen gehabt. Gehen wir." Er verkleinerte die Wachmannschaft um zwei

Soldaten, die er für mich benötigte, und wir gingen in das Haus zurück. Als wir im ersten Stockwerk vor der mir bereits bekannten, mit dem „Roten Kreuz“ gekennzeichneten Tür standen, sprach ich mein erstes Wort als nunmehr Gefangener: „Dürfte wohl leer sein.“ Aber der Unterleutnant wollte sich selbst überzeugen und stieß die Tür auf; vorsorglich steckten die Posten zunächst einmal die Läufe ihrer Waffen in den Raum, dann, als es still blieb, traten wir ein, nicht, wie ich erwartet hatte, in ein Zimmer mit Wasserschüsseln und Feldbetten, sondern in einen niedrigen, sich weithin ins Dunkle erstreckenden und mit Pfeilern abgestützten Vorratsraum. Einige Stallaternen, an Wänden und Pfeilern aufgehängt, blakten schwarz und erhellten ihn nur unzulänglich. Der Boden war bis auf einige schmale Gänge mit Säcken belegt, manchmal nur mit einer Lage, dann wieder in mannshoher Schicht. Ein süßlicher Sud- oder Malzgeruch, wie er im Sommer Brauereien weithin umdunstet, drang fast betäubend auf uns ein, vermischt mit einem anderen, zunächst undefinierbaren Gestank, der alsbald als von Blut, Fleisch, Schweiß und Erde herrührend erfaßt wurde. Alles zusammen prallte wie ein Schlag gegen unsere Brust und brachte mich fast zum Erbrechen. Doch ich sah, als ich mich wieder gefaßt hatte, daß ich mich in meiner ersten Vermutung getäuscht hatte. Der Raum war nicht leer. Auf den Säcken, als seien es Matratzen, abgestützt durch sie wie von Kissen lagen Verwundete. Wieviel es waren, konnte ich im Halbdunkel nicht erkennen; noch weit hinten in dunklen Ecken hörte man Stöhnen und Schmerzensschreie.
Ein fragender Blick zum Russen hin; er hieß mich eintreten, und ich tastete mich nach vorne, wo die Köpfe zweier Menschen im Scheine einer Laterne erkennbar waren, die sich einander entgegenbeugten und an einer Sache zu arbeiten schienen. Ich trat zu ihnen, fand aber nicht, wie erwartet, den dicken Arzt, sondern eine ältere rundliche Frau und einen jungen, etwa fünfundzwanzig Jahre zählenden, mageren Mann damit beschäftigt, das Bein eines Soldaten abzuschneiden, das lediglich an Muskeln und Sehnenfasern hing.
Auch das andere war zerfetzt, und der Verwundete selbst lag in tiefem Schock, bewußtlos, kurz vor dem Ende. Sie sahen mich an, als ich mich zu ihnen beugte, ratlos, verzagt, ängstlich und verzweifelt. Sie arbeiteten, weil sie behilflich sein wollten, aber völlig sinnlos wie in einer Panik. Ich fragte: „Wo ist der dicke Arzt?“ „Weg, einfach weg - seit drei oder vier Stunden“ antwortete die Frau, „wir sind ganz allein und operieren weiter.“ Es stellte sich heraus, daß sie Hebamme war und der junge Mann Medizinstudent im 5. Semester, aber in einer irgendwie undurchschaubaren Weise weil in dieser Zeit eigentlich jeder Mediziner als Angehöriger einer Studentenkompanie in Uniform

zu sein hatte; er trug jedoch Zivilkleidung und hatte sicherlich niemals eine militärische Ausbildung erfahren. Woher konnte er kommen? Diese Frage war im Augenblick unwesentlich. Er versuchte jedenfalls zu helfen.

Ich gab mich als Arzt zu erkennen, blickte auf den Russen und sagte: „Vielleicht läßt er mich eine Weile bei Ihnen; ich bin schon Gefangener. Wir wollen die anderen ansehen; dieser hier stirbt. Hören Sie auf; keiner kann ihn mehr retten." Sie sahen mich erleichtert an; denn weil sie bei ihm offenbar nicht mehr aus und ein wußten, hatten sie sich wie blind in seine furchtbaren Verletzungen hineingewühlt. Sein Blut versickerte in einem Sack gemalzter Gerste; das Fleisch seines Beines saugte sich an das Sackleinen an und klebte an ihm fest - Blut und Bodenfrucht in der Perversion der Vernichtung untrennbar vermischt.

„Kommen Sie", forderte ich sie auf, „wir sehen nach den anderen; vielleicht sind sie glücklicher dran als dieser Arme." Der Student nahm die über seinem Kopf hängende Laterne; der Mann, auf den ihr Licht gefallen war, fiel in völliges Dunkel zurück und starb in ihm, allein. Wir gingen systematisch durch den verließartigen Raum und ließen keinen der ziemlich verstreut Liegenden aus. Es mochten fünfzehn oder zwanzig auf der Straße aufgelesene und hierher geschleppte Verwundete, nicht nur Soldaten, sein. Einige hatten frische Verbände, andere durchblutete alte, unter denen eiternde, stinkende Wunden breit klafften. Weitere waren noch nicht versorgt oder hatten eine Versorgung nicht mehr nötig. Medikamente waren gar nicht vorhanden; einige Skalpelle, Scheren und Pinzetten stellten das operative Werkzeug dar. Auf einem Kocher in einem Topf waren sie provisorisch sterilisiert worden, - jetzt aber schon seit einem Tag gar nicht mehr; denn der kleine Wasservorrat, nicht mehr als eine große Blechkanne voll, war klugerweise als Trinkwasser zurückgestellt worden.

Die beiden Sanitäter, von niemandem an diesen Platz befohlen, sondern von sich aus hierhergeraten, waren voll des besten Willens, so tapfer in diesem Elendsraum, daß im Augenblick eines Augenblicks bedingungsloses Vertrauen zwischen uns hergestellt war. Sie glaubten, daß ich sehr viel könne, - ich wußte, daß sie sich dieser Menschen annehmen würden, solange man sie gewähren ließ.

Ich konnte mir einen jeden nur sehr flüchtig anschauen und nur gefühlsmäßig sagen, was sie bei ihm tun könnten. Sie schauten mich mit leiser Bitte um Hilfe an, aber ich bekam keine Zeit mehr, mich selbst der Verletzten anzunehmen. Die beiden Posten standen am Eingang des Raumes; der Offizier hatte uns nicht aus den Augen gelassen, offenbar besorgt, daß ich durch eine verborgene Falltür verschwinden könne, aber voller Geduld während der Visite. Der Rundgang war

beendet, und wir kamen wieder zur Tür zurück; ich war bei jedem der Unglücklichen gewesen und hatte mit ihm gesprochen. Die Hebamme und der Student baten den Offizier dringend, mich bei ihnen zu lassen und später nochmals gefangenzunehmen; aber er lehnte energisch ab. „Er ist ein großer Offizier, ich muß ihn mitnehmen."
Wir tauschten die Namen, und ich sagte zu dem jungen Manne, falls ich könne, würde ich gern Zeugnis ablegen von Mut, Tapferkeit und Verantwortungsfreude, die er bewiesen habe. Es fiel uns schwer, uns zu trennen, aber ich erhielt von einem Posten einen Stoß und befand mich schon draußen auf dem Flur. Die Tür schlug ins Schloß, und ganz plötzlich fiel mir auf, daß die Beleuchtungsmaschine der Brauerei dank der Männer mit den Monteuranzügen im Keller besser arbeitete als zuvor in der Reichskanzlei. Die Lampen brannten hell; nur im Vorratsraum, der Versteck für die Verwundeten geworden war, reichten sie nicht aus, so daß man aus dem Pferdestall Laternen hatte hineinbringen müssen. Ich Narr, warf ich mir vor, ich Narr, warum hatte ich am Mittag, als ich doch bereits vor der Tür gestanden hatte, den Dicken nicht beiseite gedrängt und selbst nachgesehen. Er hatte Angst dazubleiben und natürlich noch größere, mit einem in meiner Uniform zusammen angetroffen zu werden. Deshalb die grobe Zurückweisung. Schließlich hatte er zwei armen Menschen, die mehr gaben als sie konnten, das ganze Elend überlassen und sich davongemacht. Ich machte mir Vorwürfe und schlug mir mit der Faust an die Stirn. Warum habe ich mich nur hindern lassen. Sie lagen elend herum - und ich hatte faul im Keller gesessen!
Bedrückt trat ich zu den anderen, die auf den Offizier und mich hatten warten müssen. Mürrisch saßen sie auf dem Boden des Hofes, nach wie vor umstellt. Es war Nacht geworden; kein anderer mehr außer den Verwundeten, uns und den Monteuren im Keller befand sich auf dem großen Gelände. Gedämpfter Lichtschein aus einigen Fenstern; der große Block stand schwarz gegen einen hellen Himmel, auf den man mit Scheinwerfern und Leuchtkugeln Siegeszeichen malte. Es wurde nirgends mehr geschossen, statt dessen lag ein dumpfes Brausen wie das eines Bienenschwarms, der sich im Korb zum Ausflug der alten Königin anschickt, über der Stadt. Es berührte mich ungeahnt fremdartig.
Auf einmal hatte man es eilig, uns wegzubringen. Mit hellen Scheinwerfern rollten drei Jeeps in den Hof, leuchteten uns an und hielten. Wir wurden ziemlich kompakt in sie hineingepreßt; nicht einmal alle Posten konnten mit von der Partie sein; sie mußten zurückbleiben. Der Unterleutnant setzte sich in den vordersten Wagen; wir fuhren mit großer Geschwindigkeit ab - zur Kommandantura, wie er uns erläutert

hatte, ohne daß wir ihm Glauben schenkten. Diese schien ziemlich entfernt zu liegen. Wir fuhren ein Stück des Weges zurück, den wir in der Nacht und am Morgen zuvor gemacht hatten, am Stettiner Bahnhof vorbei, über eine andere als die Weidendammer Brücke, irgendwie zur Stadtmnitte und dann weiter südwärts, anscheinend in Richtung Tempelhof. Genaueres konnten wir dann nicht mehr ausmachen, lediglich dies, daß wir in ein halbwegs guterhaltenes Stadtviertel gebracht wurden, welches dicht mit vierstöckigen Häusern bebaut war. Wir fuhren mit voller Beleuchtung, es brauchte nicht mehr abgedunkelt zu werden, und rasten so schnell über Stock und Stein, d.h. über Trümmerbrocken und Granattrichter, daß wir uns mit aller Kraft an den Halterungen festhalten mußten. Die Güte des Automaterials wurde eindringlich demonstriert, aber die Russen wußten offensichtlich nicht daß auch wir amerikanische Jeeps erbeutet hatten und kannten. Nix made in UdSSR - selbst wenn wir ihre Lkw's im Winter Rußlands den unseren vorgezogen hatten.
Auf der Fahrt erfuhren wir auch die Ursache des Brausens; während kein Berliner zu sehen war, feierten die Sieger allenthalben auf den Straßen. „Woina kaputt, Gitler kaputt" - zum ersten Male hörten wir den Jubelruf, der uns dann einen Sommer lang begleitete. Gruppen zogen durch die Innenstadt und sangen, dem Vorsänger nach, mehrstimmig jenes lange, unendlich vielstrophige Lied, das die Kriegsgefangenen später wegen seines Refrains, der wie Leberwurst klang, das „Leberwurstlied" benannten. Betrunkene randalierten eifrig, knatterten mit der Maschinenpistole in die Luft, schickten Leuchtkugeln hoch oder beschäftigten sich in weniger anspruchsvoller Weise so intensiv mit der Lichterzeugung durch Dynamolampen, bis diese versagten und an Mauern zerschellten. Beklatscht und von den Kameraden gefeiert, zogen in der nächsten Straße andere kunstvoll-kunstlose Figuren auf erbeuteten Fahrrädern; weithin warnten ihre Klingeln, wenn sie, des Steuerns nicht mächtig, Genossen und Häusern zu nahe kamen, an denen dann wohl der Ritt auf dem Sattel mitsamt dem Rade ein vorzeitiges Ende nahm.
Berlin - Trümmerfeld der Kämpfe, Rummelplatz des Siegers, Grab der Toten, Tollstadt ungehemmter Triebe.
Gespannt, alle Sinne weit ausgefahren, durchmaßen wir die Stadt und beobachteten ihr nach außen gewandtes, fremdgewordenes Nachtgesicht. Vom Verborgenen erfaßten wir nichts - einige Male schrien Frauen. Abrupt bremsten wir vor einem vierstöckigen Hause, das Posten und Vielzahl taktischer Zeichen als offenbar höhere Militärdienststelle kenntlich machten - die Kommandantura?
Wir fröstelten, als wir, ungelenk geworden, ausstiegen, trampelten auf

der Erde herum und reckten die Arme, um uns zu lockern, und wurden uns dieser Geste nur halbbewußt; denn nun galt es ja wohl!
Aber dieser Tag verlief von Dämmerung an bis zur Mitternachtsstunde völlig anders als angenommen, geplant und gedacht.
Es ging nicht zu harten Vernehmungen in die Keller, sondern über einige Treppen hinauf in eine größere Stube, deren Tür der unabkömmliche Unterleutnant fast achtungsvoll vor uns öffnete mit dem Bemerken, wir möchten uns nach dem langen anstrengenden Tag ein wenig ausruhen. Es war die erste der Überraschungen von dieser Seite; wir erfuhren ihrer noch manche, und sie trugen dazu bei, das Verhalten des Gegenübers uneinsehbar erscheinen zu lassen.
Zusammengetragenes Mobiliar ließ das Zimmer gutbürgerlich-wohnlich erscheinen. Wir setzten uns auf ein Sofa und auf gepolsterte Stühle; einer hatte einen Kamm in der Brusttasche. Er ging reihum; eine Möglichkeit, die während des Kampfes und Marsches in Ehren staubergrauten Gesichter und Hände zu waschen, gab es nicht. Wir schlossen die Uniformkragen, und als der russische Begleiter empfahl, Koppel und Revolvertaschen ab- und auf einen Tisch seitwärts zu legen, taten wir auch dies. Erwartungsvolle Audienzstimmung verbreitete sich, und einer begann sogar flüsternd „Weißt du noch ... ?“ - Es war Günsche, bis gestern Adjutant Hitlers.
Nicht lange, dann erschien ein höherer Offizier; der ihn begleitende Dolmetscher übersetzte seine kurze Ansprache in ausgezeichnetes Deutsch. Der Herr Oberstleutnant sei gekommen, um die Einladung des Chefs des Stabes der Armee zu überbringen. Der Befehlshaber, durch andere Pflichten in Anspruch genommen, bedaure, uns nicht selbst empfangen zu können, versichere uns aber seiner außerordentlichen Achtung.
Einige Minuten später erschien mit einigen Herren seines Stabes der angekündigte General, ein straffer Fünfziger. Da wir auf der einen Seite der Stube inzwischen eine kleine Art von Halbkreis gebildet hatten, formierten sich die Stellungen zwangsläufig gleichsam in Opposition. Nachdem der General uns durch eine kleine Verbeugung im allgemeinen begrüßt hatte, setzte auch er zu einer kleinen Ansprache an, die in gleicher Weise ausgezeichnet übersetzt wurde wie die erste. Zunächst beglückwünschte er sich und seine Truppe, daß sie so ausgesucht tapferen Gegnern wie uns gegenübergestanden hätten. Er freue sich, dabei lächelte er verbindlich, während ich einen bittersüßen Geschmack im Munde verspürte, daß er solche hervorragende Offiziere mit ihren Einheiten gefangengenommen habe. Jetzt sei der Krieg vorbei, Gitler (wieder hörten wir H als G ausgesprochen) kaputt. Der Friede werde kommen, und in diesem würden die beiden

Völker, das sowjetische und das deutsche Volk, erneut zu der alten Freundschaft zurückfinden, die sie seit der großen Oktoberrevolution viele Jahre lang verbunden habe. Es klang aufrichtig; hätte er nicht gemeint, was er sagte, dann würde er uns nicht zu sich geholt haben.
Wir konnten in unserer Lage nichts erwidern, sondern uns nur stumm und abgezirkelt höflich verbeugen. Ob wir aus seinen Worten herauslesen sollten, daß er von unserer Zugehörigkeit zur Besatzung der Reichskanzlei wußte, wollten wir gar nicht näher in Erfahrung bringen. Vorsicht erschien uns von jetzt an - und darüber bedurfte es zwischen uns keiner weiteren Abrede - nicht nur als die Mutter der Weisheit, sondern vielleicht sogar als die des Lebens.
Wider Erwarten war der kavaliersmäßigen Höflichkeit, die wir bisher in Frankreich, Norwegen und Griechenland gegeben und entgegengenommen, aber niemals von einem Russen erwartet hatten, durch die Ansprache noch nicht Genüge getan. Der General, bestrebt, ihr Substanz und Grundlage zu verleihen, lud uns zu unserem unermeßlichen Erstaunen zu einem Essen mit seinen Offizieren.
Nach den großen Anstrengungen des Tages würden wir hungrig sein, übersetzte der Dolmetscher mit fürsorglichem Unterton, und hätten eine Kräftigung verdient.
Hinter ihm wurde eine Doppeltür aufgerissen, und wir betraten zusammen eine große Berliner Diele, in deren Mitte sich eine weißgedeckte Tafel die ganze Zimmerlänge hindurch erstreckte, - voll beladen mit Brot und Butter, mit Platten, auf denen Schinken und Speck angerichtet war, mit Schüsseln voller Fische. Neben jedem Gedeck standen zwei Flaschen mit wasserklarem Inhalt und ein Wasserglas.
Der General an der Stirn-, wir Deutsche an der Längsseite durch je einen russischen Offizier voneinander getrennt, setzten uns. Auf einen Wink kamen weitere Offiziere herein und füllten die freigebliebenen Plätze. In bunter Reihe begannen wir zu tafeln, deutscher Gefangener neben siegreichem Russen, Mann an Mann.
Kein Zweifel; wir griffen herzhaft zu. Weibliche Ordonnanzen mit Kopftüchern, durchaus erfreulich anzusehen, reichten Brot und gossen Quass oder Tee ein. Beide löschten den Durst, der im Laufe eines heißen Tages fast ohne Flüssigkeitsaufnahme groß genug geworden war. Jedoch waren wir unhöflich genug, trotz freundlicher und bald unmißverständlicher Aufforderungen, den Wodka in der Flasche vor uns abzulehnen. Wir mußten befürchten, die Kontrolle zu verlieren und wurden einsilbiger, während sich die Stimmung der Gastgeber steigerte. Die Bemerkungen, daß Woina, der Krieg, und Gitler kaputt seien, wiederholten sich schneller, lauter und lärmender. Immer dringlicher wollte man uns davon überzeugen und zur Zustimmung

bewegen. Sie hoben auffordernd die Gläser, um sie, wenn wir nicht nachkamen, ärgerlich mit einem Schwung in den Mund zu kippen.
Der General überwachte seine Runde. Ehe die Diskrepanz allzugroß und offensichtlich wurde, hob er die Tafel mit den Worten auf, die Deutschen seien müde und sollten schlafen.
Die, gelinde gesagt, aufgelockerte Stimmung der Tischpartner bewirkte eine gewisse Einschränkung der anfänglich minutiös beachteten Höflichkeitsformen. Die andere Seite wollte den Sieg nunmehr ungehindert feiern und schob die Deutschen mit Manneskraft - dawai, dawai, schrien sie - in eine kleine Kammer, die offenbar nicht mehr zu den Repräsentationsräumen gezählt wurde. Der Schlüssel drehte sich im Schloß, draußen rutschte ein Posten die Türfüllung entlang zu Boden. Da blieb er sitzen und bewachte uns. Wir hatten eigentlich ebenfalls nichts Besseres zu tun, als uns niederzukauern und in der Hoffnung auf Schlaf die Augen zu schließen. Aber die mehrfache Wendung des Spiels hatte uns vorsichtig werden lassen, und es blieb zu prüfen: Kann man hier weg, und welche Stücke unserer Habe müssen unauffällig beseitigt werden?
Als erstes Erkundung der Umgebung.
Wir befanden uns im ausgeräumten Dienstbotenzimmer einer typischen Alt-Berliner Wohnung, dessen einziges Inventar ein infolge Vorsommers unbenutzter Kanonenofen darstellte. Das schmale Fenster führte auf einen Hinterhof; nahe gegenüber lagen die Fenster der Nachbarwohnung, unten standen inmitten angehäuften Unrats übervolle Mülltonnen. Säuerlichfauliger Geruch stieg von dort aus wie durch einen Kamin zu den Dächern hoch. Dies mochte hingehen; unangenehmer war, daß der Hof außerdem von eifrigen Muschiks und weiblichen Soldaten der Kommandantur bevölkert war, die das Gebäude bewachten und die zahlreichen, über die Stockwerke verteilten Offiziere und Stabsangehörigen versorgten. Sämtliche Zimmer waren noch hell beleuchtet. Ihr Licht fiel nach draußen auf das enge Hofgeviert, so daß man, ohne beanstandet und zurückgeholt zu werden, das Fenster nicht als Ausstieg benutzen konnte. Der Fachmann für Straßenkampf tastete dennoch nach Mauervorsprüngen und fand keine. Damit wurde Fassadenklettern unmöglich, und es blieb wieder einmal nichts andres übrig, als zu bleiben und sich zu gedulden. An einem Kabel provisorisch befestigt hing eine Glühbirne bis in Kopfhöhe herunter. Man gestattete freundlicherweise auch uns Beleuchtung. Wir nutzten sie zur Überprüfung der Brieftaschen; Soldbücher und sonstige Ausweise mit Namensnennung und militärischen Eintragungen wurden sorgfältig zerrissen und als Papierschnitzel im Ofen abgelegt. Die schmalen Ärmelstreifen vom linken Unterarm mit der

silbernen Stickerei auf schwarzem Grunde, die uns als Angehörige der „Leibstandarte“ auswiesen, folgten. Es schien zweckmäßiger, die Gefangenschaft zertifikatlos fortzusetzen und zukünftige Vernehmer von vornherein auf das zu beschränken, was wir selbst aussagten. Kein Soldat, der nicht gleichsam ein zweites Gesicht entwickeln kann, wird einen Krieg überleben. Dagegen wollten wir Dienstgradabzeichen und Orden auf keinen Fall ablegen. Wir blieben, was wir waren, und Oberst Clausen, der die entsprechenden Verhandlungen ja geführt hatte, bestätigte nochmals, daß das als ganz selbstverständlich erachtet worden sei. Als die Vorsichtsmaßnahmen getroffen und wir entlastet waren, begann die Natur das Recht zu fordern, das ihr jeder von uns mehrere Tage vorenthalten hatte. Auf dem Boden sitzend, den Rücken an die Wand gelehnt, schlossen wir die Augen, senkten das Kinn auf die Brust und verfielen einer nach dem anderen in einen unruhigen Schlaf, aus dem wir jedoch, durch unklare Vorstellungen erschreckt, immer wieder auffuhren. Wenn wir dann schlafblöde oder entsetzt zur Zimmerdecke schauten, leuchtete dort, tröstlich baumelnd, die kleine elektrische Birne mit ihrem glühenden Kohlenfaden; sie war bereits überständig lange in Gebrauch und ihr Glas von Kohlenschmauch dunkel angetönt. Von unten her wurde die Zimmerdecke erhellt. Ihr Verputz war allenthalben abgeblättert. Die Fenster standen auf, und wenn auch die Lichter in den Stuben allmählich gelöscht worden waren, so hatte man die Radios doch nicht abgestellt. Verschiedene Programme mischten sich; Militärmusik, Chöre, Sprecher vereinten sich zu einem undefinierbaren Lärm, der sich mit Hall und Nachhall im Binnenhof staute und mir fast unerträglich wurde.

Kein Russe brüllte nach Ruhe; die Brandung der Geräuschwellen schien niemanden zu stören. Sie hatten allesamt ein gutes Gewissen. Vielleicht jedoch war es lediglich Ausdruck ihrer Selbstbestätigung als Sieger, wenn sie auf diese Weise bezeugten, daß sie nicht nur dem Kriegs-, sondern auch dem Friedenslärm gewachsen waren.

Wir hatten dünne, schäbige Sommeruniformen an; die Mäntel waren an irgendeinem Kleiderhaken hängengeblieben oder auf einem Gefechtsstand zurückgelassen worden. Fröstelnd richteten wir uns gegen Morgen auf, schüttelten Nachtmahre ab und trommelten, von menschlichen Bedürfnissen gequält, mit den Fäusten an die Tür.

Ein verschlafener, aber kollaborationswilliger Posten erschien, begriff die deutlichen Gesten und ging auf die Suche nach dem angeforderten Eimer. Die Teekanne, die er auftrieb und uns zur Verfügung stellte, genügte unseren Intentionen, die wir einigermaßen alters- und dienstgradgemäß verrichteten. Dann schloß er uns, unter Mitnahme der Kanne, wieder ein. Um diese Zeit, gegen fünf Uhr - jetzt kam das

Licht schon von oben; einer nach dem anderen trat an das Fenster und durfte ein Stückchen blauen Himmels ansehen - war über uns noch nichts veranlaßt. Am ersten vollen Siegestag hatten der Oberste und der Geringste ein Recht auf Ruhe. Auch wir dösten noch zwei Stunden vor uns hin. - Um 7 Uhr drehte sich dann aber der Schlüssel im Schloß, und wir wurden herausgelassen. Eine vielköpfige Mannschaft, angeführt offenbar von einem Unteroffizier oder Sergeanten, bemächtigte sich unser. Nicht einmal Reste des gestrigen Liebesmahls wurden uns als Morgenverpflegung dargeboten, und als wir nach den abgelegten Koppeln und Pistolen fragten, meinte der Anführer zwar in der simplifizierten Sprache, in der Angehörige verschiedener Völker sich untereinander verständlich zu machen pflegen, aber dennoch streng logisch und dialektisch geschult: „Wenn keine Patronen mehr, dann Pistolen nicht nötig. Wenn Pistolen, dann wieder Patronen und ‚bum, bum'." - Dabei zeigte er auf seinen Kopf, nicht auf den eines der Unseren. Er schätzte also die Wahrscheinlichkeit, selbst angegriffen zu werden, höher ein als die Möglichkeit, daß sich einer von uns das Leben nahm, was ihm offensichtlich völlig gleichgültig war.
Wir protestierten und verlangten einen aus der Schar unserer gestrigen Gastgeber zu sprechen. Diese wollten sich verständlicherweise unrasiert nicht sehen lassen, und keiner folgte der Aufforderung. Statt dessen wurde die Anzahl der Beschützer vergrößert und ihre Übermacht drängte uns die Treppe hinunter zur Haustüre, vor welcher ein offener Lkw wartete. Er bot mehr Platz als die Jeeps am Abend zuvor, so daß wir zwar nicht bequemer sitzen, aber ein jeder von mehreren Posten beobachtet werden konnte.
Als wir auf die Abfahrt warteten - denn der Sergeant war nach der Verladung nochmals in das Haus zurückgekehrt, um sich offenbar die Transportpapiere geben zu lassen - verdichtete sich in uns der Eindruck, daß wir die Henkersmahlzeit bereits eingenommen hatten.
Der Wagen ruckte gewalttätig an; wir fielen aufeinander, und die Posten verloren für einen Augenblick Gleichgewicht und Überblick, was sie zu lautstarken Entrüstungsäußerungen veranlaßte, dann ging es in gemäßigtem Tempo durch die Stadt. Bald waren wir mitten drin und hatten also die Nacht gar nicht weit außerhalb verbracht. Wir schienen sie wiederum von Süden nach Norden zu durchqueren und schauten um uns, weil alles beachtenswert und wert erschien, der Erinnerung einverleibt zu werden. Riesige Flecken der Zerstörung überall, auch in den Neben- und Seitenstraßen, in welche man einen Blick werfen konnte, dann wieder Inseln der Unversehrtheit, wo selbst die Fensterscheiben in den Häusern ganz geblieben waren. Keine Brände mehr, wenn auch Rauchwolken fast senkrecht zum

Himmel von breiter Basis aufstiegen; kaum ein Windhauch also. Die Sonne, die langsam höher stieg, während wir sie fast zur Rechten hatten, konnte den Dunst durchdringen, konnte wärmen. Wir fühlten ihre zunehmende Kraft; sie schien auch für uns. Ganz leise, verborgen gehalten und fast ängstlich ins Herz zurückgedrängt, keimte ein kleines Glücksgefühl darüber auf, daß die Kriegsfurie sich endlich ausgetobt hatte. Vorbei wenigstens war die Zeit, in der man bei jedem Schritt auf den Alarm oder von Wegstück zu Wegstück auf einen Keller achten mußte, der Unterschlupf bot, wenn die Sirenen aufheulten. Von der Angst hiervor waren die wenigen, armseligen Menschen Berlins befreit, die sich vorsichtig auf den Straßen bewegten und den heiteren Russen auswichen, wo sie konnten. Neue Furcht vor unberechenbaren Eingriffen durch sie hatte die früheren Kriegsängste schnell verdrängt. Wir Vorbeifahrenden erblickten freilich davon nichts; große Soldatengruppen flanierten durch die Straßen; laut in der Freude über das Ende der Gefahr und in animalischer Lust an dem feinen Leben in der untertänig gewordenen Stadt. Wie in der gestrigen Nacht, so spielten auch heute viele mit Beutegerät, wie Kinder es tun. Zufrieden gestimmt, voll angenehmer Empfindungen meinten sie es jetzt mit niemandem böse, wenn sie auch Objekte für Tollheiten suchten. Sie rempelten da und rempelten dort, bis die Bogen, die um sie gezogen wurden, immer größer wurden, und die Mütter die Kinder zurückschrieen, die überall in der Welt sich zu Uniformierten, Tätigen, Lauten hingezogen fühlen, deren Spiele sie bestaunen und nachahmen. Kinder gab es zwar wenig genug; diejenigen, die nicht weggeschickt worden waren, hatten Bedrohungen und Schrecken erlebt und verspürten das Entsetzen im Schrei der Mutter, wenn sie sich zu nahe an die Fremden wagten. Es teilte sich ihnen mit, und sie liefen davon. Wir sahen an den Häusern hinauf; verstreut und wirr hingen weiße Laken aus Fenstern, um kundzutun, daß man dahinter überleben wollte. Nicht weit von ihnen, rot oder weiß auf Mauerresten und Trümmerbergen - auch noch zum zwanzigsten April dieses Jahres 1945 - gepinselte Sieges und Gefolgschaftsparolen „Räder rollen für den Sieg!", „Wir grüßen den Führer!".

Schlangen von Menschen drängten sich an den Wasserstellen. Von jetzt an konnten sie ohne Luftgefahr abwarten, daß Eimer und Kannen voll wurden.

Halbwüchsige und Familienväter hielten es bei diesem Anstehspiel nicht aus; sie durchspürten die Ruinen nach brauchbarem Gut zur Wohnungsausstattung und Lebensbereicherung. Noch war ja alles Strandgut und herrenlos. Man sah sie waghalsig zwischen den Trüm-

mern turnen, vorsichtig tastend Böden ausgebrannter Häuser betreten, um Verschüttetes freizulegen und auf Verwendungsfähigkeit zu prüfen. Sie müssen anfangen wie die ersten Menschen, dachte ich.
Überhaupt begegnete uns am hellen Tage abseits der von den Russen begangenen Hauptstraßen auf den stilleren Wechseln im Hintergrunde reges Tun, erstes Anzeichen eines erwachenden Lebens. Überall wurde gescharrt und gekratzt, um zu finden und zu sammeln. Vorerst noch in der nächsten Umgebung und nahe dem Schlupfloch, - aber an den Vorboten, die sich vorsichtig bereits weiter hinauswagten, konnte man erkennen, wie es in wenigen Tagen aussehen würde, wenn die Berliner die Lebens- und Herrschgewohnheiten der neuen Machthaber studiert und bei ihren Unternehmungen in Rechnung gestellt hatten.
Dann würden sie sich bemühen, Fühlung zur Familie irgendwo und zu den Freunden anderswo aufzunehmen. In ausgelatschten und lädierten Leinenschuhen mit Holzsohlen oder in durchlaufenen Lederstiefeln aus besseren Tagen würden sie sich aufmachen. Atemlos unter der Last ihrer Habseligkeiten würden sie laufen, schieben, flüchten, ausweichen, Anrufe nicht verstehen, weinen und schimpfen, um schließlich jemandem glücklich die Arme um den Hals zu werfen oder starr vor einem flüchtig aufgeworfenen Hügel zu stehen, vielleicht auch um weiter zu suchen, Monate, Jahre, das ganze Leben lang.
So würde es kommen; es konnte gar nicht anders sein. Wer unter und mit Bomben gelebt hat, weiß aus Erfahrung, wie sich Menschen morgen und übermorgen verhalten, die heute, nach dem Schrecken, erste Schritte tun. Über Gefahren, die vom Nächsten drohen, werden die aus den Himmeln geschleuderten Höllen alsbald vergessen. Da treten sie dann auf, die Denunzianten aus Rachsucht, Habgier und Geltungstrieb, die trunkenen Soldaten, die gewalttätig über Frauen herfallen, die Kommissare, die bedrohen und quälen. Da ereignen sich Totschlag und Mißandlungen, da werden in Verhören Geschehnisse über nie Getanes erpreßt und in Todesangst andere Menschen preisgegeben. Was folgt daraus? Nichts anderes als: verriegeln, verstecken, verbergen, flüchten, heucheln, sich opfern, geholt werden, hinterlassen, verschwinden, verschollen sein, verenden - unaufhörliche Wiederkehr von Schrecken in mannigfacher Gestalt - und vielleicht Heimkehr irgendwann? -
Während der Wagen schaukelte und stieß, hielt ich mich, den Kopf in alle Richtungen wendend, die ein gesunder Hals irgendwie zuließ, an der Bordwand fest und schaute. Die erzwungene Fahrt trennte mich von allen, die blieben und um ihre Behauptung kämpfen mußten. Wir wurden nutzlos weggeräumt. Vielleicht hätten wir helfen können.

War ein Abspringen möglich?
Meinen Gefährten erging es ähnlich wie mir; sie waren in gleicher Weise wach, vermerkten wie Registriermaschinen, sicherten und erwarteten den einen glücklichen Zufall, der den Sprung vom Wagen, das Untertauchen im Irrgarten der Trümmer zuließ. Mochten sie dann schießen, was sie konnten - vielleicht kam man ungetroffen davon, vielleicht aber traf eine gute Kugel. Doch kein geeigneter Augenblick, keine bergende Ecke, kein unbewachter Platz konnte erkannt und genutzt werden. Keiner warf sich hoch, hechtete über die Bordwand und rief, schon im Sprung, „jetzt, los!".
Berlin war besetzt und wurde immer stärker besetzt. Hinweisschilder in russischer Schrift wurden allenthalben angebracht; Posten patroullierten in den Straßen, Wachen standen vor den Häusern. Militärfahrzeuge waren geschäftig unterwegs - zu den verschiedensten Zwecken, wie zum Beispiel zum Transport wichtig erscheinender Gefangener. Verkehrsinseln hatten sich verzehnfacht. Kräftige Maiden in Uniform standen auf Holzpodesten. Beidhändig agierend regelten sie mit gelben und roten Fahnen einen Verkehrsstrom, wie er in solch urtümlicher Fülle diesseits der Oder allenfalls zur Zeit der Völkerschlacht bei Leipzig anno 1813 beobachtet worden sein mochte. Die Front selbst pflegte der wohlverdienten Ruhe, nachdem sie in ihrem Umkreis bereits Ordnung geschaffen hatte. Panzer und sonstige schwere Fahrzeuge waren abgestellt, die Artillerie und Raketenträger in abgelegene Stellungen zurückgezogen worden. Zerstörte deutsche und russische Panzer standen an verschiedenen Plätzen massiert herum. Einzelne an anderen Stellen zeugten davon, daß überall hart gekämpft worden war. Die Toten beider Seiten waren weggebracht und bestattet worden.
Unzählige mochte die Schlacht selbst begraben haben. Stahl und Benzin hatten ihre Schuldigkeit getan; jetzt rückten Tier und Holz nach.
Unser Wagen wurde an der Kreuzung zu einer großen Einzugstraße angehalten, und wir kamen in den Genuß eines großen, wenn auch nicht beglückenden Schauspiels. Russische Infanterie der zweiten bis fünften oder wievielten Linie war mit Mann und Roß und Wagen unterwegs in Deutschland. In einem geradezu endlosem Zuge, der sich bis weit in die Steppe fortzusetzen schien, trabten und zottelten Panjepferde daher und zogen allein oder zu zweien die kleinen Leiterwagen der Kolchosenstellmacher. Jeder war mit Stroh ausgelegt und mit 6, auch 10 und mehr singenden und schreienden Männern besetzt, die zugleich halsbrecherische Turnübungen anstellten. Wenn sie Gefangenen begegneten, die in Haufen in jene Richtung getrieben wur-

den, aus der sie kamen, legten sie auf den Himmel an und schossen in die weißen Wolken; mit Pistolen und Maschinenpistolen ballerten sie, sobald sie etwas entdeckten, auf das sie die Aufmerksamkeit der Nachrückenden richten wollten. Und was war in dieser urfremden Welt nicht merkwürdig!

Wir standen direkt an der Kreuzung und konnten ihrer Beachtung nicht entgehen, noch die Vorstellung übersehen, die sie gaben.

Schon von weitem schüttelten sie die braunen Fäuste gegen uns, dann griffen sie hinter sich ins Stroh, luden ihr Schießeisen durch und drückten ab. Ein Wunder, daß sie keinen der Ihren trafen.

Unser Wagen, an dem sie dicht vorbeifuhren, war ihre Schandsäule, und wir verkörperten, was man sie gelehrt hatte, abgründig zu hassen: Gitler, Gimmler, Goebbels, Göring - es gab so viele davon, daß jeder besser Uniformierte der Echte sein und als einer von ihnen beschimpft werden konnte. Uns störte die Aufregung, die wir bewirkten, nicht einmal; wir erlebten Allrußland. Der bewaffneten Mannschaft folgte immer wieder der Troß, dessen Fuhren mit lebendem und totem Beutegut hoch hinauf beladen waren. Die Kutscher fanden kaum Platz darauf und begleiteten ihre Wagen zu Fuß mit dem eigentümlich rollenden Steppenschritt, der sie tausend Kilometer und mehr bis hierher gebracht hatte. Männer, gefolgt von ruhigeren Frauenbataillonen, pferdebespannte, leichte Geschütze dazwischen, und wieder Troß. Ein endloses Heer. Ausgeblutet hatte man es noch vor ein paar Tagen genannt. Ein Heuschreckenzug: Soldaten zusammen mit Hühnern, Weibern, Fässern, Kissen, Bettplumeaus - Erde, Schweiß, Machorka. Zwei Kolonnen nebeneinander auf asphaltierter Autobahn; sie erfüllten die Luft mit einem zischenden Brausen, wie Gas, das in ein Vakuum einströmt.

Das Mädchen auf dem Sockel gab den Landsleuten nachdrücklich Vorfahrt und ließ sich durch das ungeduldige Hupen unseres und der anstehenden anderen Wagen nicht beeindrucken. Schließlich schwenkte sie um neunzig Grad, stoppte dort, gab hier frei. Triumphierend blickte sie auf uns, als wir an ihr vorbei durch den gespaltenen Heerhaufen preschten. Nun dauerte die Fahrt nicht mehr allzulange. Das Viertel, in welches wir einbogen, war wie durch einen Zauber fast völlig erhalten, und weder Bomben noch Granaten hatten ihm viel Schaden zugefügt. So etwas wie eine rondellartige Auffahrt lag vor uns, und wir fuhren am Gitter der Umfassung eines großen Parks entlang, der zu unserer Rechten gelegen war. Ich kannte mich nicht aus, aber einer der anderen wußte: „Schloß Niederschönhausen". Noch ehe wir dieses selbst erreicht hatten, hielten wir an einem hohen schmiedeeisernen Tor, das weit offenstand, aber von Männern

in braunen Mänteln blockiert wurde, die im Eingang standen oder vor und hinter ihm patroullierten.
Wischten wir sie aus unserem Blick, dann erstreckte sich weithin vor unseren Augen ein Bild des Frühlingsfriedens. Wir genossen es ein Weilchen und schreckten dann auf. Weiter hinten im Park knallten in regelmäßiger Folge Gewehrsalven, zwischen ihnen Einzelschüsse. Es schien uns, als ob die braunen Männer uns höhnisch anlächelten und abwägend taxierten. Keiner unter uns, der jetzt nicht überzeugt war, die letzte Stunde habe geschlagen. Hier war der Platz, an dem wir erledigt werden würden. Stalin sah uns, gerade uns, ohne Zweifel lieber tot als lebendig. Er hatte uns in der Hand, niemand kannte unseren Verbleib und würde erfahren, was mit uns geschehen war. Berlin hatte er allein bewältigt, und wer sollte wagen, ihm in seine Entscheidungen hereinzureden? Der Sergeant übergab dem am Tore Wachhabenden einen Zettel; viel mehr als die Zahl der Abzugebenden kann er nicht enthalten haben. Wir wurden gezählt; auf einen Wink sprangen unsere bisherigen Begleiter ab; einige der Torhüter traten an ihre Stelle. Der Wagen fuhr in den Park, bog nach rechts ein und hielt dann endgültig vor einigen kleinen Häusern, offensichtlich solchen von Bediensteten der einstigen Schloßherren. Nicht eben eilfertig kletterten wir von unserem schlechtgefederten Fahrzeug, das uns, wie wir auf einmal empfanden, Sicherheit geboten hatte, herab auf einen gepflegten Kiesweg und wurden dort einzeln in Empfang genommen. Je zwei Bewaffnete nahmen einen von uns zwischen sich und geleiteten ihn unter ermunternden Zurufen in ein Insthaus. Dort ging es an der Futterküche vorbei eine enge und steile Holztreppe hinauf bis zum Dachboden und in einen Verschlag hinein. Ein Riegel wurde vor die Tür geschoben, und ein Vorhängeschloß schnappte ein. Nach wenigen Minuten wurde auf umständliche Weise erneut geöffnet und der nächste in den selben Raum gelassen. Bald war die Hälfte von uns wieder beieinander, während die andere offenbar eine gleichartige Unterkunft in einem Nachbarhause zugewiesen bekommen hatte.
Die Sonne heizte das Ziegeldach, die ausgetrockneten Dachsparren knackten, keine Luke war geöffnet, die Temperatur stieg und irgendwo nebenan lagerte frisches Heu, dessen Duft den ganzen Dachboden erfüllte. Die Ausstattung unserer Kammer bestand in einer mehrfach gespannten Wäscheleine. Wir prüften die als Halt in die Wand eingeschraubten Haken. Das Gewicht eines Mannes würden sie mit größter Wahrscheinlichkeit nicht tragen, so daß Erhängen illusorisch war. Nachdem wir uns dieserart orientiert hatten, kauerten wir uns wie schon sooft in diesen Tagen auf die lose gefugten Dielen und

harrten, wie man in solchen Situationen üblicherweise sagt, der Dinge, die da kommen sollten.
Es waren wieder einmal andere, als wir bei unserem Eintritt in den Schloßpark für ziemlich sicher gehalten hatten. Der Heuduft mischte sich mit dem aromatischen einer Fleischbrühe und wurde durch diesen schließlich gänzlich verdrängt. Unsere Mägen begannen vorsorglich ihre Funktion aufzunehmen und meldeten den Gehirnen den Wunsch nach Suppe und gekochtem Fleisch heftig an. Der Wunsch weckte Energien; wir bastelten am verstaubten Fenster der Dachluke herum, die zu unserem Raume gehörte, und konnten es trotz langjähriger Verklemmung öffnen. Wenn man den Kopf hinausstreckte, blickte man auf einen Hof, und da sich ein Posten nicht in der Nähe zu befinden schien, wurde der Kopf und schließlich der halbe Oberkörper eines Berichterstatters oder beauftragten Teichoskopen herausgewunden. Er meldete: „Tote Kuh, deren Blut in Sand und Kies versickert. Offenbar geschlachtet, wenn auch nicht nach den Regeln der Kunst, eher wie ein gewilderter Hirsch, halb aus dem Fell geschlagen. Zwei Männer an der Arbeit, schneiden Streifen des Fleisches mit Seitengewehr heraus, verwenden die Axt, um die Knochen voneinander zu trennen und das Tier zu zerwirken. Werfen gewaltige Brocken auf nackte Schultern und wuchten sie ins Haus."
Was sie des weiteren mit ihnen trieben, entzog sich seinen Blicken. Aber immerhin gestattete der große rußige Kessel in der Futterküche weitere Rückschlüsse. Was drunten im Erdgeschoß in ihm brodelte und kochte, war die Urquelle des Duftes, der uns droben unter dem Dach anregte. Daß Portionen dieses Ausmaßes nicht in zehn Minuten gar werden konnten, lag auf der Hand. Wir warteten, infolge des nahrhaften Geruchs immer wieder Speichel schluckend, bis zum Nachmittag, als sich endlich mehrere Männer mit schweren Schritten näherten, und ein Posten umständlich die Verriegelung öffnete. Hinter ihm zeigten sich zwei hemdenmäßig etwas derangierte sowjetische Küchenbullen mit zottigen Haaren auf der gewölbten Brust, die vier Blechnäpfe mit dem damals noch unverständlichen Wort: „Kuschite" hereinreichten.
Ja, Essen; in den Näpfen häuften sich Fleischbrocken, dampften Nudeln, und eine gute Bouillon ließ Kraft und Würze ahnen.
Eßbestecke hatten sie nicht mitgeliefert, wir besaßen keine mehr, und so blieb uns nichts anderes übrig, als zu essen wie die Vorfahren. Die Schüsseln wurden vollständig leer, uns perlte der Schweiß aus allen Poren. Die Stimmung der Gesättigten hob sich, gleichzeitig wurden sie müde. Wir streckten uns auf die unebenen Dielen, wehrten die überaus lästigen Fliegen ab und schliefen ein.

Erst in der Dämmerung erwachten wir. Die Vernehmungen begannen, und man brachte uns einzeln ins Schloß hinüber, wo die Verhörenden residierten. Jetzt kannten wir die Technik des Ab- und Vorführens schon einigermaßen und benahmen uns sachgerecht. Mit langen Schritten ging schließlich auch ich mit meiner Eskorte über gepflegte Parkwege, vorbei an Gebüschen und zwischen Frühlingsgrünen Wiesen hindurch, auf denen es gelb blühte, und betrat vom Seitenflügel des Schlosses her eine graugetünchte Halle, danach einen langen gekalkten Flur, in welchem sich Tür an Tür reihte. Eine davon stieß mein Vordermann auf, gleichzeitig schob mich der Hintermann mit einem kräftigen Ruck in das Zimmer und stellte sich an der von dem ersten wieder geschlossenen Tür auf. Es knackte; er entsicherte oder sicherte seine Maschinenpistole.

Die Luft, in die ich gestellt wurde, war schwül und dumpf. Man hatte die ausgebleichten Vorhänge zugezogen; ein braun-roter Teppich lag wie hingeworfen seitlich auf der Diele, und eine halbverdeckte Tür geradeaus vor mir mußte ins Freie führen. Vielleicht hingen Bilder an den Wänden; ich erfaßte sie nicht.

Der Herr der Höhle war ein starker Raucher und liebte offenbar nicht, daß andere sie betraten und säuberten; drum hing ein abgestandener, Übelkeit erregender Altgeruch von Nikotin, gegen welchen ich schon immer überempfindlich gewesen war, schwer im Raume. Der Ekel brachte meine Festigkeit zum Wanken; ich schluckte und wurde mir dabei bewußt, daß ich keineswegs einen Prachtgefangenen darstellte, von dem sich einer, der nach Gitler, Göring oder Keitel auf der Jagd war, etwas erwarten konnte. Diese und andere Hochprivilegierte suchte man, und wer uns holte, dem ging es um Entlarvung Untergetauchter dieser ersten Kategorie. Ich schaute an mir hinunter. Die Uniform, an der sich im Laufe des Krieges lediglich die Dienstgradabzeichen veredelten, bestand zwar aus Vorkriegsstoff, hatte mir aber in Frankreich, Griechenland, Norwegen und Rußland ausgiebig gedient. Der Zahn einer gewittrigen Zeit war ganz erheblich an ihr tätig gewesen, und Schneider vermochten die gerissenen Wunden ohne sichtbare Narben nicht mehr auszuheilen. Von Geschniegelt- und Gebügeltsein konnte bei diesem Ehrenkleide die Rede nicht sein, besonders in diesem übel-feierlichen Augenblick nicht, nachdem sich fast drei Wochen lang Staub, Ziegelmehl und Ruß angesetzt hatten wie Schimmel an altem Brot. Und nach Juchten roch ich keineswegs; denn wenn ich auch beim Operieren lange Zeit die Kittel hatte wechseln können, aus der Unterwäsche war ich nicht mehr herausgekommen. Wie ich dies bedachte, kam mir irgendwie tröstlich zu Bewußtsein, daß hinsichtlich Gepflegtsein und Geruch die Partie mit dem Russen

vor mir remis stand. Ich hörte auf, Speichel, der reichlich geflossen war, zu schlucken und vergaß, daß ich soeben noch krampfhaft gewürgt hatte und nahe daran gewesen war, mich in unziemlicher Weise zu erbrechen.
Ich hatte die Feldmütze auf dem Kopf; lästige Schweißtropfen sammelten sich auf dem Schädel. Ich widerstand der Versuchung, das Käppi abzunehmen und mit der Hand die Nässe von Stirn und Kopf zu streifen, hätte dies doch den Eindruck erwecken können, als zöge ich den Hut. Ich stand vor einem einfachen Büroschreibtisch, wie ihn Gutsverwalter zu benützen pflegen. Hinter ihm, auf zurückgeschobenem Stuhle saß breitbeinig ein sowjetischer Offizier. Er hatte sich vornüber gebeugt, die Unterarme nebst schweren Händen breit auf den Tisch gelegt und schaute mich von unten her lauernd und erwartungsvoll an. Die Dienstmütze mit blauer Umrandung war weit auf den Hinterkopf geschoben. Vor ihm lagen Aktenpapier und Bleistifte als Hinweis, daß etwas vorgenommen werden sollte; griffbereit daneben standen eine halbvolle Wasserflasche aus Preßglas und ein Trinkgefäß. Der Mann hatte keine klaren Augen mehr; ich durfte also vermuten, daß er nicht Wasser sondern Korn oder Wodka zur Stillung seines wegen der Hitze verständlichen Durstes verwendete. Mein abwägender Blick mochte ihn angeregt haben; er langte nach der Flasche, füllte das Glas gut zur Hälfte, warf den Kopf mit einem Ruck in den Nacken und goß seinen Trank, ohne die Lippen zu netzen, in den verlangend geöffneten, vollippigen Mund und die entspannte Speiseröhre. Durch Speichel nicht verdünnt, spritzte der Alkohol unmittelbar auf die empfindliche Schleimhaut des Magens. Ich verfolgte anatomisch den Weg in das Innere dieses Leibes; optisch angeregt dachte ich aber „Hoppla, die Mütze". Sie blieb jedoch sitzen und kippte mit dem Kopfe wieder nach vorne.
Der Hals wurde breit, und im Schlitz des geöffneten Uniformkragens erschien ein großer, schreigünstig gebauter Adamsapfel. Er stieg zweimal hoch und versank dann unter der Bekleidung. Mein Gegenüber schüttelte sich mit einer Bewegung, die zunächst höchstes Behagen andeutete, alsbald aber während einer Blickwendung zu mir hin in Ekel überging. Er leckte sich die Lippen und begann die Einvernahme mit jener bereits bekannten Floskel, die Grenzen setzte und der auch nicht widersprochen werden konnte: „Woina kaputt, Gitler kaputt". Sie faßte zusammen, was man als Russe kollektiv empfand: Stolz, Entängstigung mit einer Beigabe junger Vermessenheit über einen erhofften, doch in dieser Größe nicht erwarteten Erfolg, Triumph, der Grausamkeit von der Kette ließ. „Ruski - mir" seine Stimme wurde sonorer; mit weitausholender Bewegung beider Arme faßte er

die weite, zurückgewonnene Heimat mit dem spröde keimenden Frieden zusammen; denn beides umfaßte jenes trächtige russische Wort. Er sah, weil er Russe war, über tausend Meilen einer flach sich erstreckenden Ebene zurück auf die fernen Heldenstädte Leningrad, Moskau, Kiew, Stalingrad. Dort schossen sie - sein Blick wurde feucht - auf Geheiß des großen Führers Stalin heute aus hundert Batterien einhundertmal farbigen Salut in den sternklaren, unendlich tiefen Nachthimmel, dort wurden gerade eben jetzt geschlagene Nemçi im Triumphzug an der Kremlmauer in breiten Reihen vorbeigetrieben unter den Augen Stalins, des im Mausoleum ruhenden Lenin und anderer Großen der unbesiegbaren Partei. Im Gefolge der Gefangenen brachte man ihre Standarten dar und die Masse der Waffen aller Art, die die Rote Armee ihnen abgenomen hatte. Nemçi, Deutsche - heute im Triumphzug, morgen im Lager, damit sie arbeiteten, hungerten, starben, bestraft wurden, abgalten. Mir - Friede für die UdSSR; - Schism - Leben der UdSSR; - Humanität, große sowjetische Humanität.
Mein Gegenüber mochte sich einen Augenblick diesen Gedankengängen hingegeben haben; jetzt kehrte er nach Berlin und zu seinem Schreibtisch zurück, hob die Oberlider, schluckte und eröffnete die Verhandlung zur Person: „Du Oberst, Du Faschist, Du Verbrecher!"
Mir fuhr die Variante eines alten Wortes durch den Kopf: „Nach dem Siege bindet die Gefangenen fester". Ich ließ mich zu keiner Abwehrgeste hinreißen. Er wiederholte seine Qualifikation eindrucksvoll, verärgert und lauter. Als ich auch jetzt ungerührt stehenblieb, wurde er wider Erwarten geschäftsmäßig, kramte einen Bogen aus den vor ihm liegenden Papieren hervor, benetzte die Spitze eines Bleistiftes (Beute Faber-Castell, Nürnberg) mit den Lippen und fragte: „Kak Familia, Imia?" - als ob wir alle schon russisch gelernt hätten! - Bei mir war nichts von Kak. Ich schwieg; die Verständigungsschwierigkeiten erregten ihn, erleichterten mich, und ich begann, ihn zu studieren.
Er mochte etwa dreißig Jahre alt sein; dicke blonde Haare standen borstig von einem derben, knochigen Schädel ab und wuchsen tief in eine flache Gesichtslandschaft ein. Nein, dies war kein Guillotinschik, der bloßhalsige französische Grafen um einen Kopf kürzer machte, eher ein Jungbulle, den die Oberen auf eine frische Weide geschickt hatten, seine Kräfte zu prüfen. Jetzt stand ich ihm ganz frei gegenüber. Er begriff dies und ging, um mich in seine Gewalt zu bekommen, wie man es ihn gelehrt hatte, im Gruselkabinett einen Schritt weiter: „Du SS - Du toter Mann". Er machte die Bewegung des Aufknüpfens, ließ seinen Kopf, als sei ihm der Boden unter den Füßen entzogen, wie in einer Schlinge nach vorne hängen und hielt den Atem an. Sein Gesicht wurde rot, dann beinahe blau - mit solcher Leidenschaft bemüh-

te er sich um sozialistischen Realismus -, die Augen traten hervor, und die Zunge wälzte sich zum Munde heraus.
Die Pantomime war nicht schlecht; er kannte sich in diesen Dingen offenbar aus und schien das Wort des inzwischen auch verblichenen Goebbels, daß die Aussichten für überlebende Offiziere des Großdeutschen Reiches nach Gefangennahme oder gar allgemeiner Kapitulahon nicht zum Allerbesten stünden, realistisch nachgestalten zu wollen.
Allzulange verharrte er nicht in der Rolle eines Gehängten; mit einem Male holte er die unterlassenen Atemzüge nach und netzte, als die Luftröhre frei war, die Speiseröhre mit einem weiteren Glase Wodka. Darüber glänzten seine Augen in echter Feuchte; mit unkoordinierter Bewegung zog er die Schublade seines Schreibtisches heraus und kramte aus ihr eine Pistole hervor. Sinnend, aber unsicher, richtete er sie auf verschiedene Möbelstücke und schließlich auch auf mich; aber letzte Entschlossenheit fehlte ihm - oder vernahm sein trunkenes Ohr den strengen Befehl eines Ranghöheren? - er warf die Waffe zurück, sprang auf, tastete sich um den Tisch herum und stand geifernd dicht vor mir. „Dawai, raus, weg!“ Er brüllte, der Posten griff nach mir, der zweite, vor der Tür postierte, gesellte sich hinzu; beide zusammen kamen auf Tuchfühlung an mich heran und führten mich ab.
Meine erste Vernehmung brachte der großen Sowjetunon wenig Aufschlüsse, hingegen mir einige wesentliche Erkenntnisse, die ich später, als ich, mehr als mir lieb war, mit besseren, ja guten bis genialen Vernehmungsoffizieren zu tun hatte, erfolgreich verwendete, indem ich zwar niemals etwas Falsches, aber stets möglichst wenig aussagte.
Die echte oder vielleicht trotz allem nur scheinbare Wut des berufsmäßigen Vernehmers übertrug sich nicht auf die Posten. Gleichmütig, als brächten sie einen Brief zum Postkasten, übernahmen sie mich und führten mich in das Dachbodendomizil zurück. Meinen Gefährten war es nicht viel anders ergangen, und einer sagte: „Sehr komisch; sie bemühen sich, unseren Zukunftsglauben zu erschüttern - und wir haben doch gar keinen mehr.“
Verhöre machen Hunger und Durst; aber wir gingen an diesem Abend leer aus und streckten uns zum Schlafen hin.
Unsere „Blauen“, wie wir NKWD-Offiziere bald abkürzend zu bezeichnen lernten, betrachteten die Beziehungen zwischen ihnen und uns trotz ihrer einseitigen Maßnahmen dennoch noch nicht als völlig abgebrochen. Irgendwann tief in der Nacht erwachten wir von Lärm und Geschrei auf der Treppe. Männer taumelten herauf, fluchten auf russisch - allem Anschein nach unflätig - grölten, trampelten gegen die Wand und schossen einige Magazine ihrer Pistolen leer. Wir lagen

flach auf dem Fußboden; sie stolperten nach Auslaß ihres Tatendranges befriedigt hinunter und aus unserem Hause in das nächste, nicht ohne sich anscheinend auch an den Posten zu reiben.

Im Idyll von Schloß Niederschönhausen blieben wir nur bis zum kommenden Morgen. Schon in der Frühe rollte ein Lkw auf den Vorplatz, und aus den einzelnen Häusern wurden die Insassen der Dachkammern, die sämtlich Obermieter von russischen Wachmannschaften gewesen waren, geholt und, dawai, verladen. Es ging zur nächsten Station. Wie Hans im Glück verloren wir bei jeder Bewegung etwas. Denn jetzt hockten wir schon zu etwa dreißig Mann auf der Ladefläche eines Lkw und hatten acht Wachtposten zur Verfügung, welche ihre Aufmerksamkeit zwischen uns und dem Balanceakt mit Maschinenpistole auf der Bordwand teilten. Es gelang ihnen, obgleich wir mit erheblicher Geschwindigkeit fuhren. Bald befanden wir uns in der Stadt. Der Zivilverkehr auf den Straßen schien erneut zugenommen zu haben. Man sah den Menschen an, daß die Bemühungen, sich einzurichten und das Leben zu behalten, jetzt die Angst vor russischen Übergriffen überwogen, wenn auch vor diesen kein männliches und im Bedarfsfalle auch kein weibliches Wesen sicher war, und jeder Straßenbenutzer mit dem Worte Kismet Hasard spielte.
Wir fuhren auf die Ausfallstraße nach Osten, Richtung Frankfurt an der Oder, und hatten die Autobahn bald erreicht. Auf der entgegengesetzten Fahrbahn strömte in gleicher Einfachheit und Siegesfreude wie gestern die Nacharmee herein. Überholende Panzer und Artillerieeinheiten drückten Marschierende und Kutschierende rüde zur Seite. Ostwärts herrschte nur geringe Bewegung. Der eigentümliche und einmalige Geruch russischen Benzins lag über der Straße; er hielt sich in den aufwirbelnden graubraunen Staubwolken und setzte sich in meinen Sinnen so fest, daß ich noch heute an Berlin, Kriegsende, Untergang denken muß, wenn ich ihn unversehens in die Nase bekomme.
Wir fuhren nicht, wie wir vermuteten, auf einen Vorortbahnhof zur Verladung, sondern verließen die Autobahn schon nach 15 oder 20 Kilometern auf der Abzweigung nach Strausberg. Das Leben war noch nicht zu Ende; wir richteten uns auf weitere Ereignisse ein.
Die Sonne brach sich im Erddunst; es wurde bald heiß, wir waren müde und sanken, jeder zwischen die Beine des Hintermannes gekeilt, zu einer schweren, klebenden Masse Mensch zusammen. Auch die Posten dösten und verließen sich mehr auf die Geschwindigkeit des Wagens als auf ihre Wachsamkeit. Vor uns, soweit man den Kopf wenden konnte - denn wir saßen mit dem Rücken in Fahrtrichtung -

war es hell bis zum hohen Himmel hinauf, zu beiden Seiten der Straße grünte junge Saat auf den noch im März von den Bauern vertrauensvoll bestellten Feldern, erst hinter uns wirbelten die schweren Reifen des Lkw wallend eine Staubfahne hoch, die den Weg weithin kennzeichnete. Abrupt fuhr der Wagen auf einmal auf die linke Straßenseite, fiel in Löcher und Unebenheiten, daß wir wild durcheinandergeschüttelt wurden. Wir überholten eine Kolonne unserer eigenen Leute. In Gliedern zu vier Mann marschierten sie, waffenlos, abgerissen, gehetzt und völlig erschöpft. Die Uniformen bis zur Brust geöffnet, die Feldmützen weit im Nacken und von Kopf bis Fuß eingestaubt mit graugetünchten Gesichtern, grauen Haaren. Viele verwundet, alle ausgedörrt; ihre Blicke waren Verzweiflung und Durst. Links und rechts neben ihnen, aber auch auf die Felder ausgeschwärmt, gingen Posten mit Hunden, noch ein Stück weiter hinaus sicherten Reiter den Zug.

Einzige Möglichkeit zu entkommen war Zusammenbruch und der mit Sicherheit folgende Tod.

Sie keuchten, aber sie mußten ohne Pause vorwärts. Nicht die Ermüdeten sondern kräftige junge Wachsoldaten bestimmten das Tempo. Die Augen der Gefangenen lagen abgrundtief in den Höhlen, ihr Weiß leuchtete zwischen entzündeten Lidern. Aus Gesichtern waren Masken des Elends geworden. Reihe um Reihe, Gesicht um Gesicht, Augenpaar um Augenpaar - so ließen wir sie hinter uns.

Die Nacken waren müde gebeugt gewesen. Als wir vorbeifuhren, hoben sie die Köpfe und sahen uns nach. Jeden Blick empfand ich als Vorwurf; denn sie mußten uns ja mit dem Neide der Erschöpften verfolgen. Vielleicht fielen einige böse Bemerkungen über die, die auch jetzt noch gefahren wurden. Möglicherweise erkannten aber andere, daß es nicht gut um diejenigen stand, die noch jetzt zu den Bevorzugten gehörten. Die Marschierenden hoben ihre Füße kaum noch von der geduldigen Erde ab, die unter vielen tausend Schritten zerbröckelte und zu schwebendem Staub zerrieben wurde. An diesem armen Männern war nichts mehr gestrafft oder zeugte auch nur etwas von irgendwelcher Zuversicht. Zusammengesunken, schlaff, gefangen trabten sie dahin, eng aneinandergerückt und zum Elendshaufen geworden, in welchem doch der einzelne, selbst an diesem hellen Maientage, allein und auf sich selbst zurückgestoßen und ausgeleert blieb. Vorweggenommen wurde, was Gefangenschaft wenig später bringen sollte, Vereinsamung im Massenelend.

Apathisch hockte ich zwischen meinen Gefährten auf dem schleudernden Wagen. Ihre Leiber waren überall an mir, und ich bemühte mich krampfhaft, indem ich den Hals streckte, Luft in die Lungen zu bekommen, die nicht bereits mehrfach ein- und ausgeatmet worden war. Vor und neben mir Köpfe, Nacken, Schultern; in deren Lücken aber Marschierende, Getriebene auf der Straße, seitwärts, drunten. Ich empfand nichts bei diesem furchtbaren Menschenbilde, das von einem Rahmen von Menschenteilen umgeben war. Ich hatte furchtbareres gesehen. Doch dann durchzuckte es mich als Gegenwart, und mein erweckter Geist schloß einen Kreis, der fast sechs Jahre raffte und den ersten Nachkriegs- mit dem letzten Vorkriegstage zusammenfaßte.

Ich fand mich in München am Schreibtisch meiner Wohnung im Krankenhaus Schwabing, trotz tiefgehender Erregtheit konzentriert damit beschäftigt, die letzten Tabellen für mein Hunger- und Durstbuch zusammenzustellen, auf welche der Setzer bereits wartete, jedoch nicht so durchaus in Anspruch genommen, daß ich nicht auch ununterbrochen auf den Radioapparat hörte. Er brachte. Marschmusik, konnte aber jeden Augenblick wiederum eine Sondermeldung oder wichtige Ansage durchgeben. Es war Abend; ich hatte die Schreibtischlampe angezündet und fand mich innerhalb ihres Lichtscheines friedvoll tätig, während unmittelbar außerhalb schon Unordnung und fast Unfrieden herrschten; denn ich hatte begonnen zu packen und war im Zweifel, was mitzunehmen sei und was allzu viel Raum beanspruche. Die Unruhe, von welcher jeder Einzelne im Volke ergriffen worden war, durchpulste wie mit elektrischen Schwebungen auch meinen stillen Arbeitsraum.

Ich hob den Kopf lauschend, aber auch sichernd vom Manuskript und legte das Lineal beiseite; von draußen drang ein merkwürdiges, schleifendes Trappeln, das keinerlei Fahrzeug hervorrufen konnte, fremdartig an mein Ohr. Es näherte sich drunten auf der Straße, wurde lauter, gleichermaßen perlend wie von leichtem Laufe, aber doch dann auch nachdrücklicher, als gleichmäßig-angestrengter, ziehender Schritt vor dem Pfluge über weites Feld.

Ich schob den Stuhl zurück und trat an das Fenster. Über den Kölner Platz zogen die Pferde. Es herrschte bereits halbe Verdunkelung, aber aus den Fenstern unseres großen Hauses und von der Krankenhauspforte her flossen helle, breite Lichter auf die Anfahrt, vorbei an der Säule mit Schale und gewundener Asklepiusschlange, bis weit über die Hälfte des Platzes.

Als ich die Stirne an die kühlende Scheibe lehnte, wurde mir schmerzlich bewußt: die Kreatur, auch die Kreatur, war aufgerufen. Der Krieg war beschlossen. Nein, das Fenster wollte ich nicht öffnen; ich scheute die unmittelbare, die letzte Berührung und stellte mir vor,

daß das dünne Glas zwischen den Pferden und mir eine letzte, zerbrechliche Schranke zwischen Frieden und Krieg bildete.
Der Zug der Pferde riß nicht ab; viele hunderte wurden vorübergeführt, schmale rassige, unruhige, die die Köpfe über dem Gedränge der Leiber schüttelten, zwischen den schweren Gäulen, die ihre bemähnten Häupter gesenkt hielten, da keinerlei Brauereigeschirr sie zwang, stolz zu tun. Jedes am Halfter, graue, schwarze, braune, Schimmel, von Soldaten in Drillichzeug geleitet und durch kurze Zurufe gemeistert. Die Tiere schnaubten und drängten sich zusammen. Von meinem Platz im zweiten Stockwerk waren sie wie eine Fläche, in welcher die schmalen Köpfe und Hälse, die kräftigen Rücken und breiten Hinterhände Wellen bildeten. Alle setzten gleichmäßig, doch nicht im Gleichschritt Huf vor Huf und erzeugten so auf der asphaltierten Straße das unablässige Trappeln. Die Herde war gebändigt, und es blieb unvorstellbar, daß, sie mit fliegenden Hufen als lebendige Gewalt donnernd über eine Ebene stürmte. Ihre Spitze war bereits über den Platz hinweg; sechs oder acht Glieder breit kamen die Tiere aus Richtung Schwabing und waren auf dem Wege in die Ställe des Kasernenviertels. Ich schaute dem Zuge nach, bis er verschwunden war, und sich auch das erregende Trappeln verloren hatte.
Ein Rundfunksprecher verlas hallend einen Bericht; als ich mich ins Zimmer zurückwandte, hatte sich eine Last auf meine Schultern gelegt. Flüchtig strich ich über das geduldige, mit Zahlen bedeckte Papier. Was ich in den letzten Wochen mit zunehmender Sorge und ahnungsvoll aus Ergebnissen meiner Versuche zusammengefaßt hatte, würde Gestalt annehmen, jene Gestalt des Mangels, die ich als junger Schüler in den Jahren 1916 oder 1918 oder 1920 kennengelernt, und die mich in einen eignen Kreis ärztlich-wissenschaftlichen Tuns gebannt hatte. Ich drehte den Schalter; irgendwie durchzog mich die Mahnung, daß man verdunkeln solle, weil der Feind im Luftraum lauere.
Niemand hatte nach mir gerufen; aber ich wollte den gewohnten Nachtrundgang durch meine Abteilung nicht verabsäumen und verließ meine Wohnung über die schmale Seitentreppe. Meine Hand glitt am Geländer mit, während ich Stufe um Stufe hinabstieg. Eine Betontreppe, ein einfaches Eisengeländer - aber noch niemals hatte ich mich so wohl gefühlt wie hier in diesem Hause, nicht einmal in den glücklichen, wenn auch von Berufskämpfen erfüllten Jahren der Heidelberger Lern- und Klinikzeit. Hier waren mir fünfhundert Kranke anvertraut worden; mit meinen fünfunddreißig Jahren war ich als Chefarzt für sie verantwortlich. Durch den langen, gedeckten Gang, der die einzelnen Pavillons miteinander verband, ging ich zunächst zum

Männerhause. Das Krankenhaus Schwabing war der Stolz der Stadt München und jeder „Pavillon" im Grunde eine Klinik für sich. Längs des etwa sechzig Meter langen Ganges einer Station lagen auf einer Seite die Patientenzimmer, in der Mitte Tagesraum, Stationsküche und Schwesternzimmer, ihnen gegenüber Schreib- und Untersuchungszimmer des Stationsarztes. Jedes Fenster führte in den Park, dessen Bäume die einzelnen Häuser voneinander schieden. Jetzt lag Dunkel über der Anlage, aber der spätsommerliche Geruch des Laubes, das zwischen Wachstum und Fall noch einige Zeit dahinlebt, umgab mich heimatlich. Der wachhabende Pfleger kam mir entgegen. Wir sahen miteinander nach dem delirierenden Kranken mit der schweren, doppelseitigen Lungenentzündung. Die Schlafmittel hatten ihn zu unruhigen, doch nicht mehr wilden Träumen gebracht. Er atmete kurz, stoßweise; die Lippen waren trocken, und ein süß-fauliger Geruch kam aus dem halboffenen Munde. Der alte Oberpfleger netzte die krustigen Borken mit einem nassen Wattebausch und sah mich merkwürdig an: „Wird er den Krieg erleben?" Er war stets zuverlässig und seiner Arbeit hingegeben, so erwiderte ich: „Wir müssen alles versuchen. Ich gehe noch durch das Haus. Nachher bin ich wieder in meiner Wohnung."

Sonst lag über der Station tiefer Frieden. Ich durchschritt sie und stieg im hinteren Treppenhause in das zweite Stockwerk hinauf. Fahles, grünliches Licht; an den Wänden hingen hier wie auch auf den anderen Stationen Bilder von Blumen und merkwürdigen Gegenständen aus den Kinderbüchern von Bertuch, dem Freunde Goethes, die ich in einem Antiquariat gefunden hatte sowie Fotografien von Landschaften und Städten. Es hatte einer Reihe von Briefen an Reisebüros und Stadtverwaltungen bedurft, bis ich sie in ausreichender Menge zusamen hatte. Aber nun konnte, wer sein Bett verlassen und Schritte auf dem Flur machen durfte, sich ablenken und schauen. Ein Wettbewerb unter den Stationsschwestern um die schönsten Pflanzen hatte erste Erfolge gezeigt, und eigentlich wollte ich nun daran gehen, Aquarien in den Tagesräumen aufzustellen, nachdem Oberamtmann Irlbeck, der Verwaltungsdirektor, gegen Vogelkäfige - natürlich mit Recht, mußte ich als hygienisch Ausgebildeter mit Bedauern eingestehen, - Einwände erhoben hatte. Aber was konnte schöner beruhigen und auch erheitern als schwebende, bunte Fische. Hier oben auf der Privatstation und in den beiden großen abschließend gelegenen Sälen herrschte Ruhe, nirgends bestand bei einem der Kranken Lebensgefahr; ich stieg zur mittleren Station hinunter, wo sich die für den ganzen Männerbau verantwortliche Nachtschwester aufhielt. Ihre Flügelhaube leuchtete schneeweiß wie immer, als sie sich mit einem fragenden

„Herr Chefarzt?“ mir zuwandte. „Wie“ fragte ich, „Schwester Tarbula - Sie machen selbst die Wache?“ „Mein Gott“ erwiderte sie, „es gibt ja Krieg, und die ‚braunen' Schwestern sind bereits in das Mutterhaus zurückgeholt worden.“

Aber die Vinzentinerinnen bleiben!“ sagte ich.

„Unser Kloster ist hier im Schwabinger Krankenhaus, und wir sind auch damals 1914 geblieben“, erwiderte sie.

„Daß ich bleibe, ist sehr fraglich, und, so sehr ich es möchte, ich will es eigentlich doch wieder nicht, wenn alle an die Front gehen“, mußte ich sagen.

„Herr Chefarzt sind ja noch so jung“, tröstete sie, „und kommen nach dem Kriege wieder zu uns.“

Ich seufzte: „Ganz sicherlich mache ich jedesmal ausgiebig Visite, wenn ich in München sein kann.“

Sie begleitete mich bis an die Tür des Zwischentraktes, der, von Zimmern der Röntgen- und Bäderabteilung eingenommen, die Verbindung zur Frauenseite bildete. Ich wählte den Drücker an meinem Schlüsselbund und wandte mich ihr nochmals zu: „Schwester Tarbula, ich bin noch nicht einmal ein Jahr hier in München; aber ich habe mit den Ordensschwestern sehr gerne zusammen gearbeitet.“

Sie neigte sich leicht, die Hände unter der Schürze zusammenlegend. „Frau Oberin hat Sie ja auch gebeten, die kranken Schwestern zu behandeln.“ Ich mußte lachen - „obgleich ich doch evangelisch bin“. Die alte Frau mit dem blassen, faltigen Gesicht, das von der gebügelten Haube umrahmt wurde, stimmte, ebenfalls lächelnd, zu.

Gott befohlen.“ Ich wandte mich und ging.

Die Stationen der Frauenseite wurden in gleicher Weise durchwandert. Als ich die Abteilung übernahm, waren sie alle lediglich numeriert gewesen. Ich benannte sie, wie es mein Lehrer Krehl in Heidelberg getan hatte, nach großen Ärzten und ließ deren Namen in auffälliger Schrift an die Wand der Eingangsseite malen. Auf der Station „Krehl“ lag nächst dem Treppenhaus mein Dienstzimmer, und ich schloß das Vorzimmer auf. Meine Sekretärin, die rothaarige Vogtin, war wieder einmal abends nicht zu Rande gekommen und hatte es in fliegender Eile unaufgeräumt verlassen, aber mein Zimmer war ruhig und in Ordnung gebracht. Man hatte mir, als ich die Abteilung übernahm, zugebilligt, daß ich es nach eigenen Vorstellungen einrichtete. Ich schaltete die Stehlampe ein, rückte den Lehnstuhl an den Schreibtisch und wandte mich meinem dahinterstehenden Bücherschrank zu. Die weißen Mäntel, die am linken Ärmel rot gestickt das Symbol des Krankenhauses, die Aesculapschlange an der Schale, trugen, hingen in einer seiner Abteilungen. Als ich nun die Tür öffnete, fiel mein Auge

wieder wie alltäglich morgens und abends auf die an ihre Rückseite angehefteten Notizzettel. Wie es mir gerade in den Sinn kam, hatte ich vermerkt, was ich tun wollte in den kommenden Monaten und Jahren - als Arzt, als Leiter einer solch großen Abteilung, als Dozent in der Universität, in der medizinischen Wissenschaft, die voller Probleme war. Die Blätter hingen ungeordnet, und es kamen stets mehr hinzu, als ich als erledigt abnehmen konnte. Unablässig war ich daran erinnert worden, daß ich keinen Grund hatte zufrieden zu sein. Ich hielt die Tür unentschlossen in der Hand. Dauerte der Krieg nur kurze Zeit, konnte ich alles lassen, wie es war? Unschlüssig betrachtete ich das Geschriebene, ohne es im Einzelnen zu lesen.
Dann riß ich einen Zettel nach dem anderen langsam ab, wie Blätter eines Kalenders, den man lange Wochen nicht beachtet hat. Wie goldene Knöpfe blieben die Zwecken in dem hellbraun gebeizten Holz stecken. Nachdenklich schaute ich auf die leere Fläche des Schreibtisches, während unter meinen Händen weiße Schnitzel entstanden. Ich streute sie in den Papierkorb und verließ den Raum durch meine „geheime Fluchttüre", um zu den Baracken und zum Infektionshaus zu gehen. Der Hausgeistliche, von der Chirurgie kommend, begegnete mir auf einem Versehgang, vor ihm eine junge Nonne mit dem Glöckchen. Ich grüßte und trat in den Park. Die Baracken mit den Scharlach- und Masernrekonvaleszenten lagen in tiefem Dunkel; wer dort lag, war auf dem Wege der Genesung. Die Infektionsabteilung liebte ich sehr; nur auf ihr hatte ich mit Kindern zu tun. Um diese Jahreszeit war sie gewöhnlich stark belegt. Urlauber und Reisende aus dem Süden erkrankten sehr häufig an dem Typhus, mit dem sie sich dort angesteckt hatten, während der letzten Ferientage in München. Jedoch war auch hier zur Zeit kein ernstlich Kranker. Kein Kind lag mit Hirnhautentzündung bewußtlos, keine schwere Diphtherie, die zu erstikken drohte. Die Nachtschwester Apollonia begleitete mich; wir sahen durch die Fenster in den Türen in die einzelnen Stuben hinein. Die Patienten schliefen im rötlichen Glühen der Nachtbeleuchtung. Die Schwester zog die Vorhänge sorgsam wieder zu, um die Helligkeit des Flurs auszuschließen, und ich verabschiedete mich auch von ihr.
Von der Pforte her rief mich der wachhabende Beamte an, die Einberufungsbefehle für die im Krankenhaus wohnenden Unverheirateten seien soeben eingetroffen. Ich betrat seine Loge und nahm eine Handvoll gelber Karten auf. Ärzte und Pfleger mußten bis Morgen früh, spätestens mittags, bei den Einheiten sein. Der Pförtner telefonierte einen nach dem anderen an. In den oberen Stockwerken des Ärzte- und Kasinogebäudes begann es zu rumoren.
Mich betraf der Befehl nicht; ich war bereits vor einer Woche zu einer

Sanitätsübung eingezogen worden und seither Chef von 50 weiß bezogenen, leeren Betten im Roten-Kreuz-Krankenhaus München. Weil nichts zu tun war, konnte ich in Uniform meine Abteilung weiter betreuen. Einen Augenblick verweilte ich noch und hörte auf die Stimmen, die sich meldeten. Dann ging ich die breite Treppe in den ersten Stock hinauf, wo rechts und links von den Kasinoräumen die Ärztezimmer lagen. In dieser Nacht verließen allein von meiner Abteilung gegen dreißig meiner Stations- und Hilfsärzte ihre Arbeitsplätze. Drei Ärztinnen und ein volksdeutscher Arzt hatten am nächsten Tage ihre Kranken mit zu übernehmen, und auch ich konnte noch eine Woche lang mithalten, dann wurde ich diesem Dienste immer nachhaltiger entrückt. Ich hatte die Stellung der Assistenzärzte an meiner Abteilung verändert, sie wesentlich an meinen Einnahmen beteiligt und angeregt, daß sich ein jeder mit einem speziellen Gebiet der Inneren Medizin befassen solle. Wir waren im Begriff, zu einer geschlossenen Gruppe zusammenzuwachsen.
Vorbei!

Das Krankenhaus Schwabing lag zu einem großen Teil in Trümmern wie die ganze Stadt München, wie die große Stadt Berlin. Die bedrängenden Erinnerungen verwirrten sich im Fieber der gestauten Körperwärme. Auf welchen seligen Gefilden hatten wir einst gelebt; ich hatte recht getan, die erinnernden Zettel von der Türfläche abzureißen.
Es blieb nichts mehr zu arbeiten. Wenn auch Berliner lebten, so hatte ich Berlin, die Stadt, sterben sehen. Sie war mir nicht wie München entrückt worden, sondern mußte in meinem Beisein, zerfleischt und tausendfach verletzt, verbluten. Sie hatte soviel in sich geborgen, was sie zum Mittelpunkt eines Reiches gemacht hatte. Es war aufs Spiel gesetzt und verloren worden, die Stadt war entleert. Welche neue Form sie auch bilden würde was wir kannten, was unser war, hatte aufgehört zu sein und ruhte, unerweckbar verschrieene Geschichte, neben den Toten, deren Leiber verfielen.

Ich starrte; aus Starren wurde Blick. Da wurden Menschen fortgeführt, ich fuhr, ein gleichfalls Bezwungener, an ihnen vorhei, ihnen voraus. Irgendwo würde ich sie treffen, sie empfangen und - vielleicht - in Obhut nehmen können.

Das Scharren ihrer schleppenden Schritte wurde vom Motorengeräusch unseres Lkw übertönt und mußte doch weithin dringen. So weit, daß sich nirgendwo zu dieser Stunde in Deutschland ein Mann

auf die Erde legen und das Ohr an die aus der Krume gesprossenen Gräser drücken konnte, ohne Zittern zu verspüren und zu flüstern: „ ... Gefangene - die Gefangenen gehen."
Die Verteidiger Berlins, die den Kampf überstanden hatten, wurden nach Rußland getrieben. Groß kamen sie mir in den Blick; einzelne fand ich heraus, alsbald wurden sie klein und verloren sich im Hintergrund.

... es schwinden, es fallen die leidenden Menschen
blindlings von einer Stunde zur anderen wie Wasser ...

Neue Gesichter lösten sie ab, aber auch von ihnen blieb nichts. Hundert und aberhundert Reihen erschienen und vergingen. Ab und zu knallte es kurz und hart.
Dann war einer gestürzt und liegen geblieben; oder einer hatte auf Tod gesetzt, war im Wahnsinn der Verzweiflung aus dem Glied heraus aufs Feld gesprungen, wenn er nicht mit dem Satz über ein Brükkengeländer als Schicksal einen blutigen Ertrinkungstod gewählt hatte.
Die aber am Leben blieben, gingen

„ ... von Klippe zu Klippe geworfen,
Jahr lang ins Ungewisse hinab."

Das Schicksal des Notlazaretts

Was aus den handelnden Menschen wurde, die ich im Notlazarett beim Ausbruchsversuch der noch Kampffähigen aus der Reichskanzlei hatte zurücklassen müssen, konnte ich genau nie in Erfahrung bringen. Wie gerne wäre ich, der ich mit fort mußte, nach Ende der Kämpfe zu ihnen zurückgekehrt - aber da war ich kein freier Mann mehr.
Die Flüchtlinge, die hereingeströmt und untergebracht worden waren, nutzten wahrscheinlich die erste Gelegenheit, um von einem Orte wegzukommen, der ihnen zunächst größtmögliche Sicherheit zu bieten schien, jetzt aber zu einem Ort höchster Gefährdung wurde, wenn ein erbarmungsloser Gegner sie so nahe bei Hitler griff. -
Bei den Verwundeten war der schwer kranke Professor Haase geblieben, der als Arzt nicht mehr tun konnte, als sie den Siegern zu überantworten und für sie zu sprechen. Die ebenfalls verbliebenen zwei Krankenschwestern und unsere zehn Helferinnen machten sich si-

cherlich so nützlich, wie sie nur konnten.
Die sanitären Mißstände waren zuletzt unerträglich gewesen. Die Aborte waren völlig verstopft und verkotet, der elektrische Strom fiel aus und es war dunkel. Wasser tröpfelte nur noch aus den Leitungen und Essen konnte nicht mehr hergestellt werden.
Und dazu: alle Verwundeten lagen eng an eng auf dem Erdboden, denn Betten hatte es in diesem Lazarett nie gegeben.
Zu welcher Reaktion ein derartiger Eindruck die Russen veranlassen würde, war nicht abzusehen.
Etwaige Abscheu könnte verständlich machen, daß anscheinend nie ein Bericht über diesen Teil der Reichskanzlei erschien. Lediglich der Kriegsberichter und Lyriker Konstantin Simonow, der am 2. oder 3. Mai in der Reichskanzlei war, schrieb: „Sanitäter drängen sich um einen Kellereingang, aus dem sie Verwundete heranschaffen.“[2]
Prof. Haase ist verschollen, sein Name tauchte niemals mehr auf. Sehr wahrscheinlich verstarb er nach kurzer Gefangenschaft. -
Im Herbst 1945 kam ich, höchstmarode, in das Hindenburg-Lazarett in Frankfurt a.O., in welchem etwa 3000 deutsche Kriegsgefangene lagen. Dort erfuhr ich, daß die Verwundeten aus der Reichskanzlei mitsamt den Schwestern im Mai dorthin gebracht und behandelt worden seien. Es sei ihnen nichts zuleide getan worden und der Russe habe die Überlebenden und die Schwestern nach und nach entlassen, erzählte mir eine dort als Stationsschwester tätige R.K.-Schwester.

[2] s. Gastong, P.: Der Kampf um Berlin, S. 305 - Düsseldorf 1970.

ZUR GESCHICHTE DER LETZTEN KRIEGSTAGE

DAS FREIKORPS „ADOLF HITLER“

„Heimatblatt für Deutsche Volksgemeinschaft
- Frankfurt (Oder) - Sternberger Kurier -
23. Jahrgang Nr. 7/8 - Juli/August 1974 - Versand Postamt Hamburg
(*kursiv:* handschriftlich)

Das Blatt bringt auf der Titelseite einen Artikel: „Ein Kapitel deutscher Geschichte. - Wie es wirklich war: Zweimal Berliner April.“
Verfasserin: Maria Klumpp aus Neustadt im Schwarzwald (, wie sich am Ende zeigt.) -
Die Autorin schildert als ersten „Berliner April“ in idyllischer Weise den 50. Geburtstag Hitlers am 20. April 1939, an welchem sie einen Gang durch die Stadt macht und überall auf Äußerungen festlicher Freude trifft. Beim 2. Berliner April geht es nicht mehr um Geburtstag, sondern um die Endtage dieses Monats im Jahre 1945. Sie schließt diesen Teil mit einer umfangreichen Darstellung der Tätigkeiten des „Freikorps Adolf Hitler“, das ich hier zum ersten Male wieder erwähnt fand. Jedoch soll, so die Verfasserin, General Walter Wenck bereits 1957 in einem Gespräch mit dem Redakteur H. W. Ritter von der „Welt am Sonntag“ über das Freikorps gesprochen haben. Auch übergab sie selbst einen ausführlichen Bericht an das „Bundesarchiv Kornelimünster“, ohne jedoch den Zeitpunkt zu nennen.
Ich bringe den Bericht im Wortlaut:

(Aus einem Bericht der Verfasserin an das Bundesarchiv Kornelimünster über das Freikorps Adolf Hitler)

Das Freikorps Adolf Hitler hat bestanden, und zwar wurde es schon zu Anfang des Monats März 1945 aufgestellt. Der Führererlaß datiert wahrscheinlich deshalb erst vom 28.3.1945, weil um diese Zeit das Freikorps ausgebildet und in seine Aufgaben eingeführt war. Zu Anfang des Monats April 1945 ist das Korps in seine befohlenen Stellungen ausgerückt. Es umfaßte zu dieser Zeit mehrere tausend Männer und Frauen. Die meisten von ihnen sind, als die Reichshauptstadt von den Mongolen eingeschlossen wurde, nach dort marschiert und im Kampf um Berlin gefallen.
Das Korps war ein Geheimkorps. Weder in Presse noch Rundfunk durfte darüber gesprochen werden. Seine Angehörigen kamen nur

über die Gau- und Kreisleitungen sowie die politischen Ortsgruppen der NSDAP in das Korps.
Woher die Unterzeichnete dies so genau weiß? Das ist sehr einfach. Weil ich selbst Mitglied des Freikorps „Adolf Hitler“ gewesen bin.
Dokumente usw. darüber besitze ich selbstverständlich nicht mehr. Mein Ausweis, der rote Ärmelstreifen am linken Ärmel der Uniform mit dem schwarzen Aufdruck „Freikorps Adolf Hitler“ und das winzige Büchlein, das die „Zehn Gebote des Freikorps A.H.“ enthielt, sind längst in einer Grube tief in den Kiefernwäldern außerhalb Berlins verwest, wo ich sie auf meiner Flucht am 3. Mai 1945 vergraben habe. (In der Nacht von 2. zum 3. 5. 45, nachdem die Stadt kapituliert hatte, bin ich mit vier überlebenden Kameraden aus Berlin ausgebrochen und mit einem einzigen von ihnen lebend und unverwundet bei Tangermünde über die Elbe gekommen. Die drei anderen sind in dem fürchterlichen Beschuß, den wir in Grunewald hatten, noch durch Querschläger gefallen. Nur ich und der letzte von ihnen, der erst 18 Jahre alt war, kamen noch an die Elbe - ich selbst bin heute Rentnerin und 70 Jahre alt. Von Tangermünde aus bin ich zu Fuß in sieben Wochen die etwa 1200 Kilometer bis hierher in meine süddeutsche Heimat zu meinen Eltern gewandert. Der junge Kamerad, der noch lebend den Ausbruch überstand, ist auf dem westlichen Ufer der Elbe vom Amerikaner interniert worden.)
Nun noch einige nähere Einzelheiten über das Freikorps A.H.
Wie schon gesagt, wurde das Korps bereits Anfang März 1945 aufgestellt. Wir kamen aber nicht sofort in den Einsatz, sondern wurden im Eiltempo im Laufe eines Monats bis Anfang April 1945 ausgebildet. In einem großen einsamen Lager weit draußen vor Berlin an der Heerstraße wurden wir an folgenden Waffen ausgebildet: Gewehr 98, Pistole, Maschinenpistole, Handgranate, Panzerfaust und zuletzt noch am deutschen Sturmgewehr. Die Ausbildung umfaßte der kurzen Zeit wegen nur soviel, daß wir mit diesen Waffen umgehen, sie auseinandernehmen und wieder zusammensetzen, also im Falle einer Ladehemmung uns selbst helfen konnten. Es wurde während der ganzen Ausbildungszeit mit diesen Waffen stets scharf geschossen. Die Ausbilder waren durchweg Offiziere, Feldwebel und Unteroffiziere der Wehrmacht, die infolge Verwundung nicht mehr frontdienstfähig waren. Ein Ausbilder hatte nicht mehr als höchstens vier oder fünf Angehörige des Freikorps zur Ausbildung unter sich. Dadurch war es möglich, innerhalb der sehr kurzen Zeit von vier Wochen die gesamte Ausbildung gründlich durchzuführen. Außerdem gehörten noch Nachtmärsche, Spähtruppunternehmen, Tarnungen usw. zur Ausbildung.

Die Frauen, welche in das Freikorps aufgenommen wurden, mußten völlig unabhängig sein: das heißt sie mußten entweder ledig oder, wenn verheiratet, ohne Kinder sein. Sie mußten ferner kochen, nähen können und sie mußten bereits im Deutschen Roten Kreuz ausgebildet sein. Ihre Aufgabe bestand ja in der Hauptsache darin, für die neun Männer ihres Einzelschwarms zu sorgen, das heißt zu kochen, zu waschen und zu flicken, sowie Erste Hilfe zu leisten. Im Kampf waren sie nach den Gesetzen des Korps dem Manne gleichgestellt. Sie mußten natürlich außerdem unbedingt vertrauenswürdig und verschwiegen sein. Dies galt ja auch für die Männer. Dazu mußten alle, Männer wie Frauen, radfahren können. Das Korps war durchweg mit Fahrrädern ausgerüstet.

Die Uniform des Freikorps, für Männer und Frauen gleich, bestand aus einer langen Trainingshose, Uniformjacke und Mütze sowie Tarnanzug. Sie war braun und nur der schmale rote Ärmelstreifen am linken Arm mit dem schwarzen Aufdruck „Freikorps Adolf Hitler" kennzeichnete uns als Angehörige des Korps. Dieser Streifen mußte, wenn man in Gefahr kam in die Hände des Feindes zu fallen, unter allen Umständen mit dem Ausweis vernichtet werden. Es handelte sich ja um ein Geheimkorps ähnlich den Verbänden, zum Beispiel der Partisanen auf russischer und jugoslawischer Seite oder der französischen Widerstandsbewegung. Nur ist es viel zu spät aufgestellt worden. Außer dem Ausweis und rotem Ärmelstreifen hatten wir nur noch das Büchlein mit den „Zehn Geboten des Freikorps A.H.", auf das ich noch zu sprechen komme.

Als wir nach der Ausbildung Anfang April 1945 ausrückten, bestand der Gauschwarm Berlin aus etwa 900 Mann und etwa 100 Frauen. Außer ihm gab es noch andere Gauschwärme, z.B. Hamburg, u.a. aus den nördlichen und westlichen Gauen des Reiches, Süddeutschland war nicht vertreten. Alle zusammen machten schon eine kleine Armee von einigen Tausend Männern und Frauen aus.

Der Schwarm Berlin rückte ab in den Raum Treuenbriezen-Niemegk und unterstand dem Oberbefehl der berühmten Armee Wenck, arbeitete aber völlig selbständig.

General Walter Wenck, Kommandeur der damals aus den Jahrgängen der RAD 1927/28 neu aufgestellten 12. Armee, hat in seinen Gesprächen, die er 1957 mit H.W. Ritter, Journalist der „Welt am Sonntag", führte, selbst bestätigt, daß sich in Treuenbriezen damals Gruppen des Freikorps Adolf Hitler befunden haben. Die Befehlsstelle des Generals lag in jener Zeit etwa 500 Meter südwärts von Treuenbriezen.

Außer dem Ausweis und Ärmelstreifen hatten wir, wie schon erwähnt, auch das winzige Büchlein (nur etwa 3 x 2 cm groß), das im kleinsten

Druck die „Zehn Gebote des Freikorps Adolf Hitler" enthielt. Dieses Büchlein mußte im Augenblick der Gefahr verschluckt werden. Das war ein strenger Befehl und eines der Zehn Gebote.

Die übrigen neun Gebote weiß ich nicht mehr alle auswendig. Sie enthielten aber ungefähr folgendes:

1. Es gab keine Ränge im Freikorps. Ich weiß, daß eine Reihe von Offizieren, darunter auch Generale, dem Freikorps noch beigetreten sind. Sie mußten sofort Rang und Ehrenzeichen ablegen. Der Eintritt von Wehrmachtsangehörigen, auch Offizieren, in das Korps war aber möglich und sogar erwünscht.

2. Es gab im Korps keine Auszeichnungen. Es gab keine Eisernen Kreuze, Ritterkreuze, Sturmabzeichen usw. ... Die einzige Auszeichnung, die einem Angehörigen des Korps nach einer hervorragenden Tat zuteil werden konnte, war eine öffentliche Belobigung vor der versammelten Mannschaft. Mir ist diese Auszeichnung ein einziges Mal zuteil geworden, als ich in einer fürchterlichen Vollmondnacht, in welcher uns der Russe bei Niemegk mit Granaten aller Kaliber, darunter auch Stalinorgel, eindeckte, immer wieder das Schützenloch verließ, das noch einige Deckung bot, und im Granathagel über die Wiesen eilte, um den verwundeten Kameraden zu helfen, Notverbände anzulegen usw. Frauen, die genauso handelten wie ich, sind dabei gefallen. Bei einer von ihnen - es war die Gattin eines Professors aus Westberlin - habe ich noch auf der Wiese gekniet, konnte ihr aber nicht mehr helfen. Ein Granatsplitter hatte ihr den Hals aufgerissen. Sie mußte verbluten. In meinem ganzen Leben aber vergesse ich nie, wie die Sterbende noch in den Mondhimmel aufblickte und ganz langsam die Worte sprach: „Deutschland - muß - leben - und wenn wir - sterben - müssen." - Ich bin unverwundet geblieben und wurde am anderen Morgen vom Leiter unseres Gau-Schwarmes Berlin vor versammelter Einheit belobigt.

3. Die Angehörigen des Freikorps kannten sich untereinander nur mit Vornamen. Die Familiennamen waren geheim. Es hieß also nur: Kamerad Franz, Kameradin Maria usw.

4. Die Frau war dem Manne im Kampf gleichgestellt. Ich selbst bin aber Gott sei Dank nie in die Lage gekommen, einen Menschen, und sei es nur einen Feind, erschießen zu müssen.

5. Ebenso kam ich auch nie in die Lage, ein weiteres Gebot des Freikorps befolgen zu müssen: Wir hatten das Recht, ja sogar die Pflicht, fahnenflüchtige deutsche Soldaten zu erschießen. Das ging noch über die sogenannten Kettenhunde bei der Wehrmacht. Der Gau-Schwarm Berlin kam aber nicht in diese furchtbare Lage, weil er ja der Armee Wenck unterstellt war und in ihr gab es keine Fahnenflüchtigen.

6. Ein weiteres der zehn Gebote des Freikorps war dieses: Jeder Mann im Freikorps, der einer Frau des Freikorps zu nahe tritt und sie mißbrauchen will, ist dem Tode verfallen. Er wird von seinen Kameraden ohne Gericht am nächsten Baum aufgehängt. Dieses Gebot hat das Korps rein und sauber zu erhalten. Jede Frau im Freikorps konnte ohne Sorge zwischen den Männern des Korps auf dem Stroh schlafen. Sie wurde nicht angerührt.
Das Freikorps Adolf Hitler hat keine Kriegsverbrechen begangen. Es kämpfte allein für das hartbedrängte Vaterland.
Bevor wir Anfang April 1945 in die befohlenen Stellungen ausrückten, wurden wir in der uralten Kapelle des Gutes Alt-Döberitz, nicht weit von dem großen bekannten Truppenübungsplatz Döberitz, vereidigt. Diese Kapelle enthielt nur ein riesengroßes Kreuz ohne Korpus und rings an den Wänden die alten, in vielen Schlachten erprobten, zum Teil zerfetzten Fahnen der alten preußischen Regimenter. Unter jeder Fahne waren die Daten all der Schlachten zu lesen, die die betreffenden Regimenter gemacht hatten. Sie gingen zum großen Teil bis auf Friedrich den Großen zurück. Mir gegenüber hing z.B. die Fahne des berühmten „Maikäfer-Regiments" und ich hielt während der Vereidigung den Blick darauf gerichtet.
Anwesend bei dieser Vereidigung war auch die Reichsfrauenführerin Frau Scholz-Klink mit einer Begleiterin. Die Reichsfrauenführerin, sonst eine sehr ruhige beherzte Frau, hat während der ganzen Zeremonie bitterlich geweint. Nach Schluß der Vereidigung hat sie sich mit Handschlag und unter Tränen von uns Frauen besonders verabschiedet.
Wir haben unseren Eid in der Gutskapelle von Alt-Döberitz nicht mehr auf den Führer geschworen, obwohl das Freikorps noch seinen Namen trug. Wir haben unseren Eid auch nicht mehr auf die Hakenkreuzfahne abgelegt. Von all dem war keine Rede mehr. Wir haben nur geschworen, uns für unser Vaterland, für das heilige Deutschland, für die deutsche Erde einzusetzen und dies bis zum letzten Tropfen unseres Blutes. Wir gaben diesen Eid in der alten Kapelle in Gegenwart der stolzen Ehrenzeichen deutscher Geschichte.
Das Freikorps Adolf Hitler kämpfte und starb allein für Deutschland.
Das ist die Geschichte des unbekannten Freikorps und diese Geschichte ist wahr, so wahr mir Gott helfe!
Ich schäme mich nicht, im Gegenteil: Ich bin stolz, diesem edlen Tapferen Korps angehört zu haben, in welchem sich in letzter Stunde noch einmal die besten Kräfte unseres Volkes gesammelt haben, in welchem noch die heute so vielfach vergessenen und verachteten Begriffe wie „Heimat, Vaterland, Ehre, Treue, Tapferkeit, Heldentum"

hochgehalten worden sind.
Ich schulde es den namenlosen Toten unseres Freikorps, ihre Geschichte hier aufgeschrieben zu haben."

Von anderer Seite wird die Existenz des „Freikorps" später bestätigt. In einem Bericht aus dem Jahre 1957 heißt es: „In Treuenbriezen befanden sich (April 1945) Gruppen vom „Freikorps Adolf Hitler", einer Organisation, die Dr. Ley am 18. April aufgestellt hat, die nicht zur 12. Armee (Wenck) gehörte." - Dies besagt, daß es sich um „Freischärler" oder Partisanen handelte. - [3]

Einen weiteren Hinweis auf die Existenz dieses „Freikorps" liefert Reichsmarschall (RM) Hermann Göring, dem eine Abteilung begegnete, als er am 20.04.45 von der Geburtstagsvisite bei Hitler kommend mit seiner Autokolonne Berlin auf Schleichwegen verließ und gegen 22:00 Uhr den Obersalzberg erreichte. In welchem Ort der Berliner Umgebung dies geschah, wird von dem Berichterstatter nicht erwähnt, aber er schreibt:[4] „Nicht vergessen darf ich das Zusammentreffen mit einer Kompagnie des Freikorps A.H. (früher Robert Ley); die Männer aussehend wie Zuchthäusler, die Frauen - sie kamen vom Handgranatenwerfen! - von abgrundtiefer Häßlichkeit, wohl am besten charakterisiert durch die Bemerkung RM., daß dies wohl die letzte (und erste!) Gelegenheit für sie sei, durch Erbeutung eines Gefangenen zu einem Mann zu kommen. Und das sollen Garanten der Zukunft sein!" -
Daß Göring jedoch genauer unterrichtet gewesen sein muß, als aus jener Bemerkung hervorgeht, beweist ein Auszug seiner Vernehmung durch die Sowjets am 17.6.1945:[5]
„ ... Ende März dieses Jahres (1945) ist aus den aktivsten Funktionären der Partei das „Freikorps Adolf Hitler" aufgestellt worden. Ich weiß, daß sie den bewaffneten Kampf gegen die Okkupanten führen sollten, aber ob es ihnen gelungen ist, weiß ich nicht. Zum Kommandeur des Korps ist Ley ernannt worden. Das war gleichbedeutend damit, daß aus diesem ganzen Vorhaben nichts wurde. Ley ist ein alter Dummkopf; es genügt, seine Zeitungsartikel zu lesen. Wo Ley sich jetzt aufhält, weiß ich nicht. Aber wenn er tot ist, so ist dies für die Alliierten kein großer Verlust..."

[3] (H. W. Ritter: Armee Wenck - der letzte Angriff. II. Offensive bei Küstrin. (- Welt am Sonntag, 7.4.1957))
[4] E. Lange: Der Reichsmarschall im Kriege, Linz 1950 - 10. Kap.: Das Tagebuch des Adjutanten, S. 204
[5] übersetzt und kommentiert durch W.Arenz in „Wehrwissenschaftliche Rundschau, 17. Jahrgang 1967 H.9, S. 523 u.ff.

Der Kommentator setzt hinzu: „Teile dieses Freikorps, dem auch Frauen angehörten, wurden auf dem Truppenübungsplatz Döllersheim als Panzer-Jagdkommandos ausgebildet.“ -
War wahrscheinlich war, wird zur Gewißheit durch das Auffinden der Führerverfügung“ vom 28.3.1945, die uns in einer Abschrift vom 15.4.45 offenbar aus dem Heeres-Buch vorliegt und deshalb nicht, wie bei Originalverlautbarungen, das Hoheitsabzeichen trägt.

<u>Abschrift</u>

D e r F ü h r e r

Ich verfüge die Aufstellung eines Freikorps „Adolf Hitler“, sa sich aus den Aktivsten der Bewegung, Freiwilligen des Volkssturmes und Freiwilligen der Werkschar zusammensetzt.

Jeder, der über 18 Jahre alt ist und sich freiwillig meldet, muss von der Partei, dem Volkssturm und den Betrieben freigegeben werden.

Mit der Aufstellung dieses Freiwilligenkorps und seiner Führung beauftrage ich den Reichsorganisationsleiter der NSDAP, Parteigenossen L e y .

B e r l i n , den 28. März 1945

gez. Adolf Hitler

Die völlige Verkennung der Lage und der Möglichkeiten zur Gewinnung von „Aktivisten“ durch Hitler wird noch übertroffen durch den geradezu wahnwitzigen Aufruf des mit Führung und Aufstellung beauftragten Robert Ley, den er höchstwahrscheinlich mit einem für Politiker unerlaubt hohen Blutalkoholspiegels heraus diktierte, und in dem es heißt:

„Eine kleine Zahl feindlicher Panzerrudel sind dabei, kritische Situationen an der Front auszunützen, um in das Reichsgebiet einzubrechen. Tatsächlich sind sie nur ein Spuk. Wir haben Männer und Waffen, um sie und die ihnen folgenden kleinen Infanteriegruppen restlos zu vernichten. Es ist nur eine Frage unseres Willens und unserer Einsatzbereitschaft.

Ihr als meine alten Parteigenossen habt schon einmal als Minderheit an Zahl, jedoch als Wertfaktor unseres Volkes in gläubige Hingabe und Energie den Sieg errungen. Es kann daher gar keinen Zweifel geben, Deutschland muss und wird von den Gangstern und Bestien in Ost und West befreit werden.
Der Führer hat die Bildung eines Freikorps „Adolf Hitler" befohlen und mir die Führung übertragen.
Ich wende mich deshalb an die alten und jungen Aktivisten in der Partei und im gesamten Volk: Freiwillige vor zur unbarmherzigen Vernichtung dieser Einbrecher in unser Land.
Sie sollen und werden niemals mehr zur Ruhe kommen. Unsichtbar und deshalb schwer zu fassen, werden wir sie dauernd angreifen und vernichten.
Parteigenossen und Aktivisten in allen Betrieben und Kontoren, in jeder Verwaltung und Behörde, meldet Euch augenblicklich! Die besten und fanatischten Gauleiter werden Eure Führer sein, die bewährtesten Kreis- und Ortsgruppenleiter Eure Organisatoren. Bringt nur das Notwendigste mit, vor allem Euer Fahrrad, oder lasst Euch ein solches von der Gemeinde oder der Ortsgruppe geben.
Der Führer hat befohlen, dass jeder Betrieb und jede Dienststelle Euch zu diesem Einsatz freilassen muss. Es dürfen keine langen Fragebögen und schwerfällige Abmeldungswege eingeschlagen werden. Marschiert sofort ab und meldet Euch an den bekanntgegebenen Gestellungsplätzen.
Alle notwendigen Formalitäten und Nachfragen werden zentral erledigt.
Die höchste Forderung lautet: Schnelligkeit!
Wir müssen und werden schneller sein als der Feind!
Wer die Aufstellung oder den Einsatz dieser Kampfgruppen zu hemmen versucht oder wer Verrat übt, ist unbarmherzig ohne weitere Formalitäten zu vernichten. Fanatiker unseres Volkes, Parteigenossen und Kameraden, Männer und Frauen!
Der Führer hat uns gerufen, wir werden folgen!"

gez. Ley

Die Gründung des „Freikorps" war nicht, wie man nach Lage der Dinge annehmen könnte, eine lokale, auf die Reichshauptstadt und deren Umgebung beschränkte Aktion, vielmehr unterrichtete Martin Bormann, Sekretär Hitlers und Leiter der Parteikanzlei, mit Fernschreiben auch alle Gauleiter und gab Anweisung, daß jeder Gau sofort 100 Mann abzustellen habe. Ausgerüstet mit Windjacke, Rucksack, Zeltbahn und automatischer Handfeuerwaffe sollten sich die Angeworbenen mit dem Fahrrad sofort auf den Weg machen.[6] Das ganze eine aberwitzige Infamie und Ausdruck schizophrenen Realitätsverlustes. Denn abgesehen von der Sinnlosigkeit dieser „Eingebung“: wie hätten bei dem sich wie glühende Lava ausbreitenden Chaos Kleintrupps von Radlern eben von der Donau oder vom Rhein her noch an die Spree gelangen können, völlig kampf- und kriegsunerfahrene Menschen!

Zwei einzigartige Dokumente einzigartiger, aus völligem Realitätsverlust entstandener existentieller Verblendung: Waren es dort nur eine kleine Zahl feindlicher Panzerrudel mit nachfolgenden kleinen Infanteriegruppen? Gab es hier noch geordnete Betriebe, Kontore und Verwaltungen, Werkscharen, Formulare und schwerfällige Abmeldungswege, wenn doch überall Chaos wucherte und jener hysterisch-übersteigerte Aufruf Leys allenfalls Berlinern und Brandenburgern zur Kenntnis kam?

Es dürfte Robert Ley gewesen sein, der auf irgend eine, nicht bekannte Weise Hitler, der zuletzt so fanatisch introvertiert wurde, wie er zuvor fanatisch extrovertiert gewesen war, vielleicht nur ganz nebenbei zu diesem Führerbefehl veranlaßte oder ihm irgendwie einen solchen einredete. - Menschen der Art, wie sie Robert Ley in diesem jämmerlichen und kläglichen Aufruf um sich zu sammeln suchte, gab es gewiß in ganz Deutschland nicht mehr; denn diese befanden sich alle irgendwo und - wie im Kriegseinsatz. Dennoch konnte der „Reichsorganisationsleiter“ mit Hilfe einiger Gefolgsleute aus Partei und Arbeitsfront die Sache in und um Berlin rudimentär in Gang bringen und einige Räuberhaufen zusammenklauben - aus Menschen, die sich zu allen Zeiten in jedem Untergrunde finden und zumal in Berlin wo, wie ich später erfuhr, Zehntausende auf steter Flucht vor Feldgendarmerie, SS und SD hin- und herfluteten. Da mögen Gewitzte unter ihnen im „Freikorps Adolf Hitler“ wohl eine Überlebenschance erkannt haben. - Doch scheint schließlich Ley, wie bei der fortschreitenden Auflösung zu erwarten, die Sache aus den Händen geglitten zu sein.

Mit dem Anschein der Berechtigung und Waffen versehen schlugen die einzelnen „Schwärme“ des „Freikorps“ ihre eigenen Wege ein und gingen an nichts gebunden, aber sich zu allem berechtigt fühlend, in den Abgründen der letzten Tage des 2. Weltkrieges unter.

[6] Lanz, G. J. v.: „Der Hitlerjunge - Baldur von Schirach“, Hamburg 1991

„DER PANZERBÄR" UND ANDERE NACHRICHTEN FÜR DIE BERLINER

Das Folgende ist der ungekürzte Inhalt der letzten Ausgabe des „Panzerbär" vom 29. April 1945

Der Panzerbär

29. April 1945

KAMPFBLATT FÜR DIE VERTEIDIGER GROSS-BERLINS

Heroisches Ringen
Bei Tag und Nacht neue Eingreifkräfte herangeführt

Der Kampf um den Stadtkern entbrannt

Entlastungsangriffe laufen
Aus dem Führerhauptquartier, 28. April.
Das Oberkommando der Wehrmacht gibt bekannt:
In dem heroischen Kampf der Stadt Berlin kommt noch einmal vor aller Welt der Schicksalskampf des deutschen Volkes gegen den Bolschewismus zum Ausdruck.
Während in einem in der Geschichte einmaligen grandiosen Ringen die Hauptstadt verteidigt wird, haben unsere Truppen an der Elbe den Amerikanern den Rücken gekehrt, um von außen her im Angriff die Verteidiger Berlins zu entlasten.
In dem inneren Verteidigungsring ist der Feind von Norden her in Charlottenburg und von Süden her über das Tempelhofer Feld eingedrungen. Am Halleschen Tor und am Alexanderplatz hat der Kampf um den Stadtkern begonnen. Die Ost-West-Achse liegt unter schwerem Feuer.
Fliegende Verbände unterstützen die Kämpfe unter aufopferndem Einsatz der Besatzungen. Trotz stärkster Jagd- und Flakabwehr wurden bei Tag und bei Nacht Eingreifreserven gelandet und Munition abgeworfen. Unsere Jagd- und Schlachtfliegerverbände vernichteten in den letzten vier Tagen 143 Flugzeuge, 58 Panzer und über 300 Fahrzeuge.
Im Raum südlich Königs Wusterhausen setzten Divisionen der 9. Armee ihre Angriffe nach Nordwesten fort und erwehrten sich während des ganzen Tages konzentrischer Angriffe der Sowjets gegen die Flanken. Die vom Westen angesetzten Divisionen warfen den Feind in erbittertem Ringen auf breiter Front zurück und haben Ferch erreicht.
Westlich Berlin wurde die Linie Brandenburg-Rathenau-Kremmen gegen alle feindlichen Angriffe behauptet.
Im Raume von Prenzlau warfen die Sowjets neue Panzer- und Infanterieverbände in den Kampf und erzwangen unter starkem Schlachtfliegereinsatz tiefe Einbrüche.
Im nordwestdeutschen Raum kam es gestern nur zu örtlichen Kämpfen. In Bremen hält

der Kampfkommandant mit dem Rest der tapferen Besatzung den Nordostteil der Stadt.
An der Donau brach der Feind in Regensburg und Ingolstadt ein. Zwischen Dillingen und Ulm setzten die Amerikaner ihren Vorstoß nach Süden fort. Kämpfe sind in Mindel und im Guenztal im Gange.
Die Armeen in Italien setzten sich hinter dem Po und Tessin ab.
Während die Sowjets im Südabschnitt der Ostfront sich auf starke örtliche Vorstöße beschränken, setzten sie ihre Angriffe im Raum Brünn mit starken Kräften fort und konnten trotz zäher Gegenwehr der Besatzung in die Stadt eindringen.
Nordwestlich Bautzen, wo bei Meißen die Verbindung mit der Westfront an der Elbe hergestellt wurde, sind unsere Truppen zum Angriff nach Norden angetreten.
Sicherungsfahrzeuge der Kriegsmarine versenkten östlich Gotenhafen ein sowjetisches Schnellboot und schossen ein weiteres in Brand.
Schwächere amerikanische Kampfverbände führten am Tage Angriffe gegen Orte in Süddeutschland. In der Nacht herrschte über dem Reichsgebiet nur geringe feindliche Kampftätigkeit.
Kleinstunterseeboote versenkten aus dem stark bewachten feindlichen Nachschubverkehr zwischen Themse und Schelde zwei vollbeladene Schiffe mit 8000 BRT.

Der längere Atem
Seit fünfeinhalb Jahren lodert die Fackel des Krieges in Europa. Ihr verzehrendes Feuer hat nach Polen ganz Europa, nach diesem Erdteil schließlich noch zwei weitere erfaßt, Asien und Amerika.
Deutschland mußte einerseits die Ketten abzustreifen versuchen, die ihm in Versailles auferlegt waren und ihm jede Lebensmöglichkeit nahmen. Es hat dies seit 1933 in dem denkbar engsten Rahmen getan und peinlichst vermieden, dabei den Kreis der unmittelbar betroffenen Gebiete, d.h. die deutsche Lebens- und Interessenzone zu überschreiten.
Wenn unsere Feinde behaupten, Deutschland habe eigennützige Machtziele verfolgt und die Unabhängigkeit und Freiheit der kleinen Nationen bedroht, so haben England und Amerika sehr bald durch ihr Verhalten bewiesen, daß ihnen in Wirklichkeit nicht nur nichts an der Freiheit dieser kleinen Nationen gelegen ist, sondern daß sie selbst bereit waren und sind, diese an Stalin zu verkaufen, ja sie für ihre eigenen imperialistischen Ziele auszubeuten.
Mehr noch! Während die von Deutschland besetzten Feindländer durchaus auskömmlich leben konnten, zum Teil sogar einen fühlbaren wirtschaftlichen und sozialen Aufschwung nahmen, ächzen die „befreiten" Bundesgenossen unter der Hungersnot, Desorganisation und Ausbeutung durch die Engländer und Amerikaner. Besonders groß aber sind die Leiden der Neutralen und jener Völker, die sich den jüdisch-plutokratischen und bolschewistischen Drahtziehern auf Gedeih und Verderb unterwarfen.
Deutschland ist durch den Verrat klug geworden, dem es 1918 zum Opfer fiel. Es weiß, daß alle Versprechungen der Feindseite nichts anderes bedeuten als den Versuch, unser Volk wiederum völlig wehrlos zu machen und es damit der wirtschaftlichen Ausbeutung, persönlichen Versklavung und völkischen Vernichtung auszuliefern.
Zu verlieren haben wir nichts mehr. Wir haben alles verloren und würden durch Kapitulation uns selbst, unsere Zukunft, Frau und Kind preisgeben. Wohl aber haben wir die Chance, uns zu behaupten und einst dann Existenz, Familienleben und unseren sozialen Staat wieder aufzubauen, in dem wir einen noch größeren Wohlstand erreichen werden, als wir ihn vor diesem Kriege bereits genießen konnten.
Dies ist ein fernes, aber ein reales Ziel. Wir wollen es stets vor Augen behalten, wenn die Gegenwart heute Anforderungen an uns stellt, die uns fast unerträglich erscheinen mögen, wenn unser Todfeind uns Wunden schlägt, aus denen das Blut unserer Besten fließt.
In Berlin, in den rauchenden Ruinen der Reichshauptstadt, entscheidet sich Europas Schicksal, von dem du das deine nicht trennen kannst, Kamerad! Bedenke das, beiße die Zähne zusammen und halte aus, treu deinem Eid, eingedenk der Verantwortung, die du gegenüber deinen Nachkommen, deiner Mutter, deiner Frau und deinen Kindern zu tragen hast. Der Spruch des Schicksals steht bevor, du kannst ihm nicht entgehen,

seine Fällung nicht einmal hinausschieben.
Du bist nicht allein! In dieser Stunde schon muß der Bolschewismus in der Schlacht um Berlin nach zwei Seiten kämpfen, in Richtung auf uns und in Richtung auf unsere Armeen, die aus dem Westen, Süden, Osten und Norden herbeigeeilt sind und unsere Gegner im Rücken packen. Diese kampferprobten jungen Verbände haben an manchen Abschnitten bereits die äußeren Igelstellungen der Sowjets zurückgedrückt und aufgesplittert. Ja, sie sind bereits mit Vorhuten in den inneren Ring eingedrungen, den die roten Horden um Berlin zu verdichten suchen.
Lassen wir nicht nach in Zähigkeit und Ausdauer! Auch die Sowjets setzen alles dran, uns zu erwürgen, bevor die eingreifenden deutschen Reserven sie an diesem teuflischen Vorhaben hindern und den roten Spuk verjagen können. Jeder Sowjetpanzer, der heute in Berlin abgeschossen wird, schwächt die Kraft unseres Feindes und kann nicht mehr gegen die von außen her wirkenden Gegenmaßnahmen der deutschen Führung eingesetzt werden.
Aus Gefangenenaussagen geht hervor, daß die Bolschewisten in den Straßen und Häuserkämpfen ungeheure Verluste haben. Die Vollstrecker der militärischen Befehle Stalins haben hinter ihren Infanterielinien sogar Flammenwerfer eingesetzt, um sie zum Anfriff voranzutreiben. Der Kreml weiß, daß er keine Zeit zu verlieren hat, es geht um Stunden.
Wir aber müssen und werden den längsten Atem haben.

Flakkanoniere als Panzerknacker
In Richtung des Flakturmes Friedrichshain brachen 26 sowjetische Panzer durch. Unter Führung von Oberleutnant Küttner stießen 150 Flakkanonoere und Flakhelfer aus dem Turm vor und vernichteten mit Nahbekämpfungsmitteln 10 sowjetische Panzer. Die Sowjets drehten daraufhin ab.

RAD im Abwehrkampf
An der westlichen Seite des inneren Verteidigungsringes stehen unter der Führung von Obergeneral-Arbeitsführer Dr. Decker Kräfte des Reichsarbeitsdienstes in tapferem, erfolgreichem Abwehrkampf.

Wo der Führer ist, ist der Sieg
Klärung des Kampfbildes in Kürze zu erwarten
Die von außen her in den Berliner Großraum hineinstoßenden deutschen Entsatzgruppen haben sich dem Gegner bereits gefährlich genähert. Sie stören die feindlichen Nachschubbewegungen empfindlich und drücken immer stärker in unaufhaltsamem Vormarsch in den Rücken des Gegners.
Es ist klar, daß die Sowjets in letzter Stunde mit aller Kraft versuchen, ihr Ziel, die Besatzung Berlins zu erreichen, um nicht zwischen zwei Feuer zu geraten. Der Gegner drückt also mit aller Kraft auf den inneren Verteidigungsring. Er versucht, schwache Stellen unserer Verteidigung ausfindig zu machen, um hier durchzustoßen, denn seine Kräfte reichen nicht mehr aus, um seinen Zernierungsring überall in gleicher Stärke zum Sturm anzusetzen.
Aus dieser Lage ergaben sich verschiedene Schwerpunkte des Kampfes, an denen es vorübergehend unübersichtliche und auch kritische Situationen gab, die aber dank des entschlossenen Einsatzes der Verteidiger zum Teil im Gegenstoß, wieder geklärt wurden. Im großen und ganzen haben sich an der inneren Berliner Front keine bedeutenden Veränderungen ergeben. Es kommt jetzt alles darauf an, daß die Verteidiger des inneren Berlin mit allen Kräften ihre Stellungen halten, damit die Operationen der von auswärts anrückenden Truppen voll zur Auswirkung kommen können und die Verbände des Gegners aufgespalten bleiben.
Wenn weiter mit der gleichen Tapferkeit gekämpft wird, dann muß sich in Kürze das Bild auf dem Kampfplatz Berlin grundlegend wandeln. Wie entschlossen der Berliner seine Heimatstadt verteidigt, geht schon daraus hervor, daß gestern wiederum über 50 Panzer und in den letzten fünf Tagen insgesamt rund 300 Panzer abgeschossen wurden. Auch die Luftwaffe unterstützte wieder mit starkem Jagd- und Schlachtfliegereinsatz den

Erdkampf.
Unsere Aufgabe ist klar. Bei uns ist der Führer. Wo aber der Führer ist, ist der Sieg.

Keine andere Wahl als durch Standhaftigkeit zu bestehen
Immer kommt einmal ein Augenblick, in dem die Schwachen im Volke glauben, nun ginge es einfach nicht mehr, nun sei es zuviel des Schreckens und des Kampfes. Und sie fragen, was denn noch für ein Sinn hinter dem Widerstand stünde, wofür denn immer noch mehr Blut vergossen würde. Es ist auch menschlich so verständlich, daß Mütter den letzten Sohn, der ihnen geblieben ist, nun behalten möchten und doppelt um ihn bangen, und menschlich verständlich, daß eine Frau den Mann, der jetzt als Volkssturmsoldat bei der Verteidigung seiner Stadt seine Pflicht tun muß, für sich behalten möchte. Wenn die Söhne und die Väter fallen, müssen die Frauen das Leben - soweit das, was dann kommen würde, noch Leben wäre - ja weiterführen in tausend Nöten und Schmerzen, und ihnen bliebe die ewige Sorge der Mütter um die Kinder.
Gerade aber um der Frauen und der Kinder willen geht der Kampf weiter, um ihretwillen darf er nicht eingestellt werden, ehe nicht Leben und Zukunft des deutschen Volkes gesichert sind! Es geht ja gar nicht nur um uns, sondern um die Kinder und die noch ungeborenen. Ihr Recht zum Leben, zum Leben in Freiheit und als Deutsche, müssen wir heute durch den äußersten und erbittertsten Widerstand erkämpfen. In der letzten Entscheidung über Leben und Zukunft des Volkes gibt es keinen persönlichen Egoismus mehr, gibt es kein Recht mehr, sich zu schonen und zu sparen, und auch kein Recht, die menschlich verständlichen persönlichen Wünsche höher als die unerbittliche Pflicht zu stellen. Und es gibt keine Rücksicht mehr auf persönliche Schicksale. Es darf sie nicht geben, weil diese Rücksicht ein Verbrechen am Schicksal der Nation wäre!
Das klingt nicht nur hart, sondern es ist in der Tat unermeßlich hart. Es ist ein härteres Schicksal, das uns seine unabdingbaren Gesetze diktiert, als es je über unserem Volke stand. Aber wir begreifen, daß wir nur noch durch Härte, durch äußerste Härte bestehen können! Davor verliert alles andere sein Gewicht. Daß das keine Phrasen sind, erlebt jeder am eigenen Leibe und im eigenen Schicksal. Sind wir nicht auch schon so weit, daß wir über die persönliche Furcht, über die Lebensangst hinaus sind, da wir nur noch in der Furcht stehen um das allgemeine Schicksal? Das gibt uns die Kraft, immer weiter zu kämpfen, um schließlich durch Standhaftigkeit doch zu bestehen.
Und wir müssen uns immer wieder daran erinnern, daß es in diesem Augenblick nur ein einziges überzeugendes Argument für unsere Feinde gibt, das mit jedem Tage des Widerstandes größeren Eindruck auf sie macht: die Blutopfer, die sie bisher erbringen mußten und deren Ende sie um so weniger abzusehen vermögen, als unser Widerstand und unsere Gegenschläge mit zähester Verbissenheit andauern und neue Höhepunkte gewinnen! Oder glaubt jemand, daß unsere Feinde etwa nicht kriegsmüde sind und sich selber fragen, wofür sie denn diese Blutopfer noch bringen?
Je gewisser sie schon glaubten, den Sieg in der Tasche zu haben, um so zwingender und unausweichlicher wird diese Frage für sie. Und darum müssen wir es ihnen Tag von neuem und jeden Tag noch härter und fanatischer beweisen, daß der Kampf weitergeht, an den Fronten und hinter den Fronten und daß wir nicht nachlassen im Kampfe, bis der Sieg erfochten ist.

„Alles ist vorn"
PK Berlin, 28. April
Vor einem Eingang eines zerbombten Hauses im Südwesten Berlins steht eine Bataillonsstandarte. Ein weißes Kreuz im roten Feld. Das ist der Gefechtsstand der Kampfgruppe Norge. Ich gehe hinunter in den Keller. Auf der untersten Stufe sitzt ein Melder. Armjacke, Stahlhelm, MP, Gesicht und Hände verdreckt. Er ist übermüdet, er zieht langsam an einer Zigarette. Den Stummel drückt er aus, dann tut er ihn behutsam in ein abgeschabtes Etui.
Im Gefechtsstand ist niemand. Ich frage den Melder, vo der Stab geblieben ist. „Alles ist vorn", gibt er mir in gebrochenem Deutsch zur Antwort. Dann geht er dran und dreht sich aus vier Kippen eine neue Zigarette.
Braucht er das, dieser norwegische Freiwillige der Waffen-SS? Er könnte ja doch durch

die Prinz-Johann-Gate in Oslo flanieren, könnte vor den lichtdurchfluteten Schaufenstern von William Smit stehen, neben sich seine braut. Vielleicht heißt sie Günvor. Er könnte den Duft ihres Haares um sich haben. Er könnte ihr das elegante Jackett dort im Erker kaufen und sich diese schnittigen Halbschuhe, und - zum Donnerwetter - er könnte eine gute Bluemaster rauchen. Er könnte im Café sitzen später am Abend, bei der gedämpften Musik träumen.
Oh, was könnte er alles! Statt dessen ist er heute im staubenden Schmettern der Reihenwürfe der Sowjetbomber umhergehetzt. Die Jagdbomber haben ihn gejagt. Wie oft hat er sich vor den heranfauchenden Granaten zwischen Ruinen geschmissen. Von Kompanie zu Kompanie ist er gehastet, ununterbrochen, genau 25 Stunden ohne Schlaf. Verdammt! Hat man das nötig? - Könnte man in Oslo nicht ebensogut Tennis spielen? Nein, er kann nicht Tennisspielen, während deutsche Soldaten in Berlin für Europa kämpfen. Nein, man darf nicht zur selben Stunde mit Günvor promenieren, während die Berliner Frauen sich Stahlhelme aufsetzen, wenn sie sich ihre Zuteilung holen, und manche dabei von Granatsplittern verletzt werden.
Ja, der müde und abgehetzte Melder weiß, es denken nicht alle seine norwegischen Landsleute so. Das weiß er, und das tut manchmal weh, sehr weh. Er hat dasselbe schon gedacht vor Leningrad, am Wolchow, bei Toropez, in Ostpreußen; aber er mußte eben immer vorn sein, dort vorn in der Front gegen die Bolschewisten, weit von seiner Heimat.
Schon oft in den letzten Tagen hat der Bataillonsstab die Knarre in die Hand genommen, da gab der Kommandeur die Befehle im Schützenstand, in einem Kellerloch. Und dann stehen sie alle, die Niederländer, Dänen Flamen und Norweger. Sie sind die Aktivisten Europas. Darum kämpfen sie jetzt auch den Schicksalskampf um Berlin, der die Entscheidung in Europa bringt. Das wissen sie, das glauben sie - und darum stehen sie vorn.

Abgabe von Lebensmitteln in der 75. Zuteilungsperiode
Die Abgabe der Lebensmittel für die 75. Zuteilungsperiode erfolgt auf Abschnitte des Berliner Bezugsausweises (11. Ausgabe). Die sonst üblichen Lebensmittelkarten werden nicht verteilt.
Es werden abgegeben:
1. für die Zeit vom 30.4. bis 6.5. 1945, also für die 1. Woche der Zuteilungsperiode
1000g Brot auf e21,
100g Fett auf e22,
250g Fleisch auf e23 und e24 (je 125g).
2. für die Zeit vom 30.4. bis zum 27.5. 1945, also für vier Wochen,
62,5g Käse bzw. 125g Quark auf e25,
500g Marmelade oder 250g Zucker oder 300g Zuckersyrup, Obstsyrup oder Kunsthonig auf e26.
3. Gemüse, und zwar entweder
1kg Gemüse beliebiger Art oder 100g Trockengemüse auf f50. Gegen Abgabe von zwei Abschnitten f50 kann 1 Dose Gemüsekonserven bezogen werden.
4. 1 Dose Fischkonserven gegen Abgabe von zwei Abschnitten g64.
Für die Zeit vom 30.4. bis zum 27.5.1945 wird die Nährmittelration auf 250g, die Zukkerration auf 500g, die Kaffeeration auf 100g festgesetzt. Diese Lebensmittel wurden bereits am 21.4. aufgerufen.
Kartoffeln werden weiter auf den Bezugsausweis für Speisekartoffeln abgegeben, und zwar, wie bereits veröffentlicht, vom 30.4. bis zum 6.5. 1945 1 1/2 kg.
Werdende und stillende Mütter, Säuglinge und Kinder bis 6 Jahre erhalten gegen Lebensmittelmarken oder Berechtigungsscheine täglich 1/2 Liter Vollmilch oder - falls Vollmilch nicht ausreichend vorhanden ist - eine Normaldose Kondensmilch für zwei Tage.
Für Kleinstkinder darf Voll- bzw. Kondensmilch nur abgegeben werden, wenn die Versorgung der Säuglinge gewährleistet ist. In gleicher Weise geht die Versorgung der Kleinstkinder der der Kleinkinder vor. Täglicher Abgabevermerk auf der Rückseite des Berliner Bezugsausweises; das Alter des Kindes ist nachzuweisen.

Melder im Ruinenfeld

Der kürzeste ist nicht immer der schnellste Weg

Einen Augenblick noch verharrt er im Ausgang des Befehlsstandes. Die sowjetische Artillerie belegt gerade die Gegend mit einem heftigen Feuerschlag; aber die Meldung an den Abschnitt ist eilig, wichtige Entscheidungen für die Entwicklung der Gesamtlage hängen von ihr ab. Also, Stahlhelm auf und raus!

Die Straße gleicht einer Schutthalde, und man darf sich nicht die Zeit nehmen, den besten Weg zu suchen und zu überklettern. Was heißt hier überhaupt noch „bester Weg"! Es gilt, blindlings zu springen. Man wird dann schon sehen, ob der Fuß einen festen Halt findet oder nicht. Zwar ist der Melder erst vor wenigen Stunden den selben Weg gegangen, aber inzwischen haben zahlreiche neue Einschläge die Silhouetten der Ruinen weiter zernagt und neue Hindernisse herabgeschleudert.

Verdammt, da rotzt ihm eine Werferbatterie eine Serie von Granaten dicht vor die Füße. Ein Splitter reißt ihm ein Loch in den Aermel. Nochmal Schwein gehabt! In einem Kellerloch muß er ein paar Minuten Deckung nehmen, bis der schlimmste Feuerzauber vorbei ist. Dann schafft er im Laufschritt, immer im Zickzack, eine gute Strecke des Weges bis zur nächsten Straßenecke.

Flammenwerfer im Rücken

Wo steht der Feind, wo der Freund? Kein Mensch weiß es. Die Fronten - wenn man von Fronten überhaupt noch sprechen kann - sind wild ineinander verzahnt, verkeilt. Vom Norden weicht der Iwan vor dem Druck unserer von außen herbeieilenden Entsatzverbände zurück. Die bolschewistische Führung setzt hinter ihrer zurückflutenden Infanterie Flammenwerfer ein; sie ist entschlossen, Tausende von Rotarmisten im Blut ersticken zu lassen. Stalin will Berlin; alles andere zählt nicht. Vom Süden versuchen die Bolschewisten ebenfalls in des Stadtinnere vorzudringen. Einmal, weil es so befohlen ist, dann aber auch, weil auch vom Süden her deutsche Eingreifkräfte nachdrängen. Die Berliner Verteidiger lassen den Iwan nicht herein, die von allen Seiten kommenden Eingreifverbände nehmen ihn in die Zange.

Der Melder kennt alle diese Häuser, über deren Trümmer sein Fuß hastet, noch aus der Zeit, als sie im Gewande solider bürgerlicher Behaglichkeit sauber und hell die glatte Straße säumten, denn er ist selbst Berliner und in dieser Gegend aufgewachsen. Hier war der Milchladen, dort der Bäcker, und nur eine Querstraße weiter, in der Richtung, in der jetzt Staub und Qualm jede Aussicht versperren, steht oder stand das Haus, in dem er selbst wohnte. - Wie mag es dort aussehen? Aber er hat jetzt keine Sekunde Zeit, daran zu denken. Der Befehl ruft ihn auf dem schnellsten Wege vorwärts, der keineswegs immer der kürzeste ist.

Der kürzeste Weg!

An der Straßenkreuzung, die er überqueren muß, zwitschern MG-Garben an ihm vorbei, und der Abschuß von Panzerkanonen dröhnt aus nächster Nähe. Männer eines Panzervernichtungstrupps, die an der Hausecke kauern, heben warnend die Hand: „Achtung!" - An einer schmalen Stelle ist eine Feindgruppe im Schutze einiger Panzer durchgebrochen. Für den Augenblick geht es hier nicht weiter. Der kürzeste Weg! Durch die F.-Straße und dann in einem Haken durch die M.-Straße müßte es noch gehen! Müßte...

Kurz entschlossen in kurzen Sprüngen zur nächsten Ecke. Zwar liegt auch auf dieser Kreuzung starker Beschuß, und wieder muß der Melder vor den dicht um ihn krepierenden Granaten in einem Keller untertauchen, dann aber ist er in ein paar Sätzen über die Straße hinweg und erreicht die schützende Hauswand.

Noch einmal muß er den geplanten Weg ändern, noch ein paarmal abwarten und in Deckung gehen. Die notwendige gründliche Kontrolle seines Melderausweises muß er sich noch gefallen lassen, dann aber ist der Befehlsstand der Abteilung erreicht. Sofort werden die neuen Befehle, die nach seiner Meldung erforderlich sind, gegeben. Die Atmosphäre im Befehlsstand ist gespannt, aber ruhig und besonnen.

Der Melder hockt auf einer Bank und raucht eine Zigarette. Dann ein kurzer Händedruck. Der Melder setzt seinen Stahlhelm auf, verharrt noch einen Augenblick sichernd im Eingang und sucht zwischen Trümmern und Bombenkratern, zwischen Artillerie- und Granatwerfereinschlägen seinen Weg zurück, den kürzesten Weg!

Friedrich-Karl-Platz

Fünfzehn T34 vernichtet

Im Verlauf des Abends zeigte sich, daß in Charlottenburg eingesickerte, feindliche Panzerkräfte sich in der erfolgreichen Abwehr nicht weiterentwickeln konnten. Sie liegen in einem konzentrisch sie umschließenen Bekämpfungsring fest. Bis jetzt wurden im Abschnitt Sophie-Charlotten-Straße bis Friedrich-Karl-Platz 15 der eingebrochenen T34 vernichtet. Weitere sind angeschossen und beschädigt. Vor allem Volkssturmmänner unter Führung von Offizieren der Wehrmacht haben sich in Charlottenburg an die von Scharfschützen gesicherten Panzer herankäpfen können. Während Oberleutnant v.Wedel den ersten angreifenden Kampfwagen vernichtete, hatten die vom Volkssturm-Kompanieführer Kirsch von der Ortsgruppe Kant hervorragend geführte Kampfgruppe an der Abwehr besonderen Anteil. Auch tapfere Charlottenburger Frauen beteiligten sich am Widerstand.

An der Heerstraße

Im Abschnitt Heerstraße-olympische Brücke hat sich eine HJ-Kampftruppe vom Bann 129, die sich in den letzten Tagen durch besonderen Schneid mehrfach hervorgetan hat, erneut ausgezeichnet. Die Bolschewisten griffen nach lebhafter Feuervorbereitung aus einem Waldstück hinter dem Bahnhof Heerstraße mit überlegenen Kräften an und versuchten, über den Bahndamm hinweg die Westendallee zu erreichen. Sie trafen auf erbitterte Gegenwehr unserer jungen Kameraden. Obwohl sie die Vorstöße zweimal erneuerten, scheiterten alle Angriffe an der wendigen und geschickten Kampfführung der von SS-Oberscharführer Fritsche geführten kleinen HJ-Schar. Zahlreiche bolschewistische Gefallene blieben auf den S-Bahn-Gleisen.

Mit Handgranaten gegen die Bolschewisten

Berlin, 28. April

Der 21-jährige Matrosengefreite Franz Bott aus Altenbamberg war an der Oderfront bei Neuzoll als Beobachter einer Panzerjägerabteilung eingesetzt. Als die Bolschewisten auf dem Westufer zu landen versuchten, sah sich der Matrosengefreite plötzlich von zahlreichen Bolschewisten umringt. Mit Handgranaten kämpfte er die Bolschewisten nieder, säuberte das Ufergelände, erbeutete zwei Maschinengewehre, mehrere Karabiner und brachte zwei Bolschewisten als Gefangene ein.

„Hoffentlich habe ich..."

Mit Redensarten fängt es an, stärker oder schwächlicher zu werden. „Hoffentlich schaffen wir es", bei jeder Gelegenheit zu sagen und „Hoffentlich wird alles gutgehen", in jedem Brief zu schreiben ist albern, es zeugt von einer gewissen Gedankenlosigkeit und Willensschwäche. Dieses „Hoffentlich" ist nichts weiter als eine unerkannte Verzettelung der Einsatzkraft. Wer immer „hoffentlich" im Hinblick auf ein erwünschtes Ziel im Anschluß an seine Handlungsweise sagt, der verliert die Fähigkeit, alle Erfordernisse zu überdenken, die zur Erreichung des Zieles vonnöten sind.

Wer häufig „hoffentlich" sagt, der ist gar kein Hoffender, sondern ein zagender Mensch, und wer immer zaghaft den Erfordernissen der Zeit entgegensieht, der bringt es zu nichts. Darum abermals: Weg mit dieser albernen Redewendung!

Was ist aber nun besser als dieses schwächliche „Hoffentlich"?

Das ist besser: immer wieder zu fragen und zu überdenken, was noch zu tun übrigbleibt, damit das Ziel, dem unsere größte Hoffnung gilt, am schnellsten uns sichersten erreicht wird.

Frauen an der HKL

In diesen Tagen beweisen auch die Frauen und Mädchen der Reichshauptstadt, daß sie gewillt sind, mit allen ihren Kräften den eindringenden Feind zu bekämpfen. Die Frauen, die in der Hauptstadt den geschichtlichen Kampf miterleben, zeigen sich heute im Angesicht der HKL ebenso tapfer wie in den zahllosen Nächten, in denen sie dem Bombenterror der Anglo-Amerikaner ausgesetzt waren.

Unwillkürlich erinnert man sich an den alten germanischen Brauch, daß im Kriege,

wenn die Heimat bedroht war, die Frau dem Gatten in die Schlacht folgte und ihn, wenn er zurückweichen wollte, mit anfeuernden Rufen wieder in die Kampflinie zurückschickte, ja, den Flüchtenden sogar tötete.
Unser heutiges Geschlecht zeigt, daß es in Zeiten der Not hart und unbeugsam ist. Die Zeit der auf dem Kurfürstendamm promenierenden Modedämchen ist vorbei; die Frauen und Mädchen, die das Gesetz des Krieges am eigenen Leibe verspürt haben, sind hart, hart wie ihre Männer, Väter und Brüder es in langen Kriegsjahren an den Fronten geworden sind.
Die Einsatzmöglichkeiten für die Frau im totalen Krieg, wie wir ihn zu führen gezwungen sind, haben sich im Vergleich zum ersten Weltkrieg sehr gesteigert.
Das Hauptbetätigungsfeld für die Frau im Kriege ist in erster Linie die Wahrnehmung der Aufgaben des Roten Kreuzes. Daneben steht der Einsatz der Frauen und Mädchen als Helferinnen im Postdienst und Verkehrswesen und in den Rüstungsbetrieben. Es gibt hier kaum einen Platz, an dem die Frauen nicht im wahrsten Sinne des Wortes ihren Mann stehen. Als dann die Gegner ihren Fuß auf den deutschen Heimatboden setzten, eilen sie noch einmal geschlossen zum aktiven Einsatz, um mit den Spaten in der Hand alles daranzusetzen, dem Feind das Vordringen zu erschweren, den Verteidigern Abwehrstellungen zu bauen.
Als die Bolschewisten mit ihrem ungeheuren Material- und Menscheneinsatz in das Gebiet der Reichshauptstadt einbrachen, galt es für die Verteidiger, das Letzte herzugeben. Und hier zeigen ungezählte Einzelbeispiele, daß die Frauen dabei über sich selbst hinauswachsen.
Wie wir bereits berichteten, fuhr während der Kämpfe der letzten Tage eine BDM-Führerin, die bei einer Artillerie-Kampfgruppe des HJ-Regiments Berlin als Helferin eingesetzt war, mit einem Fuhrwerk immer und immer wieder die notwendige Munition heran, obgleich die Stellung unter Beschuß lag und ständig Tieffliegerangriffen ausgesetzt war.
Bei einem Gefechtsstand im Norden Berlins hatten sich vier Arbeitsmaiden aus einem aufgelösten Arbeitsdienstlager gemeldet, die, obwohl sie tagelang schon nicht geschlafen hatten, sich sofort zur Arbeit zur Verfügung stellten und dadurch Soldaten für den Kampfeinsatz freimachten. Sie übernahmen still und selbstverständlich die Pflege der Verwundeten, bereiteten das Essen zu und führten die anfallenden Schreibarbeiten aus. Als dann die Bolschewisten mit einer ungeheuren Uebermacht auf den Stellungsabschnitt drückten, als die Lage für die Verteidiger am kritischten war, erschienen die vier Mädchen vor dem Einheitsführer und baten ihn um Panzerfäuste, weil sie aktiv mithelfen wollten, das drohende Verhängnis abzuwenden.
Bei den harten Kämpfen um Pankow tauchte bei den Männern einer Volkssturmkompanie ein 23-jähriges Mädchen aus Reinickendorf auf, das sich eine Panzerfaust verschafft hatte und durch nichts zu bewegen war, sein selbstgewähltes Deckungsloch einem Mann zu überlassen. Sie erklärte immer wieder: „Meinen Bruder und meinen Verlobten habe ich im Osten verloren, und meine Eltern sind von einer Bombe getroffen worden. Nun gibt es keine Schonung mehr für mich, aber auch nicht für die Bolschewisten."
In Neukölln meldete sich eine ältere Frau, mit gepacktem Rucksack auf einem Polizeirevier. Sie landete schließlich in der im gleichen Hause untergebrachten Kartenstelle und fragte: „Ick möcht' mir bei'n Volkssturm melden, det der mir eene Panzerfaust jibt. Ick muß jejen de Bolschewicken kämpfen." -ow.

Vor den Frauen schämen?

Unsere Treue ist die Tat

Was die deutsche Frau heute an Lasten, Opfern und Pflichten zu tragen hat, ist genau so einmalig, wie es zu diesem Weltenringen keine geschichtliche Parallele gibt. Dahinter verblaßt das Schicksal einer Eleonore Prohaska, die 1813 in Mannskleidern mit den Soldaten kämpfte, und das vielzitierte Opfer jener Frauen in damaliger Zeit, die in Ermangelung anderer Werte ihr Haar dem Vaterlande hingaben. Jede Einzelleistung in Vergangenheit und Gegenwart, mag sie noch so viel Achtung und Anerkennung abfordern, reicht doch nicht an die stille Größe und innere Tapferkeit heran, mit denen

deutsche Frauen in ihrer Gesamtheit nun schon im sechsten Kriegsjahre allen Widrigkeiten, Leiden und Schicksalsschlägen trotzten.
Geradezu bewundernswert ist die Haltung, mit der die deutsche Frau jeder Schwierigkeit entgegentritt und mit der sie trotz allem zuversichtlich in die Zukunft sieht. Seht euch unsere Frauen, Mütter und Mädchen doch an und hört sie in den Kellern und Bunkern sprechen! Gewiß ist der Krieg nicht spurlos an ihnen vorübergegangen, hat sich Ernst und vielfaches Leid in ihren Gesichtern eingegraben; gewiß wünscht jede Frau diesen furchtbaren Krieg lieber heute als morgen zu Ende - aber kein Ende der Schande und Ehrlosigkeit!
„Wer in diesem Augenblick seine Pflicht nicht erfüllt, handelt als Verräter an unserem Volk. Das Regiment oder die Divisionen, die ihre Stellung verlassen, benehmen sich so schimpflich, daß sie sich vor den Frauen und Kindern werden schämen müssen" - so heißt es in dem Führeraufruf. Für Fahnenflucht und Feigheit hat die deutsche Frau, die selbst so viel ertragen und erlitten hat, ohne weich zu werden und in ihrem Widerstandswillen zu erlahmen, kein Verständnis, sondern nur tiefste Verachtung. Wenn Frauen oft Männerkräfte bewiesen haben, so erwarten sie erst recht vom Manne, zu dem sie aufsehen, daß er in der Stunde höchster Gefahr wie ein Mann kämpft. Und wenn Frauen und Kinder unter dem Bombenhagel des Feindes und bei Tieffliegerangriffen wehrlos ihr Leben lassen müssen, so darf vom Manne, der sich noch wehren kann, erst recht erwartet werden, daß er, wenn es not tut, auch zu sterben weiß und sein Leben so teuer wie möglich verkauft!
Wie oft hat sich die Frau, da ihr alle Mühe, alle Opfer und alle Arbeit für den Sieg immer noch zu gering erschienen, gefragt, ob sie noch zum Gelingen beitragen könnte. Und sie wird sich erst recht in dieser Stunde, in der die Entscheidung über Leben und Tod unseres Volkes fällt, fragen, ob ihr Einsatz nicht belanglos und ob es jetzt nicht nur noch auf die Waffentaten unserer Wehrmacht ankommt. Solange noch nicht die Stunde gekommen ist, befreit aufzuatmen, werden auch die Frauen nicht in ihren Anstrengungen nachlassen, werden vor allem sie nicht ihren Glauben und ihre Hoffnung aufgeben, aus denen immer neue Kräfte kommen, die schließlich die Wende herbeizwingen werden.

„Der Panzerbär" Herausgeber: Dienststelle Fp.-Nr 67700

NACHRICHTENBLATT
für die deutsche Bevölkerung

3. Mai 1945 Nr. 15

BERLIN GENOMMEN

(Aus dem Bericht des Informationsbüros der Sowjetunion vom 7. Mai 1945

Die Truppen der 1. Bjelorussischen Front unter dem Kommando des Marschalls der Sowjetunion Shukow, schlossen mit Unterstützung der Truppen der 1. Ukrainischen Front unter dem Kommando des Marschalls der Sowjetunion Konew nach hartnäckigen Straßenkämpfen die Zerschlagung der Berliner Kräftegruppe der deutschen Truppen ab und besetzten heute, am 2. Mai, vollständig die Hauptstadt Deutschlands, die Stadt BERLIN, das Zentrum der deutschen Aggression.

Dic dic Stadt verteidigenden Berliner Besatzung stellte um 15 Uhr des 2. Mai mit dem Befehlshaber der Verteidigung von BERLIN, General der Artillerie Weidling und seinem Stab an der Spitze, den Widerstand ein, streckte die Waffen und gab sich gefangen.

Bis 21 Uhr des 2. Mai nahmen die Sowjettruppen in Berlin mehr als 70000 deutsche Soldaten und Offiziere gefangen. Unter den Gefangenen befinden sich die Generale z.b.V. bei dem Befehlshaber der Verteidigung von Berlin Generalleutnant Kurt Wetasch und Generalleutnant Walter Schmitt-Dankwart, der Vertreter des Hauptquartiers, Vizeadmiral Voss, der Stabschef der Verteidigung von Berlin, Oberst Theodor von Diffwing. Es wurden auch der erste Stellvertreter von Goebbels für Propaganda und Presse, Dr. philos. u. phil. Fritsche, Presseleiter Dr. philos. u. phil. Klick sowie Regierungsrat Dr. philos. u. phil. Heinrichdorff gefangen. Fritsche sagte bei seinem Verhör aus, daß Hitler, Goebbels und der neue Generalstabschef, General der Infanterie Krebs, Selbstmord begangen haben.

Südöstlich von BERLIN schlossen die Truppen der 1. Bjelorussischen und der 1. Ukrainischen Front die Liquidierung der eingekesselten deutschen Kräftegruppe ab.

In den Kämpfen vom 24. April bis 2. Mai wurden in diesem Raum mehr als 120000 deutsche Soldaten und Offiziere gefangen genommen. In derselben Zeit verloren die Deutschen allein an Gefallenen über 60000 Mann. Unter den Gefangenen befinden sich der Stellvertreter des Oberbefehlshabers der 9. Armee, Generalleutnant Bernhardt, der Kommandeur des V. SS-Korps, Generalleutnant Ekkel, der Kommandeur der 21. SS-Panzerdivision, Generalleutnant Marx, der Kommandeur der 169. I.D., Generalleutnant Ratschl, der Festungskommandant von FRANKFURT a.O., Generalmajor Biel, der Artilleriekommandeur des VI. SS-Panzerkorps, Generalmajor Strammer und General der Luftwaffe Zander. In derselben Zeit wurde von unseren Truppen folgende Kriegsbeute eingebracht: 304 Panzer und Sturmgeschütze, über 1500 Feldgeschütze, 2180 MG's, 17600 Kraftfahrzeuge und zahlreiche andere Waffen und Kriegsgut.

Nordwestlich BERLIN entwickelten die Truppen der 1. Bjelorussischen Front die Offensive weiter und nahmen die Städte NEURUPPIN, KYRITZ, WUSTERHAUSEN, NEUSTADT, FEHRBELLIN, FRIESACK.

Die Truppen der 2. Bjelorussischen Front entwickelten ihre Offensive weiter und nahmen am 2. Mai die Städte ROSTOCK und WARNEMÜNDE - bedeutende Häfen und wichtige deutsche Marinestützpunkte an der Ostsee und besetzten die Städte RIEBNITZ, MARLOW, LAAGE, TETEROW, MIEROW sowie die bedeutenden Ortschaften ALTENPLEN, RECHTENBERG, FRANZBURG, TRIEWSESS, SULZE, DARGUN, TURKOW, TABEL, ZECHLIN, HERZSPRUNG. In den Kämpfen des 1. Mai nahmen die Truppen dieser Front 5450 deutsche Soldaten und Offiziere gefangen und erbeuteten 78 Flugzeuge und 178 Feldgeschütze.

Die Truppen der 4. Ukrainischen Front entwickelten ihre Offensive in den Waldkarpaten und nahmen die bedeutenden Ortschaften PASSKOW, ORLOWA,

DEMBOWETZ, GORDSISCHUW, TURSOWKA, DULGE, POLE, WELIKOJE, ROWNE, STAWNIK, POPRADNO, MODLATIN. In den Kämpfen des 1. Mai nahmen die Truppen dieser Front über 5000 deutsche Soldaten und Offiziere gefangen und erbeuteten 100 Geschütze.

Die Truppen der 2. Ukrainischen Front entwickelten ihre Offensive östlich BRUNN und nahmen die bedeutenden Ortschaften BRUNOW, WALASCHSKE, KLOBOCKI, SLAWITSCHIN, LUGATSCHOWIZE, BRESHA, SUWKI, ZUGERESKI, GRADISCHTEW, NAPAJEDLA.

An den übrigen Frontabschnitten keine besonderen Veränderungen.

37 deutsche Panzer wurden am 1. Mai vernichtet oder außer Gefecht gesetzt. In Luftgefechten und durch Flakartillerie wurden 10 Feindflugzeuge abgeschossen.

TRAGISCH KOMISCHE HIRNGESPINSTE ÜBER HITLERS TOD

Nach Überzeugung der Soldaten hätte ein Hitler am Ende den Tod im Kampf suchen müssen. Er wählte den Selbstmord.
Gleichwohl entstanden in übererregten Hirnen Bilder eines Heldentodes, die sich zum Miterlebnis verdichteten. Zwei Beispiele:

1.

In der Nacht vom 29. zum 30. 4. zog sich irgend etwas zusammen. Wir hatten damals ein sichers Gefühl für solche Dinge.
Einige Kameraden verließen noch einmal unsere Keller, um die Lage zu erkunden. Ein paar von ihnen kehrten zurück, es war schon nach Mitternacht, die anderen kamen nie mehr wieder: „Tot! Erschossen!" sagten die rückkehrer. „Ihr glaubt nicht, wie es hinter dem Brandenburger Tor aussieht! Die Linden sind ganz verstopft mit T34, soweit man überhaupt noch sehen kann! Die nehmen morgen das Regierungsviertel - und dann ist alles zu Ende! Mein Gott, wie mag es dem Führer zumute sein? Ob er nicht doch noch flüchtet? Der Ausgang zum Tiergarten ist noch frei - wir haben nachgesehen, aber...!"
So unterhielten wir uns noch die ganze Nacht und warteten ab. Es war die Nacht von Sonntag auf Montag - der 29. April war ein Sonntag. Aber es schien keine Sonne mehr über Berlin, es war düster und todestraurig.
Dann dämmerte der 30. April über den Ruinen herauf, die überall noch rauchten - jener ewig unvergeßliche 30. April, ein Montag.
Da es zunächst ziemlich ruhig draußen war, wagten wir uns noch einmal vor unser Kellerloch. Weit und breit nichts als Ruinen, Rauch, Trümmer - kein Mensch in der weiten Umgebung.
Plötzlich aber hörten wir ein vertrautes Geräusch in der Stille! Wir trauen unseren Ohren nicht: Das waren doch Panzerfäuste mit ihrem bekannten zweimaligen Knall, Vor- und Rückstoß! Wer schoß denn da noch mit Panzerfäusten?
Die Schießerei kam aus der Richtung der Reichskanzlei und wir hätten es sicherlich nicht hören können, wenn der Gefechtslärm nicht seit Stunden schon völlig verebbt gewesen wäre.
Dann allerdings setzten die russischen Geschütze der T34 ein, da war also noch so etwas wie ein Kampf im Gange. Aber wie und was, das konnten wir uns nicht erklären. Wir sahen dann nur noch hohe Rauchsäulen aufsteigen und Flammenschein, hörten merkwürdige Detonationen: „Das sind brennende Panzer!" schrie einer unserer

Männer, „da hat noch jemand russische Panzer in Brand geschossen! Großartig!"
Der Gefechtslärm wurde jetzt wieder stärker und wir verkrochen uns schleunigst wieder in unsere Kellerlöcher. Es war uns nicht geheuer. Aber wir spürten es: jetzt kam das Ende, unwiderruflich, trotz Panzerfäuste und brennender T34.
Dann wurde es Nacht, die Nacht vom 30. April zum 1. Mai 1945, und ich mußte unwillkürlich an unseer früheren herrlichen Mai-Feiern im Berliner Lustgarten denken. Wir hatten sie sogar im Kriege durchgeführt, bis 1943, bevor die schweren Luftangriffe einsetzten. Ich sah im Geiste noch einmal den Führer, hoch oben auf den Stufen des Museums im Lustgarten, links davon die stille und sanfte Spree, rechts der Dom mit seiner Kuppel...
Ach, es war alles nur noch ein Traum, ein Traum in tiefer, finsterer Nacht. Wir alle wußten nicht, was mit uns noch geschehen würde...
Wir hatten immer einige unserer Männer mit geladenen Karabinern und Maschinenpistolen am verdeckten Eingang zu unseren gut getarnten Kellerlöchern stehen - auf alle Fälle wollten wir unser Leben noch so teuer wie möglich verkaufen.
Plötzlich, es mag kurz vor dem Morgen gewesen sein, gab es vorne, wo die Männer standen, Lärm. Einer kam zurückgerannt: „Da wollen welche herein! Wir wissen noch nicht, ob es Russen sind oder...!
„Ruhig!" riefen die, welche am Eingang standen, „nicht schießen! Es sind deutsche Soldaten, wir wollen sie hereinlassen!" - Hoffentlich keine Feinde in deutschen Uniformen", brummte einer von uns.
Aber dann kamen sie, verdreckt, verschmiert, so wie wir alle damals aussahen: es waren vier Kameraden von der Leibstandarte Adolf Hitler. Wir umringten sie im Nu.
Und nun entwickelte sich jenes unvergeßliche Gespräch, das mir fast in allen Einzelheiten noch im Gedächtnis haften geblieben ist, das ich heute noch höre wie vor über 25 Jahren...
„Wo kommt Ihr her, Kameraden?"
„Aus dem Bunker der Reichskanzlei."
„O Gott! Lebt der Führer noch? Wie geht es ihm?"
„Der Führer ist tot. Er wurde schwer verwundet, ist gefallen."
Es herrschte einige Augenblicke Totenstille. Tiefes Schweigen. Dann Schluchzen von Frauen aus dem Hintergrund. Dann fragten die Männer weiter: „Und wie war es? Hat er noch gekämpft?" „Der Iwan hat zahllose Panzer eingesetzt. Sie rollten die ganze Nacht vom 29. zum 30.4. Wir vier waren unter dem Bunker beim Führer. Einer von uns ging auf Befehl des Führers auf das Dach der Reichskanzlei hinauf, kam zurück und meldete, daß alles, soweit das Auge sehen könne,

voller Panzer sei: der ganze Wilhelmsplatz, dicht bei dicht, das kurze Stück Wilhelmstraße von den Linden her, die Mauerstraße hinten am Kaiserhof vorbei, die Wilhelmstraße herunter am Luftfahrtministerium vorbei, die Voßstraße hinauf zum Tiergarten..."

„Haben wir noch Panzerfäuste?" fragte der Führer. „Einige wollen wir ihnen doch noch in die Luft jagen, bevor wir sterben müssen!" - Und so schleppten wir die Panzerfäuste hinauf an das große Mosaiktor, die vielen Stufen hinauf aus 21 Meter Tiefe.

Dann öffneten wir das Tor vielleicht einen halben Meter weit und jagten unsere Panzerfäuste hinaus, mitten hinein in die Rudel der T34. Es war ja nicht schwer, sie zu treffen, da sie so dicht und eng aneinandergedrängt standen.

Der Führer stand ganz vorne in seiner feldgrauen Uniform, im Stahlhelm und mit der Maschinenpistole an der Seite, wir hinter ihm. Wir konnten ihm nicht schnell genug die Panzerfäuste reichen. Er hat bestimmt noch sechs Panzer in Brand geschossen...!

„Ja, wenn wir früher in Rußland vier Panzer T34 zusammengeschossen hatten, bekamen wir das Ritterkreuz und sechs Wochen Urlaub - er hat keinen Urlaub mehr bekommen", sagte noch einer von den vieren.

„Die Mongolen waren zuerst ganz verdutzt, aber dann legten sie los, was aus den Rohren ging", erzählten sie weiter. „Sie eröffneten das Feuer auf unser Tor, der Führer wurde von Panzergranatsplittern und Explosivgeschossen schwer getroffen, bevor es uns gelang, das Tor wieder zuzuschlagen. Sie haben das Tor (es handelt sich um das Mosaiktor der Reichskanzlei mit Richtung auf den Wilhelmsplatz; daneben befand sich in Höhe der ersten Stockwerke jener Balkon, auf dem sich Adolf Hitler in den vergangenen Jahren sehr oft bei bestimmten Gelegenheiten dem Volk gezeigt hatte!) dann noch völlig zusammengeschossen in ihrer Wut. Aber wir waren schon die lange Treppe in den Bunker hinabgerast und gefolgt sind sie uns nicht. Warum nicht?

Zwei von uns trugen den schwerverwundeten Führer, der sehr viel Blut verlor. Wir haben ihn unten hingebettet, so gut wir konnten, und notdürftig verbunden, um das Blut zu stillen, aber wir hatten ja keinen Arzt und keinen Sanitäter unten, nur Frau Magda Goebbels hat sich noch um den Führer bemüht, zusammen mit uns, so gut sie es konnte...

Wir wußten, daß alles vergeblich war und der Führer sagte es uns auch mit versagender Stimme, er war bis zuletzt noch bei vollem Bewußtsein."

„Dann sagte er noch zu Goebbels, daß Admiral Dönitz sein Nachfolger werden solle, er solle den Kampf weiter führen und Deutschland

vor dem Bolschewismus retten - und dann hat er uns vier von der Standarte gebeten, seine Leiche so zu vernichten, daß sie unauffindbar sei, sonst würden ihn die Russen noch als Schindluder in der ganzen Welt herumschleifen...
Kurz nach Mitternacht ist er dann gestorben, ganz ruhig und ergeben - wir glauben, daß er sehr froh war, so sterben zu dürfen, es wäre ihm schrecklich gewesen, wenn er sich hätte vergiften müssen wie die vielen anderen, das hat er uns in der Nacht zuvor gesagt..."
„Dann haben wir seine Leiche im Bunker unten an die Stelle getragen, wo nicht zementiert war und wir an die bloße Erde herankamen. Dort haben wir ihn mit Salzsäure und anderen scharfen Chemikalien, die vorhanden waren, übergossen - es hat sich alles sehr schnell aufgelöst und wir haben die sterblichen Überreste mit Erde vermengt...
Sein letzter Wille ist erfüllt: niemand wird ihn mehr finden!"

2.

Die andere „Saga" ist wissenschaftlich aufgemacht und wurde in der bekannten Münchner Wochenschrift veröffentlicht (O. Katz: „Falsche Ärzte" Hitler starb unter meinen Händen" - Mü. und Wschr 128 Nr.3 - 1986). Der hier gebrachte Bericht des angebl. Dr. Spaeth wurde von seinem Entdecker, dem bekannten englischen Historiker Trevor-Roper bereits als Schwindel bezeichnet. Wir lassen ihn auszugsweise folgen:

„Während der letzten Kriegsmonate war ich der Bataillons-Arzt des 2. Bataillons, 23. Regiment 9. Fallschirmjägerdivision. Unsere Einheit stand in und um Berlin (Raum Küstrin) im Kampf. Am 1. Mai hatte ich einen Sammelplatz im Keller des Landwehrkasinos genau gegenüber dem Zoo-Bunker eingerichtet. Gegen 3:00 Uhr nachmittags etwa wurde ich informiert, daß Hitler sich in unserem Abschnitt befand. Ich verließ den Keller und ging auf die Straße, um ihn zu sehen oder einen Blick auf ihn zu werfen.
Der Bataillonskommandeur, Oberstleutnant Graf von Reiffenstein, bekam eine Meldung von Leutnant Uhlik, der die 5. Kompanie führte, daß ständige Artillerie und Minenwerferfeuer auf der Panzersperre lag, die in dem unterirdischen Zugang zum Zoo-Bunker errichtet worden war. Die Russen waren bis auf 100 Meter an den Bahndamm herangekommen, durch den der unterirdische Durchgang führte. Der Zoo-Bunker war noch mit deutschen Flaktruppen besetzt. Offenbar vermuteten die Russen, daß wir vom Landwehrkasino aus diese Truppe einsetzen wollten.
Ich war Augenzeuge, wie der leitende Offizier, der Hitler begleitete,

versuchte, Hitlers Aufmerksamkeit darauf zu lenken, wie gefährlich es sei, sich dieser Panzersperre zu nähern. Hitler beachtete die Warnung nicht und ging zu Fuß auf die gefährliche Stelle zu und wurde, wie allgemein angenommen, zusammen mit einer Reihe von SS-Führern verwundet. An der Panzersperre herrschte beträchtliche Aufregung und Wirrwarr. Kurz darauf wurde ich gerufen und sah folgendes: Hitler war in Deckung gebracht worden. Ein Granatsplitter, etwa 10 cm lang und 8-10mm breit, hatte die Uniform durchschlagen und war durch die Brust in beide Lungen eingedrungen. Es war nichts mehr zu machen. Ich nahm einige Erste-Hilfe-Verbandspäckchen, die ich bei mir hatte, und bandagierte ihn. Während dieser Zeit stöhnte Hitler fortwährend. Er war nicht voll bei Bewußtsein. Um seine Schmerzen zu erleichtern, ging ich zu meinem Sammelplatz zurück und gab ihm dann eine doppelstarke Morphium-Injektion. Sofort danach ging ich weg und war etwa 1/2 Stunde beschäftigt. Nach 1/2 Stunde wurde ich wieder gerufen. Alle nahmen an, daß Hitler sterben würde. Ich kontrollierte Puls und Atmung und stellte nach ungefähr 3 Minuten fest, daß seine Atmung aufhörte. Die Herzschläge gingen noch etwa 3 Minuten und hörten dann auf.
Da der ganze Sektor rund um das Landwehrkasino unter schwerem russischen Artilleriefeuer lag, war es offenbar unmöglich gewesen, Hitler in einen sicheren Unterstand zu bringen. Nachdem ich den Führer für tot erklärt und die SS-Führer von dieser Tatsache unterrichtet hatte, kehrte ich zu meiner Arbeit zurück. Ich ließ einen Soldaten eine Decke zu der Stelle bringen, an der Hitler gestorben war. Der Soldat brachte sie zurück und erklärte mir, die Decke werde nicht benötigt, weil der Leichnam zerstört werden würde. Laut den Berichten von 2 anderen Soldaten, die mir 2 Stunden später gegeben wurden, wurde Hitlers Leiche von den überlebenden SS-Führern mit zwei 3-kg-Sprengladungen in die Luft gesprengt.
Ob das stimmt, kann ich nicht sagen, denn der Bau wurde ständig von Artilleriefeuer getroffen, und eine Detonation war von der anderen nicht zu unterscheiden.
Am 2. Mai bekamen die Truppen in Berlin Befehl, sich zurückzuziehen. Wir verließen Berlin durch den U-Bahntunnel in Richtung Ruhleben und kamen über Spandau und Döberitz nach Priost (? - d.V.). In Priost wurde ich verwundet und kam in das Kriegsgefangenenlazarett in Potsdam. Als ich mich wieder bewegen konnte, traf ich 6 Mann meines Sanitätspersonals, ebenfalls Verwundete. Während meines Aufenthalts im Lazarett wurden das Sanitätspersonal und andere Offiziere von einem russischen Hauptmann vernommen. Wir sagten seinerzeit aus, daß Hitler im Kampf gefallen sei, fertigten eine Skizze an

und berichteten das Gleiche wie oben."

Bei der kritischen Analyse des Berichtes stößt man auf einige Ungereimtheiten. Zwar trifft die Lokalbeschreibung zu, es ist auch wahrscheinlich, daß am 1. Mai gegen 15 Uhr dieser Raum noch unter Artilleriebeschuß lag, da noch kein Waffenstillstand verkündet war. Aber dieser war am 2. Mai eingetreten und es wurde nur noch vereinzelt geschossen. So ist es eher unwahrscheinlich, daß Spaeth an diesem Tage noch verwundet wurde und noch unglaubhafter, daß er in ein Lazarett für Kriegsgefangene nach Potsdam verlegt wurde. Hierfür hatten die Russen, was ihnen nicht zu verdenken ist, keineswegs schon vorgesorgt, sondern ihre Gefangenen, ob verwundet oder nicht, vielmehr auf Sammelplätzen zusammengetrieben. Auch will Spaeth an diesen ersten Tagen, in denen allseits chaotische Verhältnisse herrschten und keiner schon registriert wurde, bereits von einem russischen Offizier vernommen worden sein und diesem unter Beilage einer Skizze über Hitlers Tod und Sterbestelle unterrichtet haben. Das wäre für diesen eine Sensation gewesen und sicherlich Anlaß, diesen Gefangenen in gleicher Weise wie alle über Hitler Unterrichteten für lange Jahre abzusondern und immer wieder zu vernehmen. Stattdessen war Spaeth bereits im Sptember 1945 wieder im heimatlichen Illertissen angelangt, nicht als entlassener Kriegsgefangener sondern als Zivilist, der sich einem US-Leutnant nunmehr neuerlich andiente, seine Hitler-Aussage machte und deren Richtigkeit beschwor.
Unsere Nachforschungen ergaben, daß es genannte Einheit gab und diese in dem betreffenden Raume in Berlin eingesetzt gewesenwar. Auch gab es bei ihr einen Oberstabsarzt Dr. med. Karl Spaeth sowie einen Leutnant Uhllik, während der Kommandeur Graf von Reiffenstein noch nicht nachweisbar ist. Dr. Spaeth war Jahrgang 1899, also keineswegs, wie sich der Erzähler darstellte, ein junger Mann; er war später praktischer Arzt im Saulgau und ist verstorben.
Auch erscheint der Bericht seltsam farblos, wie von einem Unbeteiligten oder Fernestehendem verfaßt. Dies weckt den Verdacht, daß er von einem zwar zur Abteilung gehörenden Sanitätssoldaten stammen könnte, welcher sich der größeren Verläßlichkeit halber als sein eigener Vorgesetzter ausgab und dessen Namen usurpierte.
Ein solches Verhalten war, wie ich aus eigener Erfahrung weiß, in der ersten Nachkriegszeit gar nicht so ungewöhnlich, zumal die Fabulierer, die sich Erleichterungen oder Vorteile versprachen, sich dem Sieger gegenüber nicht verpflichtet fühlten, Wahrheiten hervorzubringen.

MARTIN BORMANNS ERSTER PARLAMENTÄR ZU DEN RUSSEN

Im folgenden ein Bericht des damaligen Hauptmanns der Luftwaffe Gerhard Saalmann, der mir von seinem Schwager, Herrn Heinz Heering in Freiburg i. Breisgau, übergeben wurde. Herr Heering war die im Bericht erwähnte „Ordonnanz“.[7]

30.April 1945, der Kampf um Berlin neigt sich seinem Ende zu. Der größte Teil der Stadt ist in den Händen der Russen, in der Stadtmitte und in verschiedenen Igeln, meist auf große Hochbunker gestützt, halten sich noch die letzten deutschen Verteidiger. Im Abschnitt Mitte steht der Iwan bereits am Brandenburger Tor, am Anhalter Bahmhof, in der Kochstraße und am Schloß, der endgültige Zusammenbruch steht kurz bevor.

Der Komplex des Reichsluftfahrtministeriums ist behelfsmäßig zur Verteidigung vorbereitet, in den Kellern des gewaltigen Gebäudes drängen sich Flüchtlinge und Versprengte, bunt zusammengewürfelte Einsatzeinheiten verpflegen oder bereiten sich darauf vor, ihre Stellungen zu beziehen.

Als letzter ortskundiger Offizier des ehem. OKL war ich mit der Organisation der Verteidigung des RLM beauftragt worden und komme gerade von einem Rundgang durch meinen Verteidigungsbereich zurück, da überbringt mir ein Melder den Befehl, sofort zum Kommandeur zu kommen. Der Oberst ist schon fertig und sagt mir nur: S. Sie begleiten mich, wir haben einen Sonderauftrag. Draußen erfahre ich dann den Inhalt dieses Auftrages. Wir sollen als Parlamentäre zu den Russen gehen und ein Schreiben des Reichsleiters Bormann überbringen und einen Termin für Verhandlungen des letzten Chefs des Generalstabs, General Krebs, mit dem russischen Oberkommandierenden, Marschall Shukow vereinbaren. Ein Außenposten bekommt die M.Pi. und die Handgranaten, die ja nun überflüssig sind, zur Aufbewahrung, dann geht es über die Prinz-Albrecht-Straße durch das Gestapogebäude, wo die dort eingesetzte SS-Einheit orientiert und angewiesen wird, bis auf weiteres in ihrem Abschnitt Waffenruhe zu halten.

Dann treten wir vier, - der Kommandeur, ein Fliegeringenieur als

[7] Ich danke Herrn Dipl.-Landwirt Heinz Heering, Freiburg i.Brg., der mir vor Jahrzehnten die Erlaubnis zur Publikation dieses Berichtes gab.

Dolmetscher, ich und meine Gefechtsordonnanz in den dunklen Garten des ehemaligen Reichssicherheits-Hauptamtes und gehen auf eine in der rückwärtigen Mauer befindliche Bresche zu, hinter der wir die Russen wissen. Der Dolmetscher ruft ununterbrochen russische Sätze herüber, von denen mir das immerwiederkehrende Wort „parlamentari" als einziges verständlich ist. Dann leuchten in der Bresche Taschenlampen auf, Hände strecken sich uns vorsichtig entgegen und ziehen uns über das dort liegende Drahtgewirr zu sich herüber. Sofort sind wir von russischen Soldaten umringt, die uns als erstes entwaffnen wollen und nach unseren Pistolen greifen, - aber der Einspruch des Kommandeurs „nix, parlamentari" genügt, uns unsere Waffen zu belassen und sonstige Belästigungen abzuwehren. Die Russen sind in bester Stimmung, es ist ja der Vorabend zum 1. Mai und vor kurzem ist die Nachricht über Hitlers Tod dort bekanntgeworden, daher ihr Zuruf „Hitler kaputt, Krieg aus!" Als erstes werden wir in das gegenüberliegende Hotel Excelsior geführt, wo in einem Gästezimmer ein russischer Bataillonsstab liegt. Die dortigen Offiziere stehen schon reichlich unter Alkohol, wollen unsere Legitimation sehen und tuen so, als ob sie schon zu entscheiden hätten. Nach einigem Palaver über den Dolmetscher werden wir dann aber in den Keller geführt, wo sich in dem ehem. Bierkeller des Excelsior ein Regimentsstab etabliert hat. Der Raum ist durch aufgehängte Teppiche in orientalisch wirkende, fasr gemütlich große Boxen aufgeteilt, die sauber aufgeräumt sind und nicht ahnen lassen, daß nur wenige Meter entfernt die vorderste Kampflinie ist. Wir sind sehr überrascht, der uns empfangende russische Regimentskommandeur macht einen sehr guten Eindruck, ein älterer gutaussehender Herr mit einem Gelehrtenkopf wie ein Professor., dazu in einer Ecke stehend ein bildhübsches junges Mädchen in gutsitzender Leutnantuniform, anscheinend die Adjutantin, in tänzerischer Pose mit großen goldenen Armreifen kokettierend, - wirklich „ein schönes Weib vom Stamme der Tscherkessen."
Der russische Oberst liest das in russisch abgefaßte Schreiben, das wie mit einem Spatel geschrieben den die ganze Bogenbreite einnehmenden Namenszug Bormanns trägt, führt ein Telefongespräch und bedeutet uns dann, auf die Antwort zu warten. Man bietet uns Tee und Papyrossi an, wir lehnen aber höflich ab und rauchen unsere eigenen Zigaretten. In der aufkommenden Unterhaltung über den Dolmetscher machen uns die russischen Offiziere viele Komplimente und drücken sich besonders anerkennend über die Wirkungsweise der deutschen Panzerfaust aus, die ihnen sehr viel zu schaffen mache. Sie reden uns gut zu, Schluß zu machen und zu kapitulieren, versprechen eine kurze Gefangenschaft bei guter Behandlung, Orden dürften weiter getra-

gen werden und Offizieren würden die Seitenwaffen belassen. Stalingrad wäre schon fast wieder aufgebaut, in 5 Jahren würden auch die Trümmer in Berlin beseitigt sein. Im Hintergrund tänzelte währenddessen noch immer kokettierend die bildhübsche Adjutantin.
Dann kam ein Anruf mit der Order, uns zu dem Divisionsgefechtsstand zu bringen, wo ein General uns empfangen wolle. Wir wurden in die Wilhelmstraße geführt, wo wir in einem Luftschutzkeller, dem man es anmerken konnte, daß er eben noch aufgeräumt worden war, bereits erwartet werden. Man hat uns nicht die Augen verbunden, sondern führt uns sehend durch die Straßen und wir sind erschüttert über die gegen uns bereitstehenden Massen an Soldaten und Waffen, Panzer stehen neben Panzer, hinter jedem noch so kleinen Geschütz aufgeprotzt. Wenn die Russen wüßten, wie es bei uns aussieht, sie brauchten nur auf den Anlasser zu treten und könnten jeglichen Widerstand wegwalzen! Wir sind ja restlos ausgebrannt und haben ihnen außer einigen Panzerfäusten kaum noch etwas entgegenzusetzen.
Nach kurzem Warten betritt ein großgewachsener, elegant uniformierter russischer General mit aristokratischen Gesichtszügen den Raum, - wenn er sich mit z.B. „Korf" vorgestellt hätte, würde es uns nicht verwundern, er macht wirklich den Eindruck eines baltischen Barons. Die Verhandlungen sind kurz, er nimmt das Schreiben von Bormann an sich und eröffnet uns, daß der Marschall Shukow den General Krebs empfangen wolle. Wir verabreden die Zeit seines Frontübertritts für zwischen 23 und 24 Uhr an unserer Mauerbresche und Waffenruhe für diesen Abschnitt. Dann geht es wieder an den Panzeransammlungen vorbei zum Excelsior, wo uns der professorale Regiments-Kommandeur anbietet, einen Melder zu schicken, die übrigen könnten dort bleiben, um die Gefahren des nochmaligen Frontübertritts zu vermeiden. Wir lehnten dieses nicht sehr verlockende Angebot jedoch ab und kletterten mit russischer Hilfe wieder durch unser Mauerloch, bekommen zwar Feuer von unserer Seite, sogar von einer Pak, erreichen aber wohlbehalten das Gestapogebäude. Kaum sind wir bei dem Stab des dort in einem der berüchtigten Tonnengewölbe liegenden unterstellten Bataillon der Leibstandarte angekommen, da werden wir von SS-Offizieren umringt und auf ein Kommando sind Pistolen und MPis auf uns gerichtet und uns unsere Waffen abgenommen, die uns geradee zuvor der Feind belassen hatte. Der dortige Bataillons-Kommandeur erklärt, es wäre Führerbefehl, daß keine Verhandlungen mit dem Feind aufgenommen würden, wir müßten jetzt also erschossen werden. In einer erregten Debatte erreicht dann aber unser Kommandeur, daß in der Reichskanzlei angerufen wird, um die Bestätigung für unsere Mission einzuholen und gleichzeitig den Termin für

General Krebs durchzugeben, es ist schon viel Zeit durch diesen Zwischenfall verloren gegangen. Der SS-Führer wird über die Richtigkeit unseres Auftrages überzeugt, wir erhalten unsere Pistolen zurück und gehen zu unserem Gefechtsstand in das RLM herüber. Die betreffenden Einheiten werden über die Waffenruhe in unserem Abschnitt unterrichtet, dann ist es soweit, daß General Krebs kommen soll. Wir gehen wieder zu dem rabiaten SS-Gefechtsstand und ich bekomme den Auftrag, den General an dem vereinbarten Treffpunkt an der Ecke des RLM Wilhelmstraße Ecke Prinz-Albrecht-Straße zu erwarten. Als der General nach Überschreiten der festgesetzten Zeit nicht kommt, weise ich den Führer des dort stehenden SS-Postens ein, wohin der General zu führen ist und will gerade dem Kommandeur Meldung machen, da kommt meine Ordonnanz mit dem General herein. Der General war irrtümlicherweise zum Gefechtsstand in das RLM gekommen, wo niemand Bescheid wußte, die Aktion lief ja streng geheim. Zufällig war die Ordonnanz nochmal zurückgeschickt worden, sodaß er nun den Führer spielen konnte. Nun ging es wieder durch den Garten zu der Mauerbresche, der Dolmetscher rief wieder die Russen an und wieder streckten sich uns die Hände der Russen entgegen und zogen uns zu sich herauf. Ein Offizier meldete sich als Begleitoffizier und dann verabschiedete uns der General, auf den weiteren Weg zu Shukow nimmt er noch unseren Dolmetscher mit.
Langsam gehen wir wieder zu unseren Gefechtsstand zurück, die Gespräche kreisen immer wieder um den unerwartet guten Eindruck, den die russischen Offiziere und Soldaten auf uns gemacht haben, es ist eben eine Eliteeinheit, die Gardeschützendivision, die der Russe zum Stoß in das Herz Berlins angesetzt hat. Später haben wir dann die Sowjets in einer ganz anderen Art kennengelernt.
Erst einmal legen wir uns zu einem tiefen Schlaf auf unsere Betten, es ist ja mindestens solange Waffenruhe, bis General Krebs zurückkommt. Am anderen Morgen schrecke ich plötzlich auf, ein höherer SS-Offizier steht mit gezogener Pistole vor mir, - es ist der Brigadeführer Mohnke - und verlangt Auskunft, wo sich mein Kommandeur aufhalte. Ich kann ihn nur auf den Gefechtsstand verweisen, wo er ihn jedoch nicht angetroffen hatte, und ich werde nochmals von der SS festgenommen und so, wie ich bis, ohne Waffenrock und ohne Stiefel durch die Kellergänge des RLM zu einem SS-Bataillons-Gefechtsstand geführt, wo ich unter Bewachung solange festgehalten werde, bis der Kommandeur gefunden ist und der nochmalige Irrtum über den Charakter unseres Ganges über die Front aufgeklärt worden ist.
Gegen Abend kommt der Kommandeur aus der Reichskanzlei zurück. Seine Befehlsausgabe beginnt mit den Worten: „Ein strahlender Komet

ist erloschen“ und bestätigt damit den Tod Adolf Hitlers. Er berichtet uns, daß General Krebs in den Morgenstunden von Marschall Shukow zurückgekehrt ist und von den Russen einen Telefonisten mitgebracht hat, um die Entscheidung über Annahme oder Ablehnung der gestellten Forderung auf bedingungslose Kapitulation zu übermitteln. Inzwischen sei die Kapitulation abgelehnt worden und die Besatzung der Innenstadt solle versuchen, in der Nacht über die Weidendammer Brücke hinweg sich nach Norden durchzuschlagen. Die Einsatzbefehle werden gegeben, ich werde nie das Gesicht des sympathischen Stabsarztes vergessen, als ihm gegenüber die Worte fallen „und Sie übergeben Ihr Lazarett den Russen.“ Ich selbst soll diesen Ausbruch als Adjutant mitmachen. Eine Ordonnanz bringt Sekt, ein letzter Schluck, die Gläser zerschellen am Boden und dann geht jeder an seine Aufgabe.

Zur festgesetzten Zeit verlassen die zusammengewürfelten Einheiten durch den Haupteingang an der Leizigerstraße das RLM, es ist völlig ruhig. Über Trümmer und an Gefallenen vorbei geht es zur Reichkanzlei, überall brennt es, eine Weltuntergangsstimmung. Am Kaiserhof geht es hinunter in den U-Bahnschacht und dann wälzt sich ein trostloser Haufen über die Gleise in Richtung Bahnhof Friedrichstraße. Ein erschütterndes Bild, Soldaten, Wehrmachtshelferinnen, Zivilisten mit Gepäck, in den Augen das Grauen, vor dem, was die nächsten Stunden wohl bringen würden.

Am Bahnhof Friedrichstraße ein tolles Durcheinander. SS-Männer kommen in dichten Pulks die Treppen herunter und prallen in entgegengesetzter Richtung auf unseren Zug, man hört den Ruf „Fliegeralarm“. Mit großen Schwierigkeiten kommen wir nach oben und sind nun an der Weidendammer Brücke. Ich mache noch einmal kehrt, um mit dem Führer einer unterstellten Einheit zu sprechen und komme kurze Zeit darauf wieder an die Brücke, da sehe ich, wie die beiden leichten Panzer angeworfen werden, die hinter der Barrikade stehen und der erste über die Brücke hinweg anfährt. Er erhält ein wütendes Abwehrfeuer und bleibt nach wenigen hundert Metern brennend liegen. Der zweite fährt hinterher, auch ihn erreicht sofort sein Schicksal. Meine Ordonnanz berichtet mir, der Kommandeur habe mich gesucht und sei dann in den Panzer gestiegen, - vielleicht wollte er mich mitnehmen? Die mit den Panzern vorgegangenen Trupps schießen sich mit den Russen herum, Panzerfäuste fliegen gegen die Häuser, eine geordnete Führung ist nicht mehr vorhanden; jeder versucht sich auf eigene Faust durchzuschlagen. Ob sich dazwischen Bormann befand, kann ich nicht sagen, ob er dabei gefallen ist oder durchgekommen ist, bleibt m.E. völlig offen. Es ist manchem gelungen, aus

Berlin herauszukommen, ohne in Gefangenschaft zu kommen, - ich hatte mit meiner Ordonnanz ebenfalls dieses große Glück.

EPILOG: WER DAS ENDE SAH

Unter außerordentlichster Lebensbedrohung empfindet man entweder gar nichts mehr und läßt willenlos Äußerstes mit sich geschehen, oder aber es widerfährt, daß sich Augenblicke mit Elementargewalt zeitlebens in Seele, Sinne und Herz einprägen.
Letzteres geschah mir - in den letzten Apriltagen jenes Endjahres 1945 in der Reichskanzlei zu Berlin.
Was sich dort ereignete, nahm ich in mich auf. Teilnahmsvoller Beobachter, erschütterter Gefährte, wand ich den Opfern, woher sie auch kamen, wohin sie auch gingen, unsichtbare Kränze.
Kein Einziger war vor den Anderen auszuzeichnen. Ihr aller Tod für dieses oder für jenes erschien mir furchtbar - und erhaben.
Ich geriet in langjährige Kriegsgefangenschaft.
Mein Wissen barg ich über ein Jahrzehnt in mir. Nur zu Einigen, auf deren Verschlossenheit zu trauen ich gelernt hatte, sprach ich von jenen letzten Tagen und Stunden, als der Vorhang auch um uns zerriß, das Nichts hinter ihm aufschien und das Würfeln um Hinterlassene und Hinterbliebene seinen Anfang nahm.
Schweigen war für den Gefangenen das Gebot der Jahre. Ich sah diejenigen, die als zur Umgebung Hitlers gehörig herausgefunden wurden, abgeführt werden und verschwinden. Nach Jahren erst tauchten Überlebende aus den Zellen und Kellern der Lubljianka oder Butirka wieder auf.
Auch sah ich allzu Redselige denunzieren oder denunziert werden und alsbald den vorher Geholten in ein Staatsgefängnis folgen. Ich schwieg und warf mich nicht an. Denn ich wollte keinem der feindlich Fremden behilflich sein, sich in *unserer* Sache das Urteil anzumaßen, das allein uns zustand.
Jedoch bewegte ich während vieler Monate völliger Vereinsamung und Verlassenheit und während ungezählter Nächte, in denen ich als Feuerwächter mein Lager durchstreifte, die Geschehnisse bei mir und hielt sie dergestalt wach. Auch hielt ich, ein bis zum Grunde aufgewühlter Mann, auf gestohlenem Papier das mich sonst Bewegende fest. Über Jahre hin konnte ich die Niederschriften an wechselnden Orten und am Leibe verbergen und schließlich mit heimbringen.
Wenn nun dieser Bericht über den sich Schritt für Schritt ankündigenden und schließlich doch überwältigenden Untergang auch erst 1970 an die Öffentlichkeit kam, so schrieb ich ihn nach schließlicher Heim-

kehr Ende 1955 aus wachgehaltener Erinnerung schon im Laufe des Jahres 1956 nieder - bemüht, nichts von dem an mich herankommen zu lassen, was Historiographen zwischen 1945 und 1955 bereits herausgefunden hatten. Er sollte nichts anderes sein als Widerbild dessen, was ich, ich als Einzelner, mit angesehen und mit erlebt hatte.

War ich in meinem Bericht um Sachlichkeit bemüht gewesen und hatte ich Reflexionen soweit als möglich vermieden, so hatte ich, wie ich erfuhr, bei manchem Leser Nachdenklichkeit erweckt.

Nachdenklichkeit, die der meinen begegnet. Denn wer von uns Betroffenen käme jemals frei von dem, was er tat und was ihm geschah.

Doch, um als Alter zu den Jüngeren zu sprechen welcher Nachgekommene könnte schlicht und einfach Eltern und Voreltern aus dem eigenen Leben streichen. Wir, wie wir sind ind wurden,ließen uns nähren und lösten uns einmal aus Schoß und Obhut. Aber alle kehren wir irgendwann zu den elterlichen Gründen wieder heim und erfassen erst dann Vieles, was früher unbegreiflich oder auch lächerlich erschien, als Ergebnis besonderer Umstände.

Wie schwer versteh- und beurteilbar aber ist, weil in Ungeheuerlichkeiten verstrickt, mein von Unzähligen in aller Welt verfluchtes, verdammtes und geächtetes Geschlecht.

Bleibt es allenthalben „verdammt in alle Ewigkeit?“

Spätere, die sich ein gültiges Urteil bilden wollen, benötigen Zeugnisse jeder Art von solchen, die dabei oder wenigstens in der Nähe waren.

Ein solches Zeugnis habe ich abzulegen. Jedoch kann ich mich, nach wie vor betroffen und aufgerührt, nicht allein mit einem Bericht begnügen.

Mein Erleben liegt nunmehr Jahrzehnte zurück, und ich gewann selbst hinreichend Abstand, um reflektieren zu dürfen. Zugleich jedoch erhielt ich in den letzten Jahren Einblicke in das Wesen der Hauptperson unserer Tragödie, wie sie von Anderen wahrscheinlich noch nicht getan wurden. Ich hatte die Möglichkeit, mich in die Gesamtheit der Niederschriften von *Dr. Th. Morell*, dem Leibarzt Hitlers, die sogenannten „Morell Papers“, zu vertiefen, glaube, sie sachverständig beurteilen und damit einer Persönlichkeitsbeschreibung Hitlers einigermaßen nahe kommen zu können. Dank der Aufzeichnungen seines Leibarztes vermag man ihn hinsichtlich seiner Befindlichkeitsstörungen und Krankheitsäußerungen wie sonst keinen seiner Gegenspieler zu beurteilen. Ein Arzt, der heute in Morells Fußstapfen tretend und ihm sozusagen über die Schulter schauend, erkennt einen neurotisch auf

bestimmte Beschwerdegruppen fixierten Mann, bei dem Menschlich-Allzumenschliches in deprimierender Weise ernüchternd zum Ausdruck kommt.
Bei sich, vor sich, im Schlafraum, zeigt Hitler, wenigstens in seinen letzten drei Lebensjahren, nichts Außerordentliches mehr, sondern eher Plattgewöhnliches. Er ist dort ein völlig anderer als der, der in der Öffentlichkeit agiert, um sie, wohin auch immer, mitzureißen.
Vor Morell ist er klagsam, voller Beschwernisse und bedarf fast täglich des Arztes und seiner Injektionen oder sonstiger kräftigender und beruhigender Medikamente. Da ist's der Kopf, der Magen, der Darm, der Schlaf, sind's Unverträglichkeiten unterschiedlichster Art, die sein Befinden immer wieder, zeitweise auf das Schwerste, beeinträchtigen und von ihm genau registriert und beklagt werden.
Langdauernde Auseinandersetzungen und Besprechungen, schwerwiegende Entschlüsse, Enttäuschungen, Rückschläge, kurz Erregungen jener Art, wie sie auf einen Mann, der alles auf sich hin konzentriert, unvermeidlich zukommen, beeinflussen das Zittern der Gliedmaßen und lösen immer wieder schmerzhafteste Eingeweidekrämpfe aus. Unter ihnen verfällt er binnen Stunden, und Morell kann ihm nur mit Injektionen von Eukodal, einem Morphium-Präparat, Erleichterung und danach übersteigertes Wohlbefinden verschaffen.
Die soll lediglich angedeutet werden. Dies tat ich bereits ausführlich an anderer Stelle.[8] Ich habe lediglich mitzuteilen, daß Hitler zu Ende seines Lebens zweifellos ein körperlich siecher, an verschiedenen Organen kranker und infolge zunehmender allgemeiner Arteriosklerose auch geistig veränderter, insgesamt ein leistungsmäßig verbrauchter Mann war, der wohl auch plötzlich hätte sterben können.
Aber so gewiß dies richtig ist, weil vielen Befunden zu entnehmen, ebenso gewiß erklären obige Diagnosen nicht den erschütternden und furchtbar desillusionierenden Eindruck, den Hitler auf mich machte, als ich ihm einen halben Tag vor seinem Selbstmord gegenüberstand und seine Erscheinung in hellster ärztlicher Wachheit in mich aufnahm.
Ich war Soldat, er der oberste Kriegsherr - zum ersten Mal Auge in Auge. Unbeschreibbarer Eindruck: die Statuen stürzten vom Friese des Götzentempels. Mauern barsten und begruben uns alle ohne Ausnahme unter sich. Er war am Ende.
Als er auf der Treppe vom oberen zum unteren Bunker der Reichskanziei, seiner letzten Behausung wie verlassen vor uns, zwei Schwestern und zwei Ärzten, stand, war es eben dies an ihm, das mich in

[8] E.G. Schenck: Patient Hitler - eine medizinische Biographie, Düsseldorf 1989

nie zuvor erfahrener Weise erschütterte, zugleich aber mit tiefem Mitleid erfüllte. Noch hielt die Hülle, aber das Wesen in ihr erschien gezeichnet und geschlagen: lebender Leichnam tote Seele.
Er hatte sich verloren gegeben. Macht, Faszination, Ausstrahlung und die Kraft, andere sich zu unterwerfen, waren dahin. War vor Tagen immer noch etwas wie Glut in ihm aufgeglost, so war jetzt nicht einmal die Asche noch warm.
Ich beschreibe es nochmals.
Ein schmaler Mann mit zitterndem linken Arm und starkgebeugtem Rücken,mit einem unnennbaren Ausdruck der in sich geschlagenen Augen, verweilte kurz, wandte sich und sagte im Abgehen zu uns, doch eher zu sich: „Man soll sich seinem Schicksal nicht feige entziehen wollen."

Zu dieser Zeit hieß er seine Diener, sein Ende vorzubereiten.
Als *Professor Haase* am nächsten Vormittag von seinem täglichen Besuch bei Hitler hinter mich an den Operationstisch im Bunkerrevier der neuen Reichskanzlei trat, machte er eine Bemerkung, die mir wegen ihrer feierlichen Form unauslöschbar in Erinnerung blieb. Er sagte: „Heute um 15 Uhr wird der Führer aus dem Leben scheiden!", und einige Stunden später, als es geschehen war, und er von der Leiche zurückkam: „Der Führer ist aus dem Leben geschieden."
Waren es zunächst die Worte, dic mich so beeindruckten, so begriff ich erst nach Jahren die zeremonielle Bedeutung, die in sie hineingelegt wurde, der Freitod war Hitlers letzter Staatsakt. Als einen solchen wollte er ihn verstanden und natürlich auch überliefert wissen.
Die terminale und damit höchste Auszeichnung, welche er den bis zum Ende Getreuen seines engsten Kreises selbst aushändigte, war die „Blausäurekapsel".
Der Staatsakt war ein Todesakt, zu dem er Gefährten aus früher Kampf- und letzter Kriegszeit lud. Diener sollten seinen toten Leib den Flammen übergeben und einäschern.
Der Symbolcharakter ist deutlich.
Über die sicherste Art des Selbstmordes hatte man im Bunker der Reichskanzlei immer wieder gesprochen. *Professor Haase* hatte die Wirkung der Blausäure an Hitlers Schäferhund demonstriert und wohl auch unterwiesen, wie man sich mit der Pistole mit Sicherheit tödlich treffe. Beides erfolge zweckmäßig in *einem* Akt. Man nehme die Giftkapsel in den Mund, und mit dem Willensakt, mit dem man die Kapsel zerbeisse, drücke man zu gleicher Zeit auch die Pistole ab. Nur ein Moment, nur eine Kontraktion von Kau- und Handmuskeln.

Botschafter *W. Hewel*, der bereits 1924 mit Hitler auf der Festung *Landsberg* in Haft gewesen war, erzählte mir dies am 2. Mai 1945 im Bunker der Brauerei Schultheiß-Patzenhofer. Er war sicher, daß sich Hitler auf diese Weise getötet habe und tat dies gleich darauf auf die gleiche Art, als Russen zur Gefangennahme in den Raum kamen.
Die Zeremonie in der Reichskanzlei mißlang - im Augenblick seines Todes war Hitlers Ausstrahlung und zwingende Macht dahin. Die ihn den Flammen übergeben sollten, schauderten, schlugen ihn und seine Frau, die mit ihm hatte sterben wollen, notdürftig in Decken, trugen die Leichen in das Inferno der Artillerieschlacht und übergossen sie mit Benzin.
Granateinschläge, Explosionen, Flammen, Rauch. Erschütterungen, Erdaufrisse, neue Trichter über alten. Darin die sich selbst überlassenen Toten. Ihre Träger zogen sich in den Schutz des Bunkers zurück.
Die Sowjets präsentierten später eine Leiche, die die Hitlers gewesen sein mag oder auch nicht.
Wer fand sich im Furioso des Finales wohl mit Sicherheit zurecht!
Von den Inhabern der letzten Auszeichnung Hitlers nahm sich mit Ausnahme *Eva Brauns seinetwegen* vielleicht nur der getreue Botschafter *Hewel* das Leben, der ihm den Selbstmord versprochen hatte, um nicht in Gefangenschaft durch die Gegner zu lügenhaften Aussagen erpreßt zu werden.
Die Anderen taten es einen Tag später - ihretwegen - aus Ungewißheit über das Schicksal, das ihnen die eindringenden und so unberechenbaren sowjetischen Sieger bereiten würden.
Derart verlief sich, derart zerfiel, nicht umkehrbar oder nochmals zu erwecken, das Hitlerische in abseitigem Absterben durch Blausäure und Pistolenschuß.

Der Mann, dem nichts weiter geblieben war, als Selbstmord zu verüben, war vormals einer gewaltigen Sicherheit gewesen: von der, ja von *seiner* Vorsehung für eine übermenschliche Aufgabe bestimmt und auserwählt worden zu sein. Ein niedergeschlagenes und mißgeleitetes Volk gab sich ihm in die Hand, daß er es durch das „rote Meer und morastige Niederungen" zurück auf's feste Land und zu Glück und tausendjähriger Größe führe.
Bei Allem war der Keim zum Unheil - Wenige nur erkannten es - von Anfang an gelegt, bezog sich die Sendung Hitlers, wie *er* sie verstand, doch lediglich auf *sein* deutsches Volk und, eingeschränkter noch, auf dessen Teil, der zur „guten Art und Rasse" gehörte.
Die Folge: Hitler, der Führer und Kanzler, schloß aus, strich aus und

schließlich: tilgte aus. Todfeindschaft der Ausgeschlossenen und Geächteten mußte die Folge sein.
Es konnte nicht ausbleiben: ein weiteres Mal mußte eine ungeheure Auseinandersetzung, wie sie das Abendland schon früher öfters bis in die Grundfesten hinein erschütterte, durchgestanden werden.
Einige Jahre lang durfte Hitler sich in seiner Sendung bestätigt fühlen, doch dann hatte er, Stück um Stück, Niederlage um Niederlage, Fehlgriff um Fehlgriff, gewahr werden müssen, daß die Vorsehung ihn *verwarf*.
Er wehrte und verwahrte sich, indem er anderen Schuld, Unvermögen, Korruption und Verrat zuschrie. Er, dem Grenzen niemals etwas bedeutet hatten, verfiel ins Maßlose. Die Sendungssicherheit war verspielt, der Anspruch entartete zum Kampf und vor dem letzten Donnerschlag erhellte ihm der Blitz, daß er nicht zum Heil geworden war, sondern über „Mann und Roß und Wagen" Unheil gebracht und damit völlig und für alle Zeiten verloren hatte.
Wer, wenn nicht *Luzifer*, stürzte in gleicher Weise. Eine Urgewalt implodierte.
Wo bloße Worte versagen müssen, ein musikalisches Gleichnis: kein *Richard Wagner*, sondern allein *Wolfgang Amadeus Mozart's* „Don Giovanni" vermag in Ouvertüre und Finale, ohne versöhnendes Ende, Empfindungen gleich erhabener, weil erlösender und vernichtender Endgültigkeit zu vermitteln, wie sie mich in jenen Übergangsstunden zum letzten Apriltage 1945 beim Blick auf diesen Geschlagenen überwältigten. Immer wieder höre ich *diesen meinen* Mozart.

Macht ist Mitgift der vergänglichen Erde. Allmächtiges ordnet den Kosmos. Nie blieb ein Mensch ungestraft, der sich vermaß, von seiner Macht aus zur Allmacht hinaufzugreifen.
Ist aber wahnsinnig, wer dies versuchte?
Häufig wurde behauptet, Hitler sei ein Geisteskranker gewesen. Tiefenpsychologen bemühen sich seine Entwickiung zum Rasenden aus frühkindlicher Beeinflussung seitens der Mutter abzuleiten. Psychohistoriker erkennen als Begründer *seines* Antisemitismus den jüdischen Hausarzt des sechzehnjährigen Jünglings, jenen schlichten k.u.k.-Militär- und späteren praktischen Arzt *Dr. Eduard Bloch* in Linz, der die Mutter Clara Hitler bis zum Tode behandelte und den herzlichen Dank des Sohnes Adolf entgegennahm.
Neurologen vermuten - doch über eine vage Vermutung geht es nicht hinaus - eine Gehirnentzündung des Kindes, und Psychiater versuchen, ihn in eines der Krankheitsbilder ihres Faches hineinzuzwän-

gen. Darüber hinaus gibt es abstruse Deutungen jener Art, wie sie seit jeher jeder herausragenden Persönlichkeit angeheftet zu werden pflegen. Doch war Hitler mit Sicherheit nicht drogenabhängig und ein Syphilitiker schon gar nicht

Keine Hypothese voreiliger Historiker befriedigt und trifft zu. Stattdessen möchte ich einen an mich gerichteten Brief (26.8.84) des bedeutenden Psychiaters *Prof. Dr. F. C. Redlich* aus Los Angeles, USA , zitieren, in dem es heißt, er glaube, die großen Gestalten der Geschichte seien, außer in ganz klaren Fällen von Krankheit, besonders Hirnkrankheit, psychiatrisch nicht zu erfassen. Sogar die psychiatrische Beschreibung sei schwer, vom Erklären und Verstehen gar nicht zu reden...

Dieses Urteil möchte ich sehr hoch bewerten, hat sich doch *Prof. Redlich*, wie kein Psychiater sonst, seit vielen Jahren in bewunderungswürdiger Sachlichkeit mit Hitler befaßt und auseinandergesetzt, obwohl er zu den von ihm Geächteten und Vertriebenen gehört.

Wenn wir Hitler also nicht als geisteskrank bezeichnen, so war er doch zweifellos, schon wegen seines Verhaltens seinen körperlichen Beschwerden gegenüber, eine neurotische Persönlichkeit.

Morell und auch Hitlers langjährige Begleitärzte *Brandt* und *v. Hasselbach* nannten seine Leidensäußerungen „hysterisch“, ohne damals schon diesem Begriff den gewissen „Hautgout“ anzuheften, der ihm in der heutigen Medizin anhängt.

Hitler selbst war der Überzeugung, daß seine Krankheiten psychischer, nicht aber physischer Art seien.

Im Nachhinein betrachtet, würden wir sie heute, zwar mit Einschränkung, weil eine organische Krankheit wegen der Verweigerung entsprechender Untersuchungen nicht auszuschließen ist, als „psychosomatisch bedingt“ ansprechen.

Jedoch bieten solcherlei Bezeichnungen oder Diagnosen, wie ja ihre mehrfache Abänderung im Laufe von nur wenigen Jahrzehnten deutlich macht, keine wirklich befriedigende Erklärung, sie sind nichts anderes als Umschreibungen für Verhaltensweisen. Derer gibt es aber in breiter Streuung der Äußerungen in jedem Volkskörper ungezählte. Der Varianten und Abweichungen von etwas, das man nicht einmal als „normal“ festlegen kann, gibt es viele; man rechnet bis 20 Prozent einer heutigen Population.[8]

Hitler war in dieser Hinsicht kein Außergewöhnlicher, Einmaliger, sondern durchaus *einer* unter vielen Anderen, neurotisch auf seine

[8] Tölle, R.: „Wie viele Menschen sind eigentlich neurotisch." Dtsch. Ärzte-Blatt 1985, 844-846

bald in dieser, dann in jener Weise aufkommenden Beschwerden fixiert - zeitweise ihr armer Knecht, selten der große Herr, obgleich er sich einen Leibarzt halten und diesem Leidenseinsichten weitergeben konnte.

Wie bereits gesagt, fertigte Morell Niederschriften. Sie enthalten nirgends Außergewöhnliches, zumeist durchweg penetrant Alltägliches. Hitler erhob sich kaum jemals über seine Beschwernisse; vielmehr marktete er vor sich mit ihnen. Gerade dies aber markiert die erschütternde Diskrepanz zwischen den Äußerungen seines somatischen „Ich“ und den ungeheuren Ansprüchen, mit denen er Unzähligen kam, den Gefolgsleuten nicht weniger als allen denen, die sich erbittert gegen ihn stellten.

Unvereinbarkeit, an dieser Stelle erkennbar, lehrt, daß ein Mensch, gerade wenn er sich am Rande des ärztlich Versteh- und Nachempfindbaren bewegt, über die Eselsbrücke der Medizin oder gar der Psychiatrie *nicht* judifiziert werden kann - auch wenn dies noch so viele Geschehensdeuter verlangen.

Heilkunde, die sich ärztlich bescheidet, wird auf derlei Forderungen nicht eingehen. Aber auch die *wissenschaftliche Medizin* unserer Jahre, die sich für grenzüberschreitend hält und oft genug Denkbares dem Machbaren gleichstellt, wäre vermessen, wollte sie zu einem verbindlichen Spruch kommen.

Es scheint der Sache nicht gemäß und nur schlicht vermessen, an Hitler medizinisch herumzudeuteln. Selbst wenn er oft genug kläglich leidet und seinen Arzt und dessen Arzneien unbedingt als „Helfer“ benötigt, befinden wir uns doch, wollten wir hieraus das Ganze seiner Wirkung usurpieren, auf einer völlig falschen Ebene. Somatische, auch psychosomatische Leiden kommen und gehen, beeinträchtigen, stören und erleichtern - sind jedoch auf das Ganze gesehen bedeutungslos.

Wir können uns nicht an der primitiven, weil äußerlichen Pathie, festbeißen. Ein solcher Biß kann nicht fassen, was wir bescheiden genug einsehen sollten

In die unermeßlichen eruptiven Kräfte des Erdinneren drang bislang kein Geologe. Er muß dem vulkanischen Lavastrom hilflos zuschauen, der sich seinen Weg brennt. Nicht anders der Arzt; seine Macht, wenn er sie überhaupt besitzt, erstreckt sich nicht auf das Inferno, geschweige denn das Infernalische.

Dies möchte ich in ärztlicher Zurückhaltung zum Mitdenken anbieten, da, wie man sehen muß, psychologisierende und soziologisierende Intelligenzler sonder Zahl unterwegs sind, sich einen Hitler nach *ihrem* Bilde zu machen und ihn „coram publico“ hampeln zu lassen.

Freilich möchte ich diesen Angriff nicht auf alle gemünzt wissen, die sich äußern; gibt es doch wirklich im Grunde ihrer Seele Betroffene, die von dem tödlichen Ereignis nicht wegkommen, selbst wenn es für die Mehreren von ihnen existentiell weit zurück liegt. Echte Erschütterung durch Vorhergegangenes ist etwas Außerordentliches, berührend Menschliches. Doch - leider die Mit- und Nachläufer sind's, die auf der Posaune blasen!

Darf ein Betroffener zu Betroffenen sprechen?
Ich stand vor dem Stacheldraht und lag lange Jahre hinter ihm. Ich kenne äußerste Entmenschlichung und „in extremis" hohe Würde.
Ich sah mörderische Killer und elendes Hingemordetwerden, und wußte die Führer in ihren Kollosseen inmitten ihrer Garden auf ihren Sitzen - hier unseren Hitler, dort ihren Stalin - um nur einige Exponenten zu nennen.
Jeder von ihnen senkte wie einst der römische Nero den Daumen - und seine Geschäfte gingen vor sich.
Angesichts dessen scheint es leicht und einfach, zu urteilen und, wie es durchwegs geschieht, auch zu verdammen. Jedoch möchte wenigstens ich keinen Spruch irgendwelcher Art abliefern.
Als Augenzeuge gelangte ich allenfalls an den Rand der Erkenntnis, niemals jedoch, wie es erforderlich wäre, schon über ihn hinweg, um von Betroffenheit frei zu werden.
Überlassen wir Rußland seinen Stalin - uns bleibt Hitler Aufgabe genug.
Ihr gegenüber scheint mir jenes flapsige Wort „Zu Hitler fällt mir nichts ein" ebenso wenig angemessen wie die verzweifelt-verzichtende Aussage: „Nach Ausschwitz gibt es keine Gedichte mehr."
Vielmehr ist es etwas durchaus Anderes: Wieder einmal überhob sich einer im Anspruch, zum Gerichtsherrn über Alle berufen worden zu sein. Ungezählte wurden auf seinen Spruch hin vergast, verbrannt und gesehändet. Autodafé! Holocaust! Einmal mehr sintflutartiges Hochwasser in der Menschheitsgeschichte. Es soll, es muß markiert werden. Hoffen und vertrauen wir drum, entgegen geäußerter Resignation, auf den Genius und das Epos.
Denn Gedichte und Dramen gehören zum seelischen Leben wie der Atem zum körperlichen. Spricht man mit Menschen, welcher Nationalität oder Rasse auch immer sie angehören mögen, wenn sie sich nur sachlich mit den erschütternden Geschehnissen auseinandersetzen und ohne eigene oder angelernte Voreingenommenheit sind, dann *begegnet* man sich vor jenem, anscheinend unüberwindbaren Hindernis.

Weder hilft, daß man Hitler hämisch bespöttelt, noch daß man ihn dämonisiert, verniedlicht oder neutralisiert. Mit keinem Trick konnte man ihn bisher erlegen und ins allgemein Historische eingemeinden. Als Humanum durchaus gewöhnlich, bleibt er als Ereignis anscheinend Fremdkörper innerhalb der Menschenwelt.

Menschen, an denen erst spätere Geschlechter Maß zu nehmen vermögen, gab es immer und wird es weiterhin geben. Heute und in Zukunft werden wir uns wie eh und je an Geschehnisse herantasten müssen, welche irgendwann einmal menschliche Dimensionen zu sprengen schienen. Ein solches Ereignis möchte ich im Zusammenhang mit dem Drama unserer Zeit hier vorstellen, obgleich es 800 Jahre zurück liegt: ich meine den Kampf des Staufergeschlechtes, vornehmlich Friedrich II. gegen gewaltige Päpste wie Innozenz III., Gregor IX. und Innozenz IV. um die Macht auf der abendländischen Erde. Die Päpste beanspruchten die geistliche, der Kaiser die weltliche Gewalt über die jeweils andere.

Der Kaiser berief sich auf den Willen der Vorsehung und nannte sich Caesar, Retter der Welt und Messias zugleich. Er war Statthalter Christi, ja Gottes und sein Kaisertum war sakraler, mystischer Herkunft.

Einer bannte den anderen und jeder war des Anderen Antichrist. Der Papst nannte den Gegner Fürst der Tyrannen, Zerstörer der kirchlichen Lehre und Verderber der Geistlichkeit, Umstürzler des Glaubens, Lehrer der Grausamkeit, Erneuerer der Zeiten, Zersplitterer des Erdkreises und Hammer der Welt.

Gregor der IX. warf ihm vor: „Niemand in Deinem Reich wagt ohne Deinen Befehl die Hand oder den Fuß zu bewegen" und schmäht: „Es steigt aus dem Meere die Bestie voller Namen der Lästerung. die mit den Tatzen des Bären und dem Rachen des Löwen wütet."

Der Kampf der beiden Mächte war der gewaltigste und erregendste des hohen Mittelalters. Menschen sonder Zahl wurden damals gemordet, Länder verödeten, Städte wurden verwüstet. Das christliche Erdenrund bebte in Angst, Elend und Zorn.

Als Friedrich II. 1250 unvermutet an der Ruhr starb, stand die Auseinandersetzung auf dem Höhepunkt, und Gregor IX. betrieb nach dem Hinscheiden seines größten Feindes den Verderb des gefürchteten Geschlechts: „Rottet aus Namen und Leib, Samen und Sproß dieses Babyloniers!"

1268 wurde der sechzehnjährige Enkel, König Konradin, in Neapel enthauptet. 1272 starb der natürliche Sohn Enzio nach 23-jähriger Gefangenschaft im oberitalienischen Padua. Die Staufer waren ausge-

rottet und ausgestoßen.
Das Ende des großen Staufergeschlechtes ist ein Exemplum, wenn auch nur eines der mehreren, die uns die Geschichte des christlichen Abendlandes zu bieten hat, und auf das ich mich beschränke.
Von Friedrich II riefen die Zeitgenossen: „Stupor mundi. Er war das Staunen und der Schrecken der Welt."
Jahrhunderte vergingen und die Geschichtsschreibung gliederte den Staufer ein - als einen der Gewaltigen seiner Zeit, aber auch als einen, der ihr weit voraus war.
Auch für Hitler, den aus dem Untergrund Emporgeschoßenen, heißt es in unserer Zeit- „Er *war* Gegenstand des Staunens, des Schreckens und des Hasses der ganzen Welt."
Doch wir müssen uns nach dem Gesagten fragen: „Wird er für alle Zeit 'Diabolus' bleiben, Pankrator des Teuflischen per saecula saeculorum? Oder wird der Mann des 'Holocaust' ebenso zu einer geschichtlichen Figur werden wie jener Friedrich II., wie die Großinquisitoren und andere Herostraten eines rechten, allein selig machenden Glaubens?"
Wir vermögen es nicht vorauszusagen, nur vermuten: „Es wird so sein, aber welche Lehren werden die Späteren daraus ziehen?"

Nichts des bisher Vorgebrachten vermag zufriedenzustellen. So sei es mir gestattet, einen Anlauf in eine völlig andere Richtung zu nehmen und auf die Gefahr hin, schließlich verlacht zu werden, andere Gedankengänge auszubreiten, die einen historisch infizierten, naturwissenschaftlich denkenden Arzt, wohl einmal überkommen können.
In der Erkenntnis des Universums vollzieht sich eine entscheidende Veränderung. Wissenschaftler bemühen sich, das Weltall gleichsam „biologisch" als Einheit zu sehen, welches sich in unaufhaltsamer, ständiger Veränderung befindet. Schon spricht man von Geburt, Wachstum und Tod des Universums."[9]
Vor unausdenkbar ferner Zeit, im Irgendwann, existierten Atome, Sterne, Planeten noch nicht. Auch Raum und Zeit unterliegen der Evolution. Sie vollzieht sich, geht über menschlich erkennbare Verläufe hinweg und verliert sich in menschlich undenkbaren Fernen. Eines „Tages", glaubt man berechnen zu können, wird die Erde verschwinden, nämlich dann, wenn eine gewaltig aufgeblähte, tiefrote Sonne sie verdampfen läßt. „*Geocid.*"
Auch die Sonne wird, ist ihr atomarer Brennstoff erschöpft, im

[9] Davies P.C.W.: „Geburt und Tod des Universums" - Mannheimer Forum 88/84

„Milliardenjahr - wann“ zu einem kompakten Körper von nicht mehr als Erdengröße zusammenschrumpfen.
Ungeheuerlichste, für Menschenhirne unfaßbare Ereignisse sollten während der Alterung des Universums stattfinden, verkünden atom- und zeitengeschulte Propheten, für die das All zum Organismus wurde. Irgendwelche Sterne - nicht vorauszusagen, welche aus ihrer unzählbaren Menge - werden in *einem* Ausbruch und in *einem* Augenblick derart gewaltige Energien freisetzen, daß sie unmeßbar hell aufleuchten und Galaxien überstrahlen. *Stellae Supernovae* entstehen, wie vor ihnen andere entstanden. Astronomen fanden am Himmelsgewölbe bereits einige dieser „Überraschungssterne“. Ihre Eigenschaften lassen auf ihr Schicksal schließen, und man glaubt sagen zu dürfen: Jede Supernova ist ein Novum in und für sich. Die eine erhellt und wärmt über Zeiten hin, die andere explodiert und implodiert fast in Einem, brennt auf und erlischt. Auf den Blitz folgt absolutes Dunkel, kosmischer Hades, schwarzes Loch, das Energie und Materie unentrinnbar in sich hineinreißt.
Der Möglichkeiten zwischen den Extremen gibt es unzählige. Zwischen Stern und Unstern zieht sich alles dahin.
Eine derart äußerst vereinfachte, ja verfremdete Darstellung mag die Begründer kosmischer Hochwissenschaften lächeln oder spotten lassen.
Beides nehme ich mit der gleichen Hochachtung hin, mit welcher einst ägyptische Heilberufler die in abseitigen Türmen entstandenen Erkenntnisse ptolemäischer Hohepriester hinnahmen.
Doch möchte ich, ein Einfacher, ein um Erweiterung des Menschenbildes Bemühter, eine Beziehung vom Kosmischen zum Irdischen herstellen mit der Frage:
Könnten zu Zeiten auch in der Menschheit „Supernovae“ in Erscheinung treten? Einzelne also aus der Unzahl menschlicher Kreaturen, die, sich allen Normen entziehend, gewaltig aufleuchten und, sehen wir auf ihren Umkreis, Generationen erwärmen und erhellen oder aber im Gegenteil schon die Mitlebenden und deren Kinder verbrennen und mit sich ins Unheil reißen?
Ihnen könnte zu eigen sein, daß sie Weiber und Männer in unbegreiflicher Weise kühn und gewaltig in ihren Bann ziehen, daß sie immer wieder und über Zeiten hinweg Jünger erwecken, die als Planeten die zum Zentralgestirn Erhobenen umkreisen.
Muß nicht ein Arzt, der es ablehnt, ja für vermessen hält, Menschen ganz besonderer und in sich einmaliger Art in das Prokustesbett doch nur zeitbedingter medizinischer Kategorien zu pressen, nach und nach auf Gedanken wie die hier geäußerten kommen?

Ist es Anmaßung, den Stern von Bethlehem als Supernova Christi zu erahnen, deren Licht seit zwei Jahrtausenden bis auf den heutigen Tag erleuchtet und die Menschheit weithin belebt? Darf man Buddha, Konfuzius, Mohammed nennen?
Jedoch erscheint es dem Nachdenklichen, als dunkle das Gestirn und verlöre an planetarischer Kraft. Wie sonst wäre möglich, daß Planetoide und Meteorite, die um es kreisten, von einer Supernova eingefangen werden, die vor erst drei und vier Menschengenerationen aufloderte?
Schon manche Religion verging, wenn dem Menschengeiste Anderes offenbart wurde. Auch die Götter von Hellas sind versunken. Wir erinnern uns ihrer, ohne sie zu bedauern.
Marx und Engels sollten, wenn wir bei dem Gleichnis bleiben, ebenfalls als „Supernova" begriffen werden. Lenin, Stalin, Mao umrunden sie als ihre sichtbarsten Planeten, in deren Abhängigkeit wiederum ungezählte Monde ihre Bahnen ziehen.
Doch wird zur Gewißheit, daß die Strahlkraft dieses Gestirns unvergleichbar geringer ist als jene des Sterns von Bethlehem. Schon in unseren Tagen wärmt und erhellt es kaum mehr, eher erstarrt und verkrustet es. Was aber erhärtet, macht Spannungen in sich und vermag irgendwann in unvorhersehbarer Art zu bersten und zu zerspringen. Die Gefahr liegt im Gestaltungsverlust.
Es ist unsere Zeit, unser Abendland, über dem zwei Supernovae ziehen und die Transvestiten irre machen. Doch das Gleichnis soll bis zur Gegenwart weitergeführt werden, sind doch seit der letzten Welterschütterung, die Ungezählte verachtete und uns alle aus unseren Bahnen brachte, kaum mehr Jahre verstrichen als erforderlich, daß die Kinder die Eltern zu Grabe trugen.
Denn als jüngste Supernova stürzte Hitler zwischen die Menschen, unterschieden von den vorhergegangenen dadurch, daß er Anfang und Ende in einem war.
Aufbrechen aus der Anonymität, Aufglühen, um sich greifende Brände, tödliche Ungewitter, Trümmer, Leere, Hades - „schwarzes Loch" in der Sprache der Astronomen. Unstern - Heilsbotschatt - Unheilsbotschaft!
Noch bebt ein Teil der Menschenwelt nach seinem Hinsturz, und die Erschütterten bemühen sich um die Deutung des Ereignisses, zu welchem weder Moral oder Amoral noch Pathologie einen Schlüssel liefern.
Man ehrt seine Opfer nicht, eher erniedrigt man ihr Andenken, wenn man sie lediglich als bestialisch hingemordet, gekillt, abgeschossen und abgeschlachtet in die Erinnerung der Nachwelt einführt.

Alle Getöteten und Gefallenen - nicht nur die, die sich gegen ihn erhoben - sind Zeugen der Menschheitsgeschichte und zumal dann Märtyrer, wenn sie, ohne zu begreifen, was ihnen widerfuhr, in Unschuld umkamen.
Wir endlichen Menschen, so folgt aus diesem allen, sollten wohl den gewaltigen Gedanken aufnehmen und pflegen, daß Schöpfung nicht beendet, sondern immerwährend ist. Sie findet statt, unmerklich - und auch in großen Würfen. Aber die betroffenen Menschen begreifen kaum den Schöpfungsalltag, der Werden, Vergehen, ja Hingeschlachtetwerden in erschütterndster Weise sein kann.
Erfaßten wir auch Absterben als Teil der *Evolution*, so sollten wir nicht nur annehmen, sondern in Demut auch vertrauen, daß *Epigenese*, der immerwährende Schöpfungsakt, kein Ende finden wird.

VERZEICHNIS DER IM TEXT ERWÄHNTEN PERSONEN

Albrecht, Kapitän zur See, Chef der Adjutantur in der Reichskanzlei
Backe, Herbert, Staatssekretär, ab 1941 Reichsminister für Ernährung und Landwirtschaft, Berlin
Bärenfänger, General, Abschnittskommandant in Berlin
Baur, Hans, Flugkapitän Hitlers, SS-Gruppenführer
Bleyer, Benno, Professor Dr. phil., Direktor des Institutes für Lebensmittelchemie, München
Bolz, Lothar, Vorsitzender der Nationaldemokratischen Partei und Außenminister der DDR, Mitglied der KPdSU
Boesler, Generalstabsintendant und Chef des Wehrmachts-Verpflegungsamtes
Bormann, Martin, Reichsleiter, Chef der Parteikanzlei
Brandt, Karl, Professor Dr. med., Begleitarzt Hitlers und Generalkommissar für das zivile und militärische Gesundheitswesen
Braun, Eva, zuletzt Ehefrau Hitlers
Burgdorf, Wilhelm, General, Chef des Heerespersonalamtes
Claussen, Dr., Ministerialdirektor im Reichsministerium für Ernährung und Landwirtschaft
Clausen, Oberst
Conti, Leonardo, Dr. med., Reichsgesundheitsführer und Staatssekretär im Reichsministerium des Inneren, Berlin
Darré, Walter, bis 1941 Reichsminister für Ernährung und Landwirtschaft, Berlin
Diemair, Willibald, Professor, Dr. Ing., Dr. phil., Direktor des Institutes für Lebensmittelchemie, Frankfurt a. M.
Dönitz, Karl, Großadmiral und letztes Staatsoberhaupt 1945
Engels, Oberleutnant, Enkel von Friedrich Engels, dem Freunde von Karl Marx
Euler, Hans von, Professor Dr. phil., deutsch-schwedischer Biochemiker
Fegelein, Hermann, SS-Obergruppenführer, Verbindungsoffizier Himmlers zu Hitler
Gebhardt, Karl, Professor Dr. med., SS-Gruppenführer und Chefarzt der orthopädischen Klinik Hohenlychen, Freund Himmlers
Goebbels, Joseph, Reichpropagandaminister und Gauleiter von Berlin
Göring, Hermann, Reichsmarschall
Greim, Ritter von, Generaloberst, vorgesehen als Nachfolger Görings als Oberbefehlshaber der Luftwaffe

Günsche, Otto, SS-Sturmbannführer und Adjutant Hitlers
Haase, Professor Dr. med., vor dem Kriege zeitweise Begleitarzt Hitlers, Oberarzt an der Charité
Hanke, Karl, Gauleiter in Breslau, vorgesehen als Nachfolger Himmlers
Hedin, Sven, berühmter schwedischer Forschungsreisender
Heiss, Rudolf, Professor Dr. Ing., Institut für Lebensmittelforschung, München
Hewel, Walter, Botschafter in der Reichskanzlei, Vertreter des Außenministers v. Ribbentrop bei Hitler
Himmler, Heinrich, Reichsführer SS und Reichsinnenminister
Hitler, Adolf, Führer und Reichskanzler, 1889- 1945
Irlbeck, Johann-Baptist, Städt. Oberamtmann, Verwaltungsdirektor des Krankenhauses München-Schwabing
Jannings, Emil, bekannter Schauspieler
Junge, Gertrud, Sekretärin Hitlers
Kannenberg, Hausintendant der Reichskanzlei
Katsch, Gerhard, Professor Dr. med., Direktor der medizinischen Universitätsklinik Greifswald
Klingemeier, SS-Obersturmbannführer, Oberstleutnant der Waffen-SS, Ia der Kampfgruppe Mohnke
Krebs, Hans, General, letzter Generalstabschef
Krehl, Ludolf von, Professor Dr. med., Direktor der Med. Universitätsklinik und des Kaiser-Wilhelm-Institutes für medizinische Forschung, Heidelberg
Krüger, Frl., Sekretärin Bormanns
Kunz, Helmut, Dr. med., SS-Sturmbannführer, Zahnarzt in der Reichskanzlei
Mohnke, Wilhelm, SS-Brigadeführer, Generalmajor der Waffen-SS, Kampfkomandant in der Reichskanzlei
Molotow, Wjatscheslaw, sowjetischer Außenminister
Morell, Theodor, Professor Dr. med., Leibarzt Adolf Hitlers
Moritz, Dr., Ministerialdirektor im Reichsministerium für Ernährung und Landwirtschaft in Berlin
Müller, Max, SS-Hauptsturmführer, Adjutant des Ernährungsinspekteurs
Mussolini, Benito, Duce Italiens
Pieszczek, Erich, Generalstabsintendant und Amtsgruppenchef im Oberkommando des Heeres, Berlin
Pohl, Oswald, SS-Obergruppenführer und General der Waffen-SS, Chef des SS-Wirtschafts- und Verwaltungshauptamtes, Berlin-Steglitz

Rattenhuber, SS-Gruppenführer, verantwortlich für die persönliche Sicherheit Hitlers

Rein, Hermann, Professor Dr. med., Direktor des physiologischen Institutes der Universität Göttingen

Reinwein, Helmuth, Professor Dr. med., Direktor der medizinischen Universitätsklinik Kiel

Reitsch, Hanna, Fliegerin

Ribbentrop, Joachim von, Reichsaußenminister

Ross, Colin, bekannter Weltreisender

Scheide, SS-Standartenführer, Oberst der Waffen-SS im SS-Wirtschafts- und Verwaltungshauptamt, Berlin-Steglitz

Schieber, Walter, Staatsrat und Staatssekretär im Reichswirtschaftsministerium

Schittenhelm, Alfred, Professor Dr. med., Direktor der 2. medizinischen Universitätsklinik, München

Schreiber, Walter, Generalarzt, Professor Dr. med., Oberkommando des Heeres, Heeres-Sanitäts-Inspektion, zuletzt Festungsarzt Berlin

Schroeder, Oskar, Prafessor Dr. med., Generalstabsarzt und Sanitäts-Inspekteur der Luftwaffe

Schwester Erna, Rote-Kreuz-Schwester, stationiert in der Reichskanzlei

Schwester Appolonia, *Schwester Tarbula*, Barmherzige Schwestern des hl. Vinzenz von Paul, im Krankenhaus München-Schwabing

Stehr, SS-Obersturmführer

Steiner, Felix, SS-Obergruppenführer und General der Waffen-SS, Befehlshaber einer Armee

Stumpfegger, Ludwig, Dr. med., Oberarzt in der orthopädischen Klinik Hohenlychen und letzter Begleitarzt Hitlers

Weidling, Helmuth, General und letzter Kommandant Berlins

Wenck, Walter, General, Befehlshaber der Entsatzarmee für Berlin

Ziegelmayer, Wilhelm, Dr. phil., Oberregierungsrat im Oberkommando des Heeres, Heeresverpflegungsamt, nach dem Kriege Professor an der Humboldt-Universität, Berlin

Ziegler, Jürgen, SS-Brigadeführer und Generalmajor der Waffen-SS, zur Disposition gestellt

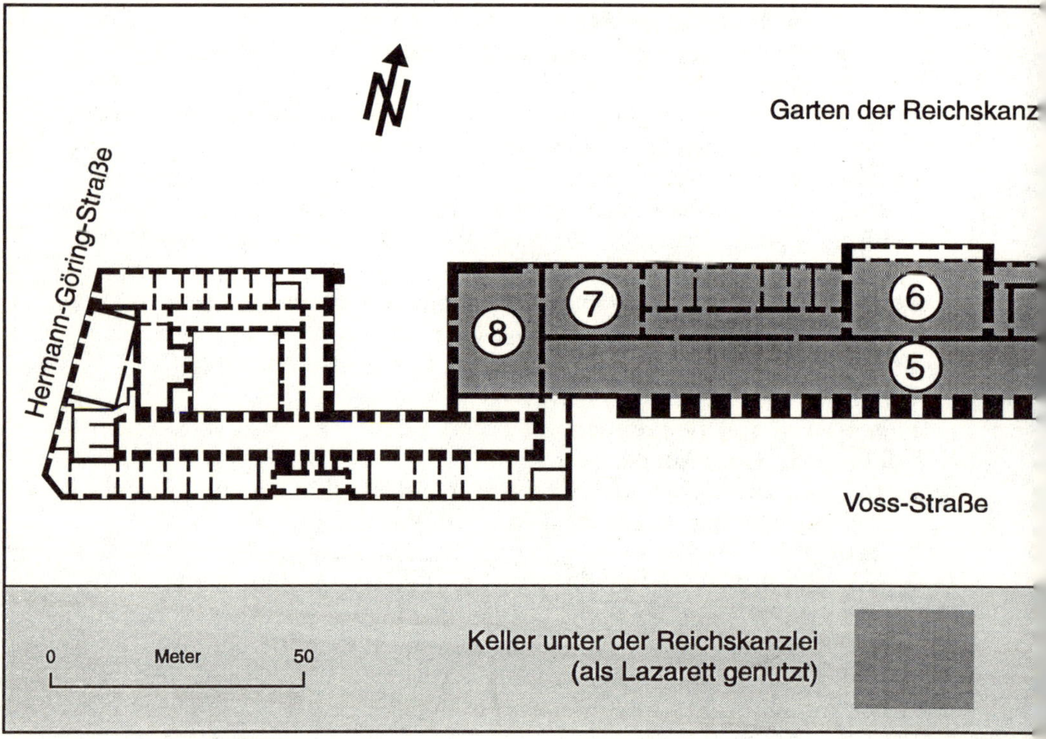
Garten der Reichskanz
Hermann-Göring-Straße
8
7
6
5
Voss-Straße
0
Meter
50
Keller unter der Reichskanzlei
(als Lazarett genutzt)

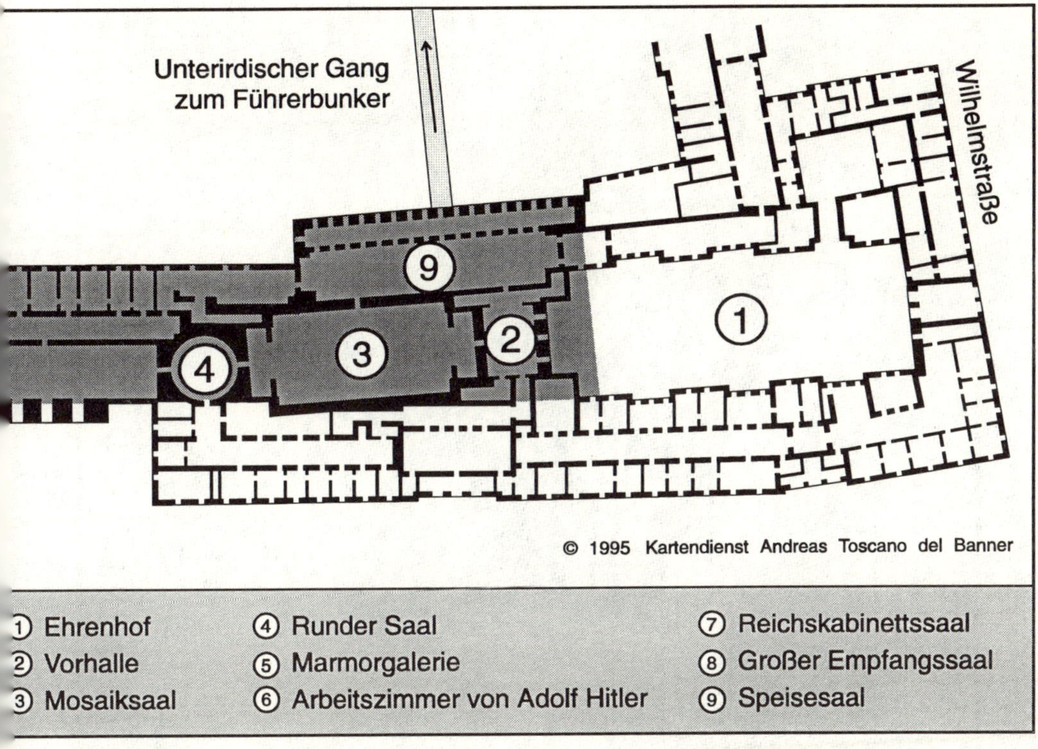

① Ehrenhof
② Vorhalle
③ Mosaiksaal
④ Runder Saal
⑤ Marmorgalerie
⑥ Arbeitszimmer von Adolf Hitler
⑦ Reichskabinettssaal
⑧ Großer Empfangssaal
⑨ Speisesaal

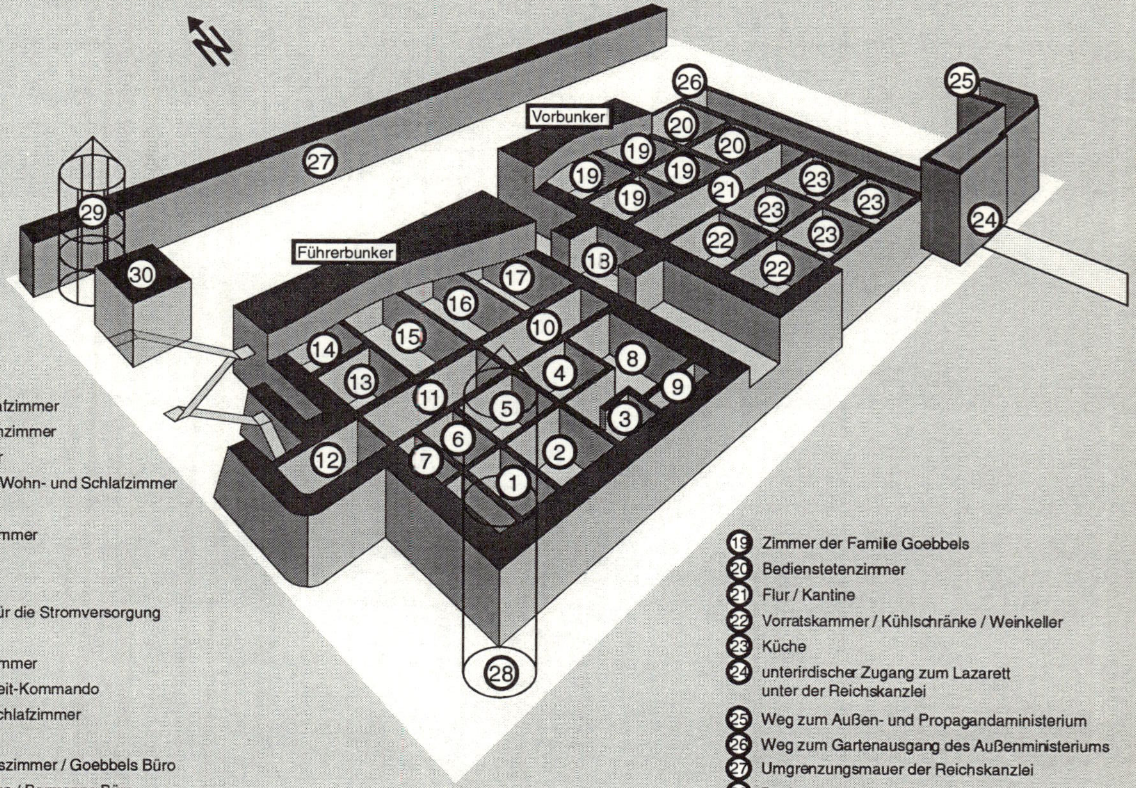

1 Hitlers Schlafzimmer
2 Hitlers Wohnzimmer
3 Badezimmer
4 Eva Brauns Wohn- und Schlafzimmer
5 Hitlers Büro
6 Konferenzzimmer
7 Garderobe
8 WC
9 Schalttafel für die Stromversorgung
10 Flur
11 Konferenzzimmer
12 Führer-Begleit-Kommando
13 Goebbels Schlafzimmer
14 Arztzimmer
15 Behandlungszimmer / Goebbels Büro
16 Telefonanlage / Bormanns Büro
17 Stromgenerator / Lüftungsanlage
18 Treppe vom Vorbunker
19 Zimmer der Familie Goebbels
20 Bedienstetenzimmer
21 Flur / Kantine
22 Vorratskammer / Kühlschränke / Weinkeller
23 Küche
24 unterirdischer Zugang zum Lazarett unter der Reichskanzlei
25 Weg zum Außen- und Propagandaministerium
26 Weg zum Gartenausgang des Außenministeriums
27 Umgrenzungsmauer der Reichskanzlei
28 Beobachtungs- und Entlüftungsturm
29 unvollendeter Entlüftungsturm
30 Notausgang zum Garten der Reichskanzlei

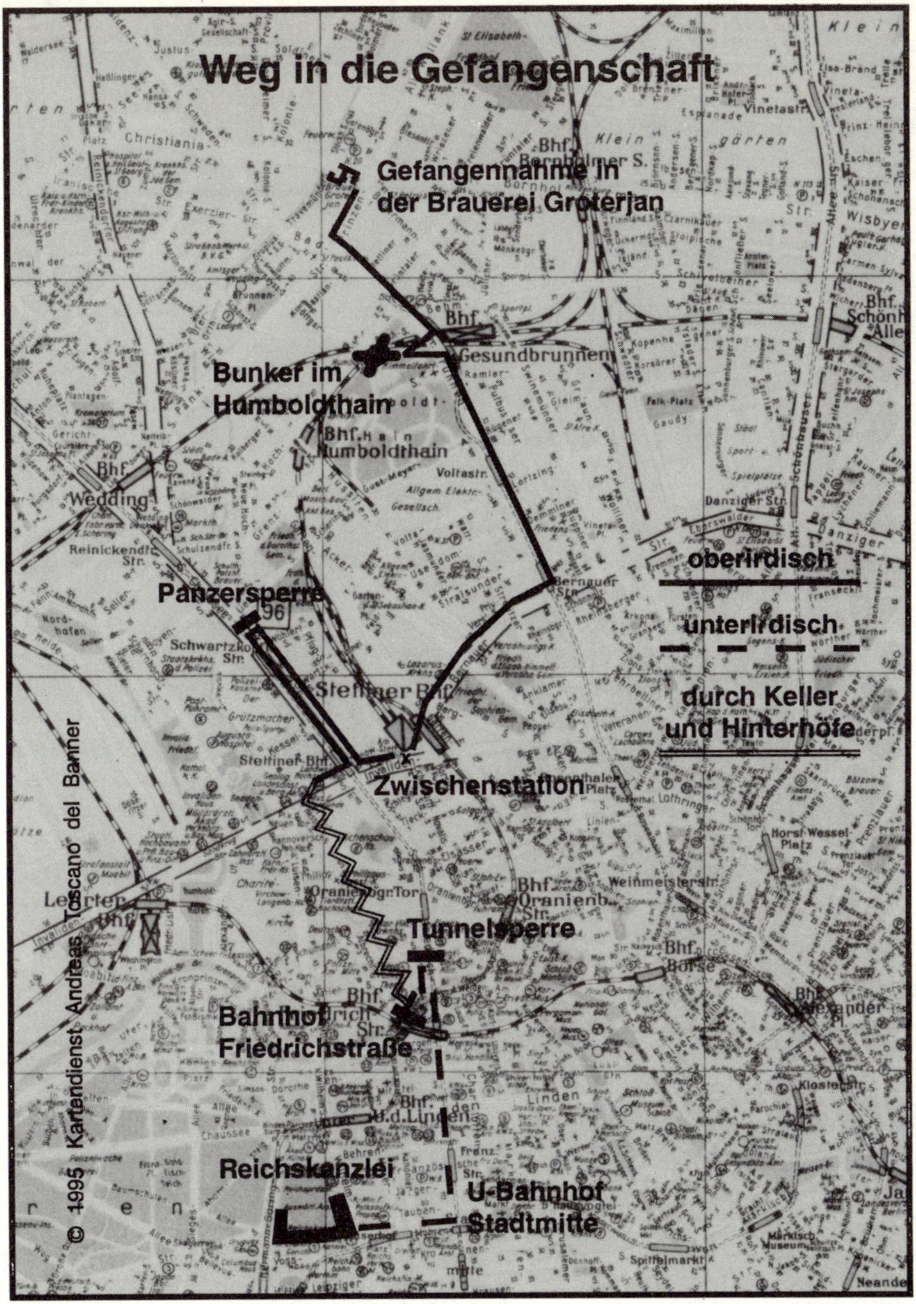

Weg in die Gefangenschaft
Gefangennahme in der Brauerei Groterjan
Bunker im Humboldthain
Panzersperre
Zwischenstation
Tunnelsperre
Bahnhof Friedrichstraße
Reichskanzlei
U-Bahnhof Stadtmitte
oberirdisch
unterirdisch
durch Keller und Hinterhöfe
© 1995 Kartendienst Andreas Toscano del Banner